게임법연구 1

| 게임규제에 대한 공법적·사법적 검토 |

박종현 · 서종희

정독
DEEP READING

머 리 말

이 책은 게임 분야의 법적 쟁점들을 선별하여 검토한 연구물이다. 주지하다시피 대한민국의 게임산업은 가파른 성장을 이어왔고 세계 속에서 그 위상을 높여가고 있다. 게임산업의 중요성은 4차 산업혁명에 따른 초연결·초지능 사회의 도래와 맞물려 더욱 강조되고 있다. 게임 기반의 메타버스를 통한 기술사회 구현의 장밋빛 논의가 진행되고 있지만, 한편에서는 산업 발전의 이면을 바라보며 게임이 청소년 및 게임이용자에게 부정적 영향을 미칠 수 있다는 지적이 계속되어 왔다. 게임 내의 폭력적이고 선정적인 표현을 문제 삼고 게임의 과도한 이용이 청소년 관련 여러 문제의 원인이라는 논의는 결국 정책당국의 게임 규제로 귀결되었다. 게임산업진흥에 관한 법률이나 청소년보호법을 통한 규제를 중심으로 담당부처나 기관에서 별도로 마련한 여러 개별 정책들을 통하여 게임산업과 게임이용 전반에 대한 규제가 존재하여 왔다. 게임 위에 쓰여진 주홍글씨는 더욱 진해졌고 규제의 흐름은 가히 비가역적이었다. 그런데 2022년 게임산업 규제의 근간을 이루던 소위 강제적 셧다운제가 폐지되면서 게임 규제 전반에 대한 검토가 필요해지고 있다. 하나의 제도 폐지가 과연 규제 흐름까지 바꿀 수 있을지는 장담하기 어렵지만 게임산업을 둘러싼 역동적인 변화와 더불어 게임에 대한 인식의 변화, 규제모델의 합리화에 대한 고민이 필요해 보인다. 블록체인 기술 등 새로운 기술이 게임 서비스에 이용되고 비즈니스 모델에 활용될 조짐을 보이며, 게임이 메타버스, 가상현실의 대표적 공간으로서 기능하고 글로벌 기반의 게임서비스가 만연해지는 상황에서 게임에 대한 규제 역시 환골탈태의 변화를 겪을 것으로 예상된다.

물론 이 책은 새로운 변화에 대한 법적 논의를 담고 있지는 않다. 이 책에서는 게임을 둘러싼 고전적 법적 쟁점, 즉 청소년 보호라든지 표현의 한계, 등급분류 등을 검토하면서 게임에 대한 적절한 규제모델을 모색한다. 게임 분야의 근본적인 법적 쟁점들을 다루고 합리적인 규제모델을 탐색하는 작업은 새로운 쟁점을 논의할 때 출발점이 된다는 믿음에 따라 저자들은 게임법연구 총서의 첫 작업의 주제를 이렇게 잡은 것이다. 책의 저자들은 각각 헌법(공법)과 민법(사법)이라는 법학의 서로 다른 세부 전공을 공부하고 강의하는 연구자들이다. 상이한 학문적 배경에도 불구하고 저자들은 게임에 대한 애정을 가지고 게임 관련 법학적 연구를 수행해왔다는 공통점을 가지고 있고 나아가 개인의 자유와 공익의 비례적 균형 모색을 통한 규제의 합리화의 필요성에 깊이 공감하고 있다. 공유된 관점과 신뢰를 바탕으로 저자들은 각자 특유의 전문적 관점에서 수행한 연구를 종합하기로 했고 청소년 보호, 규제 모델, 비교법 연구의 세 항목에 따라 이를 정리하여 나름의 체계정합적인 연구서를 출간하게 된 것이다. 게임을 둘러싼 새로운 변화에 대한 법적 논의의 부재를 아쉬워할 독자분들에게는 향후 계속적인 연구서의 출간을 약속드리며 양해를 간절히 구할 뿐이다.

끝으로 어려운 출판환경에서 연구서 출간을 흔쾌히 맡아 주신 도서출판 정독의 김중용 사장님께 진심으로 감사의 말씀들 드린다. 특히 책의 교정에 힘써주셔서 책다운 책으로 만들어 주신 편집부 여러분과 관계자 분들께 감사드린다.

2022년 3월
저자일동 씀

차 례

제 1 편 게임과 문화, 청소년 보호

제 1 장 강제적 셧다운제 검토

제 2 장 미성년자의 게임이용과 관련된 법적 쟁점

제2편 게임에 대한 규제 모델 고찰

제4장 간접규제로 바라본 게임규제

제5장 온라인 게임 결제한도 제한에 대한 규범적 평가 및 법경제학적 평가

제 6 장 게임광고 심의에 대한 고찰

제 7 장 웹보드 시행령에 대한 공법적 검토

제 8 장 웹보드 시행령에 대한 사법적 검토

제3편 게임분야 비교법적 연구

제9장 비디오 게임 규제에 대한 미 연방법원의 논의

제10장 확률형 아이템 규제 및 게임등급분류제도에 관한 소고

제11장 미국의 DFS(Daily Fantasy Sport) 사례와 자율규제

제12장 소셜 카지노 게임에 대한 미국의 논의(Kater v. Churchill Downs)

제 1 편

게임과 문화, 청소년 보호

제 1 장

강제적 셧다운제 검토

-'문화로서의 게임'의 관점에서-

Ⅰ. 규제의 등장: 「청소년보호법」상 강제적 셧다운제의 도입

청소년 보호를 목적으로 하는 표현물들에 대한 규제는 선정적이거나 폭력성이 강한 영상, 그림, 글, 음향 등에 대하여 이루어지는 것이 일반적이다. 복합적인 태양의 표현물인 게임물도 비슷한 맥락에서 규제를 받아왔다. 관련된 법률들에서는 선정성과 폭력성이 있어 청소년에 유해하다고 판단된 게임물에 대해 광고·판매 등 유통에 제약을 두었고, 유해성에 따라 등급분류를 하여 연령별 이용 가능한 게임물을 구분하였다.

일반적으로 청소년 보호를 위한 표현물 규제는 등급분류제도가 그 중심을 이루고, 이는 게임의 경우에도 마찬가지이다. 하지만 사회적으로 물의를 일으킨 사건들의 원인으로 게임이 지목되는 등 게임의 청소년유해성에 대한 비난이 거세지자, 등급분류를 통한 연령별 차등적 게임이용 규제보다 더 강한 규제에 대한 요청이 제기되었다. 무엇보다 과도한 게임이용이 청소년에게 유해하며 사회적 해악을 일으킨다는 지적에 따라 게임 과이용을 통제해야 한다는 목소리가 높아졌다. 이에 조응한 입법부에서는 게임물의 선정성·폭력성을 판단하여 등급분류를 하는 식의 종래의 규제방식에 부가하여 청소년의 인터넷게임 과몰입을 해소할 수 있는 특단의 조치를 마련하려 하였다. 그에 따라 법이 정한 특정 시간에는 청소년이 아예 인터넷게임을 할 수 없도록 하는 소위 '강제적 셧다운제'

를 도입하려고 시도하였다.[1)]

새로운 규제는 게임물 콘텐츠의 선정성·폭력성 정도와 상관없이 일정 연령 이하의 청소년들에게 일정 시간 동안 아예 게임물에 접근할 수 없도록 한다는 측면에서 상당히 강력한 규제였다. 이러한 강력한 규제를 무리 없이 법제도에 안착시키려는 노력이 입법부에서 다양하게 진행되었다. 관련된 법률안으로는 2008년 7월 10일 김재경 의원이 대표 발의한 「청소년보호법 일부개정법률안」, 2009년 4월 22일 최영희 의원이 대표 발의한 「청소년보호법 일부개정법률안」 등이 있었다.[2)] 이들 법률안이 2010년 4월 14일 제289회국회(임시회) 제1차 여성가족위원회에 상정되었고 토론을 거쳐 법률안심사소위원회에 회부되었다. 2010년 4월 19일 제289회국회(임시회) 제1차 법률안심사소위는 이들을 심사한 후 일부 사항을 수정하여 대안을 제안하였다.[3)]

대안은 "과도한 인터넷게임으로 인한 중독문제가 심각하게 대두되고 있으나 가정 및 학교 등의 자율적인 노력만으로는 이에 대한 적절한 대처가 어려운 실정이므로 심야시간대에는 청소년에게 인터넷게임을 제공할 수 없도록 하는 등 청소년의 인터넷게임 중독을 예방하려는" 취지에 따라 오전 0시부터 오전 6시까지의 심야시간대에는 만 16세 미만의 청소년에게 인터넷게임을 제공할 수 없도록 한다는 규제 내용을 담고 있었다.[4)] 이 사안에 대하여 이해관계를 갖고 있던 학부모단체와 게임업계, 그리고 관련 정부 부처인 문화체육관광부와 여성가족부 등의 입장 차이로 대안에 대한 논의는 거의 1년간 국회에서 진행되었다.[5)] 우여곡절 끝에 2011년 4월 29일 본회의의 의결을 받게 되었지만, 최종 의

1) 특히 2010년 11월에 게임에 몰입한 중학생이 자신을 나무라는 어머니를 목 졸라 살해한 사건이 일어나고, 같은 해 12월에는 게임에 방해된다는 이유로 어머니가 세 살짜리 아들을 살해한 사건과 미국 명문대 중퇴생이 폭력적 게임을 하다가 밖으로 나와 무고한 시민을 살해한 사건이 발생했는데 제299회국회(임시회), 국회본회의회의록(임시회의록) 제8호, 국회사무처, 2011. 4. 29. 23면 신지호 의원의 발언에서는 이와 같은 일련의 사건들로 인하여 셧다운제의 도입이 요구되었다고 밝히고 있다.

2) 이들 중 김재경 의원의 안은 강제적 셧다운제의 도입에 관한 것이었으며, 최영희 의원의 안은 후술할 선택적 셧다운제의 도입에 관한 것이었다.

3) 제289회국회(임시회), 여성가족위원회회의록 제2호, 국회사무처, 2010. 4. 21, 5면.

4) 여성가족부, 「청소년보호법' 일부개정법률안(대안)」, 의안번호 11597, 2011년 4. 27.

5) 이들의 입장차로 인하여 셧다운제는 강제적 셧다운제와 선택적 셧다운제로 구분되어 각각 「청소년보호법」과 「게임산업진흥에 관한 법률」에 마련되게 되었다. 선택적 셧다운제

결을 앞두고는 강제적 셧다운제 적용 연령을 만 19세 미만으로 높인 수정안도 제시되어 함께 표결에 부쳐졌다. 수정안은 결국 부결되고 본래의 대안은 재석 210인 중 찬성 117인, 반대 63인, 기권 30인으로 가결되었다.[6)]

II. 규제의 내용과 문제 제기

1. 인터넷게임의 정의

강제적 셧다운제의 내용에 대한 정확한 이해를 위해서는 먼저 이 제도의 적용 대상이 되는 게임물이 무엇인지를 파악할 필요가 있다. 「청소년보호법」 제26조 제1항에 따르면 강제적 셧다운제가 적용되는 게임물은 인터넷게임물에 한정된다. 인터넷게임(물)이라 함은 「게임산업진흥에 관한 법률」의 '게임물' 중 정보통신망을 통하여 실시간으로 제공되는 게임물을 의미한다. 「게임산업진흥에 관한 법률」에서는 게임물을 정보처리 기술이나 각종 기계를 활용하여 오락을 할 수 있게 제작된 영상물 혹은 기기라는 포괄적 개념으로 정의하고 있다.[7)] 이러한 게임물 중 「정보통신망이용촉진및정보보호등에관한법률」 제2조 제1항 제1호에 따른 정보통신망을 통하여 실시간으로 제공되는 게임물에 한정하여 강제적 셧다운제가 적용이 된다.[8)]

여기서 '실시간으로'는 '실제로 흐르는 시간과 같은 속도로'로 해석이 된다.[9)]

에 대한 논의는 후술.

6) 제299회국회(임시회), 국회본회의회의록(임시회의록) 제8호, 국회사무처, 2011. 4. 29, 32면.

7) 그리고 최근 대법원 2010. 6. 24. 선고 2010도3358 판결에서도 게임물에 대한 개념해석을 시도하였는데 이에 따르면 영상물 제공여부를 불문하고 여가선용, 학습, 운동효과 등을 높일 수 있도록 제작된 모든 기기 및 장치가 게임물에 해당한다고 하였다.

8) 정보통신망이용촉진및정보보호등에관한법률 제2조 제1항 제1호와 전기통신사업법 제2조 제1호 및 제2호의 정의 조항을 토대로 해석해보면 결국 정보통신망이라 함은 유선·무선·광선 또는 그 밖의 전자적 방식으로 부호·문언·음향 또는 영상을 송신하거나 수신하기 위한 기계·기구·선로 또는 그 밖에 전기통신에 필요한 설비를 이용하거나 이와 컴퓨터 및 컴퓨터의 이용기술을 활용하여 정보를 수집·가공·저장·검색·송신 또는 수신하는 정보통신체제라 이해할 수 있다.

9) 한국입법학회, 「연구보고서: 청소년 게임 과몰입 규제입법의 타당성 분석−그 규범평가

게임의 콘텐츠가 실시간으로 정보통신망을 통하여 매개·제공된다는 점에서 수많은 온라인 게임이 바로 인터넷게임으로 분류될 수 있다. 이러한 온라인 게임은 다중접속에 기반을 둔 게임이 일반적이지만, 게임의 이용자 수와 상관없이 정보통신망에 접속하여야 게임물이 실행되는 경우에는 모두 인터넷게임으로 분류할 수 있다. 다만 인터넷을 통하여 다운로드 받은 게임의 경우에도 그것의 실행에 있어 정보통신망의 매개가 필요 없다면 강제적 셧다운 제도의 대상이 되지 않는다. 그러나 이미 다운로드한 게임을 네트워크에서 혹은 다중접속으로 수행하길 원하여 인터넷에 접속하여 프로그램을 실행한다면 이는 제도의 적용대상이 될 것이다. 그리고 PC게임물, 모바일 게임물뿐만 아니라 비디오, 콘솔 게임물의 경우에도 정보통신망에 접속하여 게임물이 실시간으로 다운로드되고 게임이 실행된다면 인터넷게임으로 취급하여야 한다. 결국 단독형 아케이드 게임물을 제외한 모든 게임물이 인터넷게임물에 해당한다고 볼 수 있다.[10)]

「청소년보호법」 제26조 제2항에 따르면 여성가족부장관은 문화체육관광부장관과 협의하여 심야시간대 인터넷게임의 제공시간 제한대상 게임물의 범위가 적절한지를 대통령령으로 정하는 바에 따라 2년마다 평가하여 개선 등의 조치를 하여야 한다. 2011년 11월 8일 통과된 「청소년보호법 시행령 개정안」에 따르면 스마트폰, 태블릿PC 게임에 대해서는 셧다운제 적용을 2년간 유예하였다. 그 이유는 청소년들에 대한 스마트폰, 태블릿PC의 보급률이 낮고 게임 과몰입의 발생 가능성 또한 낮기 때문이라는 것이었다. 나아가 인터넷게임이지만 게임이용 시에 개인정보 수집이 없고 별도로 비용이 발생하지 않는 게임물에 대해서도 셧다운제의 적용을 유예하였다. 여성가족부는 2년 단위로 「심야시간대 인터넷게임의 제공시간 제한 대상 게임물 범위」를 정해오고 있다. 2019년 5월 행정예고된 게임물 범위에서도 PC 온라인게임에 대한 셧다운제는 유지하고, 모바일게임 및 콘솔게임에 대한 셧다운제는 유예하였다. 유예의 이유가 행정예고에 명확하게 드러나지는 않지만, 모바일게임과 콘솔게임이 게임과몰입을 유발한다고 보기 어렵다는 판단에 의거한 것으로 보인다.

및 입법 영향평가를 중심으로－」, 2011, 6면.

10) 한국입법학회, 위의 책, 8면 참조. 참고로 동법에서는 부칙을 마련하여 인터넷게임 중 심각한 인터넷게임 중독의 우려가 없는 것으로서 대통령령으로 정하는 기기를 이용한 인터넷게임에 대하여는 2년의 유예기간을 부과하였다.

2. 적용 대상: 인터넷게임 제공자

「청소년보호법」 제23조의3에서는 인터넷게임의 제공자는 16세 미만의 청소년에게 오전 0시부터 오전 6시까지 인터넷게임을 제공하여서는 아니 된다고 하고 있다. 「청소년보호법」 제23조의3에서 정의하는 '게임 제공자'는 특히 부가통신사업자를 의미한다. 「전기통신사업법」에 따르면 부가통신사업자란 기간통신사업자의 기간통신역무를 이용하여 기간통신사업자가 제공하지 않는 통신역무를 제공하는 사업자를 말하며, 인터넷에 웹사이트를 운영하는 모든 사업자가 이에 속한다.[11] 결국 어떠한 방식으로든 인터넷게임을 제공하는 사업자는 모두 게임 제공자에 포함할 수 있게 되어 셧다운 제도의 적용대상은 광범위하게 설정될 수 있다. 동법에서 게임 제공자를 판단함에 있어서는 제공의 기간, 방법, 장소, 목적 등을 전혀 고려하지 않는다. 예를 들어 인터넷게임을 주로 제공하든 아니면 다른 서비스에 부가하여 제공하든 모두 게임 제공자에 포섭될 수 있으며 제공 기간이 짧든 길든 혹은 일회성 제공이든 상관없이 인터넷게임을 제공하면 모두 게임 제공자에 포함된다. 사업자가 영리, 비영리든 상관이 없으며 온·오프라인에서 인터넷게임을 전시, 대여, 양도, 제공, 판매하는 행위가 모두 제공으로 포섭된다.[12]

이러한 해석에 따르면 인터넷게임 제공자의 예로는 ① PC 게임물을 제공하는 부가통신사업자(온라인 MMORPG 게임물 제공, 게임채널링 서비스 제공, 포털사이트나 웹사이트 SNS 서비스에 부가하여 PC 게임물 제공, 일시적으로 홍보용 이벤트 PC 게임물 제공), ② 네트워크 기능이 포함된 PC 게임물 네트워크 서비스를 제공하는 부가통신사업자, ③ 무선 모바일 게임을 다운로드 방식으로 제공하는 부가통신사업자, ④ 네트워크 기능이 포함된 콘솔게임물 네트워크 서비스를 제공하는 부가통신사업자 등을 들 수 있다.[13]

---

11) 「전기통신사업법」 제2조 및 제22조 참조.

12) 한국입법학회, 앞의 책, 9, 13면 참조.

13) 한국입법학회, 앞의 책, 9~11면 재정리.

3. 규제 대상 행위 및 처벌

「청소년보호법」 제26조 제1항에 따르면 상술한 인터넷게임 제공자가 16세 미만의 청소년에게 오전 0시부터 오전 6시까지 인터넷게임을 제공하는 것이 금지된다. 여기서 금지되고 있는 인터넷게임 제공 대상은 16세 미만의 청소년이다. 강제적 셧다운제에서 금지되고 있는 행위태양은 오전 0시부터 오전 6시까지 인터넷게임을 제공하는 것이다.[14] 특정 게임이 16세 미만 청소년들이 이용할 수 있도록 허용된 것이라도 무조건 강제적 셧다운제의 대상이 된다.

인터넷게임 제공자가 강제적 셧다운제를 위반하는 경우에는 2년 이하의 징역 또는 2천만원 이하의 벌금에 처해진다(법 제59조). 행위 금지 시간을 설정하고 처벌하는 다른 예로는 청소년 야간 PC방 출입제한 조치나 청소년유해매체물 방송 제한 조치가 있는데, 청소년 야간 PC방 출입 제한 조치를 위반하는 경우에 사업자는 1년 이하의 징역 또는 1천만원 이하의 벌금에 처해지고(「게임산업진흥에 관한 법률」 제28조 제7호, 제46조), 청소년유해매체물을 방송한 자는 2년 이하의 징역 또는 2천만원 이하의 벌금에 처해진다(「청소년보호법」 제18조, 제59조).

4. 문제 제기: 강제적 셧다운제와 청소년 보호, 표현의 자유

강제적 셧다운제는 인터넷게임에 대한 청소년의 과몰입을 막기 위하여 정부가 내놓은 대책이다. 만약 청소년의 게임 과몰입(중독)이 실제로 존재하는 현

---

14) 시간대를 설정하여 해당 시간대에 특정 행위를 금지하는 방식의 규범구조는 청소년 보호와 관련된 입법에서 흔히 사용되고 있다. 예를 들어 「게임산업진흥에 관한 법률 시행령」(대통령령) 제16조에서는 영업시간 및 청소년 출입시간제한 등을 규정하는 동법 제28조 제7호상의 영업시간 및 청소년의 출입시간을 구체적으로 설정하고 있는데, 이에 의하면 특히 청소년게임제공업자, 복합유통게임제공업자, 인터넷컴퓨터게임시설제공업자의 청소년 출입시간은 오전 9시부터 오후 10시까지로 한다고 하고 있다. 그리고 「청소년보호법」에서도 청소년유해매체물에 대한 방송시간 제한을 규정하며 특정 방송시간대에 이의 방송을 금지하고 있다(동법 제18조). 특히 동법 시행령 제19조에서는 청소년유해매체물을 방송하여서는 아니될 방송시간, 즉 청소년시청보호시간대를 구체적으로 설정하여 평일의 경우에는 오전 7시부터 오전 9시까지, 오후 1시부터 오후 10시까지로 하며, 토요일과 「관공서의 공휴일에 관한 규정」 제2조에 따른 공휴일 및 여성가족부장관이 정하여 고시하는 초등학교·중학교·고등학교의 방학기간동안에는 오전 7시부터 오후 10시까지로 하고 있다.

상이고 이것이 사회에 상당한 해악을 미친다는 점이 분명하다면, 강제적 셧다운제는 가장 강력하고 효과적인 대응책이 될 것이다. 특히 청소년은 의지가 박약하고 결정에 있어 미숙하다는 식의 청소년에 대한 후견주의적 관점에서는 게임 과몰입에 빠질 우려가 있거나 과몰입에서 헤어나지 못하는 청소년들을 국가가 나서서 보호하는 것은 그 자체로 충분한 정당성을 가질 것이다.

특히 「청소년보호법」 제27조 제1항에서는 인터넷게임의 지나친 이용으로 인하여 인터넷게임 이용자가 일상생활에서 쉽게 회복할 수 없는 신체적·정신적·사회적 기능 손상을 입은 것을 인터넷게임 중독이라 명명하며 이 현상의 심각성을 경고한다. 이러한 중독의 정의는 2009년 5월 22일 개정된 '국가정보화기본법' 제30조의 인터넷중독에 대한 정의부분에서 유래한 것으로, 인터넷게임이 내성과 금단현상 및 심리적 사회적 문제를 야기한다는 점을 강조하는 것이다.[15] 특히 '기능 손상'이라는 표현은 '장애인 차별금지 및 권리구제등에 관한 법률' 제2조에서 '장애'를 정의하며 사용한 신체적·정신적 손상 또는 기능 상실이라는 표현을 연상케 한다. 결국 「청소년보호법」에서는 지나친 인터넷게임 몰입이 장애와 비슷한 정도로 쉽게 회복할 수 없는 신체적·정신적·사회적 기능 손상을 야기하므로 그 보호의 필요성이 강조되며 강제적 셧다운제가 필요하다고 정당화한다.

그런데 제도와 관련하여 눈여겨볼 점은 국가에 의하여 허용된 문화적 콘텐츠·표현물을 많이 이용하는 것을 강제적 셧다운제가 규제하고 있다는 것이다. 「게임산업진흥에 관한 법률」에 따라 이루어지는 게임물의 등급분류는 강제적 셧다운제에 아무런 영향을 미치지 못한다. 청소년들이 이용할 수 있는 '전체이용가', '12세이용가', '15세이용가'의 등급분류를 받은 게임물도 정보통신망을 통하여 실시간으로 제공되는 인터넷게임인 경우에 모두 강제적 셧다운제의 적용대상이 된다. 등급분류를 통해 이미 이용이 허용된 표현물에 대한 규제는 이중규제에 해당할 수 있으며 게임제작자의 표현의 자유를 강하게 제한할 수도 있다.

등급분류로 대표되는 표현물 내용에 대한 규제를 넘어 이 규제를 통과한 표현물의 이용을 규제하는 강제적 셧다운제는 결국 표현물의 이용·소비 주체인 청소년을 규제 대상으로 삼고 있다. 상론하였듯이 선정성·폭력성에 대한 심

15) 여성가족위원회, "「청소년보호법 일부개정법률안(최영희 의원안)」 심사보고서", 2010, 11면.

사를 통한 표현물 자체의 규제에서는 표현물의 주된 제작·생산 주체인 성인의 표현의 자유가 주로 문제되고, 부수적으로 이러한 표현물에 대한 청소년의 접근권이 논의될 수 있었다. 하지만 허용된 표현물의 과도한 사용에 대한 규제에서는 오히려 청소년의 권리가 두드러지게 문제되며, 그와 버금가게 허용된 표현물의 제작·생산 주체인 성인의 표현의 자유가 문제된다. 즉 강제적 셧다운제에 있어서는 청소년의 보호라는 공익과 청소년의 권리 간의 충돌이 두드러질 수 있다.

청소년의 권리라는 측면에서 살펴보면, 다수의 참여자들 사이의 소통이 가능한 인터넷게임의 특성상 이에 대한 접속의 제한은 게임의 장을 통한 청소년들의 의사표현, 정보교환 등의 표현의 자유를 심각하게 침해한다고 볼 수도 있다. 온라인 게임물들에서는 다양한 방식의 채팅기능을 두고 있는데 많은 청소년들은 이를 통하여 게임물 자체에 대한 의사표현뿐만이 아니라 그 외의 다양한 의사표현을 교환할 수 있게 되었다. 따라서 특정 시간대에 게임물에 대한 강제적 접근 금지는 특정 시간대에 SNS에 대한 접근 금지 혹은 전화사용 금지와 유사한 효과를 낼 수도 있다. 비단 문자에 의한 의사표현을 넘어서, 게임 내에서 게임캐릭터를 사용하여 청소년들이 수행하는 퍼포먼스도 표현적 의미를 포함하는 행위로 파악할 수 있다. 결국 게임물이 갖는 복합콘텐츠, 복합영상매체물이라는 성격상 게임물에 대한 각종 규제는 인터넷상의 표현에 대한 각종 규제의 모습을 갖게 되고 표현의 자유에 대한 제한을 가져올 수 있는 것이다. 게임 내에서 전달되는 표현의 내용을 고려하지 않고 게임이라는 표현을 할 수 있는 가상의 공간, 광장에의 접근을 일정 시간 동안 원천적으로 봉쇄하는 방식의 제한은 과도한 제한이 될 수 있는 것이다.

또한 강제적 셧다운제는 사실상 가정 등 사적 공간 내에서의 게임이용에 적용된다는 특징을 갖는다. '인터넷컴퓨터게임시설제공업'에 해당하는 PC방의 경우에는 「게임산업진흥에 관한 법률」에 따라 밤 10시부터 다음날 오전 9시까지 청소년의 출입이 금지되므로, 이 시간에 청소년들이 게임을 할 수 있는 곳은 대부분 가정 등 사적 공간이기 때문이다.[16] 이에 따라 강제적 셧다운제는 가정

16) 황성기, "온라인게임 셧다운제의 법적 문제점", 「게임법제도의 현황과 과제」, 박영사, 2009, 193면.

이라는 사적 영역에 깊숙이 파고들어, 가정 내에서 청소년의 교육, 양육을 담당하는 부모의 역할·권한에 대한 제한을 가져올 수도 있다.17)

Ⅲ. 규제의 위헌성 검토: 헌법상 문화국가 원리를 중심으로

1. 강제적 셧다운제에 대한 헌법재판소의 판단 소개

강제적 셧다운제의 적절성에 대한 이러한 논란은 결국 헌법재판소 심판으로까지 이어졌다. 16세 미만의 청소년에게 오전 0시부터 오전 6시까지 인터넷게임 제공을 금지한 「청소년보호법」 조항에 대한 헌법소원심판청구에 있어 헌법재판소는 청소년의 건전한 성장과 인터넷게임 중독 예방이라는 목적 수행에 있어 당해 조항이 청소년의 일반적 행동자유권, 부모의 자녀교육권 및 인터넷게임 제공자의 직업수행의 자유를 과도하게 제한하지는 않는다며 기각 결정을 내렸다.18) 재판관 7인이 참여한 합헌의견에서는 인터넷게임 특유의 게임과몰입(중독) 현상을 인정하며 이를 예방하기 위한 조치로서의 강제적 셧다운제가 과잉금지원칙을 위배하지는 않았다고 판단하였다. 반대의견에서는 게임에 대한 사회적 편견을 문제 삼으며 「게임산업진흥에 관한 법률」 제12조의3 제1항 제3호의 선택적 셧다운제가 강제적 셧다운제보다 덜 침해적인 수단이라는 점에서 강제적 셧다운제가 과잉금지원칙을 위반하였다고 결론내렸다.

인터넷게임의 문화적 가치를 인정한다면 심판대상조문을 문화에 대한 규제입법으로 볼 수 있어 문화영역에서의 국가의 역할(혹은 그 한계)에 대한 논의

17) 헌법재판소는 과외금지 사건에서 “자녀의 양육과 교육에 있어서 부모의 교육권은 교육의 모든 영역에서 존중되어야 하며, 다만, 학교교육에 관한 한, 국가는 헌법 제31조에 의하여 부모의 교육권으로부터 원칙적으로 독립된 독자적인 교육권한을 부여받음으로써 부모의 교육권과 함께 자녀의 교육을 담당하지만, 학교 밖의 교육영역에서는 원칙적으로 부모의 교육권이 우위를 차지한다”고 판시하며 삼면관계를 설정하였다. 헌재 2000. 4. 27. 98헌가16등 (병합) 그리고 야간학원교습금지 사건에서도 헌법재판소는 이러한 삼면관계의 기본틀을 인정하며, 해당 조치가 가정 밖의 교육에 대한 문제이므로 국가의 관여가 허용되고, 야간에도 가정 내에서의 교습은 부모의 교육권에 따라 인정될 수 있다고 판시하였다. 헌재 2009. 10. 29. 2008헌마635.

18) 헌재 2014. 4. 24. 2011헌마659등 결정, 판례집 26-1하, 176면 이하.

도 심판에 있어 다뤄질 수밖에 없었다. 헌법재판소가 그동안 문화국가원리를 정립하여 헌법상 기본원리로 인정하여왔지만, 헌법재판소 다수의견은 청소년 보호 논의에 집중한 나머지 문화국가원리 등 문화규제 관련 논점에 대해서는 제대로 검토를 하지 않았다.[19] 오히려 헌법재판소 반대의견은 문화국가원리를 강조하며 심판대상조문의 위헌성을 확인하는 논증의 전제로써 이를 활용하였다.[20] 다만 사안에서 문제된 기본권 침해여부에 대한 판단에 있어서 구체적인 심사기준으로까지는 문화국가원리를 활용하지 않았다.[21]

이러한 헌법재판소의 태도는 문화국가원리의 헌법적 위상과 속성에 기인한다고 보인다. 비록 헌법재판소와 헌법학계 일반이 문화국가원리를 헌법의 기본원리 중 하나로 인정하고 있지만,[22] 우리 헌법에 문화국가원리에 대한 명문 규정이 존재하지 않는다는 점에서, 그리고 '문화국가(Kulturstaat)'라는 개념이 독일의 근대화 과정에서 국가 주도의 문화진흥계획의 맥락에서 생성되어 문화국

19) 황성기, "청소년 보호와 국가후견주의의 한계－헌재 2014. 4. 24. 2011헌마659등(병합), 청소년보호법 제23조의3 등 위헌확인의 평석을 중심으로－", 「법학논총」(한양대) 제31집 제3호, 2014, 39~40면.

20) 헌재 2014. 4. 24. 2011헌마659등 결정, 판례집 26-1하, 199면 참조.

21) 이러한 태도는 헌법재판소의 다른 결정례에서도 비슷하게 나타나는데, 학교 정화구역 내에서의 극장시설 및 영업을 금지하고 있는 「학교보건법」 제6조 제1항 본문 제2호 등에 대한 헌법불합치결정(이하 '극장판결')에 있어 헌법재판소는 문화정책은 문화가 생겨나는 주변 풍토를 조성하는 방식으로 마련되어야 하며 대중문화·서민문화 등 모든 문화장르의 조성에 대한 배려가 필요하다며 문화국가원리를 구체화하였음에도 불구하고, 이 논의는 위헌논증에 있어 전제 혹은 서론 정도로 활용되었다. 헌재 2004. 5. 27. 2003헌가1등 결정, 판례집 16-1, 679면. 반면에 「학원의 설립·운영에 관한 법률」 제22조 제1항 제1호 등 위헌제청사건에서 헌법재판소는 교육문화영역에의 국가 개입의 한계를 설정하여 문화국가원리를 구체화하면서 이를 비례의 원칙에 따른 심사 시 판단의 근거로 적극 활용하였다(헌재 2000. 4. 27. 98헌가16등 결정). 이에 대해서는 후술한다.

22) 김수갑, "한국헌법에서의 「문화국가」 조항의 법적 성격과 의의", 『공법연구』 제32집 제3호, 2004; 김철수, 『헌법학신론』 제21전정신판, 박영사, 2013, 120~121면; 김철수, 『학설판례 헌법학』 전정신판, 박영사, 2009, 264면 이하; 류시조, "한국 헌법상의 문화국가원리에 관한 연구", 『헌법학연구』 제14권 제3호, 2008; (사)한국헌법학회, 『헌법주석[I]』, 박영사, 2013, 269면 이하; 성낙인, 『헌법학』 제14판, 법문사, 2014, 290면 이하; 이인호, "문화에 대한 국가개입의 헌법적 한계－한글전용정책의 헌법적 문제점을 포함하여－", 『공법연구』 제43집 제1호, 2014; 장영수, 『헌법학』 제8판, 홍문사, 2014, 225면 이하; 전광석, "헌법과 문화", 『공법연구』 제18집, 1990; 한수웅, 『헌법학』 제4판, 법문사, 2014, 350면; 홍성방, 『헌법학(상)』 제2판, 박영사, 2013, 225면 이하 참조.

가원리라는 용어가 문화에 대한 국가의 과도한 개입을 지지하는 것으로 오해를 불러일으킬 수 있다는 점에서 이를 헌법적으로 수용할 수 없다는 반론이 제기되어왔다.[23] 또한 헌법상 기본원리도 심사기준으로 활용될 수 있다는 일반적 논의에도 불구하고 문화국가원리는 내용에 있어 지극히 추상적이어서 그 구체적인 원칙들을 제시하지 않는 이상 헌법재판에서 적극 활용되기에는 곤란하기도 하다. 특히 헌법재판소가 일반적으로 개별헌법조문의 구체적인 권리에 대한 침해성을 중심으로 입법이나 정책의 위헌성을 판단하므로, 문화국가원리가 구체적인 심사기준으로 활용되려면 먼저 어떠한 권리들이 문화국가원리와 연결되고 이를 구체화하는지를 확정해야 한다는 점도 헌법재판에 있어 문화국가원리의 적극적 활용을 어렵게 한다.

헌법은 국가와 시민사회의 모든 영역에 있어 합의된 근본적이고 핵심적인 가치들의 목록이라는 관점에서 보면 헌법이 문화영역에 있어 기본적 가치를 드러내고 이를 규범적 원리로 제시하는 것은 자연스럽다. 헌법재판소와 헌법학자들이 활용하는 문화국가원리를 문화영역에 있어서 헌법규범적 원리를 지칭하는 개념으로 보다 명확하게 획정한다면, '문화'라는 개념이 불확정적이고 개방적이라는 이유에서 혹은 '문화국가'라는 개념의 태생과 도입 의도가 의심스럽다는 이유에서 문화국가원리에 관한 논의를 배척하기보다는, 현재 우리 공동체에서 문화영역에 대하여 합의하고 있는 근본적 가치와 규범적 원리를 드러내고 실현한다는 측면에서 문화국가원리 논의를 분명하고 깊이 있게 접근할 필요가 있다. 게다가 문화국가원리가 국가와 문화의 관계를 설정한다고 보면 문화영역에 대한 국가개입의 정도를 정함에 있어 문화국가원리에 대한 논의는 활용도가 높을 것이다. 그러한 틀에서 문화국가원리를 상세히 논하고 강제적 셧다운제의 위헌성 여부를 검토해 볼 수 있을 것이다.

---

23) 권영설, "문화와 법: 역동적 관계의 진화", 『선진국가를 위한 공법적 과제(2014년 공법학자대회 자료집)』, 2014, 3, 9면; 이종수, "문화기본권과 문화법제의 현황 및 과제", 『선진국가를 위한 공법적 과제(2014년 공법학자대회 자료집)』, 2014, 26면; 정종섭, 『헌법학원론』 제9판, 박영사, 2014, 245면 참조.

2. 국가, 헌법, 그리고 문화

(1) 문화의 개념

일반적으로 '문화'라는 개념이 포괄적이고 추상적이라 평가되더라도, 국가와 문화의 관계를 논함에 있어서는 먼저 '문화'가 무엇을 의미하는지 논의대상을 최대한 명료하게 할 필요가 있다. 자연에 대한 경작, 돌봄을 뜻하는 라틴어 cultura에 어원을 두고 있는 '문화'는 본래 자연에 인간의 활동이 가해진 것을 의미하며 시간이 흘러 교양·예술 등의 의미를 갖게 되었다.[24] 문화인류학의 시조라 불리는 타일러(Edward Burnett Tylor)는 문화를 "지식, 신앙, 예술, 도덕, 법률, 관습, 기타 및 인간이 사회의 성원으로서 획득한 능력이나 습성의 복합적인 전체"[25]라 정의 내렸는데, 이에 따르면 문화란 자연에 인간의 활동이 가해진 것을 의미하며, 인간에 의하여 만들어진 모든 것이자 사회 내에서 공유되는 전형적인 생활양식, 가치관 및 행위양식의 총체라 할 수 있다.[26] 한편 문화비평가인 윌리엄스(Raymond Williams)는 문화에 대한 정의를 세 가지 범주에서 시도하는데, 첫째, 문화를 '이상'으로 보는 관점에서는 문화는 절대적이거나 보편적인 가치의 견지에서 인간의 완성 상태 혹은 완성 과정이라 정의내리며, 둘째, 문화를 '기록'으로 보는 관점에서는 문화는 세밀한 방식으로 인간의 생각과 경험을 다양하게 기록하는 지적이고 상상력이 깃든 작품의 총체라 정의내리고, 셋째, 문화를 '사회적' 관점에서 바라보아 문화는 예술이나 학문에서뿐만 아니라 제도나 일상적 행위에서 어떤 의미나 가치를 표현하는 특정한 삶의 방식이라 정의

---

24) 최연구, 『문화콘텐츠란 무엇인가』, 살림, 2006, 6~8면. 경작이라는 의미를 넘어 정신과 영혼의 함양을 뜻하기도 하였으며 르네상스 시대에 접어 들어서는 문명(civilization)이란 개념과 혼용되었다. 이종수, 앞의 글, 23면.

25) Edward Burnett Tylor, Primitive Culture: Researches into the Development of Mythology, Philosophy, Religion, Art, and Custom, Cambridge University Press, 2010. 초판은 Primitive Culture, London: John Murray, 1871.

26) 이를 총체론적 관점(totalist view)이라고 표현하기도 하는데(정종섭, 앞의 책, 242면), 비슷한 관점에서 인류학자 클리포드 기어츠(Clifford Geertz)는 문화는 삶에 관한 지식과 태도를 전달하고 유지하고 전개하는 상징 시스템으로 역사적으로 계승된다고 설명한다. 클리포드 기어츠, 문옥표 역, 『문화의 해석』, 까치, 2009; 아야베 쓰네요, 이종원 역, 『문화를 보는 열다섯 이론』, 인간사랑, 1987, 194면 참조.

내린다.[27] 이러한 정의에 따르면 문화란 결국 일상의 삶을 의미하며 사람들이 타인·사회와의 관계를 통해서 사고하고 행위하면서 끊임없이 의미를 재생산하고 재구성해가며 이를 커뮤니케이션을 통해 확대하는 과정이라 정리해 볼 수 있다. 이런 관점에서 문화는 고정된 사고 체계가 아닌 역동적인 것이 되며 전통적으로 대표적 문화영역으로 꼽히는 예술을 넘는 광의의 개념이 된다.

규범학적 관점에서 문화를 정의하는 경우에도 문화 개념은 확장적이고 포괄적인 특성을 가진다.[28] 물론 좁은 의미에서 문화를 설명하는 입장도 있는데, 문화를 국가와 특별한 관계를 가지는 인간의 정신적·창조적 활동영역으로 파악하며, 정치·경제·사회의 영역과 구별하여 교육·학문·예술·종교 등이 이에 해당한다고 본다.[29] 하지만 사회화과정을 통해 학습되며 세대에서 세대로 이어지며 축적되고 변한다는 문화의 속성을 고려하여, 많은 연구에서는 교육·학문·예술·종교와 같은 전통적 문화영역 외에 공동체의 관념적 재생산과 연관된 영역들까지 넓게 문화개념에 수용하기도 한다.[30] 2013년 12월 30일 제정되고 2014년 3월 31일부터 시행된 「문화기본법」에서는 문화를 "문화예술, 생활양식, 공동체적 삶의 방식, 가치 체계, 전통 및 신념 등을 포함하는 사회나 사회 구성원의 고유한 정신적·물질적·지적·감성적 특성의 총체"[31]로 정의하는 등 문화학계의 광의의 문화 개념을 수용하였다.

---

27) 레이먼드 윌리엄스, 성은애 역, 『기나긴 혁명(The Long Revolution)』, 문학동네, 2007.

28) 권영설, 앞의 글, 6면.

29) 성낙인, 앞의 책, 290면; 홍성방, 앞의 책, 227면.

30) 상술한 에드워드 타일러의 문화에 대한 광의적 정의와 유사한 정의를 하는 연구들로는 김수갑, 앞의 글, 182면; 류시조, 앞의 글, 305면; (사)한국헌법학회, 앞의 책(주 6), 270면; 장영수, 앞의 책, 225면; 홍성방, 앞의 책, 226~227면 참조. 이러한 입장에서는 예를 들어 신문·방송·스포츠·문화재 등도 법에 있어 문화를 다룰 때 그 개념에 포함시킬 필요가 있다고 한다.

31) 이러한 정의는 유네스코에서의 문화에 대한 정의를 근거로 하였는데 유네스코의 문화의 정의는 다음과 같다. "가장 넓은 의미에서, 문화는 한 사회 또는 사회집단을 특정 짓는 고유의 정신적, 물질적, 지적, 그리고 정서적인 특성들의 총체로 고려되어도 좋겠다. 예술, 언어, 문학에 추가해서, 문화는 생활양식, 인간의 기본권, 가치체계, 전통 그리고 신념들을 포함하고 있다"(Unesco, Mexico City Declaration on Culture Policy, 1982. 9).

(2) 헌법상 문화국가원리

헌법 명문에는 '문화국가' 혹은 그 원리에 대한 직접적인 언급이 존재하지 않는다. 다만 '문화'라는 용어는 현행헌법에서 다섯 번에 걸쳐 언급을 하고 있는데 우선 전문에서 "… 정치·경제·사회·문화의 모든 영역에 있어서 각인의 기회를 균등히 하고…"라 하여 문화영역에 있어 기회균등과 자유를 강조하고 있다. 그리고 헌법 제9조에서는 "국가는 전통문화의 계승·발전과 민족문화의 창달에 노력하여야 한다"고 하여 전통문화·민족문화의 발전에 대한 국가의 의무를 규정하며, 제11조 제1항에서는 "누구든지 성별·종교 또는 사회적 신분에 의하여 정치적·경제적·사회적·문화적 생활의 모든 영역에 있어서 차별을 받지 아니한다"고 하여 문화적 영역에서의 차별금지를 명시하고 있다. 또한 헌법 제69조에서는 대통령 취임선서에 '민족문화의 창달'에 대한 노력을 포함시키고 있다.

이들을 정리해보면 현행헌법에서 '문화'를 다루는 경우는 첫째, 전문이나 헌법 제11조 제1항에서와 같이 문화영역에 있어 기회균등·차별금지 등의 평등권 보호에 대한 부분과 둘째, 헌법 제9조 혹은 제69조와 같이 전통문화 계승·발전과 민족문화 창달 등의 문화에 대한 국가적 개입을 규정하고 있는 부분으로 정리된다. 전자는 문화 혹은 문화활동에 있어 자율성을 전제로 하여 그 평등을 보장하는 것으로 해석되며 후자는 자본에 기반을 둔 문화권력에 의해 소외될 수 있는 문화영역의 다양성과 평등을 보장하는 측면에서 전통문화·민족문화에 대한 국가의 특별한 보호·육성을 의미하는 것으로 이해할 수 있다.[32)]

나아가 문화의 전통적 영역인 교육·학문·예술·종교 등에 있어 자유를 보장하는 각종 기본권 규정들이 우리 헌법에 존재한다는 점에서, 그리고 헌법 제10조 등을 통하여 문화향유권이 도출된다는 점에서 문화활동 및 문화향유 전반에 대한 권리 보호도 국가와 문화의 관계를 정립함에 있어 살펴보아야 할 중요한 헌법적 사항이다. 결국 우리 헌법에서는 문화에 있어 자율성(자유)를 전제로 하여 차별에 대한 시정이라는 측면에서, 그리고 전통문화·민족문화 발전·창달이라는 측면에서 국가의 개입을 인정하고 있다. 개입을 규제적 개입과 진흥(지

32) 민족문화 창달에 관한 헌법규정이 제8차 개헌(제5공화국 헌법)에서 만들어졌고 결국 이는 관제문화를 형성하고 이를 사용한 강압정치에 목적을 둔 것이 아닌지 의문을 제기하는 입장은, 권영설, 앞의 글, 9면 참조.

원)적 개입으로 나누어 볼 수 있다면, 전통문화·민족문화 발전·창달은 진흥적 개입이므로, 결국 문화에 대한 규제적 개입은 문화의 자율성을 보장하며 다만 문화소외·불평등의 해소라는 측면에서 이루어져야 한다는 원리가 정립될 수 있다.

(3) 문화국가원리에 대한 헌법재판소의 논의

헌법재판소는 헌법 해석을 통하여 문화국가원리를 정립하며 이를 헌법의 기본원리로 보고 있다.[33] 대표적으로 헌법재판소는 '극장판결'에서 문화국가원리를 정립하며 그의 구체적 내용을 제시하였다.[34] 이 판결에서는 국가와 문화의 관계가 '국가의 적극적 문화간섭'에서부터 '문화의 자율성을 존중'하는 식으로 다양할 수 있다고 본다. 다만 헌법전문, 헌법 제9조, 그리고 정신적 기본권으로 양심과 사상의 자유, 종교의 자유, 언론·출판의 자유, 학문과 예술의 자유 등의 조항을 토대로 보면, 원칙적으로 문화는 사회의 자율영역에 맡기되, 엘리트문화뿐만 아니라 서민문화, 대중문화도 그 가치를 인정받아 다양한 문화가 창조될 수 있도록 국가는 기회 혹은 풍토를 조성하는 것이 헌법상 국가와 문화의 바람직한 관계라고 헌법재판소는 설명한다.

이 판결은 특히 문화영역에서의 자율보완 그리고 평등·다양성 추구라는

---

33) 문화국가원리를 인정하더라도 이를 헌법상 기본원리로 볼 수 있는지에 대하여는 의견이 분분하다. 김수갑, 앞의 글, 188~192면; 장영수, 앞의 책, 226면; 홍성방, 앞의 책, 226면 참조. 헌법상 기본원리는 국체(정체)에 대한 규정, 국가와 국민의 관계에 대한 규정, 국가의 이념(목적)을 표현하는 규정, 국가와 다른 국가의 관계에 대한 규정들이 제시한 원리에 한정한다고 보면(홍성방, 앞의 책, 102면), 문화국가원리가 헌법상 기본원리로 인정될지 여부는 '문화'의 범위를 어떻게 확정하느냐의 문제와 상당히 연결되어 있음을 알 수 있다. 문화개념을 광의적으로 접근하여 공동체 내의 관념적 재생산이나 일상적 삶의 양식까지 포함시켜 이해한다면 문화는 시민들의 삶 그 자체를 의미하게 되고 이에 관여되는 문화국가원리는 국가전체의 기본질서이자 이념규정이자 국가와 국민의 관계에 대한 근본 규정이 될 수도 있다. 반면 문화를 교육·학문·예술·종교 등의 정신적 창조영역에 국한시켜 정의하는 경우에 문화국가원리가 국가이념에 관한 헌법상 핵에 해당할 수 있는지는 명확하게 단정하기 어렵다. 다만 어떠한 경우에든 문화국가원리가 문화영역에 대한 국가정책을 마련하는데 있어 고려해야 할 최상의 헌법적 원칙들을 제시하고 있다는 점은 부인할 수 없다. 여러 헌법조문들, 권리 규정에 기반한 원리임이 분명하다는 점에서 문화국가원리는 문화영역에서 준수되어야 할 기본적 헌법원리라고 할 수 있을 것이다.

34) 헌재 2004. 5. 27. 2003헌가1등 결정, 판례집 16-1, 678면.

문화영역에 대한 국가개입의 발동요건을 명확히 하고 있다는 점에서 의의가 있다. 또한 문화국가원리 하에서 문화영역에 대한 국가의 개입 방식, 즉 문화정책의 방향도 설정하고 있는데 문화영역에 대한 개입 시에 국가는 문화 자체에 대한 직접적·조정적 개입보다는 문화풍토를 조성하는 식의 간접적·조성적 개입방식을 선택해야 하고 어떠한 장르의 문화에 대해서도 불편부당의 원칙을 준수하여야 한다는 것이다. 그리고 이 판결은 문화국가원리는 헌법전문이나 총강의 조항에서뿐만 아니라 기본적 인권, 특히 정신적 자유권에 대한 구체적 조문에서 도출될 수 있다고 하여 결국 실제에 있어서 문화국가원리는 정신적 자유권의 행사에 의하여 구체화되고 실현될 수 있음을 분명히 하였다.

또한 과외교습을 금지한「학원의 설립·운영에 관한 법률」제22조에 대한 위헌결정(이하 '과외교습판결')에서도 헌법재판소는 문화국가이념(원리)을 토대로 국가와 문화영역(교육영역)의 적절한 관계에 대하여 논증하였다.[35] 헌법재판소는 교육이 문화의 영역의 일종이라고 보는 전통적인 문화 개념을 수용하고, 교육문화에 대한 사적 영역의 자율성을 인정하고 이를 장려해야 함을 천명하며, 다만 사적 영역에서의 교육문화의 자율성이 자본력의 차이 등을 이유로 훼손되면 그 불평등을 해소하기 위하여 국가가 문화에 관여할 수 있음을 확인하였다. 즉 '극장판결'과 유사한 맥락에서 문화영역에 대한 국가개입의 발동요건을 명시하였다. 그리고 그러한 불평등을 해소하기 위하여 국가는 사적 영역에서의 교육문화조성을 금지시키는 방식이 아닌 의무교육의 확대 등 적극적인 급부활동을 통하여 사인 간의 교육기회의 불평등을 해소하는 방식을 선택해야 한다고 하여 문화영역에 대한 국가의 개입방식도 설명하고 있다. 또한 이 판례는 가족제도의 보호와 가족제도의 자율성을 문화국가의 전제요건으로 보며 사안에서 부모의 자녀교육권은 문화국가원리를 구체화하는 기본적 인권으로 파악하였고, 그에 따라 심판대상조문의 위헌성을 비례의 원칙으로 심사하는 과정에 있어 부모의 자녀교육권 침해 여부 판단의 근거로 문화국가원리를 적극 활용하였다는 점에서 의의가 크다.

이상의 헌법재판소 판례들은 헌법해석을 통하여 국가와 문화의 이상적 관계에 대한 규범적 원리를 정립하며 나아가 원리의 구체적 내용, 즉 문화영역에

35) 헌재 2000. 4. 27. 98헌가16, 98헌마429 결정, 판례집 12-1, 451면.

대한 국가개입의 상황(발동요건)과 방식(개입방식) 또한 제시하였다.[36] 그리고 헌법상 문화국가원리를 실천함에 있어 매개가 되는 구체적 권리를 확정하려고 하였고, 관련하여 문화국가원리의 관철 가능성(사법적 집행 가능성), 헌법에서의 도출 가능성에 주목하여 원리의 대상이 되는 문화를 교육·학문·예술·종교 등의 전통적 문화영역에 한정했다. 또한 국가의 문화(규제)정책에 대한 합헌성심사에 있어 문화국가원리가 어떠한 방식으로 판단의 근거로 작동할 수 있는지를 보여주었다는 점에서 상당한 의의가 있다.

(4) 문화영역에 대한 국가개입의 발동요건 및 개입방식의 구체화

우리 헌법과 그 해석론에 따르면 문화국가원리는 결국 문화 창조에 있어 자율성을 최대한 보장하고 문화의 창조나 향유에 있어 차별을 철폐하고 다양한 문화가 생성될 수 있게 후원·육성하는 차원에서 문화영역에 대한 국가개입이 가능하다는 것이다. 문화국가원리의 구체적 내용은 결국 문화영역에 대한 국가개입의 발동요건과 그 개입의 방식으로 구분지어 정리해 볼 수 있다. 이는 원리를 구체화하는 원칙이며, 원리에 입각하여 실제 사례를 판단함에 있어 구체적 준거가 될 것이다. 그런데 헌법상의 기본원리, 그리고 그 외의 헌법 원리도 다른 헌법적 원리, 가치, 기본권의 보호와 실현을 위해서 일정부분 제한될 수 있는데, 국가안전보장·질서유지·공공복리와 같은 기본적 인권 제한 사유 역시 헌법 원리를 제한할 수 있다. 따라서 문화국가원리도 특정한 경우 제한될 수 있고 이는 다름 아닌 문화영역에 대한 국가개입의 발동 요건이 된다. 특히 문화영역에 있어서는 청소년보호라는 공익을 추구하기 위하여 제한 논의가 전개되는데 그러한 맥락에서 기본적 인권 제한 사유는 문화영역에 대한 국가개입의 발동요건으로 추가해 볼 수 있다.

---

36) 이를 문화국가원리의 해석지침으로 파악하며 세부적으로는 "첫째, 우리 헌법이 지향하는 문화국가에 있어서 '문화'란 '개별성·고유성·다양성·개방성'을 그 본질적 속성으로 한다. 둘째, 이러한 문화가 꽃피기 위해서는 '사회의 자율성과 사상의 다양성'이 불가결의 조건이다. 셋째, 국가의 과제는 이러한 문화가 생겨날 수 있는 문화풍토의 조성에 있다. 넷째, 문화지원 내지 문화풍토의 조성에 있어서 특정 문화현상을 선호하거나 우대하지 않는 불편불당의 원칙이 준수되어야 한다"고 정리하는 견해는 이인호, 앞의 글, 5면 참조.

헌법상 문화국가원리의 구체적 내용 - 문화정책이 준수해야 할 원칙들

원칙 0 (핵심 내용) 문화의 기본적 속성인 자율성·창조성 보장을 위하여 국가는 문화에 원칙적으로 개입할 수 없지만 원칙 1의 특정한 경우에 개입이 허용된다. 이러한 개입은 문화창조·향유에 있어 자유와 평등 보장을 목표로 한다.

원칙 1 (국가개입의 발동요건) 국가개입이 허용되는 특정한 경우라 함은 다음과 같다.

(1) 자율성 보장을 위해 필요한 경우: 자본 등 비국가권력체계에 의하여 문화의 자율성이 위협받고 왜곡·침해되는 경우, 다양한 문화(전통문화, 민족문화 포함) 창조를 위한 환경 조성이 필요한 경우

(2) 문화영역의 차별 시정을 위해 필요한 경우: 외국문화에의 종속으로 인한 전통문화 및 소외문화 차별, 문화장르에 따른 차별 등으로 평등·다원성이 침해된 경우

(3) 국가안전보장·질서유지·공공복리(청소년 보호)를 위하여 필요한 경우

원칙 2 (개입방식) 국가가 문화에 개입할 때 그 방식은 다음과 같다.

(1) 공정성과 중립성을 확보해야 한다. 특정문화에 대한 특혜부여나 차별대우는 인정될 수 없고 어떠한 종류의 문화도 배려하는 불편부당의 원칙을 준수하여야 한다.

(2) 문화에 대한 직접적·조정적 개입을 지양하고, 문화의 풍토를 대상으로 하여 다양한 문화가 생성될 수 있는 환경(여건)을 조성하여야 한다.

(3) 불평등 해소를 위한 개입 시에 사적 영역에서의 문화조성을 금지시키는 방식이 아닌 (차별받는 영역에 대한) 적극적인 급부활동을 통하여 불평등을 해소해야 한다.

이러한 구체적 원칙들은 관련된 법률에서도 확인될 수 있다. 2013년 12월 30일 제정되고 2014년 3월 31일부터 시행된 「문화기본법」에서는 제7조[37]에서 문화정책 수립·시행상의 기본원칙을 제시하고 있는데, 국가의 문화정책의 통일적 방향을 설정하는 기본법에 명시된 가이드라인이라는 점에서 중요한 함의가 있다.[38]

---

37) 제7조 국가와 지방자치단체는 문화정책을 수립하고 시행할 때에는 다음 각 호의 사항을 충분히 고려하여야 한다. 1. 문화의 다양성과 자율성이 존중되고 문화의 창조성이 확산되도록 할 것. 2. 국민과 국가의 문화 역량을 높이기 위한 지원을 하고 여건을 조성할 것. 3. 문화 활동 참여와 문화 교육의 기회가 확대되고, 문화 창조의 자유가 보장되도록 할 것. 4. 차별 없는 문화복지가 증진되도록 할 것. 5. 문화의 가치를 존중하고 문화의 역동성을 높일 수 있을 것. 6. 문화의 국제 교류·협력을 증진할 것.

이 법에서도 앞서 정리한 원칙들과 마찬가지로 문화의 자율성, 창조성, 다양성을 보장하고 문화의 여건(풍토)을 조성하고 장르에 상관없이 문화의 가치를 존중하며 문화의 자유로운 창조, 그리고 그 결과물에 대한 차별 없는 향유를 보장하는 방식으로 문화정책이 이루어져야 함을 분명히 하고 있다. 결국 문화기본법의 제정·시행은 앞서 정리한 문화국가원리의 구체적 원칙이 우리 법질서에서 발견할 수 있는 정합적인 원칙들이며 국가영역에 현실적으로 적용될 수 있는 적정한 내용임을 확인해주고 있다.

3. 헌법재판에 있어 문화국가원리의 실현

(1) 권리규정을 통한 구체화

문화정책을 포함하여 입법정책에 대한 헌법재판에 있어서 일반적으로 그 판단의 출발점은 입법정책에 의하여 침해된다고 주장되는 기본적 인권의 존재에 대한 확인에 있다. 그리고 심사과정 전반에 있어 헌법재판소는 헌법 제37조 제2항의 비례의 원칙에 따라 입법정책에 의한 기본적 인권의 제한의 적절성을 판단한다. 이러한 일반적 심사구조에 있어 기본적 인권 규정으로 구체화되거나 그에 연결되지 않는 헌법적 원리는 입법정책에 대한 헌법심사에 있어 전제(서론)적 논의만 제공할 뿐 구체적인 판단기준으로 활용되기는 어렵다.[39] 문화국가원리와 그 구체적 원칙들이 실현되기 위해서는 헌법재판에 있어 관철가능성을 확보해야 하는데 이를 위해서는 결국 문화국가원리를 구체화한다고 평가할 수 있는 기본적 인권들을 확정하고 이를 제한하는 문화정책의 적절성을 비례의 원칙에 의하여 판단하는 식으로 헌법재판이 이루어져야 한다.

문화국가원리 자체가 헌법상 전문과 총강뿐만 아니라 기본적 인권 규정들에서 도출된다는 헌법재판소의 해석론[40]에 따르면 문화국가원리는 권리기반적

---

38) 비슷한 취지의 논의는 김연진, “문화기본법 제정의 의미와 과제”, 『한국정책학회 하계학술대회 겸 국제학술대회 발표자료』, 2013, 309면 참조.

39) 다만 헌법의 기본원리로 인정되는 법치주의의 경우 그 파생원칙으로 명확성원칙, 신뢰보호원칙, 포괄적 위임입법금지의 원칙 등이 도출되어 과잉금지의 원칙과 나란히 중요한 위헌성 판단 심사기준으로 활용되기도 한다. 김하열, 『헌법소송법』, 박영사, 2014, 262면.

40) 헌재 2000. 4. 27. 98헌가16등 결정; 헌재 2004. 5. 27. 2003헌가1등 결정.

(right－based) 원리라 볼 수 있다. 그리고 이러한 원리는 권리를 매개로 구체화되고 실현될 것이다. 따라서 헌법재판소가 문화국가원리의 도출 근거로 삼았던 권리들, 즉 양심과 사상의 자유, 종교의 자유, 언론·출판의 자유, 학문과 예술의 자유는 문화국가원리의 근간이자 문화국가원리를 실현하는 문화적 권리들이라 분류할 수 있다.[41] 또한 이러한 자유들을 뒷받침해주는 문화창조와 문화향유에 있어 일반적 행동자유권·행복추구권(인간의 존엄과 가치)과 이러한 자유로 인한 문제들을 교정해줄 수 문화영역에서의 평등권·사회권(복지권) 역시 문화국가원리 구현에 필수적인 기본적 인권목록으로 꼽을 수 있다.[42] 물론 문화개념을 '제도나 일상적 행위에서 어떤 의미나 가치를 표현하는 특정한 삶의 방식'까지 넓힐 경우에는 거의 모든 헌법상 권리가 이에 연관된다고 볼 수 있지만, 헌법재판소는 예술('극장판결')과 교육('과외교습판결') 관련 문화정책에 대한 심사에 있어 이들과 같은 전통적 문화영역에 관련된 기본권들을 문화국가원리를 구체화하는 권리들로 설정하고 있다. 결국 이러한 전통적 문화영역에 관련된 정책에 대한 심사에 있어서는 구체적 권리성을 갖춘 정신적 자유권과 평등권을 토대로 그 침해 여부를 판단하게 된다.[43] 나아가 확장되는 문화의 개념범주를 규범 내로

---

41) 문화적 기본권이 규범적으로 정립되기에는 불충분하다는 회의적인 논의(이종수, 앞의 글, 29~30면 참조)가 있지만 최근 시행된 「문화기본법」 제4조에서는 "문화 표현과 활동에서 차별을 받지 아니하고 자유롭게 문화를 창조하고 문화 활동에 참여하며 문화를 향유할 권리"인 문화권이 국민에게 있음을 선언하였다. 그리고 1966년 국제법적으로는 이미 오래 전부터 문화적 권리들이 인정되고 있다. 대표적으로 유네스코 총회는 '국제 문화협력에 관한 원칙 선언'을 채택하면서 '문화권리'를 직접 언급하기도 했고 1968년 개최된 '인권으로서 문화권'에 관한 전문가 회의에서는 '인권으로서의 문화권에 관한 성명'이 발표되어 노동권, 여가권, 사회보장권에 이어서 '문화권(cultural rights)'이라는 개념을 구축해야 한다고 제안했다. 김기곤, "한국사회의 문화권 구성과 제도화", 『민주주의와 인권』 제11권 제2호, 2011, 211면.

42) 성낙인, 앞의 책, 293면; 이종수, 앞의 글, 28~29면; 전광석, 『한국헌법론』, 집현재, 2014, 139면.

43) 문화권은 국가에 대한 적극적인 문화복지 요구와 관련하여 사회권적인 성격도 지닐 수 있는데 그 경우 권리의 법적 성격은 객관적 법질서에 가깝고 구체적 권리성을 담보하기 어려울 수도 있다. 이러한 맥락에서 이상에서 도출된 문화국가원리의 구체적 원칙들도 일반 국민이 국가에 요구할 수 있는 적극적 권리의 내용이라기보다는 자유권으로서의 문화권에 국가가 개입할 때 준수해야 할 원칙(입법정책에 있어 가이드라인)으로 정리된다. 사회권으로서의 문화권을 인정하고 문화복지 개념을 헌법적으로 수용할지의 문제는 추후 별도의 고찰이 필요할 것이다.

받아들일 필요가 있지만 이에 있어 문화국가원리와 그 원칙들이 반영되고 명목적·장식적 문화권의 출현을 방지하기 위해서는 원리와 권리의 실현가능성을 고려하여 문화국가원리에 관련된 권리들 각각을 세심하게 확정할 필요가 있다.

(2) 헌법재판 심사기준으로의 활용을 통한 구체화

양심과 사상의 자유, 종교의 자유, 언론·출판의 자유, 학문과 예술의 자유, 인간의 존엄과 가치 및 행복추구권, 평등권과 같은 헌법상 권리들을 통하여 문화국가원리가 구체화된다고 파악하면, 문화정책에 대한 헌법심사에 있어서는 어떠한 문화적 권리가 제한되고 있고 그 제한이 비례의 원칙에 따라 합헌성을 갖추고 있는지를 판단하게 된다. 심사기준인 비례의 원칙을 적용함에 있어 앞서 정리하였던 문화국가원리의 구체적 원칙들을 활용한다면 문화국가원리는 문화정책 전반에서 실현될 수 있다.

'극장판결'에서 헌법재판소는 영화예술과 관련하여 문화국가원리의 구체적 원칙들을 상세히 규명하였지만 이를 심판대상조문의 위헌성 확인 과정에서는 논의의 전제 정도로만 활용하였다.[44] 문화국가원리가 갖는 원리적·추상적 성격을 고려하면 이를 헌법재판에서 활용하기 위한 가장 적절한 방식이라 볼 수도 있지만, 문화국가원리에 관한 원칙들의 구체성을 고려하고 원리의 실효성을 제고하기 위하여 문화적 권리인 예술·표현의 자유, 문화향유에 관한 행복추구권 등이 심판대상조문에 의하여 침해되었는지를 판단하는 과정에서 문화국가원리의 주요원칙들을 보다 적극적으로 활용할 필요가 있다.

반면에 '과외교습판결'[45]에서 헌법재판소는 교육과 관련하여 문화국가원리의 구체적 원칙들을 상세히 규명하고 이를 심판대상조문에 대한 비례 원칙 준수 여부 판단 과정에서 적극적으로 활용하였다. 교육과 관련하여 문화국가원리를 구체적으로 구현하는 권리인 부모의 교육권, 자녀의 인격발현권 등이 심판대상조문에 의하여 침해되었는지를 판단하는 과정에서 문화국가원리의 주요 원칙들이 그 기준으로 활용된 것이다. 비례의 원칙상 수단의 적정성 판단에 있어서 헌법재판소는 "모든 학생으로 하여금 교과목, 비교과목, 예술, 기술 등을 망

44) 헌재 2004. 5. 27. 2003헌가1등 결정, 판례집 16-1, 679면 참조.

45) 헌재 2000. 4. 27. 98헌가16등 결정.

라하는 모든 영역에서 오직 학원과 교습소를 통해서만 사교육을 받도록 규율함으로써 결국 누구나가 거의 같은 수준과 내용의 사적인 교육을 받게 하는 것은, 창의와 개성, 최고도의 능력발휘를 교육의 이념으로 삼고 국민 개개인의 개별성과 다양성을 지향하는 헌법상의 문화국가원리에도 위배"된다고 하였다.[46] 또한 수단의 최소침해성 판단에 있어서는 "사적으로 가르치고 배우는 행위 그 자체는 타인의 법익이나 공익을 침해하는 사회적으로 유해한 행위가 아니라 오히려 기본권적으로 보장된 행위이자 문화국가가 장려해야 할 행위"로 사회적 위험이 발생하는 등 예외적인 경우에 한하여 국가가 개입하여 규율해야 할 필요가 있다고 하였다.[47] 마지막으로 법익의 균형성 판단에 있어서는 "단지 일부 지나친 고액과외교습을 방지하기 위하여 모든 학생으로 하여금 오로지 학원에서만 사적으로 배울 수 있도록 규율한다는 것은 어디에도 그 예를 찾아볼 수 없는 것일 뿐만 아니라 자기결정과 자기책임을 생활의 기본원칙으로 하는 헌법의 인간상이나 개성과 창의성, 다양성을 지향하는 문화국가원리에도 위반"[48]된다고 하였다.

결국 앞서 제시한 문화국가원리의 구체적 내용(원칙)들은 비례의 원칙 판단의 각 단계에서 문제되는 문화영역(기본적 인권과 문화정책에 관련된 영역)의 특성과 상황에 맞게 적절하게 풀어서 심사근거로 활용할 수 있을 것이다. 문화영역의 자율성에 대한 원칙(원칙 0)은 자율적 영역에 개입할 문화정책의 필요성·실익을 검토한다는 측면에서 목적의 정당성, 법익의 균형성 판단기준이 될 수 있고, 문화영역에 대한 국가 개입의 발동요건이나 개입방식에 대한 원칙(원칙 1 및 2)은 문화정책이 적절한 상황에서 적절하게 마련되어졌는지를 검토한다는 측면에서 수단의 적정성, 피해의 최소성의 판단기준이 될 수 있을 것이다. 문화적 권리·문화정책에 대한 헌법재판에 있어서는 일반적인 비례의 원칙을 넘어 문화국가원리의 구체적 원칙들을 적극 포섭하는 비례의 원칙이 판단 기준으로 활용될 수 있고 이를 통해 문화국가원리는 헌법재판에 있어 실천될 수 있다.[49]

---

46) 헌재 2000. 4. 27. 98헌가16등 결정, 판례집 12-1, 461~462면.

47) 헌재 2000. 4. 27. 98헌가16등 결정, 판례집 12-1, 463면.

48) 헌재 2000. 4. 27. 98헌가16등 결정, 판례집 12-1, 467면.

49) 여기서 다뤄진 문화적 권리들은 자유권적 성격을 가지고 그에 따라 비례의 원칙 적용이 자연스럽지만 만약 문화급부, 문화바우처 등 복지권, 사회권이라는 측면에서 문화적 권리

4. 문화국가원리에 의한 강제적 셧다운제 검토

(1) 문화로서의 게임에 대한 헌법적 보호

'놀이(play)'는 문화에 대한 연구에 있어 주요한 대상 중 하나인데, (온라인) 게임을 놀이의 연장선장에서 바라보는 연구는 게임을 문화의 일종으로 파악하고 있다.[50] 이러한 연구들은 호이징하(Heuizinga)의 『Homo Ludens』와 카이와(Caillois)의 『Man, Play, and Games』 등에 영향을 받은 북유럽 학자들을 중심으로 주로 진행됐다.[51] 호이징하는 인간은 놀이를 통해 학습하고, 성장하고, 자기계발과 사회화를 완성한다고 주장하는데 이는 놀이가 문화를 파생한다는 점에서 놀이를 문화 형성의 중심 시각으로 보는 일대 전환을 가져왔다.[52] 놀이는 문화에 선행하며 놀이 속에서 문화가 형성되므로 놀이는 문화적 가치를 가진다는 지적[53]은 게임놀이를 문화로 보기에 충분하다는 점을 역설한다. 게다가 지금의 일반적 게임 형태인 인터넷(온라인) 게임은 그 자체가 다양한 이용자가 참여하는 공간으로 이는 새로운 공동체를 형성할 기회를 제공한다.[54] 게임 이용자는 공동체 초기에 정보교환과 퀘스트 수행 등에 주력하며 정체감을 부여받고, 집단의 가치와 규범, 목표와 문화를 공유하는 등 사회화와 공동체의 문화 형성을 진행하게 된다.[55]

들이 논의되는 상황에서는 자의금지의 원칙을 적용한 헌법심사가 필요할 것이다. 다만 이 때에도 정책의 합리적 이유에 대한 판단에 있어서는 문화국가원리의 구체적 원칙들을 활용할 수 있을 것이다.

50) 윤태진, "텍스트로서의 게임, 참여자로서의 게이머: 디지털게임의 문화연구적 접근", 『언론과 사회』 제15권 제3호, 2007, 103~105면.

51) 요한 호이징하, 김윤수 역, 『호모 루덴스』, 까치글방, 1993; Roger Caillois(Meyer Barash trans.), Man, play, games(Les jeux et les hommes, 1958), University of Illinois Press, 1961.

52) 이진로, "온라인 게임의 사회문화적 함의", 『언론과 법』 제7권 제2호, 2008, 137~138면.

53) 황승흠, "제도적 표현의 관점에서 본 게임의 문화적 가치", 『IT와 법연구』 제4집, 2010, 196면.

54) 이진로, 앞의 글, 141면.

55) 배영, "온라인 게임의 사회적 의미와 공적 규제에 대한 일고찰", 『사회과학논총』 제14집, 2011, 139면; 임상훈, "한국 온라인게임, 캐주얼게임과 MMORPG의 양 날개로", 김예란·신현준·전규찬 저, 『미래사회의 문화인프라 예측 및 구축: 구조로부터 콘텐츠로, 콘텐츠를 넘어 실천으로』, 정보통신정책연구원, 2005, 348~384면 참조.

이처럼 게임 자체도 (놀이)문화의 한 장르가 될 수 있겠지만 게임을 하는 것 또한 소통을 통한 관념의 생산, 전파로 문화가 될 수 있다. 특히 게임의 주 이용세대인 청소년들을 중심으로 이루어지는 게임수행은 그 자체로 게임문화이자 사이버문화가 된다.[56] 능동적인 상호작용을 통한 공동체의 관념 생성은 게임의 중요한 특성이자 게임의 문화로서의 성격을 보여준다. 문화 개념에 대한 광의적 접근에 근거하면 공동체 내에서의 관념의 생성, 학습, 재생산이라는 과정이 놀이라는 게임수행과정에서 일어나므로 게임과 그 이용은 하나의 문화로 볼 수 있는 것이다.

문화에 대한 협의의(전통적) 개념 정의에 의하더라도 게임은 문화의 일종으로 파악할 수 있다. 게임이 영화나 음악, 뮤지컬 및 공연 관람 등의 전통적 문화예술장르와 어깨를 나란히 하는 대중적 여가문화예술로 받아들여지고 있는 현실[57]을 별론으로 하더라도, 이에 대한 비교헌법상의 규범적 논의들은 게임을 전통적 문화가치를 가지는 영역 중 하나인 예술, 예술적 표현의 일종으로 게임을 인정하고 있다. 대표적으로 미국의 연방사법부의 논의들을 예로 들 수 있는데 이에 따르면 게임을 헌법상 보호받는 예술적 표현의 일종으로 파악하고 있다. 2001년 연방제7항소법원은 American Amusement Machine Association v. Kendrick 결정에서 예술의 한 형태로서의 비디오 게임을 인정하고 연방헌법 수정조항 제1조의 보호대상임을 명시하였다.[58] 또한 2003년 연방제8항소법원의 Interactive Digital Software Association v. St. Louis County 판결에서는 표현의 자유를 보장하는 수정조항 제1조가 그림, 그래픽 디자인, 콘셉트 예술, 음향, 음악, 이야기, 내러티브를 보호하며 그들의 총체인 게임도 보호대상으로 삼고 있다는 점을 강조하였다.[59] 또한 2011년의 연방대법원 판결인 Brown vs. Entertainment Merchants Association에서는 수정조항 제1조에 의하여 보호되는 책, 연극, 영화 등과 같이 비디오 게임도 친숙한 문어적 도구들과 그 매체에 특유한 특징들을 통하여 생각들을 전달하는 예술적 표현이라는 점을 분명히 하였

56) 이경화, “청소년과 사이버문화에 관한 총체적 점검: 지적활동과 기술조작의 융합을 중심으로”, 『한국인간발달학회 2005 학술심포지엄』, 47면.

57) 배영, 앞의 글, 136면.

58) American Amusement Machine Association v. Kendrick, 244 F.3d 572 (7th Circuit 2001).

59) Interactive Digital Software Association v. St. Louis County, 329 F.3d 954 (8th Cir. 2003).

다.[60] 특히 예술과 문학에 대한 미적 판단은 정부가 할 수 있는 것이 아니라 개인이 할 수 있는 것이므로 새로운 장르의 예술적 표현이 등장하고 이것이 공동체에서 향유되는 경우에 이는 다른 장르의 예술과 동일하게 보호의 대상이 되어야 함을 강조하였다.

우리의 경우 게임과 관련된 국가의 정책 및 법제에서 게임의 산업적 가치는 인정해왔어도 문화적 가치를 인정한 지는 오래되지 않았다.[61] 현재 게임의 문화적 가치는 법률과 판례에서 인정되고 있는데 「게임산업진흥에 관한 법률」 제1조에서는 “국민의 건전한 게임문화를 확립함으로써 국민경제의 발전과 국민의 문화적 삶의 질 향상에 이바지함”을 목적으로 하여 게임의 문화적 속성을 지적하였고, 「문화산업진흥 기본법」 제2조 제1호에서는 영화, 비디오, 음악산업과 더불어 ‘게임’산업을 대표적 ‘문화’산업으로 인정하고 있다.[62] 또한 헌법재판소는 “문화에 관한 높은 인식수준 속에 종래 문화로서 인정받아왔던 순수예술의 공연뿐 아니라, 오락으로 치부되어왔던 공연, 예를 들어 대중가수의 공연과 영화도 문화와 예술로서 인정받고 있다”[63]고 하였는데 오락적인 요소들도 예술, 문화가 될 수 있는 가능성을 수용하였고, 나아가 “게임산업법 및 ‘이스포츠 진흥에 관한 법률’ 등 관련 법규를 종합적으로 고려하면 국가는 인터넷게임 관련 산업 및 문화를 장려하고 있음”[64]이라 판시하여 게임의 문화적 가치를 인정하였다. 결국 게임은 예술·표현과 같은 정신적 창조활동으로서 협의의 문화 개념에 의해서도 문화로 파악된다.

게임이 예술표현의 일종으로 문화로 인정된다면 이제 게임은 헌법상 보호

---

60) Brown vs. Entertainment Merchants Association, 564 U.S. 768 (2011). 현재까지 미 연방대법원과 연방항소법원들은 예술이란 당시대적 공동체구성원의 일반적 시각에서 예술가의 의도를 전달하는 소통적 가치성을 가지거나 최소한의 심미적인 형식을 가지는 창작자의 독창적 표현물이라고 정의하고 있다는 분석은 김웅규, “미국에서의 예술의 자유의 헌법적 보호－시각예술(Visual Art)을 중심으로－”, 『강원법학』 제41권, 2014, 338면 참조.

61) 황승흠, 앞의 글, 203~205면.

62) 또한 2014년 7월 16일 김광진 의원 등 국회의원 13인이 발의한 「문화예술진흥법 일부개정법률안」(의안번호 11191)은 「문화예술진흥법」상의 문화예술의 정의에 게임을 포함시켜 게임을 다른 문화예술 장르들과 동등하게 취급하고 게임을 진흥시키는 국가의 책무를 확인하는 내용을 담아 게임의 문화적 가치에 대한 인식의 전환을 보여주고 있다.

63) 헌재 2004. 5. 27. 2003헌가1등 결정, 판례집 16-1, 688면.

64) 헌재 2014. 4. 24. 2011헌마659등 결정, 판례집 26-1하, 176면 이하.

의 대상이 되며 관련 정책은 헌법상 문화국가원리를 준수해야 한다. 앞서 정리한 문화국가원리의 구체적 원칙들은 게임관련 정책에 적용되는 것이다. 다른 문화영역과 비교할 때 독특한 게임만의 문화적 특징이 있다면 그에 따라 문화국가원리의 구체적 원칙들에 약간의 변용이 있을 수 있지만, 일단 문화의 자율성, 평등, 다양성을 보장해야 한다는 문화국가원리의 핵심적 내용들은 게임관련 정책에서도 당연히 지켜져야 한다.

보다 구체적으로는 우선 게임문화의 자율성, 창조성을 보장하기 위하여 국가는 게임 영역에 원칙적으로 개입할 수 없지만, 시장논리에 의하여 게임문화의 자율성이 침해되거나 비국가적 주체에 의하여 게임문화가 위협을 받거나 외국게임 등에 의하여 국내게임문화가 종속되거나 게임문화의 다원성이 침해되는 경우에 국가는 정책을 통하여 게임 영역에 개입할 수 있다. 다만 게임정책을 마련함에 있어서 국가는 게임에 대한 권리를 보호하여야 하고, 게임문화 창조를 위한 게임참여의 기회, 게임접근권·향유권을 모두에게 자유롭고 균등하게 보장하여야 하며, 게임문화를 다른 문화와 달리 취급하거나 특정 게임을 다른 게임과 달리 취급하여서는 안되며, 게임 자체에 대한 조정적·직접적 개입을 지양하고 게임문화 조성을 위한 간접적 정책마련을 우선시하여야 하며, 다른 헌법원리, 가치, 기본권 보장을 위하여 게임문화에 대한 제한이 이루어지는 경우에도 폐해와 혜택의 섬세한 형량을 통하여 제한의 정책적 방향을 설정해야 하고 게임접근 등 그 문화향유에 대한 일체적 금지 식의 정책은 절대 지양해야 할 것이다.

(2) 문화국가원리의 구체적 원칙들에 따른 강제적 셧다운제 검토

1) 문화영역에 대한 국가 개입의 발동 요건 준수 여부 검토

게임이 문화의 일종이란 점을 고려하면 게임정책은 문화국가원리의 구체적 원칙에 따라 마련되어져야 한다. 문화로서 게임은 그 창조성과 자율성을 보장하기 위하여 국가가 원칙적으로 개입할 수 없겠지만, 게임문화의 자율성, 다양성, 평등이 침해되는 경우 이를 보장하라는 헌법적 명령에 따라 국가가 정책적으로 관여하게 된다.

게임에 대한 국가개입이 정당화되려면 게임이 다른 문화들의 자율성을 침해하고 다양한 문화창조 조성에 방해를 하며 이로 인하여 다른 문화가 소외되고 있음이 입증될 필요가 있다. 심야시간대 게임이용이 다른 문화들의 자율성을 파괴할 정도로 심각할 정도로 과도하다는 점을 정확하게 증명하지 않는 한 강제적 셧다운제는 그러한 발동 요건을 준수하여 도입된 정책이라고 평가할 수 없다. 정책적용 대상이 아닌 외국게임에로의 이용쏠림현상이 벌어진다면 오히려 국가가 문화의 자율성, 다양성, 평등을 침해하는 위헌적 문화개입을 한 것으로 평가할 수 있다. 다만 청소년보호와 같이 공공복리의 측면에서 강제적 셧다운제와 같은 문화정책이 발동했다고 볼 수 있는데, 그렇다면 강제적 셧다운제가 이러한 목적달성을 위한 적절한 개입방식이 될 수 있는지를 검토해야 한다.

2) 개입방식 준수 여부 검토

문화로서의 게임에 대한 국가의 개입이 허용되더라도 관련된 정책은 문화국가원리의 구체적 원칙을 준수하는 방식으로 개입이 이루어져야 한다. 게임과 같이 청소년들이 주로 향유하는 문화콘텐츠에 있어 국가의 개입은 청소년보호라는 명목하에 비교적 쉽게 정당화될 수 있는 것이 사실이다. 그러한 경우에도 예술로서의 게임의 가치를 최대한 인정하고 존중하는 취지에서 적절한 방식으로 개입이 이루어져야 할 것이다.

먼저 게임정책에 있어서는 게임문화를 다른 문화와 달리 취급하거나 특정 게임을 다른 게임과 달리 취급하여서는 아니 되며 게임문화가 소위 엘리트문화가 아닌 하위문화라 하더라도 이 또한 문화로 인정하고 배려하여야 하는데, 강제적 셧다운제는 이 원칙을 지키지 않고 있다. 비디오(영화), 만화, TV프로그램, 음악과 같이 심야시간대에 청소년들이 향유할 수 있는 문화는 다양하게 존재하는데, 강제적 셧다운제의 입법목적인 '청소년의 수면시간 보장(수면권 확보)'을 달성하려면 이들의 심야시간 이용에 대한 규제도 필요할 수 있다. 하지만 다른 문화들에 대해서는 청소년의 심야시간대의 이용을 금지하지 않으며 유독 게임에 대한 이용만을 금지하는 것은 게임문화를 다른 문화들과 달리 취급하는 것이며 유독 게임문화를 하위문화로 차별하여 청소년문제에 대한 모든 책임을 지게 하는 것이다.[65] 게다가 다양한 게임 중 인터넷게임에 대하여만

65) 관련하여 극장이 학교주변에 위치하는 것이 청소년에 해악을 끼치는가 여부에 대한 헌법재판소의 판단은 참조할 만하다. "유동인구집중의 문제 등은 보다 넓게는 학교의 교육환

강제적 셧다운제를 적용하는 것은 게임종류에 따른 차별을 불러일으킨다는 문제가 있다. 영화, 만화, TV프로그램 등 현대에 출현한 거의 모든 예술문화장르에서 중독성 논의가 있었지만 지금은 심각하게 다루어지고 있지 않다는 점에서 인터넷게임에서 게임중독의 폐해가 심각하다는 점을 명확하게 증명하지 않는 한 문화국가원리의 구체적 원칙에 반하는 차별적 규제가 정당화될 수는 없을 것이다.

또한 게임에 대한 규제 정책을 마련함에 있어서는 불편부당의 원칙을 준수해야 하고, 나아가 게임 자체에 대한 조정적·직접적 개입이나 단순한 이용금지의 방식을 선택해서는 안된다. 좋은 문화·나쁜 문화에 대한 판단은 국가가 아닌 시민사회의 몫이기 때문이다. 청소년보호를 위하여 문화영역에 국가가 개입할 때도 이 원칙은 준수될 필요가 있는데, 헌법재판소는 '극장판결'에서 청소년의 보호를 위하여 공연과 영화의 상영을 직접 제한하는 것보다는 양질의 공연물 및 영상물에 보다 쉽게 접할 수 있는 기회를 제공하는 것이 바람직한 청소년보호 정책이라 판시하였다.[66] 심야시간대 유독 게임이용이 높아 다른 문화장르의 자율성이 침해되고 평등이 문제된다면 이를 시정하기 위하여 국가가 개입할 수도 있는데, 그 경우에 문화정책은 게임 자체에 대한 조정적·직접적 개입을 지양하고 그 외의 문화 조성을 위하여 간접적 개입을 택해야 한다. 그런데 강제적 셧다운제는 게임이용시간 제한을 통하여 게임 자체에 대한 직접 개입을 시도하고 있으며 문화풍토 조성과는 무관하다는 문제가 있다. 또한 게임이 청소년에게 악영향을 끼치므로 청소년을 보호해야 한다는 취지에서 게임정책을 마

경을 배려하는 도시계획을 수립하지 못한 정책의 빈곤에 기초한 문제로서 우리나라 대도시에 위치한 학교일반이 직면하고 있는 문제이다. 하지만, 학교보건법이 정화구역 내에 극장을 금지하고 있는 이유가 극장의 그와 같은 특징에 기하고 있는 것이라고 보기는 어렵다. 만일 이 같은 사정만으로 극장 자체를 금지시키는 것이 정당화된다고 할 경우에는 극장의 경우보다 오히려 학교부근의 물리적인 환경에 미치는 악영향이 더욱 현저한 것으로 평가할 수 있는 학교부근의 중·대형병원, 각종의 학원, 심지어 학교인근의 학교(예를 들어 유치원·초·중·고등학교 부근의 대학교) 역시 금지대상으로서의 조건을 갖추는 것이라고 보아야 할 것이다." 헌재 2004. 5. 27. 2003헌가1등 결정, 판례집 16-1, 691면. 헌법재판소의 논리를 고려한다면, 즉 청소년의 수면 등의 문제와 관련하여 종합적인 청소년보호정책이 부재하고 오히려 과중한 학업부담 등이 수면에 제일 방해가 되고 있다는 사실을 도외시하고 있다는 점을 지적할 수밖에 없다.

66) 헌재 2004. 5. 27. 2003헌가1등 결정, 판례집 16-1, 689~690면.

련하더라도 국가는 무조건적인 게임이용·접근 금지의 방법보다는 양질의 게임에 보다 쉽게 접하여 건전한 게임문화를 조성할 수 있는 여건마련에 힘써야 한다. 하지만 강제적 셧다운제는 이러한 개입방식을 전혀 준수하고 있지 않다.

(3) 헌법재판소 결정(헌재 2014. 4. 24. 2011헌마659등 결정)에 대한 검토

1) 다수의견 검토

헌법재판소는 2014년 4월 24일 7 : 2의 의견으로 강제적 셧다운제를 규정한 「청소년보호법」 조항의 위헌 여부에 관한 헌법소원에서 기각 결정을 내렸다.[67] 결정에서 헌법재판소 다수의견은 16세 미만 청소년에 한하여 심야시간대만 인터넷게임 제공을 금지하는 것이 청소년의 일반적 행동자유권, 부모의 자녀교육권 및 인터넷게임 제공자의 직업수행의 자유에 대한 과도한 제한이라고 보기 어렵다고 판단하였다. 문화국가원리에 따라 강제적 셧다운제의 위헌성 여부를 판단하기도 하였는데 관련된 논증은 한 단락에 불과하다.[68]

인터넷게임의 개발이나 제공 자체를 제한하지 않고 심야시간대 16세 미만 청소년에 대한 제공만을 금지하므로 문제될 것이 없다는 헌법재판소 다수의견의 논증은 '극장판결'과는 달리 청소년보호라는 취지에 매몰되어 문화국가원리에 대한 논의를 거의 전개하지 않는다. 앞서 살펴본 '극장판결'에서 헌법재판소는 상당히 섬세한 이익형량을 통하여 청소년보호를 목적으로 한 문화정책과 문화국가원리의 조화가능성을 논하였다.[69] 즉 헌법재판소는 대중가수의 공연과 영화도 문화와 예술로서 인정받고 있다는 점, 초·중·고등학교의 학생들이 높은 수준의 문화적 욕구를 가지고 있으며 오늘날 대중문화의 가장 중요한 소비자 및 향유자라는 점을 고려하면 입법자는 청소년들이 쉽게 접근할 수 있는 학교

67) 헌재 2014. 4. 24. 2011헌마659등 결정.

68) "게임산업법 및 '이스포츠 진흥에 관한 법률' 등 관련 법규를 종합적으로 고려하면 국가는 인터넷게임 관련 산업 및 문화를 장려하고 있음을 알 수 있고, 이 사건 금지조항은 인터넷게임의 개발 또는 제공 자체를 제한하거나 금지하고자 하는 것이 아니라 청소년의 건강 보호 및 건전한 성장을 위하여 심야시간대에 한하여 16세 미만 청소년에 대한 제공을 제한하는 것일 뿐이므로 인터넷게임 관련 산업이나 문화에 대한 국가의 부당한 제한이라고 볼 수는 없다. 따라서 이 사건 금지조항이 헌법상 문화국가의 원리에 반한다는 청구인들의 주장은 이유 없다." 헌재 2014. 4. 24. 2011헌마659등 결정, 판례집 26-1하, 197면.

69) 헌재 2004. 5. 27. 2003헌가1등 결정, 판례집 16-1, 688면 이하.

부근에 모든 공연장과 영화상영관을 일절 금지해서는 안된다고 하였다.[70] 그러면서 헌법재판소는 공연장 및 영화상영관의 종류를 구분하여 각각의 폐해와 혜택을 형량하여 그 폐해의 정도가 심하지 않으면서도 아동·청소년들의 문화향유에 도움을 줄 수 있는 경우에는 일반적·절대적 금지로부터 제외시켜 그 금지에 대한 예외적인 허가를 허용하도록 규정해야 한다고 하였는데, 결국 이러한 섬세한 접근이 청소년의 보호와 문화국가원리를 조화시키는 바람직한 방안일 것이라고 하였다.[71]

게임을 일종의 문화로 보았음에도 불구하고 문화국가원리의 구체적 원칙들에 따른 판단을 전개하지 않고 청소년보호라는 이유만으로 모든 양태의 게임 규제정책을 정당화하는 다수의견의 입장은 그간 헌법재판소가 정립하고 구체화시켜온 문화국가원리를 무색하게 만들었다. 문제 사안을 예술표현의 자유에 대한 규제라는 측면에서 바라보지 않아 엄격한 심사를 하지 않은 것,[72] 특히 청소년이 게임문화를 주도하는 주체[73]임을 인식하지 못하고 게임제작자들의 통제하에 놓이는 산업적 객체라고 인식하며 보호의 대상으로만 삼은 다수의견의 태도는 청소년보호를 강조하더라도 예술 표현의 자유와 청소년의 권리주체성을 최대한 실현하는 수단으로 관련 정책이 마련되어야 하고 일방적인 후견주의적 관점은 지양되어야 한다는 상식적인 원칙을 존중하지 못한 것이라 평할 수 있다.[74] 덧붙여 부모의 자녀에 대한 양육권을 보장하는 것이 가족의 자율성을 보호하는 것이고 이는 문화국가원리를 실현함에 있어 토대가 된다는 점을 고려하면, 특히 청소년 보호에 1차적 책임을 지는 부모가 동의하는 경우에는 강제적 셧다운제가 적용되지 않는 식으로 청소년문화를 존중하며 청소년보호를 함께 도모하는 일종의 완충장치, 즉 전면금지의 예외를 정책적으로 섬세하게 마련하지 않았음을 헌법재판소가 지적했어야 한다는 아쉬움이 남는다.

---

70) 헌재 2004. 5. 27. 2003헌가1등 결정, 판례집 16-1, 689면.

71) 헌재 2004. 5. 27. 2003헌가1등 결정, 판례집 16-1, 689면.

72) 같은 취지 이인호, 앞의 글, 17면 참조.

73) 청소년들이 주도하는 인터넷(게임)문화에 있어서는 문화생산자와 문화소비자의 경계가 허물어지며 한 개인이 문화흐름을 주도할 수 있다는 특징을 가진다는 지적은 추병식, "문화이론의 쟁점과 청소년 연구에의 적용", 『미래청소년학회지』 제7권 제3호, 2010, 160면 참조.

74) 박용상, 『표현의 자유』, 현암사, 2003, 295~297면.

2) 반대의견 검토

헌법재판소 반대의견은 문화국가원리에 대한 고찰을 통하여 강제적 셧다운제에 대한 헌법적 판단을 하였다. 반대의견은 "강제적 셧다운제는 문화에 대한 자율성과 다양성 보장에 반하여 국가에 의한 지나친 간섭과 개입을 하는 것으로 건국헌법 이래 헌법의 기본원리로 채택하고 있는 문화국가의 원리에 반한다"고 하였다.[75)]

구체적으로 반대의견은 "인터넷게임 과몰입·중독의 문제는 가정과 인터넷게임 제공자들의 자구 노력에 의하여 자율적으로 해결하여야 할 문제"이지 국가가 먼저 개입할 문제가 아니라 하였고 "청소년을 바르게 키우고 잘못된 행동을 통제해야 할 1차적인 책임과 의무는 부모에게 있는 것"이라 하였으며, 문화로서의 게임에 민간기구 등을 통해서가 아니라 국가가 직접 나서서 규제하는 사례는 외국에도 거의 없다는 점을 강조하였다.[76)] 특히 인터넷게임을 비롯한 게임은 이미 국민의 여가활동이 되었고 게임산업법뿐만 아니라 「이스포츠(전자스포츠) 진흥에 관한 법률」에서도 게임을 문화활동으로 인식하고 있음을 강조하며, 그 이용을 무조건 금지시키는 차단식 규제보다는 거시적 관점에서 청소년들이 게임만이 아닌 보다 다양한 문화를 경험할 수 있도록 각종 환경을 조성하고 관련 제도를 추진해나가는 것이 바람직하다고 하였다.[77)] 또한 "게임뿐만 아니라 영화, 음악, 비디오, 드라마, 만화, 애니메이션, 방송 등 문화 콘텐츠를 규제하거나 금지하는 흐름 속에는 대체로 청소년보호 논리가 작용하는바, 그러한 보호주의 관점에서만 접근하면 아무리 커다란 장점을 지닌 문화 매체라도 살아남을 수가 없다"고 하면서 "과거 '만화'에 대한 지나친 규제로 국내 만화산업이 피폐화하고 일본 만화에 시장을 잠식 당한 부정적 사례와 오늘날 세계적인 한류 열풍이 문화 콘텐츠에 대한 과거의 규제와 간섭을 철폐하면서부터 그 싹을 틔우고 성장해온 긍정적 사례를 늘 상기할 필요가 있다"고 강조하였다.[78)]

결국 반대의견은 다수의견과 달리 문화국가원리의 기본적 원칙들에 근거

75) 헌재 2014. 4. 24. 2011헌마659등 결정, 판례집 26-1하, 197면.
76) 헌재 2014. 4. 24. 2011헌마659등 결정, 판례집 26-1하, 198면.
77) 헌재 2014. 4. 24. 2011헌마659등 결정, 판례집 26-1하, 198면.
78) 헌재 2014. 4. 24. 2011헌마659등, 판례집 26-1하, 198면.

하여 강제적 셧다운제가 문화영역에 대한 국가개입의 발동요건과 개입방식을 제대로 준수하지 못하였다는 점을 지적하였다. 하지만 반대의견은 이러한 논의를 위헌판단의 전제로 선언적인 수준에서 활용하였다는 점에서 한계를 보인다. 문화국가원리가 헌법재판에서 실효성을 확보하려면 결국 원리와 직결된 문화적 권리들을 확정하고 심판대상정책이 이러한 권리들을 침해하는지를 문화국가원리의 구체적 원칙들이 용해된 비례의 원칙으로 판단해야 한다는 점은 앞서 살펴보았다. 이 사안에서도 예술·표현의 자유, 문화향유권, 문화영역에서의 차별금지(평등권) 등의 문화적 권리들이 강제적 셧다운제에 의해 침해되었는지를 문화영역에 대한 국가개입의 발동요건과 개입방식을 토대로 과잉금지원칙 위배여부 판단 부분에서 구체적으로 세심하게 살펴보았으면 하는 아쉬움이 남는다.

Ⅳ. 나오며: 강제적 셧다운제의 교훈

창조성과 자율성을 본래적 속성으로 하는 문화는 사회의 자율적 영역에 맡겨 두어야 한다. 문화를 향유하는 주체들의 선택에 따라 비주류문화가 주류문화가 되고 주류문화가 도태하여 소멸하기도 하는 자연스러운 과정을 통해 문화의 본래적 속성은 지켜질 수 있는 것이다. 이 과정을 통해 어떠한 특성과 내용의 문화도 그 창조는 보장받으며 이를 수용할지 여부에 있어 공동체의 자율이 존중된다. 새로운 문화가 형성되고 이것이 비록 하위문화라 하더라도 문화체계를 전복할 수 있는 가능성이 주어지는 사회가 바로 문화선진사회일 것이다. 공동체의 문화 융성을 위하여 국가가 문화영역에 관여하는 현상은 근래에 만연해 있는데, 문화라는 자율영역에 대한 국가의 개입은 조건부로 이루어져야 할 것이다. 즉, 문화를 사회영역에만 맡겨 놓았을 때 생기는 부작용을 해소하고, 새롭고 다양한 문화가 자율적으로 생겨날 수 있는 토대 조성에 힘쓰고, 새로운 문화 혹은 비주류의 문화에 대하여도 존중하고 평등하게 대우하는 것이 그 조건의 구체적 내용이며 이것이 소위 문화국가원리의 핵심적 내용으로 정리될 수 있다.

문화에 대한 국가의 개입이 조건을 충족하지 못한 채 과도해지는 경우, 문화가 정치에 종속되는 '문화의 정치화'를 양산할 수 있고 정치의 한복판에 위치하게 된 문화는 권력의 후견에 길들여질 것이다. 시민의 일상의 영역 전반에 간섭하고 삶의 양태를 획일화하고 지배하는 식의 '문화의 정치화'는 헌법상 문화국가원리에 대한 심각한 도전인 것이다. 문화정책에 있어 헌법상 문화국가원리의 규범력 제고가 필요한데, 특히 실천적인 측면에서 원리의 규범력을 제고하기 위해서는 정신적 자유권을 포함한 문화적 권리들을 통해서 원리를 구체화하고 나아가 문화정책에 대한 심사에 있어서도 원리의 구체적 내용을 심사기준으로 활용할 필요가 있다.

문화국가원리에 따라 강제적 셧다운제를 평가해보면, 이는 문화국가원리의 구체적 원칙들을 제대로 준수하지 못한 정책으로 판단된다. 강제적 셧다운제는 '게임을 하는 것'이 갖는 문화적 의미를 의도적으로 무시하고, 설사 이러한 문화를 인정하더라도 불건전한 하위문화로 파악하며, 나아가 게임을 하는 주체인 청소년들 특유의 문화를 경시한다. 청소년들과 관련된 사회적 문제의 원인이 게임의 과다한 이용에 있다는 기성문화의 관점에 서서 게임문화를 하위문화로 규제·탄압하는 것은 문화의 내용에 따라 차별을 가하고 특정 문화이데올로기에 게임문화향유자들(청소년들)을 길들이는 것이며, 청소년들이 주도할 수 있는 문화저항의 가능성을 말살시키는 과도한 권력행사인 것이다. 특히 게임을 하는 주체인 청소년 공동체의 자율적 능력을 아예 무시하고 특정 시간대의 게임이용을 금지하는 것은 비록 내용중립적인 규제의 형식을 지니고 있지만 국가가 청소년들의 시간에 따른 삶의 양태를 획일화하고 지배한다는 면에서 더욱 위험하고 차별적인 정책이다. 강제적 셧다운제를 통한 청소년들에 대한 시간적 지배와 더불어 PC방 야간 출입금지와 같이 청소년에 대한 장소적·시간적 지배, 그리고 중독 논의에 결부된 정신적 지배에 이르기까지, 일련의 주요 게임정책들은 단순히 게임을 규제한다는 의미를 넘어서 청소년의 삶의 양식을 일방적으로 통제한다는 면에서 문제가 있다.

결국 약 10년간 적용되어온 강제적 셧다운제는 청소년 보호법의 개정에 따라 2022년 1월 1일자로 폐지되었다. 강제적 셧다운제가 폐지되었지만 그에 대한 이상의 비판적 검토, 특히 문화로서 게임을 인식하며 게임 및 그 이용문화에 대한 헌법적 보호의 틀을 갖춰야 한다는 논의는 여전히 의미를 가질 수밖에 없다. 강제적 셧다운제 폐지를 계기로, 이 제도로 촉발된 지난 10년간의 게임 관련 강한 규제의 흐름, 현재의 규제 체계 역시 전반적으로 재검토해야 하는데 그 과정에서 검토 기준이 필요하기 때문이다. 청소년보호라는 공익의 대척점에 예술·표현의 자유, 문화향유권과 같은 청소년의 문화적 권리가 엄연히 존재하고 이에 대한 보호 역시 게임 관련 정책을 마련하는 과정에서 신중하게 고민해야 한다는 헌법적 논의는 앞으로 게임 관련 법정책을 재설정하는데 있어 방향을 제공할 것이다. 10년간의 정책집행으로 지불한 사회적 비용을 고려할 때, 향후 문화의 주체로서의 청소년의 인격과 그 능력을 무시하고 이를 보호의 객체로만 취급하는 일방적·후견주의적·행정편의적 정책이 게임을 포함한 문화영역에 다시는 등장해서는 안된다는 교훈 하나만이라도 우리 사회가 반드시 간직해야 할 것이다.

제 2 장

미성년자의 게임이용과 관련된 법적 쟁점

- 모바일 게임을 중심으로 -

Ⅰ. 들어가는 말

미성년자가 모바일 게임을 이용하고자 하면 부모 등 법정대리인의 동의가 필요하며, 특히 모바일 환경의 경우에 이동통신서비스 가입부터 게임콘텐츠의 다운로드 및 구매절차까지 성인과 비교하여 추가적 절차를 요구하거나 법정대리인의 동의 여부를 확인하고 있다. 이러한 미성년자에게 요구하는 가중된 절차적 제한 때문에 번거로움을 느낀 미성년자가 보호자 명의로 게임을 이용하는 경우가 많다. 이와 같이 게임콘텐츠 이용에 미성년자가 주체가 되지 못하고 부모 명의로 게임을 한 후 부모의 동의를 받지 않았다는 등을 이유로 결제를 취소한 후 환불 등을 주장하고 있어 문제가 되고 있다. 그런데 이러한 결과는 미성년자를 형식적 보호의 대상으로만 보고 게임이용에 있어 장애물을 만들어 이용을 제한하는 것이라는 비판을 받고 있으며, 미성년자의 실질적 보호를 실현하고 관련된 분쟁을 줄이기 위해서 미성년자 명의로 게임이용이 가능하도록 하는 기반이 확대되어야 한다는 주장이 강하게 제기되고 있어 이에 대한 검토가 필요하다. 이에 본고에서는 먼저 미성년자 명의로 모바일게임 서비스를 위한 가입, 앱마켓(App market)에서의 다운로드 및 콘텐츠 구매 등에서 나타나는 장애요인을 확인해 보고자 한다(II, III). 다음으로 미성년자가 게임아이템을 구매한 경우에 발생할 수 있는 법적 쟁점을 확인하고(IV), 미성년자가 자기명의로 게임을 이용할 수 있도록 하는 방안을 모색한 후(V), 글을 마치고자 한다(VI).

II. 미성년자의 자기명의 모바일게임이용의 장애요인

1. 앱마켓 경제의 기본구조

모바일 게임에서 아이템 결제 등의 과정을 거치기 위해서는 앱마켓[1]을 이용해야 한다. 즉, 모바일 게임의 특성상 모바일게임 아이템 구매행위는 플랫폼 제공자인 앱마켓을 통해 이루어지는 경우가 많다([그림 2-1] 참조).

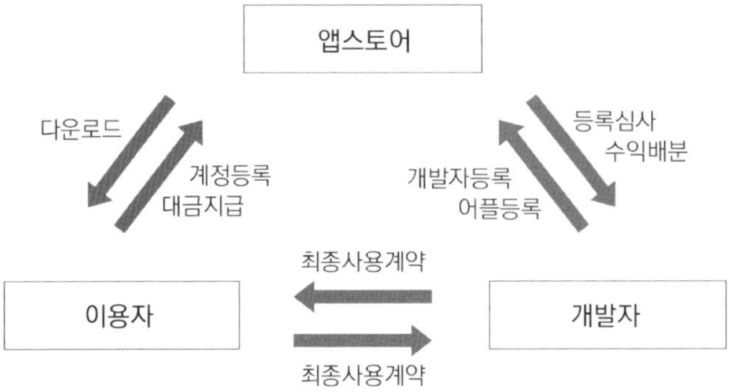

[그림 2-1] 앱마켓의 계약 구조

예컨대 퍼블리셔·개발자(이하 'CP')와 게임이용자는 마켓이라는 App Store를 통해 연결되는 경제 환경(App Economy)에서 각종의 법률행위를 하고 있다([그림 2-2] 참조).[2]

---

1) 앱마켓이란, 이에 대해 별도로 법률에서 명확하게 정의를 내리고 있지는 않지만, 애플리케이션 모바일콘텐츠 개발자들이 만든 애플리케이션을 자유롭게 무료 또는 유료로 업로드 또는 다운로드의 과정을 통해 사고 팔 수 있는 장터를 의미한다. 한편 공정거래위원회는 앱마켓을 애플리케이션을 거래하는 곳을 의미한다고 본다.

2) 이는 모바일게임의 특성상 철약청회 및 해지시에 발생하는 수수료 등에 대한 부담을 누구에게 전가할 것인지에 대한 문제와 연결된다.

App Economy란, 3rd party 개발자와 사용자, 그리고 이들을 연결하는 다양한 앱스토어(마켓) 운영자들이 상호작용하는 경제 환경을 의미

수익모델	특 징
광고	사용자는 무료로 App을 다운로드 받는 대신, App을 사용할 때 마다 광고를 보게 됨
유료 App	사용자가 App을 다운로드 받을 때 대가를 지불
Freemium (부분유료화)	범용 버전은 무료로 다운로드 가능하나, 추가 기능이나 콘텐츠에 대해 비용을 지불하도록 App을 구성 ※ 모바일 앱생태계의 주력 수익모델

※ 출처 : KT경제연구소

[그림 2-2] 앱(APP) Economy 개요

Google과 Apple이 운영하고 있는 앱마켓의 경우에는 업체 단말기에 자사 앱마켓만 탑재하는 방식으로 국내에서 점차 점유율을 높여 갔다. 국내 통신사에서 제공하는 앱마켓 중 하나로 SKT의 T스토어(T-Store), KT의 올레마켓(Olleh market), LG U+스토어 등이 등장하게 되었다([그림 2-3] 참조).

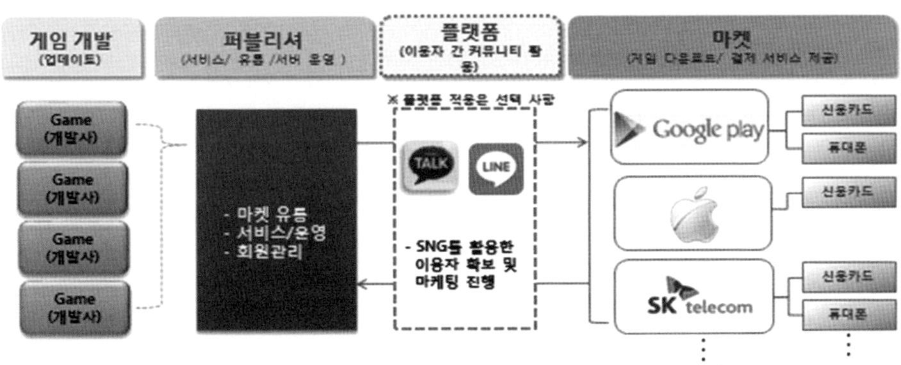

[그림 2-3] 모바일 서비스 구조

그러나 그 이후 통신사 3사의 개별 앱마켓 서비스가 종료되고 이를 통합하여 'ONE store'라는 앱마켓이 운영되고 있다. 모바일 게임의 수익분배 구조를 보면, 환불의 주체라고 할 수 있는 CP가 이용자가 결제한 금액 중 약 70%만을 취득하고, 30%는 마켓(구글 등)에게 귀속된다([그림 2-4] 내지 [그림 2-5] 참조).

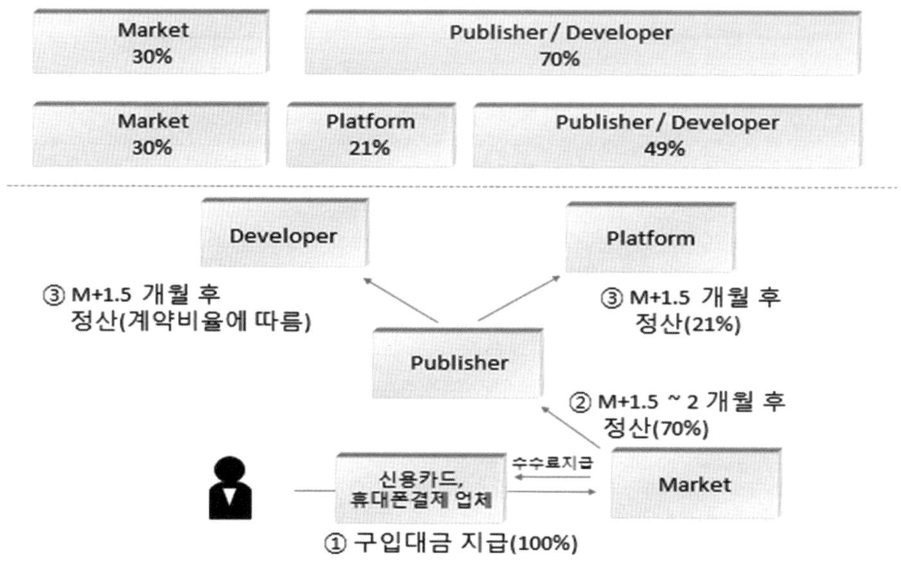

구 분	배분 산식
마켓수수료(A)	결제금액 * 30%
플랫폼 수수료(B)	[결제금액 – 마켓수수료(A)] * 30%
개발사수익정산(C)	[결제금액 – 마켓수수료(A) – 플랫폼 수수료(B)] * 개발사별 수익 배분율 ※ 결제 금액에서 마켓 수수료 및 개발사 수익을 제외한 나머지가 퍼블리셔 수익이 됨.

[그림 2-4] 모바일게임 수익분배구조[3)]

3) 참고로 최근에는 마켓만 이용하는 경우가 일반적이다. 본고에서 제시하는 정산비율 및 기간 또한 하나의 일례(또는 의제)에 불과할 뿐이며 내부적으로는 다른 비율 등을 적용할 수 있을 것이다.

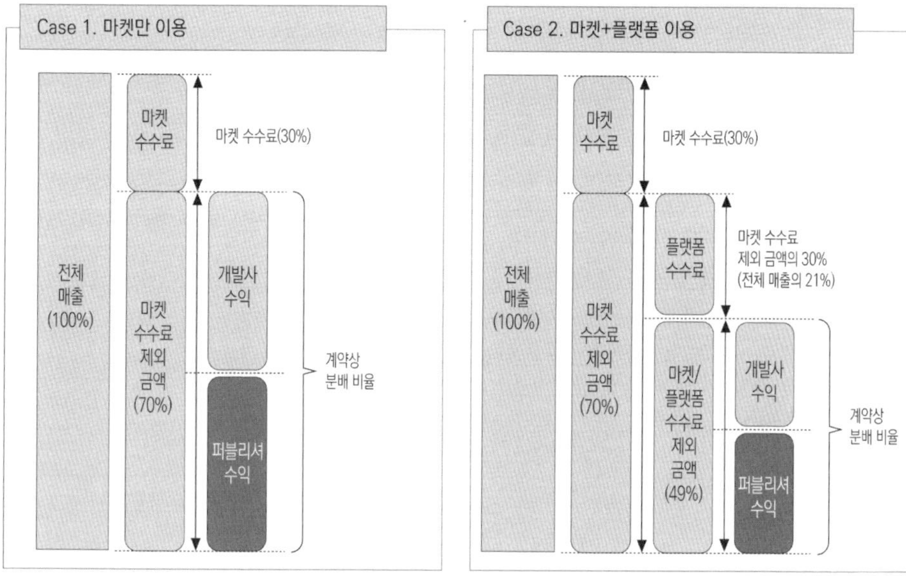

[그림 2-5] 마켓별 정산 및 수익배분 구조

2. 미성년자의 모바일콘텐츠 거래 및 결제에서의 장애요인

2019년 발간된 콘텐츠분쟁조정사례집(한국콘텐츠진흥연구원 배포자료)에 의하면 최근 2012년부터 2018년까지 7년 간 콘텐츠 관련분쟁 상담 건수 중 게임 관련 분쟁이 압도적으로 많다는 점을 확인할 수 있다. 특히 이 중 **콘텐츠 전반에 걸쳐 부모 동의 없는 미성년자 결제와 관련된 분쟁이 많음을 알 수 있다. 또한 분쟁조정신청 건수 역시 미성년자 결제가 상당부분을 차지한다**. 그뿐만 아니라 조정절차에 들어가기 전 합의한 사안 역시 많은데, 대표적인 분쟁사례는 다음과 같다.

(1) 분쟁사례

1) 사건번호 2018-00973 미성년자 결제

사실관계	– 미성년자인 모바일 게임 이용자가 부모 동의 없이 게임 내 재화 결제 – 부모가 결제취소하고 환불 요구 – 게임회사에서 미성년자의 결제로 볼 수 없다며 환불 불가 답변하여 조정 신청
합의내용	– 부모가 미성년자 결제 증빙 관련 자료 제출 – 예외적으로 1회에 한하여 환불인정

2) 사건번호 2017-04272 미성년자 결제

사실관계	– 초3이 父 명의 휴대전화로 모바일 게임하며 한 달 600,000만원 결제 – 父가 입원 중이라 자녀에게 휴대전화를 대신 사용할 수 있게 함 – 미성년자 결제이므로 환불해달라는 취지로 분쟁조정 신청
합의내용	– 이미 결제한 재화를 모두 사용하여 환불 불가하다고 답변 – 재화 소비하여 획득한 아이템은 소비하지 않아 회수 가능한 상태이고, 명의자인 父가 입원 중인 사정을 감안 – 계정 삭제하는 조건으로 결제취소 진행

3) 사건번호 2015-01630

사실관계	– 중3이 부모 스마트폰으로 모바일 게임하며 한 달 반 동안 8,000,000원 결제 – 스마트폰에 연동된 카드로 결제가 이루어짐
합의내용	– 결제진행자가 미성년자임을 감안하여 1회에 한하여 결제취소 진행

4) 사건번호 2014-03607

사실관계	– 13세 미성년 자녀가 부모 폰으로 40일 동안 80여 차례, 총 6,700,000원 결제 – 스마트폰에 연동된 카드로 결제가 이루어짐
합의내용	– 결제진행자가 미성년자임을 감안하여 1회에 한하여 결제취소 진행

요컨대 일반적으로 미성년자가 부모 명의의 휴대폰을 이용하여 결제하였더라도 부모가 자신이 결제하지 않은 것을 증명한 경우에 게임사는 1회에 한하여 결제취소를 인정하는 것으로 조정 전 합의가 이루어지는 사례가 다수 존재한다. 다만 부모가 자신이 결제하지 않았음을 증명하기 위해서는 평소에 부모 자신은 문제된 게임을 하지 않는 것을 증명해야 하고 결제 내역 등을 검토하고 제출하여야 하므로 그 증명이 쉽지 않다. 특히 부모도 평소 문제된 게임을 하고 있다면, 미성년자인 자녀가 결제하였다고 주장하더라도 받아들여지기가 어려울 것이다.

(2) 결제수단 및 절차로 인한 장애요인

1) 미성년자의 모바일콘텐츠 거래의 모습

모바일 이용자는 통신사에서 제공하고 있는 앱마켓을 통해 모바일 게임 애플리케이션을 무료 또는 유료로 구매할 수 있다. 애플리케이션의 구입과 이용이 모두 무료인 경우에는 미성년자의 결제가 문제될 여지가 없으나, 애플리케이션의 구입과 이용이 모두 유료인 경우 또는 구입은 무료이지만 앱 내 콘텐츠를 이용하기 위해서 결제가 필요한 경우에는 미성년자의 결제문제가 발생한다. 한편 애플리케이션을 비롯한 모바일콘텐츠의 거래를 위해서는 인앱결제(In-App결제)가 요구되는 것이 일반적이다.[4)]

2) 미성년자의 모바일콘텐츠 결제수단

Google사의 플레이스토어(Play Store)를 예로 들면, 유료화된 애플리케이션이나 게임아이템을 구매하기 위하여 이용자는 Google 계정으로 로그인 한 뒤에 개인 카드 정보를 입력하는 등 미리 결제수단을 등록하여야 한다. 이러한 등록이 끝나면 모바일 이용자의 앱마켓상 애플리케이션 및 게임 아이템 결제 등이 가능해진다. 미성년자의 경우에도 애플리케이션 이용을 위한 결제를 하려면 결제수단이 필요하다. 일반적으로는 미성년자는 휴대폰 요금을 이용한 방법, 편의

---

4) 참고로 방송통신위원회에서는 앱마켓에서의 모바일콘텐츠의 거래 및 결제와 관련하여 이용자 고지 및 결제 절차 등의 기본적인 사항을 규정하여 이용자들을 보호하고 피해를 방지하고자 '앱마켓 모바일콘텐츠 결제 가이드라인(안)'을 제정한 바 있는데, 이에 따르면 애플리케이션 내에서 이루어지는 결제 행위를 인앱결제라고 정의한다.

점 등에서 기프트 카드를 구입하여 등록하는 방법을 이용하고 있다. 휴대폰 요금을 통한 결제는 휴대폰 정보이용료를 이용하는 방법과 휴대폰 소액결제로 나뉘는데,[5] 만 19세 미만의 미성년자는 휴대폰 소액결제가 제한되어 있어 법정대리인의 동의를 받은 경우에도 이용할 수 없다. 따라서 미성년자는 오프라인 마켓에서 기프트 카드를 구입하여 앱마켓에 등록하지 않는 한 휴대폰 정보이용료를 통한 결제를 할 수밖에 없다. 그런데 휴대폰 정보이용료를 통한 결제를 하기 위해서는 법정대리인의 동의가 필요하고 통신사별로 약관을 통해 결제 한도를 제한하고 있기 때문에 사실상 휴대폰 요금을 이용한 방법은 미성년자가 이용하기 쉽지 않다.

물론 미성년자의 경우에도 일정한 나이가 되면 체크카드 발급이 가능하므로 미성년자가 체크카드를 등록하여 결제하는 것은 가능하다. 만 14세 이상은 법정대리인의 동의 없이도 체크카드 발급이 가능하며, 만 14세 미만(만 12세 이상)은 법정대리인의 동의가 있어야 체크카드가 발급된다. 그러나 체크카드로 결제시에도 부모의 동의가 필요하기 때문에 현실적으로 체크카드의 사용에 의한 결제는 미비하다. **이러한 결제수단의 장애요인으로 인하여 미성년자들은 부모님의 카드 정보가 적힌 휴대폰을 이용하거나, 부모의 휴대폰으로 인증번호를 발송하여 몰래 소액결제인증을 하여 결제하는 등의 방법을 이용한다. 이로 인하여 지속적으로 부모의 환불분쟁이 발생하고 있으며** 이러한 분쟁에 따른 사회적 비용증가를 예방하기 위한 방안으로 미성년자에 대한 모바일 결제 인증제도를 보다 강화하는 방법이 논의되었다.[6] 그러나 오히려 이러한 규제 강화는 또 다른 분쟁을 촉발시킬 수 있으며, 미성년자를 실질적으로 보호하지 못한다는 비판을 받는다. 생각건대 인증제도를 강화하는 규제는 미성년자 보호의 명목에 불과할 뿐 실질적으로는 미성년자가 애플리케이션 구입 및 이용의 주체로 설 수 없게 하고 분쟁만을 유발하기 때문에 지양할 필요가 있다고 본다. 오히려 **미**

---

5) 휴대폰 소액결제는 본인인증 후 결제를 하고, 이를 익월 통신 요금에서 비용청구하는 결제방식을 말한다.

6) 예컨대 최근 모바일 간편결제 서비스의 인증 시스템으로 급부상하고 있는 생체인증 시스템 또는 블록체인을 통한 인증 시스템 등의 차세대 인증 기술을 모바일 결제 인증 제도에 도입하여 미성년자의 모바일 결제시스템을 통한 인증절차의 취약점을 보완하는 등의 방안이 고려되고 있다.

성년자가 모바일콘텐츠 소비의 주체가 될 수 있는 방향을 모색하는 것이 미성년자가 부모명의로 모바일 게임 콘텐츠나 아이템을 구매하는 것을 억지할 수 있는 현명한 방법이 될 수 있다.

Ⅲ. 미성년자의 자기명의 게임이용의 법령상의 장애요인

현행법에서 미성년자가 게임을 이용하는 경우 등에 있어 법정대리인의 동의를 얻도록 하는 것이 미성년자가 자기명의로 게임을 이용하는 것을 방해하는 장애요인인지에 대한 검토가 필요하다. 더 나아가 미성년자가 자기명의로 게임을 이용한 경우와 부모명의로 게임을 이용한 경우에 발생할 수 있는 법적 평가의 차이가 있는지에 대해서도 확인할 필요가 있다.

1. 법정대리인의 동의를 얻도록 하는 것이 장애요인인지 여부

온라인PC게임의 경우에는 「게임산업진흥에 관한 법률」(약칭: 게임산업법) 제12조의3 및 「청소년보호법」 제24조 내지 제26조는 미성년자의 게임 이용시간을 제한하고 있으며, 가입시 본인인증 및 법정대리인의 동의를 얻도록 하면서 미성년자의 게임이용 자체를 제한하고 있다. 하지만 위 법률은 모바일 게임을 비롯한 모바일콘텐츠에는 적용되지 않고 있다. 현재 여성가족부 장관은 매 2년마다 청소년보호법 제26조를 적용할 게임을 선정하여 고시하도록 되어 있는데, 해당 조항을 적용받지 않는 게임의 경우 게임산업법 제12조의3의 조치 역시 적용되지 않기 때문이다. 따라서 현재까지 모바일 플랫폼을 이용한 게임은 위 고시에 의거한 조치들을 모두 적용받지 않고 있다.

전자상거래 등에서의 소비자보호에 관한 법률 제13조 제3항에서도 "통신판매업자는 미성년자와 재화등의 거래에 관한 계약을 체결할 때에는 법정대리인이 그 계약에 동의하지 아니하면 미성년자 본인 또는 법정대리인이 그 계약을 취소할 수 있다는 내용을 미성년자에게 고지하여야 한다"고 규정하고 있다. 이는 민법 제5조 이하의 규정을 재확인하고 있을 뿐이므로 이 조항이 미성년자의 모바일 게임 콘텐츠 이용에 장애가 된다고 보기도 어렵다.

2. 모바일게임 인앱결제 제도 자체의 문제

현재 우리나라 법률규정상 미성년자의 모바일 게임 콘텐츠의 가입 및 결제를 직접적으로 제한하는 장애규정은 없다고 볼 수 있다. 따라서 미성년자의 모바일 게임 콘텐츠 이용시의 장애요인은 법률 혹은 정책에서 찾기 어려울 것이다. 오히려 미성년자의 모바일콘텐츠 결제 및 환불 관련 분쟁사례가 많은 이유는 모바일 게임의 인앱결제 자체에서 기인한 것이라고 볼 수도 있다. 이에 이하에서는 모바일게임 인앱결제 제도가 가지는 구조적인 문제점에 대해서 살펴보고자 한다.

먼저 게임 인앱결제와 관련된 법률은 「콘텐츠산업진흥법」이다. 동법 제26조 제1항에서는 이용자의 기본 권익을 보호하기 위해 피해예방 및 구제조치의 마련, 권익보호에 필요한 시책의 수립 등을 규정하고 있으며, 제27조에서 청약철회의 내용을 전자상거래 등에서의 소비자보호에 관한 법률에 의거하여 보장하도록 하고 있다.[7] 그리고 제28조에서는 이용자보호지침의 제정을 통하여 사업자들이 자율적으로 소비자보호 정책을 추진할 수 있도록 하고 있다. 콘텐츠 이용자보호지침(이하 '지침') 제5조에서는 약관의 작성 등의 내용을 통하여 소비자가 내용을 쉽게 이해할 수 있도록 하고, 표준화 및 체계화된 용어를 사용하도록 강조하고 있다. 뿐만 아니라 중요한 내용은 부호, 색채, 굵고 큰 문자 등으로 명확히 표시하도록 하고 있다. 그리고 지침 제7조에서는 계약체결 전 정보제공

---

7) 제27조(청약철회 등) ① 콘텐츠제작자는 「전자상거래 등에서의 소비자보호에 관한 법률」 제17조 제2항(같은 항 각 호 외의 부분 단서를 제외한다)에 따라 청약철회 및 계약의 해제가 불가능한 콘텐츠의 경우에는 그 사실을 콘텐츠 또는 그 포장에 표시하거나 시용(試用) 상품을 제공하거나 콘텐츠의 한시적 또는 일부 이용이 가능하도록 하는 등의 방법으로 청약철회 및 계약의 해제의 권리 행사가 방해받지 아니하도록 조치하여야 한다. 다만, 그 조치를 하지 아니한 경우에는 이용자의 청약철회 및 계약의 해제는 제한되지 아니한다. ② 제1항에 따른 청약철회 및 계약의 해제에 관하여는 「전자상거래 등에서의 소비자보호에 관한 법률」 제17조, 제18조, 제31조, 제32조, 제40조 및 제44조를 준용한다. 이 경우 "통신판매업자"는 "콘텐츠사업자"로 "재화등"은 "콘텐츠"로, "소비자"는 "이용자"로, "공정거래위원회"는 "문화체육관광부장관"으로 본다.

의무를 구체적으로 정하여 게임을 포함한 콘텐츠의 가격, 공급 방법 및 시기, 청약의 철회 및 계약의 해제, 콘텐츠의 교환, 반품, 보증과 대금의 환급 조건 및 절차 등을 명시하도록 정하고 있다. 그러나 이는 사업자의 자율적 의지에 따르도록 하는 것이며 이를 지키지 않는 경우에 이를 강제할 수 없다.[8)]

(1) 인앱결제 안내 표시의 가독성 문제

모바일 게임이용자가 '결제'라는 표시가 명확하지 않거나 혹은 결제가 되는지 모르는 채로 버튼을 누르게 되어 인앱결제가 이루어지는 경우가 종종 발생하고 있어 문제이다. 모바일 앱 관련 사건사고가 급증하면서 방송통신위원회가 모니터링을 실시한 바 있는데,[9)] 특히 무료로 표시된 앱을 다운받아 사용 중에 이용자가 인지하지 못하는 상태에서 요금이 부과되는 문제, 인증절차 미흡으로 인한 문제 및 결제취소 및 환불 관련 고객센터 연결 불가 등의 문제에 집중하였다. 현재 앱마켓에서는 앱의 실행 및 사용 과정에 있어 인앱결제가 발생할 수 있다는 안내와 주의를 주는 표시를 다운로드 버튼 옆에 매우 작은 글씨로 표기하고 있다. 그러나 눈에 띄지 않는 경우가 있다([그림 2-6] 참조). 또한 결제 취소 및 철회에 관한 안내규정도 작은 글씨로 표시되어 있어 찾아보기 힘들다([그림 2-7] 참조).

---

8) 모바일 게임 관련 소비자 상담 및 피해구제 건수가 급증하고 있다는 점을 감안하여 한국소비자원(2017)에서는 업계 약관의 문제점을 지적하면서 표준 약관의 제정의 필요성을 강조한 바 있으며, 공정거래위원회에서는 2017년 11월 모바일 게임 표준 약관을 제정하여 발표하였다. 표준약관에서는 모바일 게임 업체의 갑작스러운 폐업으로 인한 소비자의 피해 방지 등 관련 조항을 추가하고(제13조), 청약철회 조항(제22조)을 마련하여 사용하지 않은 콘텐츠들에 대한 청약철회 등을 보장한다. 그러나 구체적인 환급기준이나 절차, 일정 등에 대한 세부적인 사항은 마련되어 있지 않은 상황이다.

9) 구글플레이스토어, 애플앱스토어, 원스토어 등 주요 앱마켓에 등록된 앱을 대상으로 하였고 인앱결제가 많은 게임, 동영상, 음악 등의 앱을 대상으로 하였다.

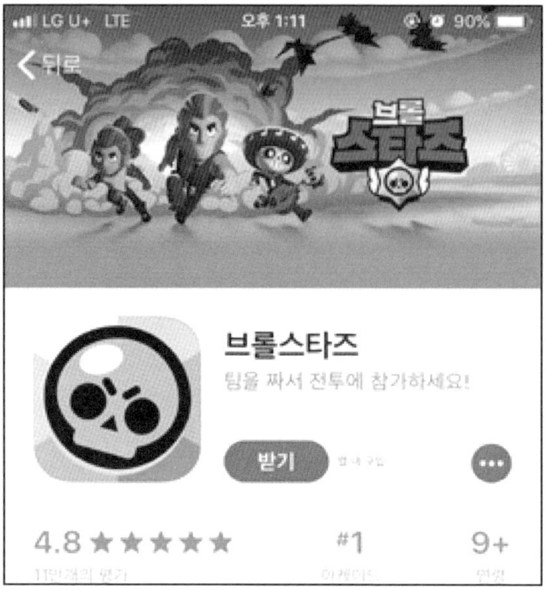

[그림 2-6][10]

[그림 2-7][11]

---

10) 받기 버튼 옆에 작은 글씨로 '앱 내 구입'이 적혀 있다.

11) 상품의 홍보나 구매버튼 밑에 철회 및 취소 설명이 간략하게 적혀 있다(이미지 출처: 레이븐 with NAVER 게임 화면).

또한 인앱결제를 인앱구매 혹은 앱내구매라고 다르게 표시하고 있어 소비자 입장에서는 안내를 제대로 인지하지 못하는 경우가 많아 억울함을 호소하는 경우가 있다. 소비자가 구매의사결정 과정에서 정보를 탐색하고 비교하고 구매를 결정하는 일련의 과정은 결제과정, 즉 자원을 사용하는 과정이기 때문에 매우 중요하다. 스스로 결제를 하면서 돈을 쓰고 있다는 사실을 인지하는 것은 결제에서 매우 기본적인 전제사항이다. 그럼에도 불구하고 모바일 인앱결제의 경우에는 이용자가 이를 구체적으로 인지하지 못하는 경우가 있다는 점에서 개선할 필요가 있다.

(2) 결제 확인 절차의 부재 문제

소비자들의 일반적인 결제 과정은 현금이나 신용카드 등 결제 수단의 제출, 결제의 확인을 위한 서명 혹은 영수증 발급 등의 절차가 보장되어 있다. 그러나 인앱결제의 경우 관련 콘텐츠를 구매하는 과정은 구매버튼을 클릭하고 개인정보인식(지문, 얼굴, 홍채 인식 등) 후 바로 결제가 완료되는 형태를 취한다.[12] 이런 결제구조에서는 소비자가 실수로 구매하여 사용하지 않은 콘텐츠에 대해서는 교환이나 환급이 보장되어야 할 것이며, 그 절차를 소비자들이 쉽게 이해할 수 있도록 고지해야 할 것이다. 소비자 피해유형 중에는 실수로 인한 반복 결제가 많다. 이는 결제가 되는지를 명확히 인지하지 못했다는 것을 방증한다.

최근 온라인 쇼핑몰 구매의 경우 결제 정보를 모두 입력한 이후 구매동의를 다시 한번 확인하는 절차가 추가되었다. 그러나 모바일콘텐츠의 인앱결제는 구매 확인 혹은 구매 동의 등 결제 여부를 다시 한번 주지시키는 절차가 생략되어 있다. 구독 자동 갱신형 결제 시스템의 경우라면 문제가 더욱 심각해질 수 있다. 즉, 일정기간의 무료체험용 앱을 다운로드 받아 사용하였지만, 체험 기간이 끝난 이후에 자동으로 결제가 되는 시스템으로 인해 피해를 본 소비자들도 존재한다. 이는 명백히 소비자의 망각이나 무관심을 이용한 기만행위에 해당할 수 있으므로 개선이 이루어져야 한다는 주장이 오래전부터 주장되었으나, 아쉽

---

12) http://www.balbadak.net/tutorials/down_2_2.php

게도 이러한 개선의 주장은 모바일 환경이라는 특수성 때문에 현재까지 반영되지 않고 있다.

(3) 취소시 환불주체의 문제

인앱결제 관련 소비자피해 유형에는 미성년의 이용자의 결제취소시 환불과정에 있어 앱마켓과 CP간 책임소재 문제가 지적되고 있는데 이는 환불 관련 명확한 절차가 마련되지 않아 소비자의 문제해결이 신속히 이루어지지 않았다는 것과 연결된다. 이는 콘텐츠를 제작한 개발사가 판매하지 않고 앱마켓이 판매한 앱마켓 경제 구조에서 기인한다. 특히 인앱결제가 완료된 콘텐츠에 대한 환급 문제와 관련하여 개발사와 앱마켓 간에 판매정보의 공유가 이루어지지 않아 신속한 환급 처리가 지연되는 상황이 다수 발생하고 있다. 또한 미성년자가 부모의 동의 없이 결제한 경우에 구매행위 및 결제를 취소할 수 있는데, 그 경우에 마켓은 환불책임을 부담하지 않고 CP가 환불책임을 부담한다([그림 2-8]). 예컨대 미성년자가 마켓에 미성년을 이유로 결제를 취소한 후 CP에게 환불을 요청하는 경우에 CP는 마켓에서 30%를 제하고 준 70%만을 반환하는 것이 아니라 100%를 반환하고 있다. 심지어 취소한 이후에 그 정보가 신속하게 CP에 공유되지 않아 유료 콘텐츠가 실시간으로 회수되지 않아 소비자가 환급은 받으면서 일정 기간 유료 콘텐츠를 무상으로 이용한다는 문제점이 지적되고 있다.

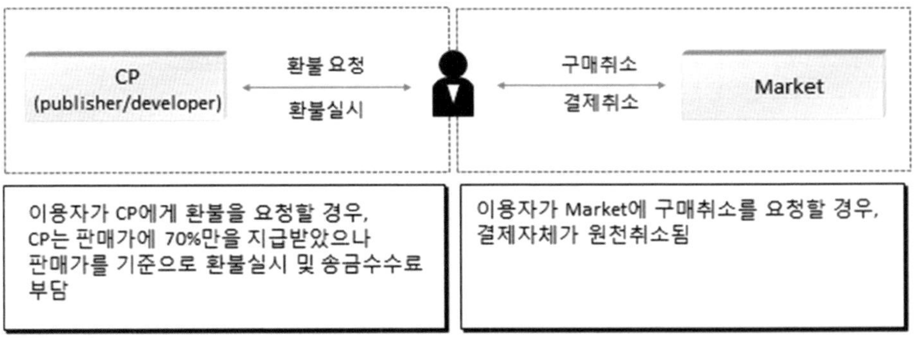

[그림 2-8] 모바일게임 결제 구조를 둘러싼 쟁점: 환불주체

이러한 이유는 구글 및 애플 등의 마켓이 실질적으로 CP에게 있어 우월적인 지위에 있기 때문이다. 실질적으로 국내에 진출하고 있는 마켓의 정책은 국내시장정책을 고려하고 있는 것이 아니라, 전 세계적으로 통용되는 정책을 고수하고 있다. 따라서 우리의 여건을 주장하여 마켓의 정책을 수정하도록 요구하는 것은 무리가 있으며, 실질적으로 그 요구를 관철시키기도 어렵다. 일례로 게임산업진흥에 관한 법률 제21조(등급분류) 제1항은 "게임물을 유통시키거나 이용에 제공하게 할 목적으로 게임물을 제작 또는 배급하고자 하는 자는 해당 게임물을 제작 또는 배급하기 전에 위원회 또는 제21조의2 제1항에 따라 지정을 받은 사업자로부터 그 게임물의 내용에 관하여 등급분류를 받아야 한다"고 규정하고 있으며, 동법 제21조의2는 마켓이 자체적으로 등급을 분류할 수 있음을 명문화하고 있다(제21조의2 제1항 제1호 가목, 자료 5 참조). 이는 종래 게임물관리위원회의 등급과 다르게 애플 등이 자체등급을 활용하고 있어서 법률과 현실의 괴리를 수정하기 위해 애플, 구글을 자체등급사업자로 지정한 것이다.

생각건대 구글사 등은 글로벌 기업으로서 비단 우리나라에서만 미성년자에 대한 규제(14세 미만 결제 불가, 14세 이상 19세 미만의 경우 보호자의 동의 필요)를 하고 있는 것은 아니다. 국적을 불문하고 이러한 미성년자 보호 정책을 운영하고 있다. 생각건대 기본적으로 모바일 게임 특성상 비대면 거래인데다가 구매력이 낮은 미성년자와 거래할 경우 거래 안정성이 위태롭게 되므로 굳이 미성년자에 대한 구매력을 기대해서 결제를 자유롭게 할 필요성 자체를 느끼지 못할 것이다. 미성년자로부터 수익을 창출하기에는 그들에게 그만한 구매력도 기대할 수 없으며, 사회적으로 인식 또한 좋지 않을 것이다. 즉, 사회적으로 미성년자에 대해서 가지는 시선이나 인식 등을 감안하면, 게임개발자나 마켓 측에서도 미성년자를 대하는 태도는 조심스러울 수밖에 없을 것이다. 이에 결제를 제한하는 전반적인 기조 자체가 모바일 게임 사업에만 국한하는 것도 아니며, 게임에만 완화될 수 있는 것도 아닐 것이다.

Ⅳ. 미성년자의 게임아이템 구매와 법적 쟁점

미성년자가 모바일에서 게임아이템을 구매한 경우는 다양한 유형을 고려해 볼 수 있다. 미성년자가 본인 명의의 모바일로 본인 명의의 체크카드 등으로 결제한 경우, 미성년자가 본인 명의의 모바일로 부모 명의의 신용카드 등으로 결제한 경우, 미성년자가 부모 명의의 모바일로 본인 명의의 체크카드 등으로 결제한 경우, 미성년자가 부모 명의의 모바일로 부모 명의의 신용카드 등으로 결제한 경우를 생각해 볼 수 있다.[13] 위의 모든 유형에서 구매의 주체를 미성년자로 해석할 수도 있으나 미성년자가 부모 명의의 모바일로 부모 명의의 신용카드 등으로 결제한 경우에는 전지적 시점에서 확인하는 것이 아닌한 실질적으로 미성년자를 구매의 주체로 보는 것은 매우 어려울 것이다.[14]

일반적으로 미성년자가 구매의 주체로서 모바일 게임 아이템을 구매하는 경우에 주로 문제되는 법적 쟁점은 청약철회권 행사 및 미성년을 이유로 한 취소권 행사이다. 후자는 미성년자이기 때문에 주장할 수 있는 권리인 반면에 전자는 미성년자에게 국한되지 않는다. 그러나 청약철회의 행사 자체가 미성년자에게도 큰 의미를 가지는 보호방법이므로 본고에서도 양자를 모두 검토해 보고자 한다.

1. 청약철회

(1) 전자상거래 등에서의 소비자보호에 관한 법률 및 콘텐츠 산업진흥법의 적용 여부

비대면거래에서의 소비자를 보호하기 위해 2002년 제정된 전자상거래 등

13) 물론 이 경우에는 법률행위 해석을 통해서 계약당사자를 확정해야 할 것인데, 본고에서는 계약의 해석을 통해 미성년자가 계약의 당사자로 확정된 것을 전제로 논의를 전개하고자 한다. 당사자 확정에 대해서는 신지혜, “미성년자에 의한 온라인게임 유료 결제－법적 이론구성과 현존이익 반환범위를 중심으로－”, 소비자법연구 제7권 제1호, 2021, 42면 이하 참조.

14) 게임사가 계약의 당사자를 부모로 보았다고 하는 한 규범적 해석에 의해 계약을 해석해야 할 것이므로 그러한 경우에는 부모명의와 부모의 신용카드로 결제되었다는 객관적인 상태에 초점을 맞출 수밖에 없을 것이다.

에서의 소비자보호에 관한 법률(이하 '전자상거래법')은 전자상거래와 통신판매를 규율한다. 그런데 동법의 핵심인 청약철회 등에 대한 규정은 통신판매에만 적용된다. 따라서 전자상거래에 해당하지만 통신판매에 해당하지 않은 거래는 동법의 적용대상임에도 불구하고 청약철회 등에 관한 규정 등은 적용되지 않는다. 전자상거래법 제2조 제2호에 의하면 "통신판매"란 우편·전기통신, 그 밖에 총리령으로 정하는 방법으로 재화 또는 용역(일정한 시설을 이용하거나 용역을 제공받을 수 있는 권리를 포함한다. 이하 같다)의 판매에 관한 정보를 제공하고 소비자의 청약을 받아 재화 또는 용역(이하 "재화등"이라 한다)을 판매하는 것을 말하므로, 게임아이템 거래가 통신판매에 해당하는 것은 자명하다. 즉 광고 등을 통해 게임아이템에 대한 정보를 제공하고, 이에 따라 소비자가 구입하였을 경우에 전자상거래소비자보호법상 통신판매에 해당한다.

한편 콘텐츠 산업진흥법(이하 '콘텐츠산업법') 제2조 제1호에 의하면 "콘텐츠"란 부호·문자·도형·색채·음성·음향·이미지 및 영상 등(이들의 복합체를 포함한다)의 자료 또는 정보를 의미하므로, 게임 아이템 거래는 콘텐츠에 대한 거래에 해당한다.

따라서 게임아이템 거래는 전자상거래법 및 콘텐츠산업법의 규율대상이 된다.

(2) 청약철회 가능 여부

전자상거래법 및 콘텐츠산업진흥법은 청약철회를 인정하고 있다. 다만, 청약철회 등을 할 수 있는 자와 청약철회 등의 배제조치에 관한 내용에 있어서는 양 법률에 있어 차이가 존재한다. 첫째, 전자상거래소비자보호법상 청약철회 등을 할 수 있는 자는 소비자이지만, 콘텐츠산업진흥법에서는 이용자이다. 여기에서의 이용자는 콘텐츠사업자가 제공하는 콘텐츠를 이용하는 자이며(동법 제2조 제6호), 그 이용목적에 있어서 제한이 없다. 따라서 콘텐츠를 활용하여 다른 재화를 생산하는 자 역시 동법상 이용자에 해당한다. 둘째, 청약철회 배제조치에 있어서 전자상거래법에서는 일정한 경우(디지털콘텐츠의 제공이 개시된 경우)에 청약철회 등이 불가능하다는 사실의 표시와 함께 대통령령으로 정하는 바에 따라 시험 사용 상품을 제공해야 한다(동법 제17조 제2항 및 제6항 단서). 그러나 콘텐츠산업진흥법에서는 전자상거래소비자 보호법 제17조를 준용하면서도 제2항 단서를 제외하고 있어 청약철회의 배제조치로 청약철회등이 불가능하다는 사실을 콘텐츠 또는 그 포장에 표시하거나 시용(試用)상품을 제공하거나 콘텐츠의 한시적 또는 일부 이용이 가능하도록 하면 된다(동법 제27조 제1항).[15] 요컨대 전자상거래법에 따라 디지털콘텐츠거래에 대해 청약철회등을 배제하기 위해서는 청약철회 배제조치에 있어서 전자상거래법에서는 청약철회 등이 불가능하다는 사실의 표시와 함께 대통령령으로 정하는 바에 따라 시험 사용 상품을 제공해야 하는데 반하여, 콘텐츠산업진흥법에 따르면 양자 중 어느 하나만의 조치를 취하면 된다.

1) 전자상거래법과 콘텐츠산업법 중복적용 여부

게임아이템거래에 대해서 소비자는 전자상거래법과 콘텐츠산업법이 적용될 수 있으며, 양법 모두 청약철회 등을 규정하고 있다. 소비자는 양법 모두를 주장하여 청약철회 등을 할 수 있는가 아니면 이 중 어느 하나의 법에 의해 청약철회가 가능한가? 이에 대해 학설은 중복 적용설[16]과 전자상거래법 적용설[17]로 견해가 나뉜다. 전자는 콘텐츠산업법상 이용자에는 소비자가 포함되기 때문에 소비자는 전자상거래법상 청약철회뿐만 아니라 콘텐츠산업진흥법상의 청약철회를 행사할 수 있다고 보며 양자 중 어느 하나를 선택하여 행사할 수 있다고 본다. 반면에 후자는 전자상거래법의 다른 법과의 관계에 관한 규정에 근거하여 전자상거래법만을 적용해야 한다고 본다. 즉, 후자는 전자상거래 또는 통신판매의 경우에 전자상거래법이 우선적으로 적용되지만, 다른 법을 적용하는 것

---

15) 콘텐츠산업법 제27조(청약철회 등) ① 콘텐츠제작자는 「전자상거래 등에서의 소비자보호에 관한 법률」 제17조 제2항(같은 항 각 호 외의 부분 단서를 제외한다)에 따라 청약철회 및 계약의 해제가 불가능한 콘텐츠의 경우에는 그 사실을 콘텐츠 또는 그 포장에 표시하거나 시용(試用)상품을 제공하거나 콘텐츠의 한시적 또는 일부 이용이 가능하도록 하는 등의 방법으로 청약철회 및 계약의 해제의 권리 행사가 방해받지 아니하도록 조치하여야 한다. 다만, 그 조치를 하지 아니한 경우에는 이용자의 청약철회 및 계약의 해제는 제한되지 아니한다.

16) 이원재, “콘텐츠산업진흥법 제27조 청약철회 조항에 대한 고찰”, 법학논문집 제38집 제3호, 2014, 167~168면.

17) 고형석, “정보보호제품거래와 청약철회권에 관한 연구”, 저스티스 제151호, 2015, 165면.

이 소비자에게 유리한 경우에는 그 법이 적용되는데(제4조), 전자상거래법이 소비자에게 더 유리하므로 전자상거래법만이 적용되면 된다는 것이다. 생각건대 후자의 견해가 타당하다고 본다. 이미 살펴본 것과 같이 디지털콘텐츠의 제공이 개시된 경우에 전자상거래법상 소비자의 청약철회 등이 배제되기 위해서는 단지 청약철회 등이 불가능하다는 사실의 제시만이 아닌 시용상품 등이 제공되어야 하는데, 그에 비하여 콘텐츠산업법에 따르면 단지 청약철회 등이 불가능하다는 사실의 제시만으로 소비자의 청약철회가 배제된다. 따라서 소비자의 시각에서는 전자상거래법이 적용되는 것이 더 유리하다. 청약철회의 더 강한 보장을 고려하면 전자상거래법이 소비자에게 유리하므로 콘텐츠산업법은 적용되지 않고 전자상거래법이 적용되는 것이 타당할 것이다.[18)]

2) 청약철회가 배제되는지 여부

전자상거래법 제17조 제1항에 따르면, 통신판매업자로부터 재화 등의 구매에 관한 계약을 체결한 소비자는 위 각 법이 정한 일정한 기간 내에 해당 계약에 관한 청약을 철회할 권리를 가진다. 우리 전자상거래법은 제17조 제2항은 "소비자는 다음 각 호의 어느 하나에 해당하는 경우에는 통신판매업자의 의사에 반하여 제1항에 따른 청약철회 등을 할 수 없다. 다만, 통신판매업자가 제6항에 따른 조치를 하지 아니하는 경우에는 제2호부터 제5호까지의 규정에 해당하는 경우에도 청약철회 등을 할 수 있다"고 규정하고 있다.[19)] 요컨대 소비자에게 책임이 있는 사유로 재화 등이 멸실되거나 훼손된 경우(다만, 재화 등의 내용을 확인하기 위하여 포장 등을 훼손한 경우는 제외한다), 소비자의 사용 또는 일부 소비로 재화 등의 가치가 현저히 감소한 경우, 시간이 지나 다시 판매하기 곤란할 정도로 재화 등의 가치가 현저히 감소한 경우, 복제가 가능한 재화 등의 포

18) 물론 소비자가 아닌 이용자의 경우에는 전자상거래소비자보호법이 적용되지 않고, 콘텐츠산업진흥법만이 적용된다.

19) 전자상거래법 제17조 제6항: 통신판매업자는 제2항 제2호부터 제5호까지의 규정에 따라 청약철회등이 불가능한 재화등의 경우에는 그 사실을 재화등의 포장이나 그 밖에 소비자가 쉽게 알 수 있는 곳에 명확하게 표시하거나 시험 사용 상품을 제공하는 등의 방법으로 청약철회등의 권리 행사가 방해받지 아니하도록 조치하여야 한다. 다만, 제2항 제5호 중 디지털콘텐츠에 대하여 소비자가 청약철회등을 할 수 없는 경우에는 청약철회등이 불가능하다는 사실의 표시와 함께 대통령령으로 정하는 바에 따라 시험 사용 상품을 제공하는 등의 방법으로 청약철회등의 권리 행사가 방해받지 아니하도록 하여야 한다.

장을 훼손한 경우, 용역 또는 「문화산업진흥 기본법」 제2조 제5호의 디지털콘텐츠의 제공이 개시된 경우(다만, 가분적 용역 또는 가분적 디지털콘텐츠로 구성된 계약의 경우에는 제공이 개시되지 아니한 부분에 대하여는 그러하지 아니하다), 그 밖에 거래의 안전을 위하여 대통령령으로 정하는 경우[20]에는 소비자의 청약철회가 배제된다. 디지털콘텐츠의 제공이 개시된 경우에는 전자상거래법상 소비자의 청약철회 등이 배제되기 위해서는 청약철회 등이 불가능하다는 사실의 제시와 함께 시용상품 등이 제공되어야만이 청약철회가 배제된다. 모바일 게임과 관련하여 청약철회가 배제되는 경우로는 소비자의 사용 또는 일부 소비로 재화 등의 가치가 현저히 감소한 경우(전자상거래법 제17조 제2항 제2호)와 디지털콘텐츠의 제공이 개시된 경우(전자상거래법 제17조 제2항 제5호)를 생각해 볼 수 있을 것이다.

(가) 소비자의 사용 또는 일부 소비로 재화 등의 가치가 현저히 감소한 경우

게임이용자의 게임 아이템의 사용 또는 일부 소비로 재화 등의 가치가 현저히 감소한 경우에는, 소비자는 사업자의 의사에 반하여 청약철회를 할 수 없을 것이다.[21] 참고로 이동통신 서비스 계약과 관련하여 서울중앙지방법원 2017. 8. 31. 선고 2015가합27144 판결 등에서는 회선이 개통되어 이동통신서비스가 개시된 이상 그 용역의 가치가 현저히 감소한 경우에 해당한다 할 것이므로, 소비자는 사업자의 의사에 반하여 청약철회를 할 수 없다고 봄이 상당하다고 보았다:

---

20) 전자상거래 등에서의 소비자보호에 관한 법률 시행령 제21조(청약철회등의 제한) 법 제17조 제2항 제6호에서 "대통령령으로 정하는 경우"란 소비자의 주문에 따라 개별적으로 생산되는 재화등 또는 이와 유사한 재화등에 대하여 법 제13조 제2항 제5호에 따른 청약철회등(이하 "청약철회등"이라 한다)을 인정하는 경우 <u>통신판매업자에게 회복할 수 없는 중대한 피해가 예상되는 경우로서 사전에 해당 거래에 대하여 별도로 그 사실을 고지하고 소비자의 서면(전자문서를 포함한다)에 의한 동의를 받은 경우</u>를 말한다.

21) 전자상거래법 제17조 제2항 본문, 방문판매법 제8조 제2항 본문은 일정한 경우 소비자가 청약철회를 할 수 없다고 규정하는데, 전자상거래법 제17조 제2항 제2호는 소비자의 사용 또는 일부 소비로 용역의 가치가 현저히 감소한 경우, 제3호는 시간이 지나 다시 판매하기 곤란할 정도로 용역의 가치가 현저히 감소한 경우, 제5호는 용역의 제공이 개시된 경우를 규정하고, 방문판매법 제8조 제2항 제2호는 소비자가 용역을 사용하거나 일부 소비하여 그 가치가 현저히 낮아진 경우, 제3호는 시간이 지남으로써 다시 판매하기 어려울 정도로 용역의 가치가 현저히 낮아진 경우를 규정하고 있다.

"왜냐하면 이동통신서비스 계약에 따라 개통되어 소비자에게 회선이 부여되면, 소비자는 언제든지 통화, SMS, 데이터 사용 등의 서비스를 이용할 기회를 보유하게 되고, 그것은 피고가 제공하는 이동통신서비스의 중요한 부분이다. 소비자에게 회선이 부여된 이상, 그 소비자가 실제 통화 등을 하고 있는지와 무관하게 이동통신서비스를 사용·소비하고 있다고 보아야 하며, 이동통신서비스는 시시각각 제공되고 사용되는 특성이 있어 매 순간 일정한 가치를 가지며, 그 순간이 지나버리면 그에 해당하는 이동통신서비스의 사용 가치는 소멸할 뿐 그 가치를 회복시키거나 재사용할 수 없기 때문이다."[22]

위 판결에서 법원은 철회하기 전까지의 서비스이용료를 전적으로 사업자에게 부담하는 것은 타당하지 않다는 점, 그 비용이 종국적으로 다른 소비자들에게 비용으로 전가될 수 있다는 점, 철회 전까지의 비용이 이용자 입장에서는 사용(사용가능성 포함)으로 인한 이득을 얻었으며[23] 그 비용이 과다하지 않다는 점, 철회권이 제한된다 하더라도 계약해지를 신청하여 계약으로부터 벗어날 수 있다는 점 등을 감안하여 철회권을 제한한 것으로 보인다. 그러나 청약철회의 배제사유[24]로서 대상판결은 "사용 또는 일부 소비로 용역의 가치가 현저히 감

22) 즉 이동통신서비스의 특성상 통화, SMS, 데이터 사용 등 이동통신을 직접적으로 이용하고 있지 아니하여도, 소비자에게 회선이 부여되면 그 구체적인 이용방법(요금제)에 따라 언제든지 위 통화 등 이동통신을 이용할 수 있는 기회(예를 들어 수화가능성 등)를 보유하게 되는 것이고, 이는 그러한 기회를 보유하지 못하는 것과 비교하여 볼 때, 아무런 가치가 없는 것이 아니고, 오히려 그러한 기회를 보유하는 것이 이동통신서비스 제공의 중요한 부분을 차지하는 것이므로, 원칙적으로 이동통신서비스의 제공, 즉 회선의 개통이 되고 나면 이동통신서비스를 사용·소비하고 있어 그 가치가 현저히 낮아진 경우라고 볼 수 있는 점, 이동통신서비스는 시시각각 제공되는 특성을 가져 그때마다 일정의 가치를 가진다고 할 수 있고, 시시각각 소비되는 것으로 볼 수 있으므로 이동통신서비스는 시간이 지남으로써 다시 판매하기 어려울 정도로 가치가 현저히 낮아졌다고 볼 수 있는 점에서 회선이 개통되었다면 철회권은 인정되지 않는다.

23) 참고로 재화에 국한되기는 하지만 이용가능성이 갖추어졌는데도 이를 이용하지 못하였다고 하더라도 이는 그 자의 재산적 결정(vermögensmäßige Entscheidung)이므로, 그에 대한 책임은 결정권자가 부담해야 한다고 보는 견해가 있다. W. Flume, "Die ungerechtgertigte Bereicherung nach dem Bürgerlichen Gesetzbuch als eine Rechtsfigur der Bereicherung", 50 Jahre BGH FG der Wissenschaft, 2000, 525 = Studien zur Lehre von der ungerechtfertigten Bereicherung, 2003, S. 92 ff.

24) 청약철회의 배제사유에 대한 설명은 김진우, "소비자철회권 배제사유에 관한 개정론－전자상거래법 및 방문판매법을 중심으로－", 외법논집 제40권 제2호, 2016, 61면 이하 및 이

소한 경우(전자상거래법 제17조 제2항 제2호)와 용역의 제공이 개시된 경우(전자상거래법 제17조 제2항 제5호)"를 들고 있는데, 서비스의 개통에 의한 사용가능성만을 가지고 실질적으로 소비자가를 이를 사용한 것으로 볼 수 있는지, 그리고 사업자가 용역을 제공한 경우로 볼 수 있는지에 대해서는 의문이 든다.[25] 더 나아가 이동통신서비스의 경우에는 가분적 용역이라고 볼 수 있다는 점에서 아직 용역이 제공되지 않은 부분에 대해서는 일부철회를 인정할 수도 있을 것이다.[26]

생각건대 게임아이템의 경우에는 특별한 사정이 없는 한, 재화 등의 가치가 현저히 감소한 경우에 해당하지 않으므로 이를 이유로 청약철회가 배제되지는 않을 것이다.

(나) 디지털콘텐츠의 제공이 개시된 경우

게임아이템은 디지털콘텐츠에 해당하기 때문에 게임아이템이 제공되면 디지털콘텐츠의 제공이 개시된 경우에 해당한다. 따라서 사업자 등이 청약철회등이 불가능하다는 사실의 표시와 함께 대통령령으로 정하는 바에 따라 시험 사용 상품을 제공하면 청약철회가 배제될 것이다. 먼저, 청약철회 등이 불가능하다는 사실은 단지 약관에서 이를 규정하고 있는 것만으로 충분하지 않으며, 재화등의 포장이나 그 밖에 소비자가 쉽게 알 수 있는 곳에 명확하게 표시하여야 한다. 예를 들어, 디지털콘텐츠에 대한 계약이 체결되는 화면에 이를 표시하는 것이 그 대표적인 예이다. 그 다음으로 디지털콘텐츠의 특성에 따라 시용상품 등을 제공하여야 한다. 첫째, 일부 이용의 허용의 경우에 디지털콘텐츠의 일부를 미리보기, 미리듣기 등으로 제공이다. 예를 들어, 음악 또는 영화의 경우에 전체 분량의 1/6(음악) 또는 1/40(영화)에 해당하는 내용을 미리듣기 또는 미리보기로 제공하는 것이다(콘텐츠이용자보호지침 예시 9). 둘째, 한시적 이용의 허용의 경우에 일정 사용기간을 설정하여 디지털콘텐츠 제공이다. 예를 들어, 일정기간 동안만 이용할 수 있는 한글프로그램을 제공하는 것이다(콘텐츠이용자보호지침 예시 9). 셋째, 체험용 디지털콘텐츠 제공의 경우에 일부 제한된 기능만

병준, "이동통신서비스계약에 대한 소비자단체소송과 그 법적 쟁점", 민사법학 제81호, 2017, 246면 이하 참조.

25) 이병준, 앞의 논문, 249면 이하; 신지연, "이동통신서비스에서의 소비자지향성 제고를 위한 소비자단체소송 판례의 검토", 민사법의 이론과 실무 제21권 제1호, 2017, 260면 이하.

26) 이병준, 앞의 논문, 252면; 신지연, 앞의 논문, 261면 이하.

을 사용할 수 있는 디지털콘텐츠 제공이다. 예를 들어, 일반적인 기능은 이용할 수 하지만, 고기능은 이용할 수 없는 프로그램을 제공하는 것이다. 마지막으로 앞의 세 가지 방법으로 시험 사용 상품 등을 제공하기 곤란한 경우에 디지털콘텐츠에 관한 정보 제공이다. 즉, 디지털콘텐츠의 명칭, 종류 및 내용 등과 그 이용에 있어서 기술적 사항(OS, 이용가능 기기 등)에 관한 정보의 제공이다(콘텐츠이용자보호지침 예시 6).

3) 검 토

일반적으로 게임아이템이 구매 후 즉시 사용이 시작되거나 게임 서비스에 바로 적용되는 콘텐츠의 경우 또는 개봉 시 효용이 결정되는 캡슐형·확률형 아이템을 개봉한 경우에는 실질적으로 청약철회가 불가능 할 것이다.

디지털콘텐츠의 공급의 개시란 소비자에게 이를 전송하거나 소비자가 이를 다운받을 수 있도록 필요한 조치를 취한 것이다. 또한 소비자에게 전송한다는 것은 소비자의 배타적 지배영역으로 전송하는 것뿐만 아니라 게임사이트 내 소비자의 계정(인벤토리)으로 전송하여 소비자가 언제든지 이를 이용할 수 있게 한 경우를 포함한다. 일반적으로 소비자의 주문 및 결제에 따라 게임사업자는 해당 게임아이템을 소비자의 아이템 보관함(인벤토리)으로 공급하므로 디지털콘텐츠의 제공이 개시되었다고 볼 수 있다.

한편 전자상거래법상의 배제조치와 관련하여 일반적으로 사업자는 사업자는 게임아이템 거래의 화면 하단에서 별도로 "상품의 제공이 개시되거나 사용한 경우 청약철회가 제한됩니다"라는 문구를 게시하고 있으므로 전자상거래법 제17조 제6항 단서에 의한 청약철회 등의 불가능 사실에 대한 표시를 충족하였다고 볼 수 있다. 한편 청약배제조치와 관련하여 전자상거래법 제17조 제6항 단서에 의거하여 디지털콘텐츠의 특성에 따라 시용상품 등을 제공하여야 하는데, 게임 아이템 또한 이를 제공하여야 하는가? 게임아이템은 시용상품 등이 제공되어야 하는 디지털콘텐츠인가 아니면 시용상품 등의 제공없이 게임아이템정보만 제공되는 디지털콘텐츠인지가 문제된다. 콘텐츠이용자보호지침에서는 청약철회 등을 배제하기 위한 조치로 아바타 등을 임시적으로 사용할 수 있도록 제공하는 것을 규정하고 있다. 사업자에게 배제조치를 강구할 의무를 부과한 것은 소비자가 이를 구매하기 전에 디지털콘텐츠의 내용을 확인하도록 하기 위함이다. 즉, 유체재화의 경우에는 실물을 보아야 그 내용을 확인할 수 있지만, 디지털콘텐츠는 상품사진 그 자체만으로 그 내용을 확인할 수 없기 때문에 온라인을 통해 그 내용을 확인할 수 있도록 한 것이다. 다만, 모든 디지털콘텐츠가 시용상품 등을 이용하여야 만이 그 내용을 확인할 수 있는 것은 아니며, 사진에서 제시된 내용이 그 전부인 경우에는 사진만으로 그 내용을 확인할 수 있다. 이러한 점을 감안하여 전자상거래소비자보호법 시행령에서도 시용상품 등을 제공하지 않아도 되는 디지털콘텐츠의 경우에 그 정보만을 제공하도록 규정한 것이다. 따라서 게임아이템의 경우에 시용상품 등을 제공하여야 하는 디지털콘텐츠에 해당하는가 아니면 그 정보만을 제공하여도 되는 디지털콘텐츠에 해당하는가의 문제가 소비자의 청약철회 등이 제한되는지의 여부를 판단하는 핵심이 된다. 생각건대 게임아이템의 경우는 영화, 음악, 한글 프로그램 등의 소프트웨어와 달리 이를 사용하여야 만이 그 내용을 파악할 수 있는 것은 아니다. 게임아이템에 대한 사진과 기능에 대한 설명만으로 충분히 그 내용을 파악할 수 있을 것이다.[27] 요컨대 특별한 사정이 없는 한, 일반적인 게임 아이템은 기능이 단순하여 사진 및 설명만으로 충분히 그 내용을 소비자가 쉽게 판단할 수 있다.

그러나 일부 게임 아이템이 가분적 디지털콘텐츠라면, 그 제공이 개시되었다고 하더라도 제공이 개시되지 아니한 부분에 대하여는 청약철회권이 배제되지 않는다. 그런데 게임 아이템 중 일부는 가분이 가능하다는 점에서 가분적 디지털콘텐츠이기는 하지만 제공의 개시는 이미 결제와 동시에 모두 이루어 진다는 점에서 개시되지 아니한 부분이 있다고 할 수 없으므로 전자상거래법 제17조 제2항 제5호 단서에 의한 청약철회 또한 인정되지 않을 것이다.[28]

(3) 철회시 반환범위

사업자가 배제조치를 하지 않아 소비자의 철회권이 인정되는 경우에 사업

---

27) 김진우, "디지털콘텐츠 거래의 철회", IT와 법 연구 제14집, 2017, 296면.

28) 신지혜, 앞의 논문, 35면에서는 가분적 디지털콘텐츠에 해당하여 제공이 개시되지 않은 부분의 청약철회를 인정하는 것을 전제로 논점을 전개하고 있는데, 어떠한 경우가 그에 해당하는지에 대해서 별다른 언급이 없어 아쉬움이 남는다.

자는 마켓에게 지급한 수수료의 지급을 거부할 수 있을 것인지와 게임이용자의 반환의무가 문제된다.

1) 청약철회시 CP가 마켓에게 지급한 수수료를 공제한 잔액만을 반환하면 되는지 여부

철회권의 실질적인 보장을 위해서는 철회권을 행사한 자에게 부담을 남겨서는 안된다는 점에서 수수료를 공제하지 않고 게임이용자가 지급한 전액을 반환해야 할 것이다.

특히 이는 유럽사법재판소(EuGH) 및 독일연방대법원(BGH) 판결을 통해서도 확인이 된다는 점에서 비교법적인 측면에서 철회권자에게 수수료의 부담을 전가하는 것은 바람직하지 않다. 예컨대 독일 민법 제355조 이하에 따른 소비자계약의 철회(Widerruf)시에 소비자에게 사용이익 등을 반환을 부담시키지 않는다.[29] 이는 특히 통신판매사업(독일 민법 제312조의 c)에서 중요하다. EuGH는 통신판매계약의 철회와 관련된 Messner 판결에서,[30] 사용이익배상 급부에 대한 보편적인 의무화는 소비자가 자신의 철회권을 행사하는 것을 억제시킬 수 있다는 점을 고려하여, 철회권을 행사한 소비자에게 일반적인 사용이익배상의무를 지우는 것은 유럽통신판매지침[31]의 규정목표와 불합치하다고 보았다.[32] 여기에서 주목할 점은, 철회시 사업자 역시 매수인과 마찬가지로 사용이익반환 의무가 있는데도 불구하고 EuGH가 소비자의 사용이익배상의무를 배제하였다는 것이다. 이는 철회권이 소비자에게 허용된 숙려기간 내에 “어떠한 압력도 없이 완전히 자유롭게(völlig frei und ohne jeden Druck)”, 자신이 체결한 계약을 해소시킬 수 있도록 하기 위하여 인정된 권리라는 점을 재고한 결과이다.[33] 즉 철회권의 진정한 보호를 위하여 유럽통신판매지침 제6조는 매수인의 권리주장과 관련하여 위약금은 물론 기타의 금전적 불이익을 허용해서는 안 된다고 규정한다.[34]

---

29) Dirk Looschelders, Schuldrecht AT, 7. Aufl., 2009, Rn. 864 ff.

30) EuGH, NJW 2009, 3015.

31) Richtlinie 97/7/EG vom 20.05.1997.

32) EuGH, NJW 2009, 3015.

33) EuGH, NJW 2009, 3015 Rn. 23; Wulf-Henning Roth, Europäischer Verbraucherschutz und BGB, JZ 2001, 475, 480 f.

34) 요컨대 동 지침은 소비자가 금전적인 불이익을 걱정하지 않고 자율적으로 철회권을 행사

EuGH는 통신판매지침에 따른 철회권의 특수한 목적을 존중한 것이다. 이는 소비자가 매매물건을 계약체결 시점에 제한적으로 조사하고 시험해 볼 수밖에 없는 특수한 상황에서 도출된다는 점을 전제로 한다.[35)]

한편 서울중앙지방법원 2017. 8. 31. 선고 2015가합27144 판결에서 소비자의 철회권을 제한한 이유 중에 하나가 철회를 인정하면 그를 통해 발생한 부담을 모두 사업자가 지게 된다는 점을 지적하고 있는데, 이러한 해석 또한 간접적으로 소비자는 철회에 따른 비용부담을 하지 않는다는 점을 보여준다.

2) 게임 이용자의 반환의무

전자상거래법 제18조 제1항은 "소비자는 제17조 제1항 또는 제3항에 따라 청약철회등을 한 경우에는 이미 공급받은 재화등을 반환하여야 한다. 다만, 이미 공급받은 재화등이 용역 또는 디지털콘텐츠인 경우에는 그러하지 아니하다"고 규정하고 있다. 문언 그 자체만을 놓고 보면 디지털콘텐츠인 게임아이템의 경우에도 반환을 할 필요가 없게 된다. 그러나 이러한 결과는 지나치게 게임이용자에게만 유리하다는 점에서 문제가 있다.[36)]

그런데 동 조항은 다음과 같은 두 가지 이유에서 규정한 것으로 이해할 수 있다. 첫째, 게임 아이템이 아닌 영화나 음악 파일 등과 같이 복제가 쉬운 디지털콘텐츠의 경우를 고려한 것으로 보아야 할 것이다. 즉 복제 등이 쉬워서 반환할 실익이 없고, 스트리밍 방식으로 제공되어 개념상 이용자의 '반환'을 상정하기 어려운 경우를 고려하여 규정한 것이라 할 수 있다. 둘째, 동 조항은 디지털콘텐츠 중 이용자가 반환하지 않는 한 사업자가 그 콘텐츠를 통제할 수 없는 경우를 전제로 한 것이라 할 수 있다. 왜냐하면 그러한 경우에는 소비자가 반환하

할 수 있도록 하기 위해 마련된 것이다. 다만, 반송 비용만은 예외로 하고 있는데, 이는 소비자가 반송 방식을 직접 선택할 수 있고 이로써 비용을 최소화 할 수 있는 반면에 기업은 과도한 비용의 생성에 아무런 영향력을 행사할 수 없기 때문이다. EuGH, GA ZIP 2010, 373 Rn. 47.

35) EuGH, NJW 2009, 3015. (통신판매 이외의)매수인은 매매계약의 체결 시에 매매물건의 사진을 보고 이를 조사하고 또 경우에 따라서는 시험해볼 수 있는데 반하여, 통신판매는 한계가 있다. 이에 통신판매지침의 철회권의 특수한 규정목적을 매매계약의 일반적인 해제권에 적용하기에는 무리가 있을 수 있다.

36) 이러한 문제의식은 고형석, "게임아이템거래와 청약철회권", 「저스티스」 통권 제168호, 한국법학원, 2018, 269면 이하; 신지혜, 앞의 논문, 36면에서도 확인된다.

지 않는 한 원상회복이 불가능한데 소비자가 원물반환을 할 수 없는 경우에는 가액반환을 해야 한다면 이는 지나친 평가모순을 가져올 수 있기 때문이다. 즉 사업자는 그 콘텐츠를 받환 받더라도 이득이 되지 않음에도 불구하고 소비자에게 반환을 부담시키는 것은 지나치게 소비자에게만 불리한 지위를 강제하는 결과를 초래할 수 있다. 이러한 경우에는 애당초 소비자에게 반환의무를 부담시키지 않아도 사업자에게 큰 손해를 발생시키지 않을 것이다. 오히려 소비자에게 반환의무를 부담시키는 것이 사업자에게는 별 이득이 없음에도 소비자에게 부담을 주는 결과만을 가져올 수 있는데 이는 청약철회를 행사할 실질적 유인을 제거한다.

그러나 게임 아이템은 특별한 사정이 없는 한 복제하기가 어렵고, 사업자가 사용중단이나 접속제한 등을 통해 '반환'을 사실상 가능하게 할 수 있다. 사견으로는 전자상거래법 제18조 제1항 단서의 적용에 있어 목적론적인 축소해석이 가능하다고 본다. 따라서 게임 아이템의 경우에는 게임이용자 자신이 반환할 필요는 없으나 사업자가 게임이용자가 가지는 아이템의 사용을 중단시키는 방법으로 회수하는 것이 가능하다는 점, 소비자에게 반환의무에 따른 불합리한 결과를 도출하지 않는다는 점, 반환을 하지 않으면 소비자에게 지나치게 유리한 결과를 남긴다는 점 등을 고려하면 게임아이템은 게임이용자에게 반환의무가 있다고 보아야 할 것이다. 다만 그 반환의무는 게임이용자의 적극적인 반환의무라기 보다는 사업자가 직접 반환을 이끌 수 있다는데 의미를 두어야 할 것이다.

2. 구매행위의 취소

미성년자가 자기 명의로 게임아이템을 구매한 경우뿐만 아니라 부모명의로 게임아이템을 거래한 경우에도 거래의 당사자가 미성년자라면, 그 자는 민법 제5조 이하에 의하여 구매행위를 취소할 수 있다. 다만 법정대리인의 동의를 얻은 경우(민법 제5조), 처분이 허락된 재산으로 구매한 경우(민법 제6조), 속임수를 사용하여 법정대리인의 동의가 있는 것처럼 한 경우(민법 제17조)[37] 등에

37) 속임수는 적극적인 사기수단을 사용해야만 인정된다. 대법원 1971. 12. 14. 선고 71다2045

는 취소할 수 없다.

(1) 법정대리인의 동의인정 여부[38)]

사업자가 법정대리인의 동의를 확인하는 절차가 어떻게 구비되어 있는지에 따라 법정대리인의 동의여부를 판단함에 있어 다른 접근이 가능할 것이다.

1) 단순히 법정대리인 동의란에 클릭하게 하는 경우

법정대리인이 직접 법정대리인의 동의를 요하는 항목에 클릭을 하였다면 이는 동의의 표시로서 인정될 수 있으나, 미성년자가 법정대리인이 동의하였음을 클릭하는 경우에는 실제 법정대리인의 동의가 있었는지의 여부를 판단하기 어렵다. 모바일 상에서는 불특정 다수인과 거래가 이루어지고 있고, 상대방과 대면한 상태에 있지 않기 때문이다. 따라서 단순히 법정대리인의 동의가 있음을 체크되어 있는 것만으로는 법정대리인이 직접 자신이 동의하였다고 주장하지 않는 한, 법정대리인의 동의를 인정하기 어려울 것이다.

2) 법정대리인의 인적사항 기재를 요하는 경우

일부 모바일 게임에서는 법정대리인의 이름, 주민등록번호, 연락처, 이메일 주소 등을 기재하도록 하면서 법정 대리인으로 하여금 동의하였음을 클릭하도록 하는 방식을 취하는 경우도 있다. 이는 앞서 살펴본 단순히 클릭하는 경우보다는 동의가 현실적으로 이루어졌다는 것을 인정할 만한 경우라 할 수 있다. 그러나 법정대리인이 자기 스스로 고유하게 관리하는 어떤 표시가 있지 않는 한, 주민등록번호나 이메일 주소 등은 가족이라면 어렵지 않게 인지할 수 있다. 이는 법정대리인만이 알고 있는 사항이라고 보기는 어렵다. 즉 법정대리인만이 알 수 있는 정보가 아닌 한 법정대리인의 인적사항 기재만으로는 법정대리인의 동의가 있는 것으로 인정하기 어렵다. 동의는 효과의사를 전제로 하는 것인 만큼 단순히 법정대리인의 인적사항을 기재한 것만으로는 법정대리인의 동의에 준하는 행위가 있는 것으로 보기 어려울 것이다. 즉 동의라는 법정대리인의 단

판결.

38) 김상태/최현태, 「미성년자의 게임비용 결제와 환불에 관한 법률문제」, 「한양법학」 제31권 제1집, 한양법학회, 2020, 189면 이하.

독행위에는 의사표시로써 그것에 대한 진정한 의사가 있었는지가 중요하다. 다수의 사이트에서 한번 입력된 내용이 클릭하기 위한 공간 아래 자동 생성되도록 할 수 있고, 자동기억장치를 통해 또다시 입력하지 않아도 되는 경우도 있어서 이러한 경우까지 법정대리인의 동의가 있는 것이라고 보기는 어렵다고 할 것이다.[39)]

3) 법정대리인의 신용카드번호 및 비밀번호를 요구하는 경우

신용카드회사의 약관에 의하여 신용카드는 개인의 금전적인 상황과 직접 관련을 맺는 것이기 때문에 누구든지 타인이 함부로 신용카드번호 내지는 카드의 비밀번호를 알 수 없다. 따라서 법정대리인의 동의를 표시함에 있어 좀처럼 타인에게 알려주지 않는 신용카드번호 및 비밀번호의 입력을 하도록 하는 경우는 동의 있음을 증명하는데 인적사항의 입력을 통한 것보다 좀 더 신뢰할 수 있는 방법이라고 할 수 있다. 그러나 미성년자 결제와 관련된 분쟁사례에서 알 수 있듯이 미성년자가 결제 화면에서 별다른 어려움 없이 법정대리인의 신용카드를 이용하고 있다는 점에서 이러한 방식에 의한 동의 또한 법정대리인이 동의하였다고 판단하기에는 어려울 수 있다. 예컨대, 미성년자의 게임 아이템 구입을 위하여 부모가 자신의 신용카드 정보를 최초 구입시 입력하여 주었고, 이후 아이템을 구매할 때에는 신용카드 정보를 따로 입력할 필요 없이 아이템 구매자인 미성년자의 아이디와 비밀번호만을 입력하면 구입할 수 있도록 설계된 결제 시스템을 통해 미성년자가 게임 아이템을 추가로 구매한 사건에서, 유료결제 서비스 제공자는 미성년자인 계정 이용자와 신용카드 명의인이 다른 경우 신용카드 명의인의 의사에 따라 사용되는 것인지, 그리고 미성년자가 신용카드를 부당하게 사용하고 있는지 확인할 주의의무가 있다고 보아야 할 것이다. 따라서, 최초 결제시 법정대리인이 신용카드 정보와 비밀번호를 입력하여 주었고 이러한 정보가 저장되어 있었다고 하여도 이후에 이루어지는 결제까지 법정대리인이 동의하였다고 볼 수는 없는 것이다.[40)]

---

39) 이 경우에 미성년자의 적극적인 속임수(혹은 기망)이 있었던 것으로 보아, 민법 제17조 규정의 적용을 통해 법정대리인의 인적사항까지 도용하여 사용하는 미성년자까지 보호할 수는 없을 것이다.

40) 윤주희, "인터넷상 미성년자에 대한 법정대리인의 동의의 문제", 「사회과학논총」 제6집,

4) 법정대리인의 공인전자서명을 요구하는 경우

「전자서명법」상 "전자서명"이라 함은 서명자를 확인하고 서명자가 당해 전자문서에 서명을 하였음을 나타내는데 이용하기 위하여 당해 전자문서에 첨부되거나 논리적으로 결합된 전자적 형태의 정보를 말한다(제2조 제2호). 그리고 '공인전자서명'이라 함은 다음 일정한 요건을 갖추고 공인인증서에 기초한 전자서명을 말한다(제2조 제3호). 전자서명 중 공인전자서명은 전자계약, 전자영수증, 전자무역, 전자보증서, 인터넷청약, 인터넷뱅킹, 전자입찰, 사이버증권 등에서 이용되고 있을 만큼 신뢰할 수 있는 정보이고, 단순 인적정보와는 달리 가족이라도 알기 어려운 당사자만이 알 수 있는 정보에 해당한다. 따라서 온라인상 의사표시의 주체를 명확하게 표시해줄 수 있는 공인전자서명이야말로 법정대리인의 동의를 신뢰할 수 있는 방법이 될 수 있다. 다만, 미성년자의 법정대리인의 동의에 공인전자서명을 요구하는 게임서비스는 찾아보기 어렵다. 그러므로 미성년자 결제에 있어서 법정대리인의 동의 여부에 대한 기준을 명확하게 하기 위하여 보다 적극적으로 공인전자서명을 활용할 필요가 있다.

5) 수집한 법정대리인의 연락처 등으로 동의여부를 확인하는 경우

「개인정보보호지침」(과학기술정보통신부 훈령 제3호) 제15조에서는 개인정보처리에 대하여 정보주체의 동의를 얻는 방법으로 ① 동의 내용이 적힌 서면을 직접발급·우편·팩스 등의 방법으로 전달하고, 정보주체로부터 직접 서명한 동의서를 받는 방법, ② 전화로 동의내용을 알리고 동의의사 표시를 확인하는 방법(녹취할 때에는 녹취사실을 정보주체에게 알림), ③ 전화로 동의내용을 알리고 인터넷 홈페이지 등을 통하여 동의내용을 확인하도록 한 후 다시 전화로 동의의사 표시를 확인하는 방법, ④ 인터넷 홈페이지 등에 동의내용을 게재하고 정보주체가 동의여부를 표시하도록 하는 방법, ⑤ 전자우편으로 동의내용을 발송하여 정보주체로부터 동의의사 표시가 적힌 전자우편을 받는 방법 등이 명시되어 있다. 이와 같이 동의를 얻는 방법은 법정대리인의 동의 여부를 판단함에 있어서 분쟁의 여지를 없애는 방법으로는 상당히 유용하다고 보여진다. 따라서

숭실대학교 사회과학연구소, 2004, 391면 이하에서는 속임수를 사용한 것으로 보고 있으나 적극적인 속임수라기 보기는 어려워 취소권이 배제되지는 않을 것이다.

동 지침상에 규정되어 있는 방법에 의하여 법정대리인이 동의한 경우에는 법정대리인이 동의한 것으로 인정할 수 있을 것이다.

(2) 처분이 허락된 재산으로 구매한 경우에 해당하는지 여부

미성년자가 부모명의의 카드를 사용한 경우에는 처분이 허락한 재산으로 구매한 경우라 할 수 없지만, 미성년자 명의의 체크카드 등으로 구매한 경우에는 특별한 사정이 없는 한 처분이 허락된 재산으로 구매한 것으로 볼 수 있을 것이다. 물론 처분이 허락된 재산인지 여부는 상대방이 증명해야 할 것이나 미성년자 명의의 체크카드로 구매한 경우라면 민법 제6조에 의해 취소권이 제한되는 필요조건을 충족한 것으로 볼 수 있을 것이다.

Ⅴ. 미성년자가 자기명의로 게임이용을 할 수 있도록 하기 위한 방안

1. 법령상의 재정비

정보통신망법에서 규정하는 만14세의 규정이나 PC게임에 적용되는 청소년보호법, 게임산업법에서 미성년자를 대상으로 게임 자체를 규제하는 조문은 그 입법연혁적으로 미성년자의 게임과몰입을 우려한 조치이다.[41][42] 하지만 이는

41) 청소년보호법 제23조의3(심야시간대의 인터넷게임 제공시간 제한 등) ① 「게임산업진흥에 관한 법률」에 따른 게임물 중 「정보통신망 이용촉진 및 정보보호 등에 관한 법률」 제2조 제1항 제1호에 따른 정보통신망을 통하여 실시간으로 제공되는 게임물(이하 "인터넷게임"이라 한다)의 제공자(「전기통신사업법」 제22조에 따라 부가통신사업자로 신고한 자를 말하며, 같은 조 제1항 후단 및 제4항에 따라 신고한 것으로 보는 경우를 포함한다. 이하 같다)는 16세 미만의 청소년에게 오전 0시부터 오전 6시까지 인터넷게임을 제공하여서는 아니 된다.
② 여성가족부장관은 문화체육관광부장관과 협의하여 제1항에 따른 심야시간대 인터넷게임의 제공시간 제한대상 게임물의 범위가 적절한지를 대통령령으로 정하는 바에 따라 2년마다 평가하여 개선 등의 조치를 하여야 한다.
③ 제2항에 따른 평가의 방법 및 절차 등에 관하여 필요한 사항은 「게임산업진흥에 관한 법률」에서 정하는 바에 따른다.

42) 게임산업법 제12조의2(게임과몰입의 예방 등) ① 정부는 게임과몰입이나 게임물의 사행

각각 2011년, 2007년에 신설된 조문으로 당시 개인PC와 인터넷이 급속도로 확산되어 최고조에 이른 시기와 맞물린다. 이 시기 PC이용 및 게임과몰입의 기준은 주로 컴퓨터 이용 시간이었는데, 현재 대부분의 사람들이 모바일 휴대폰으로 개인 PC업무까지 보고 있는 점을 감안할 때 구시대적인 규제라고 생각된다. 요컨대 모바일게임에 적용되고 있지 않지만, 과몰입 예방을 위해 본인인증을 하고 게임이용시간을 제한하는 등의 조치는 제도 이행을 위한 사업자의 시스템 개발 유지에 많은 비용을 소요하게 한다. 그런데 이는 극단적인 경우 게임사업자들이 아예 시스템 개발이 필요 없는 성인게임 개발에만 집중함으로써 결과적으로 미성년자들이 국내 제도가 규정한 안전 장치를 적용하지 않는 해외게임물이나 성인명의 도용을 통한 성인게임 이용 등의 부작용을 발생시킬 우려가 있다. 이에 단순히 미성년자를 보호한다는 미명 하에 미성년자의 게임이용을 이런 방법으로 억지하는 것이 현명한 것인지에 대한 재고가 필요하다.

현재 국내 모바일 게임시장은 30대 이상 성인 중심의 MMORPG 장르가 주류를 이루고 있다. 미성년자의 게임이용이 활성화된다면 미성년자가 선호하는 장르 역시 주목을 받으면서 많은 회사들이 서비스를 제공할 것이다. 미성년자의 과몰입 예방을 위한 조치는 다소 교과서적이지만 어떤 강제적인 제도에 기반하기보다 가정과 학교에서의 미디어 이용 교육을 더욱 강화하는 등 문화적 조치로 접근할 영역이라 생각된다.

성·선정성·폭력성 등(이하 "게임과몰입등"이라 한다)의 예방 등을 위해 다음 각 호의 정책을 수립·시행하여야 한다.

1. 게임과몰입등의 예방과 치료를 위한 기본계획의 수립·시행
2. 게임과몰입등에 대한 실태조사 및 정책대안의 개발
3. 게임과몰입등의 예방을 위한 상담, 교육 및 홍보활동의 시행
4. 게임과몰입등의 예방을 위한 전문인력의 양성 지원
5. 게임과몰입등의 예방을 위한 전문기관 및 단체에 대한 지원
6. 그 밖에 게임과몰입등의 예방을 위하여 필요한 정책으로 대통령령이 정하는 사항

② 문화체육관광부장관은 제1항에서 정한 사항의 수행을 위하여 대통령령이 정하는 바에 따라 게임과몰입 예방 등을 위한 전문기관을 설립, 지원할 수 있다.

③ 문화체육관광부장관은 게임과몰입의 예방 등을 위해 필요한 경우 관계 중앙행정기관, 지방자치단체, 그 밖에 관련 법인 및 단체, 게임물 관련사업자 등에게 협조를 요청할 수 있으며, 협조요청을 받은 기관·단체 등은 특별한 이유가 없는 한 이에 협조하여야 한다.

④ 게임물 관련사업자는 게임과몰입의 예방 등을 위해 제1항에서 정한 정책의 수립·시행에 협력하여야 한다.

2. 인식 및 프레임의 전환

미성년자부터 미성년자를 둔 보호자까지, 즉 10대 미만부터 40대 이상까지 109명을 상대로 설문조사를 한 결과(본고 [부록] 참조), 현재 우리나라 미성년자들의 게임 이용이 게임 과몰입 수준이라고 생각한 비율은 41.3%(45명), 이러한 게임 과몰입이 사회적 문제라고 생각한 비율은 33%(36명)로 비교적 낮지만, 미성년자들이 지금과 달리 성인과 동일한 수준의 게임 콘텐츠 가입 및 결제의 주체가 되는 것에 반대하는 입장은 72.5%(79명)나 되었다. 이를 통해 현 제도와 매스컴, 기성세대들이 바라보는 미성년자에 대한 인식 자체가 미성년자에 대한 '형식적 보호'에 그친다는 것을 알 수 있다. 사회적으로 문제 혹은 심각한 현안은 아니지만 '미성숙한 미성년자는 규제를 받아야 한다'라는 편견이 기저에 깔려 있는 것이다. 미성년자의 자유로운 결제를 반대하는 72.5%(79명) 중 약 82%에 달하는 65명이 반대 이유로 "미성숙한 미성년자의 자제력 미흡에 따른 보호가 필요하므로"라고 답했다. 이러한 사고는 미성년자가 미성숙하다는 전제 하에 실질적인 제도 보완보다는 일단 이용 자체를 제한하는 것을 우선시하고 있는 현행 제도와 유사하다.

그러나 미성년자가 성인과 다를 바 없이 인간으로서의 존엄과 가치를 인정받고 헌법에 보장된 기본권을 향유하여야 한다는 점에 대해서는 특별히 이견이 없다. 헌법 제10조에서 보장하고 있는 인간의 존엄과 가치는 단순히 인간이라는 사실에서 유래하는 것이지 인간의 일정한 속성에 대한 평가에 근거하지 않는다. 연령으로 인해 헌법에 보장된 기본권의 행사에 있어 일정한 제한이 있을 수 있지만 그렇다고 이렇게 기본권 보유(향유)능력과 기본권 행위능력을 구분하는 논의가 미성년자의 기본권 주체성을 부인하는 근거가 될 수 없음은 분명하다. 다만 미성년자는 기본권의 주체임과 동시에 보호의 대상이기도 한 이중적 지위를 가진다. 본인인증제도는 법상 한정된 인증수단을 확보하지 못한 미성년자의 경우 인터넷게임 이용에 대한 진입장벽이 될 수 있다. 문화향유권을 행사할 수 있는 미성년자가 본인인증을 할 수 없어서 게임이용의 기회가 박탈되는 것은 게임산업법상 게임과몰입예방조치가 의도한 상황은 아닐 것이다. 즉 과도한 이용에 대한 예방을 이유로 아예 게임접근을 막아버리는 상황을 유발하는 것은 문화콘텐츠의 향유권을 완전히 침해하고 미성년자에게 문화적 탄압을 하는 결과를 낳는다. 미성년자 보호를 보다 적극적인 개념으로 받아들여 미성년자들에게 자기 발전을 할 수 있는 기회를 제공하고 미성년자의 자율과 책임을 강조하는 관점에서도 현행 본인인증제도는 문제의 소지가 있다. 즉 본인인증제도와 같은 방식으로 개인정보를 수집하여 국가가 직접 이 문제에 관여하는 방식이 아니라, 부모의 지도를 통한 자율적인 통제를 권고하는 식으로 문제에 접근하여야 하며 이러한 접근은 청소년 기본법의 취지이기도 하다. 청소년에게 해악이 될 수 있는 환경에 대해 무조건적으로 접근, 이용을 금지하지 않고 미성년자가 자율적으로 문제해결을 할 수 있는 기회를 제공해야 한다.[43]

VI. 맺음말

미성년자가 게임을 이용하면서 게임아이템의 구매하는 경우에는 법정대리인의 동의를 얻어야 한다. 만약 법정대리인의 동의를 얻지 못한 경우에는 미성년자 측은 그 구매를 취소할 수 있으나 이는 거래에 있어 법적 안정성을 저해한다. 이러한 이유 때문일 수도 있으나 게임시장에서 미성년의 게임이용자는 trouble maker로 보는 경향이 있으며 여러 가지 제한을 통해서 법적 안정성을 해치는 것을 막고 있다. 즉 현재 게임정책은 미성년자를 보호한다는 허울만을 가질 뿐 오히려 미성년 게임이용자에 의해 발생할 수 있는 분쟁을 차단하기 위한 기능을 담당한다고 할 수 있다. 생각건대 미성년자로 하여금 모바일 게임 이용과 결제를 무작정 못하게 하는 것보다는 실질적인 보호, 즉 건전하게 모바일 콘텐츠를 즐길 수 있도록 제도와 문화를 창출해 주는 것이 필요하다고 본다. 그 첫 출발점은 미성년자만을 위한 제도를 마련하는 것보다는 소비자의 권리를 보호하기 위한 방향으로 현행 제도를 개선하여 반사적으로 미성년 게임이용자를 보호하는 것이 타당할 것이다. 이에 이하에서는 맺음말에 갈음하여 몇 가지 방향을 제시하면서 글을 마치고자 한다.

43) 박종현, 「게임산업진흥에 관한 법률」상 본인인증제도에 대한 헌법학적 평가－헌재 2015. 3. 26. 2013헌마 517 결정례에 대한 검토를 중심으로」, 「언론과법」 제18권 제3호, 한국언론법학회, 2019. 1면 이하 참조.

1. 게임이용자에게 유료결제임을 명확하게 표시할 필요가 있다.

미성년자뿐만 아니라 성인인 경우에도 아이템을 구매함에 있어 명확하게 본인이 유료결제를 통해 유상으로 아이템을 획득한다는 사실을 인지할 수 있게 해야 한다. 우리는 비대면 거래에서 비용함정을 방지하고, 거래의 정확성을 제고하기 위하여 유럽연합 소비자권리지침이나 독일민법상의 Button−Lösung를 재고할 필요가 있다.[44] 유상 급부를 대상으로 삼는 소비자와의 전자상거래 계약에 대하여 §312j III BGB는 사업자에게 주문 버튼의 사용에서 웹사이트를 다음과 같이 만들도록 요구한다.[45] 즉, 소비자가 지불 의무가 있는 주문을 제출하는지를 명확히 알 수 있도록 만들어야 한다. 그러한 버튼이 없이는 계약은 결코 체결되지 않는다(§312j IV BGB).[46] 따라서 모바일에 의한 유상계약은, "반드시 '지불의무가 있는 주문'이라는 말로 표식되어야 하는" (§312j III 2 BGB) 버튼의 사용과 결부되어야 한다. "버튼−보호규정"은 입법자들이 "정기구독 사기(Abofalle)"를 고려하여 고안한 것이나,[47] 학설은 목적론적으로 전통적인 정기구독사기로만 한정하지 않고 상당히 넓은 범위에까지 이 규정을 적용한다.[48] 독일이나 유럽연합 소비자권리지침(Directive on Consumer Rights)에서 활용하고 있는 Button−Lösung은 소비자의 시각에서 실질적으로 본인이 결제한다는 것을 명확하게 인지할 수 없다면 거래가 체결된 것으로 보지 않는다. 요컨대 **보여주기식이 아니라 게임이용자 스스로 정확하게 구매를 통해 게임아이템을 획득한**

44) 예를 들어, 소비자가 물건 구매에 대한 금액을 지불할 때 온라인 웹페이지상의 버튼을 클릭해야만 결제가 되며, 이를 통해 소비자는 정확하고 안전하게 거래를 할 수 있다. 한편, 사업자는 자신의 온라인 웹페이지상에 이러한 버튼을 설정해 놓아야 한다. 유럽연합 소비자권리지침(Directive on Consumer Rights) 제8조 2항 참조.

45) 전자상거래가 아니면, "버튼-보호규정"이 적용되지 않는다. Palandt/Grüneberg, BGB, 74. Aufl., 2015, § 312 i Rn. 2.

46) 모바일 거래 또한 일반적으로 유상 급부를 대상으로 삼고 있기 때문에 이른바 "버튼-보호규정"의 적용영역에 포함된다. 또한 전자상거래법상 소비자가 Art. 246a I EGBGB의 목록에 있는 정보들을 이용할 수 있도록 할 의무와 이른바 버튼 보호규정(Button-Lösung)이 적용된다. Button-Lösung은 매매계약뿐만 아니라 중개계약 등에도 적용되는 폭넓은 범위를 포섭한다. Palandt/Grüneberg, BGB, 74. Aufl., 2015, § 312 Rn. 3; MünchKomm/Roth, BGB, 6. Aufl., 2012, § 652 Rn. 44.

47) Raue, "Kostenpflichtig bestellen"−ohne Kostenfalle?, MMR 2012, 438f.; Alexander, Neuregelungen zum Schutz vor Kostenfallen im Internet, NJW 2012, 1985.

48) Palandt/Grüneberg, § 312 i Rn. 2.

다는 사실을 인지시키는 것이 거래에 있어 가장 본질적이면서도 중요한 전제라고 할 수 있다.

2. 게임아이템 구매시 청약철회가 불가하다는 사실을 게임이용자에게 명확하게 고지할 필요가 있으며 철회시에 사업자(CP)가 반환해야 할 반환범위는 결제대금 전액이어야 한다.

게임아이템은 디지털콘텐츠이기 때문에 게임아이템이 제공되면 특별한 사정이 없는 한 디지털콘텐츠의 제공이 개시된 경우에 해당하여 게임이용자는 청약철회를 할 수 없다. 물론 그러한 경우에 사업자는 청약철회를 할 수 없다는 사실을 표시해야 하며 시험 사용 상품을 제공해야 한다. 다만 게임아이템은 시험 사용 상품을 제공함에 있어 게임아이템의 경우는 영화, 음악, 한글 프로그램 등의 소프트웨어와 달리 이를 사용하여야 만이 그 내용을 파악할 수 있는 것은 아니다. 따라서 게임아이템은 그에 대한 사진과 기능에 대한 설명만으로 시험 사용 상품을 제공한 것으로 볼 수 있다. 이에 게임아이템의 경우에는 청약철회가 불가능하다는 표지가 청약철회를 배제하는 절차로서 매우 중요하다고 할 수 있다. 따라서 게임이용자들에게 명확하게 이 점을 표지하여 청약철회가 불가능하다는 사실을 인지할 수 있도록 해야 할 것이다. 만약 철회가 인정되는 경우라면, 게임이용자는 게임아이템을 반환할 의무가 있으므로 사업자는 게임아이템의 사용중단 조치 등을 통해 반환받을 수 있을 것이며, 사업자는 마켓에게 지급한 수수료를 포함하여 이용자가 결제한 대금 전부를 반환해야 할 것이다.

3. 게임시장의 변화에 맡게 미성년의 게임이용자 보호의 기본전제 또한 전환되어야 한다.

현재 우리나라 미성년자들은 모바일 환경에서 자신의 명의로 게임을 이용할 경우 제한적으로만 가입 및 인앱결제 등이 가능하다. 따라서 미성년자들은 이를 피하기 위해 보호자 명의로 게임을 이용하고 결제를 하는바, 이에 따른 환불관련 분쟁이 계속해서 발생하고 있다. 그런데 정작 CP는 거대 앱마켓들과 약관에 의해 게임을 공급하고 수수료를 공제한 금액만을 수수할 뿐, 직접적으로 미성년자 등을 비롯한 게임 이용자들과는 직접적으로 맞닿지 않는다. 현실적으로는 국내 미성년자의 게임이용에 대한 장애요인은 구글이나 애플 등의 마켓의 정책에 기인한 것이다. 그러나 Google과 Apple 등에서 운영하는 거대 앱마켓들은 우리나라의 민법, 정보통신망법 등 현행법령에 맞추어 게임사업자(개발자)와는 개발자약관을 통해서, 이용자들과는 소비자약관을 통해서 일방적으로 이용 및 결제에 대한 지침을 마련하고 있을 뿐이었다. 그런데 이때 제시되는 현행법령은 주로 미성년자의 게임과몰입을 방지하기 위한 셧다운제도와 같은 이용 자체를 제한하는 데에 취지가 있었으나, 미성년자의 게임과몰입이 미성년자의 모바일콘텐츠 이용과 큰 관련이 있어 보이지도 않으며 그마저도 요즘의 문화와는 동떨어진 규제라 할 수 있다. 그러나 이는 **입법자의 결단이나 정부의 정책만으로 해결할 수 있는 단순한 문제가 아니다. 구글 등의 마켓이 미성년자에 대한 가입 및 결제에 대한 정책을 고수하는 한 국내 미성년자의 게임이용의 장애요인이 제거되기는 어려울 것이다. 왜냐하면 이는 CP와 구글 등의 마켓, 게임이용자의 삼면관계에서 발생하는 App Economy의 전 세계적인 추세이기 때문이다.**

현재 우리나라에서 모바일콘텐츠는 그 어떤 매체보다 보편화되어 있으며, 이제는 하나의 문화로 자리 잡았다는 사실은 누구도 부정하지 못할 것이다. 따라서 미성년자 보호를 근간으로 하고 있는 현행 민법상의 만19세라는 미성년자 기준을 기계적으로 모바일콘텐츠에 적용하기보다는, 앱마켓과 인앱결제 자체의 문제점을 타파하고 게임과몰입 방지라는 다소 구시대적인 사회적 인식을 전환할 필요가 있다. 미성년자 역시 모바일콘텐츠를 용이하게 이용하게 하는 동시에 이들을 합리적으로 보호할 수 있는 방안을 새롭게 마련해야 할 것이다.

부록: 설문 통계 자료

1. 만19세 미만의 미성년자 16명을 대상으로 한 단답형 설문조사 (2020. 3. 3. ~ 2020. 3. 9 실시)

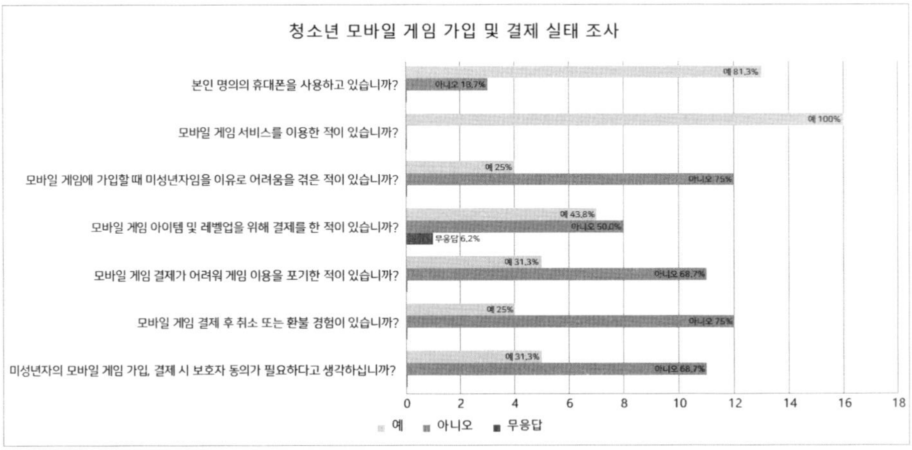

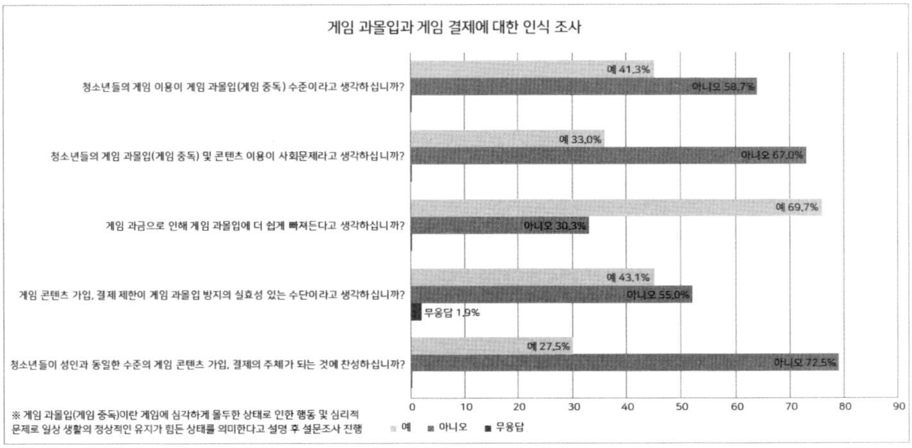

2. 109명을 대상으로 한 단답형 설문조사 (2020. 3. 5. ~ 2020. 3. 9 실시)

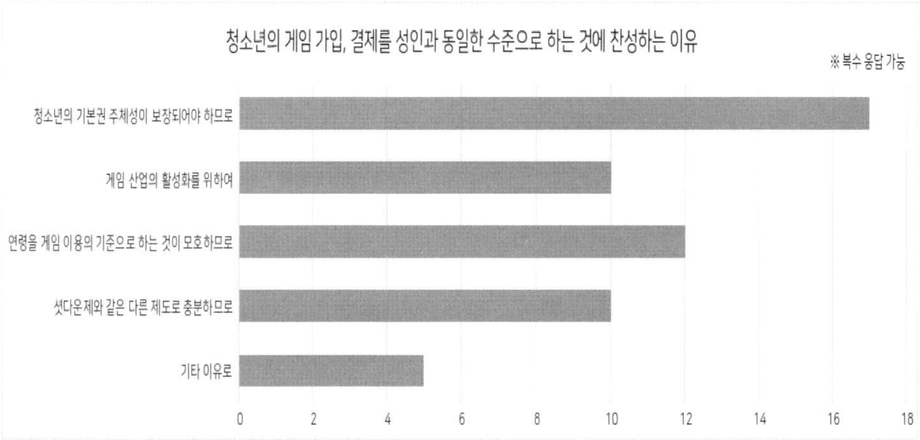

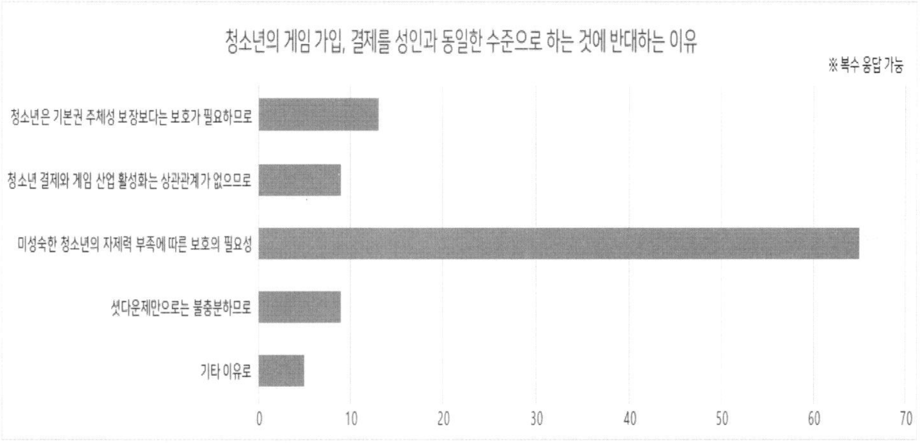

제 3 장

「게임산업진흥에 관한 법률」상 본인인증제도에 대한 헌법학적 평가

- 개인정보자기결정권과 청소년 보호의 관점에서 -

Ⅰ. 「게임산업진흥에 관한 법률」상 본인인증제도 소개와 문제 제기

1. 「게임산업진흥에 관한 법률」상 본인인증제도 소개

「게임산업진흥에 관한 법률」(이하 '「게임산업법」') 제12조의3 제1항에서는 정보통신망을 통하여 게임물을 서비스하는 사업자들이 게임과몰입을 예방하기 위해 수행하여야 할 일련의 조치들을 열거하고 있다. 그러한 예방조치에는 게임이용시간을 화면에 표시하거나 과도한 이용 방지를 위한 주의문구를 표시하는 등 모든 게임이용자에 대한 사업자의 고지 의무도 있지만, 게임(물)의 내용 및 운영정보와 이용자의 게임이용시간 및 결제정보 등을 청소년 본인 및 그 법정대리인에 고지하고 청소년 본인 또는 법정대리인의 요청에 따라 게임이용시간을 제한하는 것처럼 18세 미만의 청소년을 대상으로 행하여야 할 사업자의 의무도 있다.

게임내용 및 이용정보 고지(이하 '게임이용내역고지')와 게임이용시간 제한 조치(이하 '선택적 셧다운제')의 경우는 게임이용자의 연령에 따라 그것이 사업자의 법적 의무인지 여부가 결정되므로 사업자는 법준수를 위해 이용자의 연령을 확인할 수밖에 없다. 그에 따라 「게임산업법」 제12조의3 제1항 제1호 및 제2호에서는 모든 게임이용자의 회원가입 시 실명·연령 확인 및 본인 인증을 하도록 하고 있고(이하 '본인인증제도[1]'), 청소년의 회원가입 시에는 친권자 등 법정대리인의 동의 또한 확보하도록 하고 있다(이하 '동의확보제도').[2] 비록 사업자가 법준수를 위해 필요한 핵심적인 정보는 이용자의 '연령'이지만, 이용자가 연령정보의 실제 주체(본인)인지 그리고 이용자가 실존하는 주체인지 여부까지 확인·인증하도록 하고 있다. 실명·연령 확인 및 본인 인증의 방식에 대해서는 「게임

---

1) 연령확인은 이용자의 연령(나이)을 물어 파악하는 절차이며, 실명확인은 이용자의 명의를 물어 실제 존재하는 자의 명의인지 확인하는 절차이며, 본인인증은 회원가입(게임이용)을 하고 있는 자가 회원가입 시 기입하는 정보의 진실된 주체임을 확인하고 공식적인 인증을 받는 절차이다. 실명 및 연령을 확인하는 것은 이용자에게 정보를 수령하는 것으로, 혹은 추가적으로 이러한 정보가 실제 정보인지를 주민등록을 기반으로 직간접적으로 확인하는 것으로 절차가 완료될 수 있지만, 본인임을 인증하는 절차는 이용자에게 정보를 제공받는 것을 넘어 제시된 정보가 이용자 본인의 것임을 확인하는 별도의 절차가 필요하다. 이용자가 제공한 연락정보(전화번호, 이메일 주소)를 통해 본인확인용 코드를 송부하고 이를 이용자가 회원가입 단계에서 기입하는 방식으로 이 절차가 이루어질 수도 있지만, 일반적으로는 회원가입 시의 기입정보와 공인된 본인인증기관이 가지고 있는 정보를 대조하여 정보주체의 진정한 정보인지를 확인하는 방식으로 진행된다. 이 과정에서 확실한 본인인증을 위해 복합적인 개인정보의 제공이 요청되고 실명 및 연령(생년월일)의 확인 역시 진행되는 것이 일반적이다. 이러한 맥락에서 본인인증은 실명확인과 연령확인을 포함할 수 있으므로 편의상 이 글에서는 이들을 통칭하여 '본인인증제도'라고 부른다. 물론 본인인증과 실명확인 및 연령확인은 확인을 하는 내용이나 과정에 있어 차이가 있고 「게임산업법」에서도 이들을 구별하여 열거하고 있기 때문에 이들을 통칭하여 본인인증제도라고 칭하는 것이 적절한지 않을 수 있고, 필자 역시 이를 충분히 인식하고 있으며 필요한 경우에는 이들을 구별하여 설명할 것이다. 관련해서 현행 여러 법령에서는 실명확인이나 본인확인에 대한 조항을 두고 있는데, 이 경우에 실명확인과 본인확인의 용어를 구분하지 않고 혼용한다는 문제 지적은 송순영, 황진자, 고형석, 황은애, 김혜연, 「인터넷상 주민등록번호 수집·이용 규제방안 연구」, 한국정보보호진흥원, 2007, 7 참조.

2) 동의확보제도는 본인인증제도와 더불어 과몰입예방조치를 실효성 있게 구현하기 위한 핵심적인 수단으로 꼽힌다. 또한 개인정보 수집으로 인한 문제점도 두 제도는 공유할 수 있다. 헌법재판소 역시 본인인증제도의 위헌성 여부 판단 시 동의확보제도에 대해서도 헌법적으로 검토하였다. 다만 이 글에서는 본인인증제도가 갖는 헌법적 문제점에 집중하기 위해 동의확보제도에 대한 논의는 진행하지 않는다. 다만 이에 대한 헌법적 고찰은 황성기, 인터넷게임 이용을 위한 청소년의 회원가입시 부모의 필요적 사전동의제도의 헌법적 문제점, 「공법학연구」 제12권 제1호, 2011 참조.

산업법」 시행령 제8조의3 제3항에서 구체화하고 있는데, 이에 의하면 사업자는 게임이용자의 회원가입 시 「전자서명법」 제2조 제10호에 따른 공인인증기관, 그 밖에 본인확인서비스를 제공하는 제3자 또는 행정기관에 의뢰하거나 대면확인 등을 통하여 게임이용자가 본인임을 확인해야 한다.[3)]

2. 제도의 연혁 및 의의: 「청소년 보호법」의 본인확인제도와 비교를 통하여

「게임산업법」상 본인인증제도는 2011년 7월 21일 법률 제10879호로 일부개정된 「게임산업법」에 신설된 규정이다. 당시 「게임산업법」 개정은 청소년의 게임과몰입 현상이 사회적 문제로 대두되자 게임과몰입 예방을 위한 게임물관련 사업자와 정부의 의무를 명확하게 규정하기 위해서 이루어졌다. 개정 이전에도 게임과몰입의 예방을 위한 조치들이 「게임산업법」 제12조의2 제1항에 열거되어 있었지만, 이는 정책 수립·시행과 관련하여 정부에 부과된 의무였고 사업자는 이에 협력할 의무만 부담하였다. 하지만 법 개정에 의해 신설된 조항에 따라 게임사업자는 과몰입 예방조치에 대한 직접적인 의무를 지게 되었고, 18세 미만의 청소년 이용자에 대한 게임이용내역고지와 선택적 셧다운제를 주축으로 하는 예방조치의 온전한 구현을 위해 게임이용을 위한 회원가입 시 모든 이용자의 연령확인을 포함한 본인인증제도 역시 법제화된 것이다.

이렇게 청소년 보호를 취지로 하여 연령확인을 강제하는 법규정은 「청소년 보호법」에도 존재한다. 법률 제6479호로 2001년 5월 24일 일부개정된 「청소년 보호법」 제17조 제1항에 따르면 청소년유해매체물을 판매·대여·배포하거나 시청·관람·이용에 제공하고자 하는 자는 그 상대방의 연령을 확인하여야 하고, 청소년에게 이를 판매·대여·배포하거나 시청·열람·이용에 제공하여서는 아니 된다 하였다. 이 조항은 게임물에도 적용될 수 있으므로 결국 2011년 이전에도 일부 게임이용, 즉 청소년유해매체물로 지정될 수 있는 청소년이용불가게임의 이용 과정에서는 이용자의 연령확인이 법상 강제되었다. 2011년 이전부터 「게

3) 법정대리인의 동의를 확보하는 방식 역시 동 시행령 제8조의3 제4항에 한정적으로 열거되어 있는데, 사업자는 정보통신망에 동의 내용을 게재하고 법정대리인이 동의 여부를 표시하도록 하거나, 전자우편이나 우편, 팩스 및 전화를 통해 법정대리인의 동의를 받아야 한다.

임산업법」상 등급분류제도가 이미 시행되고 있었지만 이의 준수를 게임관련 사업자에 강제할 뿐 연령확인을 강제하지 않고 있었는데, 「청소년 보호법」에 따라 청소년유해매체물에 해당하는 게임이용에 대해서는 「청소년 보호법」상 연령확인이 강제되고 있었던 것이다. 다만 「청소년 보호법」에서의 연령확인은 과몰입 예방과는 무관한 제도이며, 그 방식도 본래 오프라인 매장에서의 주민등록증을 통한 확인절차를 의미한 것일 뿐 온라인상에서 이를 어떻게 행할 것인지에 대한 구체적 논의는 입법과정에서 찾아보기 어렵다.[4] 개인정보보호에 대한 사회적 인식이 일천하고 규범적 논의가 불충분했던 상황에서 온라인상 연령확인은 회원가입 시 주민등록번호 전체를 사업자가 수집하고 이것이 유효한 번호인가를 확인하는 방식으로 이루어졌다. 이후 「청소년 보호법」 역시 2011년 9월 개정을 통해 연령 확인과 본인 확인[5]을 모두 하도록 변경되어 주민등록번호 수집을 통한 확인이 아닌 공인된 인증기관을 통한 연령확인이 이루어지도록 하였다(제16조 제1항).[6]

「게임산업법」의 본인인증제도와 「청소년 보호법」의 본인확인제도는 거의 비슷한 시기에 입법화되었는데 전자는 게임과몰입 예방조치, 특히 청소년 대상으로 게임이용내역고지와 선택적 셧다운제를 구현하기 위해서 필요한 연령확인이 「게임산업법」에 신설되면서 도입되었고, 후자는 청소년유해매체물로부터 청소년을 보호하기 위한 기존의 연령확인제도에 본인확인이 추가되면서 도입되었다. 두 제도는 아래의 표에서처럼 여러 측면에서 차이를 보이지만 모두 특정 규범의 적용대상을 설정하기 위한 연령확인 차원에서 도입되었다는 공통점을 갖는다.

---

4) 「청소년 보호법 개정안 검토보고서」 정무위원회 수석전문위원, 2011.

5) 「청소년 보호법」에서는 「게임산업법」과 달리 본인인증이 아닌 본인확인이라는 표현을 사용하고 있다. 일반적으로 '인증'이라 하면 단순한 '확인'을 넘어 공적인 증명까지 요구하는 것으로 이해될 수 있기 때문에 이러한 표현의 차이가 법해석상 중요한 쟁점이 될 수 있지만, 현재 관련 조항들의 해석에서는 본인인증과 본인확인을 거의 동일한 의미로 파악하는 듯하다.

6) 또한 16세 미만 청소년이 인터넷게임의 회원으로 가입할 때에는 친권자의 동의를 받도록 하는 규정도 신설되었다(제24조). 법 제25조 제1항에 따라 인터넷게임 제공자는 16세 미만의 청소년 회원가입자의 친권자등에게 게임내용 정보와 이용시간, 결제정보를 고지해야 하므로 친권자의 개인정보에 바탕을 둔 동의과정 역시 필요하게 되었다. 연령확인 외에 본인확인이 왜 추가되었는지 이유를 설명해주는 입법자료는 찾기 어렵다.

	「게임산업법」상 본인인증제도	「청소년 보호법」상 본인확인제도
근거법령	「게임산업법」 제12조의3 제1항	「청소년 보호법」 제16조 제1항
도입시기	2011년 7월 법개정	2011년 9월 법개정
기존제도	없음 (신규제도)	연령확인제
제도의 목적	게임과몰입예방조치 구현 (게임과몰입 예방)	청소년유해매체물로부터 청소년 보호
적용대상 연령	18세 미만	19세 미만
적용대상	모든 인터넷게임	청소년유해매체물
적용대상 상황	회원가입 시	이용 시 매회 인증
수단	「전자서명법」 제2조 제10호에 따른 공인인증기관, 그 밖에 본인확인 서비스를 제공하는 제3자 또는 행정기관에 의뢰하거나 대면확인 등	1. 대면(對面)을 통한 신분증 확인이나 팩스 또는 우편으로 수신한 신분증 사본 확인 2. 「전자서명법」 제2조 제8호에 따른 공인 인증서 3. 「정보통신망 이용 촉진 및 정보보호 등에 관한 법률」 제23조의2 제2항에 따른 주민등록번호를 사용하지 아니하고 본인을 확인하는 방법 4. 「개인정보 보호법」 제24조 제2항에 따라 주민등록번호를 사용하지 아니하고 회원으로 가입할 수 있는 방법 5. 신용카드를 통한 인증 6. 휴대전화를 통한 인증. 이 경우 휴대전 화를 통한 문자전송, 음성 자동응답 등의 방법을 추가하여 나이 및 본인 여부를 확인하여야 한다.

3. 문제 제기

상술하였듯이 「게임산업법」상 본인인증제도는 게임이용자에 대해 과몰입 예방조치를 적용할 것인지를 결정하기 위한 연령확인을 위해 도입되었다. 연령확인 외에 본인인증까지 포함되어 제도가 신설된 구체적 이유는 법의 '개정이유서'에 드러나 있지 않다.[7] 다만 법안 논의과정에서 제시된 전문위원 검토보고서[8]에 '정확한' 연령확인의 필요성이 언급되기 때문에 이를 근거로 온라인상 연령확인의 정확성을 담보하기 위한 보조 수단으로 본인인증까지 포함된 종합적인 본인인증제도가 도입되었음을 추정할 수 있다. 본인인증의 방식은 법령에서 구체화되어 있는데 이에 의하면 일반적인 본인인증절차에서는 생년월일, 성별, 성명 및 인증정보(전화번호, 신용카드번호, 공인인증서 및 암호) 등 여러 개인정보를 입력·전송하는 상황이 강제된다. 수집·전달되는 개인정보가 고유식별이 가능한 중요정보들이기 때문에 보안을 위해 지정된 공인인증기관이 이의 처리를 담당하고 있지만, 이것이 개인정보침해에 대한 시민의 불안감(민감성)을 낮추거나 개인정보침해의 가능성을 완전히 없애지는 못할 것이다. 지나치게 과다한 개인정보의 수집, 그리고 유출시 범죄에 이용될 수도 있는 주요 개인정보의 수집은 자제하고 최소화하라는 것이 일반적인 개인정보보호관련 규범적 요청임을 고려할 때, 단순히 연령확인의 정확도를 높이기 위해 연령 이외에 추가로 다양한 주요 개인정보를 수집·전달하도록 강제하는 현재의 본인인증의 방식이 적절한지는 검토할 필요가 있다.

「게임산업법」상 본인인증제도는 과몰입예방조치를 시행함으로 얻게 되는 공익이 연령 외의 다양한 개인정보를 수집·처리할 때 발생할 수 있는 사회적 위험보다 중하다고 보아 이루어진 입법적 결단이다. 다만 개인의 정보민감성이나 개인정보수집의 과정에서 발생할 수 있는 권리침해적 상황 역시 청소년의

7) 「게임산업법」의 경우와 같이 실명 및 연령확인, 본인인증을 모두 요구하는 예로는 화학물질관리법 제28조의2 규정을 들 수 있는데, 이 경우에는 유해화학물질을 인터넷 상에서 판매하는 경우 구매자의 인적사항에 대하여 확인 절차 없이 유해화학물질 매매가 이루어져 관리·규제가 불가능하므로 통신판매 시 본인 인증 절차를 마련한 것이라 입법이유를 분명히 밝히고 있다.

8) 국회문화체육관광방송통신위원회 수석전문위원 류환민, 「개정안 검토보고서」, 2011. 4, 13.

게임과몰입 상황만큼 중요한 사회적 쟁점인데 이에 대한 충분한 고려가 입법에 반영되었는지에 대한 헌법규범적 판단이 필요하다. 게다가 청소년들의 경우 법상 강제되고 있는 본인인증수단을 확보하지 못하는 경우들도 빈번하기 때문에, 본인인증제도가 게임이용을 위한 회원가입단계에서부터 청소년에 대한 진입장벽이 되어 게임이용이라는 일반적 행동의 자유를 제한할 수 있다는 점도 헌법적으로 고려해야 할 문제이다.[9]

결국 청소년의 게임과몰입 예방이라는 공익 달성을 위한 입법과정에서 개인정보자기결정권 및 일반적 행동자유권(게임할 권리)과 같은 사익 역시 적절하게 고려되어 합헌적인 이익형량이 이루어졌는지를 헌법학적 측면에서 검토해볼 필요가 있다. 관련해서 헌법재판소는 2015년 「게임산업법」상 본인인증제도에 대한 헌법소원심판을 하였는데 그 내용을 정리·분석하는 작업이 본인인증제도에 대한 헌법학적 검토의 첫 단계가 될 것이다. 그리고 보다 심도 깊은 접근을 위해서는 본인인증제도와 관련하여 문제되는 헌법적 쟁점인 개인정보자기결정권과 청소년 보호 각각의 측면에서 본인인증제도를 검토하는 작업이 필요할 것이다. 그러한 과정에서 현행 제도의 문제가 발견된다면 합헌성을 확보하기 위한 제도개선 방향도 고찰해볼 수 있을 것이다.

II. 관련 헌법재판소 결정례(헌재 2015. 3. 26. 2013헌마517)[10] 검토

1. 서 설

「게임산업법」상 본인인증제도는 게임과몰입예방조치를 구현하기 위한 수단으로 그 본질은 연령확인에 있다. 하지만 연령확인을 위해 본인인증을 시행하다보면 연령 외에 상당한 개인정보들을 수집·처리하는 과정이 진행되어 개인정보유출 및 침해의 위험성이 발생할 수밖에 없고, 모든 연령 등급의 인터넷

---

9) 박지환, 웹보드 게임 매회 본인인증 규제안에 대한 헌법적 검토, 「한국컴퓨터게임학회 논문지」 제26권 제3호, 2013, 202.

10) 헌재 2015. 3. 26. 2013헌마517, 판례집 27-1상, 342 [기각] 게임산업진흥에 관한 법률 제12조의3 제1항 제1호 등 위헌확인

게임들에 대해서 본인인증을 하도록 하는 것은 과도한 개인정보의 수집을 법적으로 강요하고 개인정보침해의 위험성을 비약적으로 증가시킬 수 있다. 게임이용과정이 아닌 단순히 게임포털의 회원가입 단계에서 본인인증을 하는 것은 그 자체로 과몰입예방과는 무관하다고 볼 수도 있는데, 오히려 법상 강제된 본인인증수단을 갖추지 못한 청소년들의 경우에는 아예 게임이용접근이 차단되는 상황이 벌어질 수도 있다. 「게임산업법」상 본인인증제도가 성인과 청소년의 개인정보를 침해하고 게임이용 자체를 위축시키는 문제 있는 제도인지는 규범적 검토가 필요하다는 논의가 있었고 헌법재판소는 헌재 2015. 3. 26. 2013헌마517 결정례에서 이 문제를 정면으로 다루었다.

사건에서는 본인인증절차에 막혀 게임포털에 회원가입하지 못한 청소년과 이로 인해 게임이용에 불편을 겪은 성인으로 청구인이 구성되었는데, 이들은 「게임산업법」상 본인인증제도가 연령을 노출시키지 않으면서 인터넷게임을 이용할 기회를 박탈하고 개인의 가장 핵심적인 정보인 성명, 생년월일 같은 정보를 제공하도록 강요한다는 점에서 표현의 자유, 사생활의 비밀과 자유, 개인정보자기결정권, 일반적 행동자유권을 침해한다고 주장하였다.[11)]

2. 다수의견[12)]

헌법재판소 다수의견은 본인인증제도의 도입배경을 정리하면서 논의를 시작하는데 근래에 들어와 게임의 사회적 부작용이 커지고 있고 이에 대한 통제수단을 효율적으로 구현하기 위해 본인인증제도가 필요하다고 보았다. 즉 게임에 대한 과몰입으로 청소년들이 일상생활에 부적응하고 극단적인 범죄를 일으키는 상황, 그리고 게임아이템이 사행 행위의 대상이 되고 재산범죄의 대상이 되는 상황들이 발생하고 있다는 점에서 이러한 게임의 부작용으로부터 청소년을 보호하기 위한 '연령 차별적' 통제장치들이 필요하고 그 실효성 확보를 위해 본인인증이 필요하다는 것이었다. 다수의견은 연령 차별적 통제수단을 언급하

11) 이 결정례에서는 동의확보조항의 위헌성 여부에 대해서도 판단을 하고 있지만 이 글에서는 본인인증제도에 국한하여 결정례를 소개하고 논의를 정리할 것이다.

12) 다수의견에는 박한철, 이정미, 김이수, 이진성, 안창호, 강일원, 서기석 재판관이 참여하였다. 이하는 다수의견을 요약·정리한 것이다.

면서 본인인증제도가 규정된 「게임산업법」 제12조의3의 선택적 셧다운제와 게임이용내역고지뿐만 아니라 등급분류제도도 언급하는데 이들을 실효성 있게 구현하려면 정확한 연령확인이 필요하고 따라서 본인인증절차가 강제될 수밖에 없다고 강조하였다.[13)]

다수의견은 본인인증제도에 의해 제한되는 기본권으로 개인정보자기결정권과 일반적 행동자유권을 언급하였다.[14)] 본인인증제도에 따라 본인인증 절차를 거치려면 우선 공인인증기관이나 본인확인기관에 실명이나 주민등록번호 등의 정보를 제공할 것이 강제되고, 이러한 기관들은 개인정보를 보유·이용할 수 있게 된다.[15)] 또한 인터넷게임 이용자가 회원가입 시 본인인증 절차를 거치면

---

13) 다만 본인인증제도의 목적으로 등급분류의 시행을 언급하는 것에는 주의가 필요해 보인다. 물론 연령 차별적으로 게임이용 접근을 기술적으로 통제하여 등급분류의 효율적 구현을 위해 청소년과 성인의 구별뿐만 아니라 청소년의 구체적인 연령확인이 필요할 수는 있다. 하지만 「게임산업법」 제12조의3은 등급분류(법 제21조)와는 다른 취지의 조항으로 조항 위치도 다르고 입법배경이나 도입시점도 전혀 다르다. 본인인증제도는 게임과몰입 예방조치에 대한 사업자의 의무를 법상 신설하며 도입된 것이고 게임물 등급분류는 본인인증제도 도입 이전부터 「게임산업법」에 규정되어 있었다는 점에 주목할 필요가 있다. 즉 등급분류가 도입되었을 때 이의 시행을 위한 본인확인제도는 강제되지 않았으며 게임관련사업자는 등급분류제도를 준수하기 위해 연령확인을 할 수밖에 없는 상황만 존재하였던 것이다. 게다가 등급분류는 국가의 강제가 아닌 건강한 게임이용을 위한 국가의 가이드라인 제공 정도로 이해하는 것이 적절하다는 관점에서는 등급분류 시행을 위해 개인정보침해가능성을 높이는 본인인증제도를 시행하는 것은 합리적이지 않다. 「게임산업법」상 자체등급분류제도가 도입되어 모바일 플랫폼에서부터 시작하여 전 플랫폼의 게임에 대해 자체등급분류가 진행되고 있는 추세를 살펴보면 등급분류를 행정당국이 강제하려는 것 자체도 최신의 규제 경향에 맞지 않고 이를 위해 개인정보를 수집하고 희생시키는 것은 더욱 문제만 양산할 수 있다. 결국 과몰입예방조치 구현이라는 목적 하에서만 본인인증제도의 의의 및 합헌성 여부를 검토하는 것이 타당하다.

14) 청구인들이 침해되었다고 주장한 표현의 자유, 사생활의 비밀과 자유에 대해서 다수의견은 별도로 판단을 하지 않는데 그 이유로 게임물 이용이 사상이나 의견의 발표·전파와는 무관하다는 측면에서 표현의 자유가 본인인증제도에 의해 제한된다고 보기 어려우며 본인인증제도 자체가 게임물 이용시간 등의 사생활 공개를 내용으로 하지 않기 때문에 사생활의 비밀과 자유 역시 제한된다고 보기 어렵다고 하였다. 또한 청구인들은 본인인증제도가 외국인이나 해외거주 국민들의 게임이용을 어렵게 하여 평등권 침해를 주장하였지만 다수의견은 이는 본인인증제도 실현에 따른 사실상의 결과일 뿐 제도가 차별취급을 예정한 것은 아니라고 하였다.

15) 「정보통신망 이용촉진 및 정보보호 등에 관한 법률」 제23조의2에 따르면 본인확인기관으로 지정된 정보통신서비스 제공자는 본인확인업무를 위해 주민등록번호를 수집할 권한을

본인확인기관으로부터 게임물 관련사업자에게 본인확인 요청일시 또는 인증일시, 식별코드 등의 정보가 제공되고, 이러한 정보는 본인확인기관이 보유하고 있는 개인의 실명 등의 자료와 결합하여 이용자 개인의 동일성을 식별할 수 있게 된다.[16] 이처럼 본인인증과정에서는 개인정보가 강제적으로 수집·처리될 수밖에 없고 이는 개인정보에 대한 제공, 이용 및 보관에 관하여 스스로 결정할 권리인 개인정보자기결정권을 제한한다고 다수의견은 보았다. 또한 다수의견은 인터넷게임에 접근하여 이용하려는 자에게 본인인증을 강제함으로써 게임이용과 관련된 일반적 행동의 자유를 제한한다고 하였다.

다만 본인인증제도가 이러한 기본권들을 침해하는지에 대해서 다수의견은 부정적인 견해를 밝히며 심판청구를 기각하였다. 과잉금지원칙에 따른 판단과정에서 다수의견은 우선 본인인증제도가 연령 차별적 규제수단을 실효성 있게 만드는 수단이며 궁극적으로는 인터넷게임 과몰입 예방을 목적으로 하는데, 이는 사회적 공감대가 형성된 정당한 목적이라 하였다. 그리고 연령 차별적 규제수단을 적용하기 위해 정확한 연령확인이 필요한데 인터넷 상에서는 신분증 등을 통해 연령확인이 되지 않으므로 공인인증기관 등을 통해 실명과 연령을 인증 받는 것이 적절한 방식이라 하였다. 또한 주민등록번호의 수집·이용이 허용되지 않는 현행 법제 하에서 연령을 정확하게 확인하는 방식으로는 본인인증절차를 생각할 수밖에 없고 공인인증서, 아이핀, 휴대전화 등을 통해 개인식별을 하는 것 외에 덜 침익적인 수단은 없을 것이라 하였다. 그리고 게임이용정보, 유료구매내역 등의 정보를 게임물 관련사업자가 보관하더라도 이러한 정보의 보관이 인터넷게임 이용 여부 자체를 진지하게 고려하게 할 정도로 중대한 장

갖는다. 휴대전화서비스를 이용하기 위해서는 가입자의 주민등록번호 제공이 강제된다. 본인확인업무를 진행하기 위해서 관련 기관은 주민등록번호를 포함한 고유식별정보를 보유하게 되고 이것이 유출되었을 경우 심각한 사회적 문제가 발생할 수 있는 것이다. 다만 헌법재판소는 본인확인업무의 안전성과 신뢰성을 확보하기 위해 본인확인기관이 여러 조치를 마련하고 있으며 주민등록번호를 수집하는 것만큼 본인확인업무에 정확성, 신뢰성을 가져올 수 있는 정보 수집은 없다고 하며 해당 조항이 개인정보자기결정권을 침해하지 않는다고 판단하였다. 헌재 2015. 6. 25. 2014헌마463 참조.

16) 인터넷 서비스에서 본인인증절차 정리는 우지숙, 나현수, 인터넷 서비스의 본인확인절차에 대한 인식과 인터넷 이용자의 사회적 익명성과 자기 노출에 대한 연구, 「언론과 법」 제16권 제3호, 2017, 152~156 참조.

벽이나 제한으로 기능한다고 보기도 어렵다고 하였다. 마지막으로 다수의견은 회원가입 시 1회 본인인증절차를 거치는 것이 게임이용자들에게 심대한 불이익(기본권 제한)이라 보기는 어렵지만 게임과몰입예방은 사회적 관심사로 중요한 공익이라고 판단하며 본인인증제도의 합헌성을 인정하였다.

3. 반대의견[17)]

반대의견은 먼저 게임관련 규제를 설정하는데 있어 신중한 접근이 필요하다고 강조하였다. 인터넷게임과 같은 놀이·문화에 국가가 지나치게 간섭·개입하는 것은 문화의 자율성·다양성을 해칠 수 있고, 특히 인터넷게임의 경우 이용자 간의 상호 의사소통이 활발하고 공동체 구성의 양상까지 벌어지는데, 이에 대한 개입은 표현의 자유까지 제한할 수 있다는 측면에서 더욱 신중해야 한다고 보았다. 반대의견은 게임과몰입 문제에 대해서도 신중하고 합리적으로 접근해야 한다고 하며, 게임과 같은 놀이는 재미를 추구하고 몰입하는 것이 필연적이며 이것이 신체적·정신적 건강에 문제를 일으킨다는 것은 확정적 사실이라고 보기에 무리가 있다고 하였다. 또한 인터넷게임에서 놀이의 추구를 과몰입(혹은 중독)으로 문제 삼게 되면 다른 플랫폼 기반 게임들, 그리고 영화, TV 드라마, 음악, 만화, 소설 등 문화콘텐츠들에 대해서는 과몰입예방조치가 적용되지 않는 상황은 형평에 부합하지 않게 된다고 지적하였다.

이러한 기본적인 논의를 바탕으로 반대의견은 다수의견처럼 과잉금지원칙에 따라 본인인증제도의 기본권 침해 여부를 판단하였다. 우선 반대의견은 인터넷게임과몰입과 그에 따른 해악 사이의 인과관계가 명확하게 밝혀진 바가 없는 상황에서 국가가 게임이용을 규제하는 것은 결국 개인의 자율적 영역에 국가가 과도하게 후견적으로 개입하는 것에 불과하고 헌법적으로는 정당화될 수 없다고 하였다. 성인에 비해 미성숙한 청소년을 보호할 필요가 있다 할지라도 유해 게임물로부터의 보호가 아니라 모든 인터넷게임의 과도한 이용 자체로부터 보호는 과몰입과 해악 사이의 인과관계를 우선 분명히 해야 정당화될 수 있

17) 반대의견에는 김창종, 조용호 재판관이 참여하였다. 이하는 반대의견을 요약·정리한 것이다.

다는 것이 반대의견의 입장이었다. 그리고 본인인증으로 인하여 게임이용자는 국가(행정당국)가 게임이용을 언제든지 감시하고 통제할 수 있다는 불안감을 느끼고 성인의 경우에도 게임이용과 관련된 자기검열을 진행하여 게임이용이 위축되는 상황이 벌어질 수 있다면서 반대의견은 본인인증이 게임이용을 지나치게 제한하는 수단이라고 판단하였다. 또한 반대의견은 본인인증과 관련된 방법들은 비용이 소요되거나 이용률이 저조한 방식이며, 공인인증서나 자기 명의의 휴대전화가 없는 청소년들의 경우에는 본인인증 자체가 불가능할 수 있어 인터넷게임 이용에서 소외되는 계층이 출현할 수 있으며, 75만 건의 아이핀이 부정발급된 사건을 고려할 때 공인된 본인인증방식에도 역시 개인정보유출의 위험성이 존재한다는 점에서 본인인증이 최소침해적이고 적절한 수단인지 의문을 제기하였다. 덧붙여 본인인증 완료 후 인터넷게임 이용 시 로그인 과정에서는 본인인증된 정보들을 아이디를 통해 재확인하는 과정이 반복될 수밖에 없으므로 개인정보수집 역시 1회에 그치지 않고 끊임없이 과도하게 진행될 수밖에 없다고 지적하였다. 마지막으로 반대의견은 게임과몰입예방이라는 공익이 그 달성을 위해 국가의 개입이 반드시 요구되는 성격의 것인지 불분명한 반면, 본인인증제도는 분명히 게임이용의 자유와 개인정보자기결정권을 현저히 침해하므로 본인인증제도는 법익의 균형성을 갖추지 못한다고 지적하였다.[18)]

4. 검 토

이 결정례에서 다수의견과 반대의견은 게임과몰입이 실질적으로 사회적 해악을 일으키고 있는지 여부에 대해서부터 견해를 달리하고 있다. 다수의견은 게임과 연관성이 있다고 보여지는 범죄사례 및 관련 조사연구자료 등을 인용하며, 반면에 반대의견은 연관성을 부정하는데 활용할 수 있는 미국 연방대법원

18) 김창종 재판관은 반대의견에 대한 보충의견을 추가하였는데 이에 따르면 "인터넷게임의 과몰입이나 중독을 예방한다는 목적으로 그 게임의 종류나 내용을 묻지 않고 또 모든 게임이용자에게 인터넷게임을 이용하기 위한 회원 가입 시에 반드시 일률적으로 본인인증 등의 절차를 거치게 하고 있다는 점"에서 현행 본인인증제도는 과잉금지원칙에 위반된다고 한다. 다만, 청소년유해매체물이나 청소년이용불가 등급의 인터넷게임에 대해서는 청소년 보호를 위한 본인인증절차(성인인증절차)가 필요하다고 한다.

판결과 중독 개념의 징표들에 대한 분석을 언급하며 게임과몰입과 그의 사회적 해악 사이의 인과여부에 대해 상반된 입장을 보인다. 본인인증제도의 궁극적 목적인 게임과몰입의 예방이 규제 관련 정당한 목적이 될 수 있는지 여부에 대한 판단은 과잉금지원칙 적용과정에서 첫 단계를 구성하고, 본인인증제도를 넘어 게임에서의 각종 청소년 보호정책에 대한 헌법적 판단과 관련하여 중요한 함의를 갖는다. 하지만 다수의견과 반대의견은 각자에게 유리한 자료들을 아주 간단하게 언급하며 서로 다른 입장만 확인한 채 상세한 논의 없이 바로 다음 단계의 논증으로 넘어갔다. 반대의견이 언급한 미국 연방대법원 판결(Brown v. EMA)에서는 다수의견, 반대의견 모두 폭력적인 콘텐츠를 담은 비디오 게임이 청소년들에 폭력성을 유발하는지 여부에 대해 상당량의 연구자료들을 참조하였는데,[19] 게임과몰입의 사회적 해악과 같이 과학적이고 실증적인 증명을 요하는 쟁점과 관련하여 우리 헌법재판소도 국내외에서 축적된 관련 연구들에 대한 대략의 조사·검토는 수행할 필요가 있었다. 게다가 아직 과몰입의 해악을 입증하는 연구가 일천하여 참조할 내용이 많지 않다면, 소수의 연구의 결과만으로 문제 상황이 존재한다고 단정 짓는 태도를 취하는 것은 적절하지 않다.[20]

헌법재판에서는 과학적·실증적 자료보다 헌법규범에 의거한 판단이 본질적이며 기본권 침해여부에 대한 판단이 중심에 놓여 져야 한다는 점을 인정하더라도, 다수의견과 반대의견 모두에서 본인인증제도에 의해 제한되는 기본권으로 언급된 개인정보자기결정권과 일반적 행동자유권에 대한 논의가 각 의견에서 충분히 이루어졌는지 역시 의문이다. 특히 다수의견은 게임이용내역 등의 정보 보관이 게임이용을 억제할 만큼의 효과를 가지지 못한다고 단언하는 등

19) 이는 이 판결문 말미에 부록으로 붙은 참고문헌 목록에서 확인할 수 있다. 판결에 대한 자세한 소개는 박종현, 미 연방대법원에서의 폭력적인 비디오 게임과 예술 및 표현의 자유에 대한 논의, 「공법학연구」 제15권 제2호, 2014 참조.

20) 다수의견은 한국정보문화진흥원에서 내놓은 유·아동 및 청소년의 인터넷 게임중독 척도 개발 연구만을 인용하며 청소년의 게임과몰입의 사회적 해악이 실존한다고 단언한다. 게임의 해악성은 사회과학이나 의과학 분야에서 상당히 중요한 쟁점임에도 불구하고, 이 글은 본인인증제도의 헌법합치성 여부를 살펴보는 규범적 연구에 불과하므로 게임(과몰입)의 해악성에 대해서는 의견을 개진하지 않는다. 그에 따라 순조로운 논의전개를 위해, 과몰입예방조치의 목적의 정당성 부분은 판단을 하지 않거나 혹은 인정한 것으로 가정하고 논의를 수행하였다는 점에 대해 양해를 구한다.

개인이 가질 수 있는 개인정보민감성(감수성)의 정도를 상당히 낮은 수준으로 조정하였다. 디지털 사회에서 단순히 숫자 혹은 기호의 나열 역시 개인의 인격을 식별할 수 있는 중요한 정보로 인정되고 있고, 누군가 타인의 정보를 가지고 있다는 것만으로 타인의 행동은 위축되고 사실상 지배될 수 있기 때문에, 개인정보에 대한 처리에 정보주체가 관여하는 것을 보장하는 개인정보자기결정권이 헌법상 새로운 권리로 인정받고 있는 것이다. 개인정보 수집의 경우 목적달성에 필요한 자료 중 최소한도의 자료만을 수집하라는 요청이 개인정보자기결정권 보호와 관련된 가장 중요한 원칙 중 하나인데, 본인인증 과정에서 처리되는 개인정보가 연령확인을 위해 필요한 최소한도의 자료인지 그리고 덜 침익적인 수단은 진정으로 존재하지 않는지 등에 대한 심도 깊은 고찰을 결정례에서 찾아보기 어렵다.

「게임산업법」상 본인인증제도는 게임과몰입으로부터 청소년을 보호하기 위한 일련의 예방조치로 도입되었는데, 이에 대한 헌법적 평가과정에서는 이로 인해 제한되는 기본권에 대한 논의뿐만 아니라 제도로 인해 달성할 수 있는 공익인 청소년 보호에 대한 논의 역시 필요할 것이다. 본인인증제도가 추구하는 청소년 보호라는 공익이 정확히 무엇을 의미하는지를 파악할 수 있다면 비례 원칙의 적용 등 이익형량의 과정이 원활하고 적절하게 진행될 것이고, 본인인증제도가 적절한 기본권 제한 규제방식인지 검토할 수 있으며, 나아가 공익을 달성하는 보다 나은 대안방식에 대한 착안점도 구할 수 있다. 하지만 다수의견이나 반대의견 모두 청소년 보호를 이익형량에서 고려해야 할 공익으로는 인정하는 반면, 그저 논의에서 전제된 쟁점 정도로 활용하고 이것이 어떠한 의미를 가지는지를 구체적으로 살펴보지는 않는다. 과몰입 문제에 국가가 직접 개입하고 법상 강제된 인증수단을 사실상 확보하기 어려운 청소년들에 대해 본인인증을 강제하는 것은 가부장적 국가후견주의의 발로일 수 있는데, 청소년 보호 문제에 있어 가정(부모)의 역할, 특히 청소년 본인의 역할을 완전히 배제하는 것이 청소년 보호라는 공익이 함의하는 바를 구현하기 위한 적절한 방식인지는 검토할 필요가 있어 보인다. 또한 과몰입 문제로부터 자유롭지 못한 다른 문화콘텐츠나 다른 플랫폼의 게임들에 대해서 본인인증제도를 적용하지 않고 있다는 점은 청소년 보호를 위한 규제 방식이 반드시 하나로 통일될 필요 없음을 보여주고 본인인증제도만이 규제의 가장 적절한 수단이라 단언하기 어렵게 한다는 점도 반드시 고려해 볼 필요가 있을 것이다. 이러한 측면에서 볼 때, 헌법재판소 결정례에도 불구하고 본인인증제도에 대한 헌법학적 검토를 다시 수행할 필요가 있다.

Ⅲ. 개인정보자기결정권과 본인인증제도

1. 개인정보 보호의 필요성

개인정보라는 개념은 국가(권력) 기능의 확대 그리고 효율화와 밀접한 관련을 가진다. 개인이 일상적인 사생활의 영역에서 스스로의 인격을 정보화하는 작업은 불필요하지만, 수많은 개인을 통제하고 관리하고자 하는 국가권력의 입장에서는 체계적인 행정을 위해 개인을 정보화하여 파악하고 정리하는 것이 효율적이다. 인격의 타자화로 인해 개인정보가 대상 주체를 객체로 만들고 주체를 소외시키고 주체의 인격을 적확하게 보여주지 못할 수 있음에도 불구하고, 근대 이후 줄곧 그 권한과 기능이 확대되어온 국가의 입장에서는 국민 개개인을 정보화하고 이를 관리하는 것이 중요한 통치수단인 것이다. 통치의 대상으로 개인을 바라보면 정보라는 틀에서 주체를 비인격화하는 것은 그리 문제가 되지 않는다. 군대와 세수를 확보하기 위해서뿐만 아니라 복지 급부의 제공을 위해서도 개인정보는 필요하게 되었고 정확하고 효율적으로 정보를 통제하는 방법에 국가는 관심을 기울일 수밖에 없다.[21] 정보화시대가 도래함으로 인해 디지털화된 개인정보가 등장하여 방대한 양의 개인정보를 보다 손쉽게 관리할 수 있게 되었는데, 그로 인해 이제는 공적인 영역의 권력뿐만 아니라 정보기술을 가지고 있는 사적인 영역의 권력 역시 개인정보를 수집·관리·활용할 수 있게 되었다.

개인정보 처리를 기반으로 복리 증진이 가능하다는 점에서 개인정보 처리 자체가 권리적대적인 행위라 할 수는 없다고 하지만,[22] 복지국가의 출현으로

---

21) 근대국가의 성립은 자율적 존재로서 개인을 보호하기 위함이었지만 이를 위해 개인정보에 대한 국가 통제력이 강화되었다는 지적은 김종철, 헌법적 기본권으로서의 개인정보통제권의 재구성을 위한 시론, 「인터넷법률」 제4호, 2001, 26~27 참조.

22) 권건보, 개인정보보호의 헌법적 기초와 과제, 「저스티스」 통권 제144호, 2014, 10.

국가가 개인의 후견인으로서 위상을 확립하였고 개인의 사생활에 깊숙이 관여할 수 있게 되었기 때문에 권력에 의한 개인정보처리는 사회적으로 문제가 될 여지가 있다.[23] 주체의 통제를 벗어난 개인정보가 주체 자체를 대체하고 주체의 인격성을 파괴하며 나아가 주체를 국가권력의 관리와 통제의 대상으로 객체화하는 상황을 바람직하다고 평할 수는 없을 것이다. 감시 대상으로 전락한 개인은 권력의 통제에 대한 두려움을 느낄 것이며 동시에 감시의 내면화로 정치적·경제적·사회적 일상생활이 위축되거나 왜곡되는 상황이 전개될 것이다.[24] 생년월일, 성별, 이름, 주소, 연락처 등 지극히 사적인 정보를 통한 감시에 의하여 개인의 인격이 침해되고 사생활이 침해되며 행동의 자유가 침해될 수 있는 것이다. 국가의 원활한 기능을 위해 개인정보 수집의 필요성을 인정한다 하더라도, 개인정보로 인한 인격의 타자화 상황에서 주체성을 회복하기 위한 방법을 모색하는 것은 인간의 존엄과 가치에 기반을 둔 지극히 당연한 요청이며, 이 상황에서 침해될 수 있는 헌법적 권리들, 즉 인격권, 사생활의 비밀과 자유, 일반적 행동자유권 등을 보호하기 위해서도 필요하다. 이러한 요청에서 핵심이 되어야 할 부분은 결국 정보주체들이 정보를 스스로 통제할 수 있어야 하고 잘못된 정보를 수정할 권한을 가질 수 있도록 하는 것이다. 자신의 정보에 대한 자율적 결정과 자기 통제가 불가능하다면 개인의 인격의 발현 및 사생활 형성 역시 불가능해질 것이다.[25] 대량의 개인정보가 수집·관리되는 정보화 사회에서 개인정보보호 및 개인정보주체에 의한 자기정보통제의 필요성은 기본적 인권 보장이라는 측면에서 강조될 수밖에 없다.

2. 개인정보자기결정권

(1) 의 의

「주민등록법」 제17조의8 등 위헌확인 사건에서 헌법재판소는 개인정보보

23) 고영삼, 「전자감시사회와 프라이버시」, 한울 아카데미, 1998, 66~68.

24) Paul M. Schwartz, Privacy and Participation: Personal Information and Public Sector Regulation in the United States, 80 「Iowa Law Review」 553. 1995, 553.

25) 권건보, 「개인정보보호와 자기정보통제권」, 경인문화사, 2005, 2~3.

호의 필요성을 역설하며 이를 위한 새로운 독자적 기본권으로 개인정보자기결정권을 헌법적으로 승인하였다.[26] 헌법재판소는 사회적 법치국가에서 복리증진과 급부행정의 효율성과 공정성을 높이는데 있어 정보기술의 발달이 이바지하고 있지만, 개인의 인적 사항이나 정보가 주체의 의사와 무관하게 수집·처리되고 국가의 감시가 증대되는 상황은 문제가 있다고 하였다. 특히 정보사회 진입에 따라 개인정보 수집 및 처리에 관련된 사생활보호가 헌법문제로 관심을 받게 되었는데, 정보통신기술이 초래할 위험성으로부터 개인(정보)를 보호하고 자유민주체제의 근간을 지키기 위해 필요한 최소한의 헌법적 보장장치로 개인정보자기결정권의 헌법적 승인이 필요하다고 하였다.[27]

헌법재판소는 개인정보자기결정권을 "자신에 관한 정보가 언제 누구에게 어느 범위까지 알려지고 또 이용되도록 할 것인지를 그 정보주체가 스스로 결정할 수 있는 권리", 즉 "정보주체가 개인정보의 공개와 이용에 관하여 스스로 결정할 권리"라고 정의한다.[28] 스스로 결정한다는 측면에서 자기결정권이라는 용어를 사용하고는 있지만,[29] 이 기본권의 핵심은 개인정보에 대한 자기통제에 있고 그에 따라 자기정보통제권이라 부르는 경우도 있다.[30] 이러한 정의에 따르면 개인정보자기결정권의 내용은 정보의 수집·이용·제공에 대한 통제권으로 정리될 수 있고 보다 구체적으로는 정보의 수집·이용·제공에 대한 동의권(또는 거부권), 자신의 개인정보에 대한 접근권·열람권, 그리고 부정확한 정보에 대한 정정권·삭제권 및 처리정지권 등이 개인정보자기결정권의 내용이라 볼 수 있다.[31] 이 중 정보주체의 의사에 따라 정보 수집·이용·제공이 이루어지도록 하는 동의권 행사에 있어서는 수집목적이나 처리 및 이용방식 등에 대한 충분한

26) 헌재 2005. 5. 26. 99헌마513 등, 판례집 17-1, 668.

27) 헌재 2005. 5. 26. 99헌마513 등, 판례집 17-1, 682~683.

28) 헌재 2005. 5. 26. 99헌마513 등, 판례집 17-1, 682; 김주영, 손형섭, 「개인정보 보호법의 이해-이론·판례와 해설-」, 법문사, 2012, 198.

29) 이는 1983년 독일 연방헌법재판소가 인구조사법(Volkszählungsgesetz)판결(BVerfGE 65, 1.)에서 인정한 '정보적 자기결정권(Recht auf informationelle Selbstbestimmung)'이라는 용어의 영향을 받은 것이라는 분석은 권건보, 앞의 글, 14 참조.

30) 권건보, 앞의 책, 79~81; 성낙인, 「헌법학」, 법문사, 2019, 1234.

31) 권건보, 정보주체의 개인정보자기결정권, 고학수 편, 「개인정보보호의 법과 정책」, 박영사, 2004, 5~7.

설명에 기초하여 이루어져야 한다.[32] 그리고 동의 없이 정보주체의 정보를 처리하는 경우에는 법률에 근거를 두어야 할 뿐만 아니라 그러한 공권력 작용이 합헌적인 기본권 제한의 양태인지 반드시 검토할 필요가 있다.

(2) 헌법적 근거와 보호대상

헌법재판소는 「주민등록법」 사건에서 개인정보자기결정권의 헌법상 근거로 '헌법 제17조의 사생활의 비밀과 자유', '헌법 제10조 제1문의 인간의 존엄과 가치 및 행복추구권에 근거를 둔 일반적 인격권' 또는 이들에 부가하여 '헌법의 자유민주적 기본질서 규정' 또는 '국민주권원리'와 '민주주의원리' 등을 고려하였지만, 이 중 어느 한두 개에 근거를 국한시키는 것이 타당하지 않아 결국 헌법에 명시되지 아니한 기본권으로 인정하였다.[33] 하지만 헌법재판소는 교육행정정보시스템(NEIS)과 관련 사건에서 "인간의 존엄과 가치, 행복추구권을 규정한 헌법 제10조 제1문에서 도출되는 일반적 인격권 및 헌법 제17조의 사생활의 비밀과 자유에 의하여 보장되는 개인정보자기결정권"이라 하여 개인정보자기결정권의 헌법상 근거를 구체적인 헌법 조항에서 찾기도 하였다.[34] 이러한 측면에서 헌법 제10조 및 제17조와 개인정보자기결정권은 내용에 있어 견련성을 가진다고 볼 수 있는데, 다만 개인정보자기결정권은 사생활이라는 영역을 넘어 개인의 인격을 나타내는 정보 전반에 대한 보호 및 통제를 통해 인격의 자율성과 인간의 존엄성을 보호하는 기본권이라 할 수 있다.[35]

헌법재판소는 개인정보자기결정권의 보호대상이 되는 개인정보를 "개인의

---

32) 개인정보자기결정권의 핵심을 정보주체의 정보통제권에 있다고 보는 것은 개인정보자기결정권의 절대화 경향을 조성한다고 비판하며 오히려 개인정보자기결정권은 개인정보처리 과정에 정보주체가 참여하는 권리라 설명하는 입장은 이인호, 제2세대 프라이버시보호법으로서의 개인정보보호법에 대한 이해, 「사법」 8호, 2009, 61~62 참조. 그에 따라 "정보주체의 동의 없는 개인정보의 수집 이용 제공을 원칙적으로 불법이라고 평가하는 현행 개인정보 보호법제의 태도는 개인정보자기결정권을 잘못 이해한 결과"라 평가한다.

33) 헌재 2005. 5. 26. 99헌마513 등, 판례집 17-1, 683.

34) 헌재 2005. 7. 21. 2003헌마282 결정, 판례집 17-2, 81, 90. 이렇게 헌법 제10조와 제17조를 개인정보자기결정권의 헌법적 근거로 보는 입장은 대법원에서도 수용되었다. 대법원 1998. 7. 24. 선고 96다42789 판결. 공98.9.1[65], 2200.

35) 김하열, 「헌법강의」, 박영사, 2018, 529~530.

신체, 신념, 사회적 지위, 신분 등과 같이 개인의 인격주체성을 특징짓는 사항으로서 그 개인의 동일성을 식별할 수 있게 하는 일체의 정보라고 할 수 있고, 반드시 개인의 내밀한 영역이나 사사(私事)의 영역에 속하는 정보에 국한되지 않고 공적 생활에서 형성되었거나 이미 공개된 개인정보까지 포함"한다고 정의한다.[36] 이러한 정의에 대해서는 사회적 지위, 신분 등 지나치게 포괄적인 개념을 사용하고 '인격주체성'이 무엇을 의미하는지 구체적으로 규명하지도 않은 채 개인의 동일성을 식별하고 정보 주체를 특정할 수 있는 모든 정보가 개인정보로 인정될 수 있다고 한 점에서, 개인정보자기결정권의 보호영역이 지나치게 확장되고 범위 확정이 어려워진다는 지적도 있다.[37] 하지만 개인정보보호의 필요성 논의는 인격주체를 배제한 일체의 정보수집 행위가 사회적으로 문제가 될 수 있다는 점에서 출발하였고 나아가 정보사회의 발달에 따라 무엇이 개인정보가 될지 미리 확정하기 어려운 상황까지 고려한다면, 주체와 관련되거나 주체를 특정할 수 있는 일체의 정보를 개인정보자기결정권의 잠재적 보호대상으로 설정할 필요가 있다. 다만 기본권의 구체적인 보호 수준을 검토하는 단계에서 개인정보들의 특성 및 중요성을 반영하여 개인정보자기결정권의 보호범위를 적절하고 실효성 있게 확정하는 작업은 필요할 것이다.[38]

3. 개인정보자기결정권의 제한과 본인인증제도

(1) 개인정보자기결정권에 대한 제한의 원칙

헌법 제37조 제2항에 따르면, 국민의 자유와 권리는 국가안전보장·질서유지 또는 공공복리를 위하여 필요한 경우에 한하여 법률로써 제한할 수 있다. 중대한 공익을 위해 개인의 기본권의 보호 수준을 조정하는 이익형량의 헌법적 요청은 개인정보자기결정권과 관련된 사안에서도 마찬가지일 것이다. 정보주체의 동의 없이 개인정보가 처리되거나, 수집된 정보에 대한 접근·열람이 거부당

36) 헌재 2005. 5. 26. 99헌마513 등, 판례집 17-1, 682.

37) 전상현, 개인정보자기결정권의 헌법상 근거와 보호영역, 「저스티스」 통권 169호, 2018, 9~10.

38) 비슷한 취지는 권건보, 앞의 글(2014), 17.

하거나, 잘못된 정보에 대한 정정요구가 묵살되는 것은 원칙적으로 인정될 수 없지만 합헌적인 법률유보를 통해 일정 경우 허용될 수도 있다.

여기서 중요한 점은 명확성을 확보한 법률 규정만으로 공동체의 이익을 위한 개인의 희생을 강요할 수 없다는 것이다. 다시 말해 개인정보자기결정권이 헌법상 기본권인 이상 이를 제한하는 입법이 기본권제한 관련 일반원칙이라 할 수 있는 과잉금지원칙을 준수해야 한다는 것이다. "개인정보를 대상으로 한 조사·수집·보관·처리·이용 등의 행위는 모두 원칙적으로 개인정보자기결정권에 대한 제한에 해당"한다고 판단한 헌법재판소의 견해[39]를 고려하면, 공권력에 의해 강제로 명령된 일체의 개인정보 수집·처리 행위는 과잉금지원칙을 준수해야 한다. 개인정보자기결정권을 제한하려는 목적이 정당해야 하고, 개인정보 수집·처리가 목적 달성에 적합한 수단이어야 하며, 목적달성에 필요최소한도의 개인정보 수집·처리만 이루어져야 하고, 개인정보 수집·처리로 인한 피해보다 이를 통해 달성하는 공익이 커야 개인정보자기결정권에 대한 제한은 합헌성을 인정받게 된다.[40] 그런데 최근에는 입법과정에 대한 민주적 통제가 확보되고 언론을 통한 입법과정에 대한 감시가 일상화됨에 따라 입법목적의 정당성이나 수단의 적합성을 확보하지 못한 입법은 드물게 나타나고 있다. 결국 이익형량이라는 헌법정책적 판단이 강조되는 피해의 최소성 판단과 법익의 균형성 판단이 과잉금지의 원칙에 따른 헌법 심사에서 중요해지고 있는데, 개인정보자기결정권 관련 사안에서도 마찬가지일 것이다. 특히 개인정보의 수집에 있어 필요최소한도의 수집은 헌법적 요청이기도 하며 개인정보보호에 관한 일반법인 「개인정보보호법」에서도 강조되고 있다.[41] 목적달성에 필요하더라도 지나치게 과도하게 개인정보를 수집하는 것은 위헌적인 공권력 행사일 것이다.

---

39) 헌재 2005. 5. 26. 99헌마513 등, 판례집 17-1, 682면.

40) 1980년 OECD의 「프라이버시 보호와 개인데이터의 국제적 유통에 관한 가이드라인」에서는 ① 수집제한의 원칙, ② 정확성의 원칙, ③ 목적명확화의 원칙, ④ 이용제한의 원칙, ⑤ 안전확보의 원칙, ⑥ 공개의 원칙, ⑦ 개인관여의 원칙, ⑧ 책임의 원칙 등 8원칙이 제시된 바 있는데 이를 기본권보장의 체계에서 비례원칙의 구체화 내지 비례원칙의 파생원칙으로 이해하는 견해는 권건보, 앞의 글(2014), 25.

41) 개인정보 보호법 제3조에서는 개인정보처리자는 개인정보의 처리 목적을 명확하게 하여야 하고 그 목적에 필요한 범위에서 최소한의 개인정보만을 적법하고 정당하게 수집하여야 한다고 강조하고 있다.

(2) 본인인증제도에 의한 개인정보자기결정권 침해 여부 검토

개인정보의 조사·수집·보관·처리·이용 등의 행위는 모두 원칙적으로 개인정보자기결정권에 대한 제한에 해당한다고 보는 헌법재판소의 입장에 따르면, 개인의 동일성을 식별할 수 있는 정보들을 강제로 수집하고 확인하는 내용의 「게임산업법」상 본인인증제도 역시 개인정보자기결정권을 제한한다고 볼 수 있다. 이러한 제한이 헌법합치적인 제한인지 여부에 대해서는 과잉금지원칙을 적용해 판단할 수 있는데, 여기에서는 특히 근래 중요하게 여겨지는 피해의 최소성 여부 판단에 집중하여 본인인증제도가 개인정보 최소수집의 원칙을 준수하였는지를 검토해본다.[42]

기본적으로 본인인증제도는 과도한 범주의 개인정보를 수집한다는 점에서 피해 최소적인 규제라 보기 어렵다. 본인인증제도는 청소년 외에 성인을 포함한 모든 게임이용자에 대해 강제되며 모든 등급의 인터넷게임에 적용되고 있는데, 이것이 청소년 여부를 확인하고 과몰입예방조치를 적절하게 구현하기 위한 작업이라 할지라도 처리되는 개인정보의 양을 비약적으로 늘린다는 점에서 과도한 조치라 평할 수 있다.[43] 게임이용과 반드시 직결되지 않는 회원가입 단계에서 본인인증을 하게 하여 불필요한 상황에서 개인정보수집이 이루어진다는 문제도 지적될 수 있고, 특히 회원가입 시 이루어진 본인인증은 인증된 아이디로 로그인 할 때마다 사실상 반복될 수밖에 없다는 점은 개인정보의 과도한 수집·처리 상황으로 볼 수 있다. 게임물관련 사업자들은 결국 이용자들이 매번 게임물에 접근할 때마다 아이디에 매치되는 개인정보를 활용하여 인증을 할 수

---

42) 참고로 정보통신망법상 온라인 게시판 실명제 위헌결정(헌재 2012. 8.23. 2010헌마47, 252 병합)에서도 헌법재판소는 본인확인이 이용자의 개인정보에 대한 불필요한 통제를 초래하고 표현의 자유를 과도하게 제약한다는 점을 지적하며 피해의 최소성과 법익의 균형성 판단을 집중적으로 전개하였다. 심우민, 인터넷 본인확인의 쟁점과 대응방향, 「법과 사회」 제47호, 2014, 220~221 참조.

43) 게다가 청소년유해성이 없는 전체이용가 게임물의 경우에도 본인인증을 강제하는 것은 청소년뿐만 아니라 성인들에게 마치 해당게임이 특별한 허가를 받아야 이용할 수 있는 문제 있는 콘텐츠라는 인상을 줄 수 있고 그에 따라 본인의 신원을 밝히기를 꺼리는 일반 성인 이용자들의 게임 접근이 감소할 수도 있는 것이다. 박지환, 앞의 글, 204 및 황성기, 스마트 시대의 콘텐츠 규제의 동향과 문제점－청소년 보호를 위한 인터넷 및 게임 규제를 중심으로, 언론과 법 제12권 제1호, 2013, 55. 결국 개인정보자기결정권을 보호받기 위해 일반적 행동자유권을 희생해야 하는 상황이 법으로 강제되는 것이다.

밖에 없고 이 과정에서 반복적으로 개인정보는 집적되는데 이러한 상황 자체가 개인정보의 유출가능성을 높이는 것이다.[44]

나아가 본인인증제도의 대상인 인터넷게임이 제공되는 인터넷망에서 개인정보의 이용가능성 및 유출가능성이 높을 수밖에 없다는 점을 심각하게 고려해야만 한다. 교육행정정보시스템(NEIS)의 개인정보자기결정권 침해에 관한 헌재 2005. 7. 21. 2003헌마282·425(병합) 결정례에서 재판관 권성의 반대의견에 따르면 NEIS와 같은 인터넷망에 기반한 정보처리체계는 정보의 이용 및 유통가능성을 무한대로 확장시킬 위험성을 내포하고 있어 개인정보자기결정권을 침해할 소지가 높다고 하는데, 이는 정보의 내용뿐만 아니라 정보의 이용가능성(유출가능성) 역시 개인정보자기결정권 침해 여부를 판단하는 중요한 기준이어야 함을 강조한 것이다. 일단 수집이 이루어지는 순간부터 유출의 가능성이 높아지는 인터넷상의 개인정보수집 문제는 어떠한 인증방식을 활용하더라도 완벽하게 해소될 수 없다는 것을 이미 우리 사회는 경험하였다.[45] 결국 개인정보 최소수집의 원칙을 준수하는 것도 중요하지만, 나아가 인터넷 상에서 개인정보 수집을 최대한 지양하면서 그 수집이 추구하는 입법목적을 다른 방법으로 달성할 수 있는지를 계속하여 모색할 필요가 있는 것이다.

실제로 본인인증제도를 통하여 수집·처리되는 정보들을 살펴보면 과몰입 예방조치의 효율적 구현을 위해 연령을 확인한다는 명목 하에 생년월일 외에 성명, 전화번호 등 현대사회에서 핵심적인 개인식별정보들이 포함되며 본인인증기관에 가입 단계에서는 주민등록번호 역시 포함된다.[46] 그 자체로 개인의 존엄과 인격에 심대한 영향을 미칠 수 있는 민감정보는 아닐지라도 이 정보들이 조합되었을 때 주민등록번호에 준하는 고유한 식별정보가 된다는 점에서, 이러한 정보의 종합적 수집·처리는 신중할 필요가 있고 목적달성에 필요한 정

---

44) 인터넷실명제 위헌결정(2010헌마47)에서 헌법재판소는 "정보통신서비스 제공자에 대한 본인확인정보 보관의무 부과로 인하여 게시판 이용자의 개인정보가 외부로 유출되거나 부당하게 이용될 가능성"을 강조하였다.

45) 본인인증제도는 대개 주민등록번호 기반으로 대량의 개인정보 유출사고와 관련이 될 수밖에 없다는 지적은 황창근, 청소년보호와 인터넷규제, 「홍익법학」 제16권 제2호, 2015, 235.

46) 본인인증 절차를 강요하는 것은 개인정보유출의 위험을 상당히 높인다는 지적은 헌재 2015. 3. 26. 2013헌마354 재판관 조용호의 반대의견 참조.

도로 국한시킬 필요가 있다. 또한 주민등록번호 처리를 금지한 개인정보보호법의 취지를 고려할 때 가능하다면 아예 개인정보의 수집·처리·보관을 진행하지 않고 규제목적을 달성할 수 있는 방안을 모색하는 것도 고려해야 할 것이다.[47] 게다가 본인인증이 진정으로 본인 여부를 인증해주는지 혹은 그저 인증수단의 현재 보유자를 본인으로 인정해줄 뿐인지 의문이 제기될 수 있는데, 만약 후자의 경우라면 아무런 실익이 없는 본인인증 과정을 위해 과도한 개인정보가 수집·처리될 수 있으며 개인정보의 도용 역시 빈번할 수 있으므로 그러한 상황을 반드시 예방할 필요도 있다.[48]

결국 본인인증제도에 대해 이러한 문제점들이 지적되는 상황이라면 덜 침익적인 다른 대안들을 정책적으로 고려할 필요가 있다. 수집되는 개인정보의 종류, 수집대상이 되는 게임의 종류 및 이용자의 범주를 한정하고 수집시점을 조정하여 개인정보 수집을 최소화하거나, 또는 개인정보수집의 본인인증 과정을 밟지 않고도 연령확인을 하는 방식을 모색하여 개인정보자기결정권 최소침해적인 정책을 마련할 수 있을 것이다.[49] 특히 급격히 발전하는 IT 및 AI 기반 기술을 고려할 때 게임이용자가 청소년인지 여부, 즉 연령확인을 다른 개인정보의 수집 없이(또는 최소한의 수집을 통해서) 할 수 있는 프로그램의 개발도 조만간 상용화될 수 있다는 예측[50]이 가능하다. 결국 연령 외의 개인정보의 수집을 강제하는 본인인증제도는 시대의 흐름에 부합하지 못하며 정보인권에도 친화적이지 않은 제도일 수도 있다는 평가도 가능하다.[51]

---

47) 본인확인이 진정으로 필요한지, 주민등록번호를 활용하는 것이 반드시 필요한지에 대한 진지한 고찰 없이 행정편의적으로 본인확인요청이 양산되어 왔고 이에 대한 진지한 성찰이 요구된다는 지적은 심우민, 앞의 글, 223면 참조.

48) 이형규, 인터넷상 주민등록번호에 의한 본인확인의 문제점과 개선방안, 「한양법학」 제23권 제1집, 2012, 347; 김기창, 정통망법상 본인확인제도의 한계와 문제점: 기술과 법의 갈등, 「안암법학」 제35권, 2011, 371~404.

49) 관련해서는 연령확인 방법과 관련하여 사업자의 선택지를 늘리는 것도 중요한 의미를 갖는다. 황성기, 앞의 글(2013), 63.

50) 마이크로소프트, IBM왓슨, 아마존웹서비스(AWS), 클래리파이(Clarifai), 에버 AI 등이 개발 중인 안면인식 기술이 대표적인데 개인의 초상권이나 개인정보를 침해할 소지가 없는지는 향후 논의 대상이다. https://news.naver.com/main/read.nhn?mode=LSD&mid=sec&sid1=105&oid=366&aid=0000387501

51) 실제로 정보보안 과학기술분야에서는 공인인증을 통한 본인인증제도는 저수준 인증방법

보다 근본적으로는, 과몰입예방조치의 구현을 위해 게임이용자의 성인여부를 확인할 필요가 있다 할지라도 이를 반드시 법상 강제하여 법에서 개인정보 침해 위험성을 굳이 높일 필요가 있는지 재고해 볼 필요가 있다. 일단 과몰입예방조치가 사업자의 준수의무로 법에서 확인된 이상 굳이 연령확인, 본인인증을 법에서 강제하지 않더라도 사업자는 법준수를 위해 이용자의 연령확인(청소년 여부 확인)을 자율적으로 수행할 것이고, 특히 개인정보보호에 대한 법적 요청까지 고려하여 개인정보자기결정권을 침해하지 않는 수준의 적절한 연령확인 방법을 모색할 수밖에 없다.[52] 본인인증을 강제하고 그 방식을 한정하여 개인정보침해의 상황을 법이 제공하는 것보다는, 사업자가 개인정보자기결정권의 보장과 청소년 보호의 실천을 위한 방법을 자율적으로 모색할 수 있는 기회를 부여하고 행정당국은 사업자가 청소년 보호조치(과몰입예방조치)를 제대로 구현하였는지 여부만 사후적으로 평가하도록 하는 것이 합리적이며, 이렇게 하더라도 게임과몰입예방이라는 제도의 궁극적 목적은 충분히 달성할 수 있을 것이다.

Ⅳ. 청소년 보호와 본인인증제도

1. 청소년 보호의 의미

(1) 법적 관점

1997년 제정된 「청소년 보호법」 제1조에 의하면 법의 목적이 "청소년에게

에 불과하여 청소년들이 부모의 인증서 및 핸드폰을 활용하여 인증을 할 가능성이 높다고 지적하며, 지문인식, 문자인식, 얼굴인식, 음성인식 그리고 심장박동이나 구강 및 치아 구조, 손 모양을 인식하는 방법 등을 동원하는 고수준 인증방법을 통해 고유식별정보 수집을 하지 않은 채 청소년 여부 확인을 과학적으로 정확하게 할 수 있을 것이라는 예측이 제기된다. 홍기천, 김은미, 청소년을 위한 인증시스템의 설계에 관한 연구, 「한국산학기술학회논문지」 제8권 제4호, 2007, 952~960.

52) 「게임산업법」상 등급분류제도의 경우 이용자의 연령확인이 있어야 등급에 맞는 게임서비스 제공이 가능한데, 등급분류 관련 법조항에서는 연령확인이나 본인인증을 강제하지 않는다. 심지어 과몰입예방조치 관련 본인인증제도가 도입되기 이전에도 등급분류는 시행되었는데, 법상 연령확인 의무가 없었음에도 불구하고 등급분류를 준수하기 위해 사업자는 주민등록번호를 기반으로 하여 자율적으로 연령확인 방법을 마련하여 운영하였다.

유해한 매체물과 약물 등이 청소년에게 유통되는 것과 청소년이 유해한 업소에 출입하는 것 등을 규제하고 청소년을 유해한 환경으로부터 보호·구제함으로써 청소년이 건전한 인격체로 성장할 수 있도록" 하는데 있다고 한다. 이처럼 일반적으로 '청소년 보호'라 함은 "청소년 유해환경의 규제와 유익환경의 조성을 통해 청소년이 건전하게 성장할 수 있도록 도와주는 것"이라 이해될 수 있는데,[53] 그 방식은 청소년유해물질·물건·장소·행위 등 유해환경에 대한 규제와 청소년의 접근 차단으로 진행된다. 청소년 보호의 궁극적 목적은 청소년을 건전한 인격체로 성장시키는데 있고 그 수단으로 유해환경 규제를 취하고 있는 것이다. 비행 청소년들을 대상으로 한 교정 및 처벌에 국한되었던 이전의 청소년 보호 정책은 유해환경의 영향을 받을 수 있는 모든 위기의 청소년들을 건전한 인격체로 성장시키기 위하여 유해환경을 규제하는 식으로 변해 왔다.[54]

하지만 우리의 법제는 청소년을 건전한 인격체로 성장시킨다는 궁극적 목적을 달성하는데 있어, 유해환경을 규제하는 방식만이 혹은 청소년을 보호의 객체로 삼고 국가가 일방적인 보호정책을 펼치는 방식만이 적합한 수단이라 보지는 않는다. 「청소년 보호법」보다 6년 앞서 제정된 「청소년 기본법」 제2조 제1항에서는 이 법의 기본이념이 "청소년이 사회구성원으로서 정당한 대우와 권익을 보장받음과 아울러 스스로 생각하고 자유롭게 활동할 수 있도록 하며 보다 나은 삶을 누리고 유해한 환경으로부터 보호될 수 있도록 함으로써 국가와 사회가 필요로 하는 건전한 민주시민으로 자랄 수 있도록 하는 것"에 있다고 밝히고 있다.[55] 즉 청소년이 건전한 민주시민(인격체)로 성장하는데 있어 국가가 이들을 유해환경으로부터 보호하는 것도 중요하지만, 청소년의 권리와 이익을 정당하게 보장하고 그들의 자율권(일반적 행동자유권)을 보장할 필요가 있다는 것이다. 청소년 보호에 대한 규범은 청소년을 유해환경에 접근하지 못하도록 하는 '금지'의 측면도 있지만, 자율적 주체로서 권리를 행사하고 이익을 보장받는 '허용'의 측면도 있어야 한다는 것이 우리 법제의 관점인 것이다.

53) 한국청소년개발원 편, 「청소년육성제도론」, 교육과학사, 2007.

54) 이해주, 이미리, 모경환, 「청소년 문제론」, 한국방송통신대학교출판부, 2006.

55) 우리나라의 청소년 보호법제에서 「청소년 기본법」과 「청소년 보호법」이 기본을 이룬다는 평가는 황창근, 앞의 글, 223.

(2) 청소년 및 청소년 보호에 대한 복합적 관점

이러한 법적 관점은 청소년을 바라보는 국가 및 사회의 관점의 반영으로 볼 수 있다. 이러한 관점에는 청소년을 '문제로서의 청소년(youth as problems)'으로 파악하여 일방적인 보호 대상으로 삼는 '문제 중심적 관점'과 청소년의 긍정적 측면 및 강점에 관심을 갖고 '강점과 자원을 가진 청소년(youth with strengths and resources)'으로 파악하는 '발전적 관점'이 병존한다.[56] 전자에 의하면 청소년은 '문제아' 또는 '구제되어야 하는 희생자'이며 '질풍노도의 시기에 놓인 미성숙한 존재'로 보호의 대상에 불과하다.[57] 그러나 문제 중심으로만 청소년을 바라보면 청소년이 사회에서 가질 수 있는 긍정적인 영향력과 강점들을 아예 놓치는 우를 범할 수 있다는 지적이 제기되었고 청소년을 문제와 보호의 대상이 아니라 강점과 자산, 잠재성과 자원을 가진 존재로 보는 발전적 관점이 전개되었다.[58] 발전적 관점은 크게 두 흐름으로 전개되는데 먼저, '강점 관점(strengths perspective)'에 따르면 청소년은 역경에도 불구하고 이를 극복하고 삶을 영유할 수 있는 활기, 능력 등의 강점을 지니므로 문제 자체에 대한 관심보다는 이의 해결점을 발견하고 청소년의 강점을 강화시켜야 한다.[59] 또한 '청소년개발 관점(youth development)'에서는 문제나 위기 상황이 발생하지 않도록 예방하는 것도 중요하지만 이를 넘어 청소년의 긍정적 발달과 건강 및 안녕에 기여할 수 있는 조건들을 개발·형성해야 한다고 주장한다.[60]

보다 자세하게 청소년 보호의 의미와 그의 필요성을 정리한 논의에 따르면 청소년 보호에는 보호론적 시각, 자율론적 시각, 주체론적 시각, 미래지향적 시각 등이 혼재한다고 한다.[61] 보호론적 시각에서는 청소년을 자율적 판단능력이 부족한 미성숙한 존재로 보기 때문에 이들보다 우월한 성인의 가치판단을 청소년이 따르는 식으로 보호가 이루어져야 한다고 한다. 자율론적 시각에서도 청소년을 미성숙한 존재로 보지만 청소년을 독립적 인격체로서 인정하여 최소한

56) 천정웅, 「청소년복지론: 발전적 관점」, 양서원, 2012.

57) 박선희, 청소년 보호 대책과 관점의 변화, 「시민청소년학연구」 제8권 제1호, 2017, 31.

58) 박선희, 위의 글, 31.

59) Saleebey, D. (Ed.), 「The strengths perspective in social work practice」 (4th ed.), Pearson Education, Inc., 2005.

60) 박선희, 앞의 글, 32.

61) 배규한, 미래 청소년보호의 바람직한 방향. 「한국청소년연구」 제25권 제4호, 2014, 113~136.

의 자율성은 보장해주는 식으로 보호가 이루어져야 한다고 한다. 주체론적 시각에서는 청소년을 독립적 인격체로서 인정함과 동시에 권리를 주장하고 행위에 책임을 질 수 있는 주체로 파악하기 때문에 청소년의 인권 및 주체성에 대한 보호가 중요해진다. 미래지향적 시각에서는 진정한 청소년 보호는 청소년 스스로 미래지향적 가치관을 개발하고 잠재적 역량을 강화할 수 있도록 지원하는 방식으로 달성된다고 본다.

(3) 청소년 보호정책에 대한 함의

상술하였듯이 청소년을 어떠한 존재로 볼 것인가, 그리고 청소년 보호의 적절한 방식은 무엇인가에 대한 복합적인 관점·논의가 존재하므로 청소년 보호정책을 구상하고 구현하는 과정에서는 이들에 대한 균형 잡힌 고려가 필요하다. 비록 미성숙한 존재이지만 독립적 인격체임을 부정할 수 없는 청소년에 대해 진정한 보호가 이루어지려면 후견적 보호만을 올바른 접근방법이라고 여기는 고집에서 벗어나 청소년의 인권과 자율성을 보장하고 스스로의 행동에 책임을 지면서 실수를 통해 학습하고 가치관과 역량을 계발할 수 있는 기회를 제공하는 노력 역시 기울일 필요가 있다.[62)]

하지만 우리 사회에서 지금까지의 일반적인 청소년 보호정책에서는 보호론적 시각을 반영한 정책기조가 유지되고 있다는 분석이 있는데,[63)] 청소년 보호정책이 문제중심(problem–focused) 접근에 경도되어 있고 유해환경 규제에만 집중하여 청소년 스스로 보호를 할 수 있도록 지원하는 정책은 거의 드물다는 지적도 이와 궤를 같이 한다.[64)] 국가후견주의적 청소년 보호정책은 청소년을 하나의 인간이 아닌 부모 소유에 속하는 물건으로 취급하는 전근대적 가부장주의의 확장이자[65)] 청소년의 미성숙성에 대한 사회적 확신에 바탕을 두고 있다.

62) 최윤진, 청소년 권리 제한 논리의 부당성에 대한 고찰, 「한국청소년연구」 제10권 제1호, 1999, 17-18; Franklin, B, 「The Handbook of Children's Rights」, Routledge, 1995, 11.

63) 배규한, 앞의 글, 125~132.

64) 이유진, 배규한, 이상희, 「청소년보호의 시대적 중요성과 미래의 바람직한 방향」(연구보고 14-R21), 한국청소년정책연구원, 2014, 8~20; 안주열, 학교교육에서의 아동의 일반인권에 관한 법적 고찰, 「헌법학연구」 제10권 제1호, 2004, 614.

65) Christian R. Van Deusen, The Best Interest of The Child And The Law, 「Pepperdine Law Review」, Vol.18, 1991, 417~418; George H. Russ, Through the Eyes of a Child, "Gregory K":

청소년보다 우월하다고 평가되는 성인의 관점에서 청소년에게 이익이 되는 것이 무엇인지를 판단하게 되고,[66] 결국 상대적으로 많은 성인이 동의하는 일정한 지배적 도덕관념에 따라 보호라는 명목 하에 청소년의 행위는 규제되는 것이다.[67] 미성숙한 존재라는 표현만으로 청소년을 규정하는 것은 현상을 단순화하는 것이며,[68] 자기책임 하에 자율적 행동을 하고 역량을 개발할 수 있는 독립적 인격체로도 청소년을 바라볼 필요가 있다. 독립적이고 자율적인 행동은 권리(권한)가 부여됨으로 비로소 가능하다는 점[69]을 고려할 때 청소년의 권리 및 책임주체성에 대한 적극적인 수용은 보다 균형 잡힌 청소년 보호정책을 마련하는데 있어 필수적인 사항이라 할 수 있다.

2. 헌법상 청소년 보호와 본인인증제도

(1) 청소년 보호에 대한 헌법적 논의

청소년이 성인과 다를 바 없이 인간으로서의 존엄과 가치를 인정받고 헌법에 보장된 기본권을 향유하여야 한다는 점에 대해서는 특별히 이견이 없다.[70]

A Child's Right to Be Heard, 「Family Law Quarterly」, Vol.27, No.3, 1993, 369; 김지연, 청소년보호에 있어서의 부모와 국가의 역할(토론 전자자료), 「오픈넷 포럼: 게임 규제, 청소년보호에 있어 부모와 국가의 역할」, 오픈넷 웹사이트, 2014; 김지경, 최인재, 「제2차 청소년보호종합대책(2016~2018)수립을 위한 기초연구」, 여성가족부, 2015, 19~20; 임영덕, 청소년보호법상 매체 정책에 관한 비판적 고찰－청소년유해매체 정책·인터넷 게임중독 방지 정책을 중심으로－, 「법과 인권교육연구」 제4권 제3호, 2011, 87~106.

66) Wendy A. Fitzgerald, Maturity, Difference, and Mistery: Children's Perspectives and the Law, 「Arizona Law Review」, Vol.36, 1994, 16; Lee E. Teitelbaum, Children's Rights and the Problem of Equal Respect, 「Hofstra Law Review」, Vol.27, 1999, 817.

67) 주승희, 청소년유해매체 규제상 청소년 유해성 개념의 상대성과 청소년의 자기결정권 보호, 「형사정책연구」, 제22권 제2호, 2011, 31~65. "실제 아동과 그의 이익이 아닌, 그의 부모나 국가의 이익을 위해" 만들어지고, "우리는 성숙이라는 우리 잇속을 챙기는 신분증으로 법적 분쟁에서 아동의 지위를 부정하는 것을 정당화"한다고 한 지적은 Wendy A. Fitzgerald, 앞의 글, 92 참조.

68) 최윤진, 청소년 자기결정권에 관한 연구, 「교육법학연구」, 제17권 제2호, 2005, 189~208.

69) Emily Buss, What the Law Should (And Should Not) Learn From Child Development Research, 「Hofstra Law Review」, Vol.38, No.1, 2009, 13~68.

70) 다만 인권의 향유 주체로서 청소년의 헌법상 권리에 대한 논의가 부족했다는 지적은 류병

헌법 제10조에서 보장하고 있는 인간의 존엄과 가치는 "단순히 인간이라는 사실에서 유래하는 것이지 인간의 일정한 속성(예를 들어 연령)에 대한 평가에 근거하지 않는다."[71] 연령으로 인해 헌법에 보장된 기본권(예를 들어 선거권, 피선거권)의 행사에 있어 일정한 제한이 있을 수 있지만, 그렇다고 이렇게 기본권 보유(향유)능력과 기본권 행위능력을 구분하는 논의가 청소년의 기본권 주체성을 부인하는 근거가 될 수 없음은 분명하다.[72] 헌법재판소는 청소년의 인격권을 인정하고 청소년이 교육환경을 스스로 결정할 권리, 일반적 행동자유권, 문화향유권을 보유·행사할 수 있다고 판단하였다.[73]

다만 청소년은 기본권의 주체임과 동시에 보호의 대상이기도 한 이중적 지위를 가진다. 헌법 제34조 제4항에서는 청소년의 복지향상을 위한 정책실시 의무를 국가에 부여하고 있다. 나아가 헌법 제37조 제2항에서 기본권 제한의 근거로 공공복리를 들고 있는데 청소년 보호 및 복지향상은 공공복리의 주요 사항이 될 수 있다.[74] 즉 청소년은 기본권 주체이지만 그의 보호는 기본권 제한의 사유이자 국가의 의무인 것이다.[75]

청소년(보호)에 대해 양가적 태도를 취하는 헌법의 내용은 우리 사회에서의 청소년에 대한 복합적 관점의 반영이라 할 수 있다. 결국 청소년 보호정책을 입안·시행 혹은 규범적으로 평가하는 과정에서 청소년의 이중적 지위를 조화

관, 청소년의 인권과 헌법상 권리에 관한 논의, 「청소년보호연구」 제13호, 2009, 190 참조.

71) 이준일, 어린이와 청소년의 기본권, 「공법연구」, 제30집 제5호, 2002, 215. "인간은 태어날 때부터 헌법적 권리인 기본권의 주체가 되며 일정한 연령을 기준으로 부여되는 권리는 일정한 연령에 달했을 때 주어지는 것이 아니라, 연령을 이유로 유보되었던 권리를 돌려주는 것으로 이해되어야" 한다는 주장도 같은 맥락이라 할 수 있다. 김지연, 정소연, 최수정, 「청소년보호정책 현황분석 및 개선방안 연구」, 한국청소년정책연구원, 2017, 49~50 참조.

72) 김지혜, 미성숙 전제와 청소년의 기본권 제한, 「공법연구」 제43집 제1호, 2014.

73) 헌재 2004.5.27. 2003헌가1등; 헌재 1993.5.13. 92헌마80 참조.

74) 청소년의 기본권에 대한 제한이 청소년 보호를 목적으로 가능하더라도 여기에서의 보호는 다소 엄격하고 제한적으로 이해될 필요가 있는데, 청소년이 발달과정에서 경험할 수 있는 다양한 형태의 위험으로부터 '방어'하는 행위와 청소년의 성장과 발달에 필수적으로 요구되는 일체의 '지원'을 제공하는 행위로 한정될 필요가 있다는 지적은 김지연, 정소연, 최수정, 앞의 글, 22 참조.

75) 청소년 보호라는 공익보다 우선하여 청소년이 독립된 인격체로 성장하는 것(인격성장권)을 보호하기 위해 청소년의 기본권을 제한한다고 보는 입장은 참조할만하다. 정순원, 청소년 보호의 목적과 헌법적 근거, 「공법연구」 제35집 제3호, 2007, 115.

롭고 균형 있게 고려하는 섬세한 형량이 필요하다. 청소년 보호를 이유로 청소년 기본권에 대한 모든 제한이 정당화되어서도 안 될 것이고 청소년을 실제의 위험으로부터 방어하는 국가의 적절한 개입을 모두 후견주의로 매도해서도 안 될 것이다. 결국 청소년 보호 정책에 대한 헌법적 검토의 과정에서는 청소년의 권리와 복리를 균형 있고 조화롭게 구현하였는지 여부에 중점을 둔 판단이 요구된다.[76]

(2) 본인인증제도에 대한 검토

본인인증제도에 대한 헌법재판소의 결정례에서는 제도가 달성하려는 중요한 공익이 청소년 보호임을 확인했지만 그의 구체적 의미를 탐색하지 않은 채 이익형량을 시도하는 한계를 보였다. 청소년 보호는 청소년이 건전한 인격체로 성장하는 과정에서 부정적인 영향을 줄 수 있는 유해환경을 규제하는 방식으로 이루어짐과 동시에 이 과정에서 필요한 잠재적 역량을 계발할 수 있는 기회를 제공하고 자율(권리)과 책임을 부과하는 방식으로 이루어져야 한다는 논의를 헌법재판소가 진지하게 고려하여 본인인증제도에 대한 헌법적 평가를 수행했어야 했다. 특히 청소년 보호의 명목 하에 청소년에게 특정 행위를 금지하는 규범적 명령이 이루어지더라도 이것이 청소년의 권리주체성을 부정하지 않는지 혹은 자유와 기본권의 본질을 침해하지는 않는지 세심하게 검토할 필요가 있다.[77] 청소년은 인격권과 일반적 행동자유권을 행사할 수 있는 주체라는 헌법재판소의 입장에 따르면, 청소년 보호라는 공익을 달성하기 위해 이들 기본권을 제한하는 청소년 보호정책들 중 권리침해적인 과잉규제는 허용될 수 없는 것이다.

일반적으로 개인정보자기결정권은 헌법 명문에 없는 독자적 권리로 인정되기도 하지만 헌법상 인격권 및 자기결정권과 사생활의 비밀과 자유에서 도출되는 권리로 이해된다.[78] 인간의 존엄과 가치는 연령에 상관없이 출생과 함께

76) 황성기, 앞의 글(2013), 50.

77) 강제적 개입이 청소년 보호를 목적으로 하더라도 청소년 당사자의 권리를 보장하는 한도 내에서 이루어져야 한다는 지적은 박종현, 청소년 보호를 목적으로 하는 인터넷 규제의 의의와 한계: 최근의 소위 셧다운제 도입문제를 중심으로, 「언론과 법」 제10권 제2호, 2014 참조.

78) 미연방법원들은 미성년자의 개인 정보 보호권에 대해 청소년의 사적 결정권과 결정에 따

인정되어야 하고 청소년의 개인정보가 성인의 개인정보보다 중요하지 않다고 평가하는 것이 불가능하다는 점에서 청소년이 개인정보자기결정권의 주체로서 이를 정당하게 행사할 수 있음은 분명하다.[79] 개인정보의 과도한 수집이 유발할 수 있는 기본권 침해 및 사회적 문제를 고려할 때, 게임이용을 위한 회원가입 시 청소년에게 강제로 다양한 식별정보를 입력·전송하게 하고 이후 게임이용을 위한 로그인마다 사실상 이 과정이 반복될 수밖에 없도록 하고 있는 본인인증제도는 비록 과몰입예방 조치의 실현을 위한 특단의 선택이라 할지라도 청소년의 개인정보자기결정권을 침해할 소지가 있음을 부정할 수 없다.

또한 본인인증제도는 법상 한정된 인증수단을 확보하지 못한 청소년의 경우 인터넷게임 이용에 대한 진입장벽이 될 수 있다.[80] 문화향유권을 행사할 수 있는 청소년이 본인인증을 할 수 없어서 게임이용의 기회가 박탈되는 것은 「게임산업법」상 게임과몰입예방조치가 의도한 상황은 아닐 것이다. 즉 과도한 이용에 대한 예방을 이유로 아예 게임접근을 막아버리는 상황을 유발하는 것은 문화콘텐츠의 향유권을 완전히 침해하고 청소년에 문화적 탄압을 하는 결과를 낳는다. 게임과몰입예방이라는 목적의 정당성을 인정하더라도 문화향유권, 게임할 자유(일반적 행동자유권) 등이 본질적 내용까지 침해된다면 이는 헌법적으로 허용될 수 없다.

청소년 보호를 보다 적극적인 개념으로 받아들여 청소년들에게 자기 계발을 할 수 있는 기회를 제공하고 청소년에 자율과 책임을 강조하는 방향에서 이해하는 경우에도 현행 본인인증제도는 문제의 소지가 있다. 본인인증제도는 연령확인을 시스템적으로 강제하여 그에 맞는 과몰입예방조치가 자동적으로 실행

른 사항의 기밀을 유지하는 것을 인정하고 있다(Wynn v Carey, 582 F2d 1375, 1389 (7th Cir 1978); Aid for Women v Foulston, 441 F3d 1101, 1116 (10th Cir 2006)).

79) 우리의 경우 청소년을 권리의 주체보다 보호의 대상으로 인식하는 국친사상으로 인하여 뿌리 깊은 연령차별에 대한 인식이 존재하므로 인식전환이 필요하다는 지적은 길은배 등, 「청소년인권 실태 조사 연구」, 한국청소년위원회, 2005, 3 참조. 미국의 경우에도 제3 및 제9순회 법원(Third and Ninth Circuits)은 정보 보호권에 대한 헌법상의 권리에 대해 성인과 미성년자 사이에 큰 차이를 두지 않고 있다(C.N. v Ridgewood Board of Education, 430 F3d 159, 179 (3d Cir 2005); Planned Parenthood of Southern Arizona v Lawall, 307 F3d 783, 789-90 (9th Cir 2002)).

80) 황성기, 앞의 글(2013), 56.

되게 함으로써 결국 청소년이 자율적으로 연령에 맞는 게임이용을 하거나 과몰입예방을 위한 자기책임하의 결정을 할 수 있는 기회를 완전히 박탈한다. 자율적 주체로서 청소년의 선택을 존중하고 그에 대한 책임감을 제고시켜야 한다는 논의·관점 역시 청소년 보호 논의에서 중요한 함의를 가지지만 이에 대한 고려는 인터넷게임 관련 법정책에서는 찾아보기 힘들다. 게임포털에서 연령확인 과정을 진행하면서 그 이유(게임과몰입예방조치의 구현)를 충분히 고지하고 이를 인식한 청소년이 스스로 연령에 맞게 게임물의 건강한 이용을 수행할 수 있도록 하는 것은 실현 불가능한 이상적인 상황이 아니라 어찌 보면 청소년 보호와 관련된 복합적 관점·이해를 정책으로 구현하는데 있어 제시될 수밖에 없는 표준적인 당위의 모델일 것이다.[81]

실제로 영화나 TV방송의 경우에는 이러한 모델을 토대로 청소년의 자율적 선택의 기회를 제공하고 특히 청소년 보호 관련하여 부모의 역할도 강조하고 있다.[82] 인터넷게임뿐만 아니라 그 외의 플랫폼 기반 게임, 나아가 영화, TV 방송, 음악, 만화 역시 콘텐츠의 과도한 이용의 문제로부터 자유로울 수 없는 것이 현실이다. 개인마다 선호도에 따른 몰입콘텐츠의 차이가 존재할 수 있다는 측면에서, 유독 인터넷게임에 대해서만 종합적인 과몰입예방조치를 시행하고 이를 위해 본인인증제도를 강제하고 있는 것이 형평에 부합하는지 의문이 제기될 수 있다. 그렇다고 다른 콘텐츠들에 대해 인터넷게임에서와 같은 일방적인 국가적 규제를 행하지 않는 것이 그 영역에서 청소년 보호라는 공익을 포기해서는 아닐 것이다. 다른 콘텐츠들의 경우에도 청소년 보호 조치를 법이 시행하고 있지만, 본인인증제도와 같은 방식으로 개인정보를 수집하여 국가가 직접 이 문제에 관여하는 방식이 아니라, 부모의 지도를 통한 자율적인 통제를 권고하는 식으로 문제에 접근하고 있다.

---

81) 업계의 자율규제 방식보다 정부 차원의 규제에 상대적으로 부정적인 인식을 보여주는 연구로는 강진숙, 청소년미디어보호 자율규제제도에 대한 인식 연구: 청소년 및 미디어교육 전문가와의 심층인터뷰를 중심으로, 「한국언론학보」 제54권 제5호, 2010 참조.

82) 「영화 및 비디오물의 진흥에 관한 법률」 제29조 제4항에 따르면 상영등급에 맞게 영화시청을 해야 하고 이를 위해 연령 확인을 하지만 본인 인증은 강제되지 않으며 심지어 보호자 동반 시에는 연령보다 높은 등급의 영화 관람도 가능하다. 마찬가지로 TV방송의 경우 시청등급이 있지만 이 역시 본인인증 없이 부모의 시청지도 하에 콘텐츠를 자유롭게 이용할 수 있다.

이러한 접근은 「청소년 기본법」의 취지이기도 한데, 청소년에 해악이 될 수 있는 환경에 대해 무조건적으로 접근·이용을 금지하지 않고 청소년이 자율적으로 문제 해결을 할 수 있는 기회를 제공해야 한다는 것이 그 취지이다.[83] 그런데 다른 콘텐츠들에는 이러한 취지가 반영된 규제모델이 적용되지만, 유독 인터넷게임에는 그 취지가 전혀 반영이 되어 있지 않고 있으며 차별적인 법정책적 관점을 정당화할 충분한 근거 역시 제공되지 않고 있다. 인터넷게임 이용과 과몰입 문제에 있어서도 청소년이 최소한의 자율성을 갖도록 하는 것이 헌법의 요청에 부응하는 것이고, 이러한 경험을 통해 향후 성인이 되어서도 게임 이용에 대해 자율적으로 적절하고 타당한 판단을 내릴 수 있을 것이다.

결국 청소년 보호의 의미에 대해 균형 잡힌 관점을 가져야 한다는 점에서 본인인증제도를 게임관련 청소년 보호 정책을 실현하기 위한 만능열쇠처럼 보는 시각을 근본적으로 재검토할 필요가 있다. 오히려 청소년의 개인정보자기결정권을 존중하여 연령확인 과정에서 개인정보 수집을 최대한 억제하거나 수집의 범위를 최소화하는 정책, 그리고 연령확인에 대한 인증이 필요하더라도 청소년의 게임이용에 장애물이 되지 않도록 청소년이 실제로 수행할 수 있는 인증방식을 선택하는 정책, 마지막으로 기술적 메커니즘에 의존해 일방적이고 후견적으로 청소년의 행위를 통제하기보다는 청소년이 자기책임 하에 (혹은 법정대리인의 도움을 받아) 스스로를 성장시킬 수 있는 경험을 하도록 하는 정책들을 고려하는 것이 합리적이며 합헌적이다. 청소년을 자율적 판단도 내리지 못하고 수동적이며 통제에 익숙한 주체로 성장시키지 않기 위해서는 적절한 문제 상황을 경험하고 스스로의 선택이 갖는 무게를 느껴야 하며, 다만 그 과정에서 문제 상황 인식과 해결을 위한 충분한 설명 및 적절한 가이드라인의 제공 그리고 법정대리인의 도움이 필요할 것이다.

Ⅴ. 헌법합치적 제도개선을 위한 제언

「게임산업법」상 본인인증제도는 청소년의 게임과몰입예방조치를 구현하는

---

83) 황창근, 앞의 글, 243.

데 필요한 게임이용자의 연령확인을 정확하게 수행하기 위해 도입된 제도이다. 게임의 부작용에 대한 과학적 검토가 여전히 진행 중이지만, 「게임산업법」에서는 과몰입의 부작용이 존재한다고 전제하며 이의 예방을 통해 청소년 보호를 실천하려 하고 있다. 다만 게임이용자의 연령을 확인하여 청소년 여부만을 파악하면 예방조치를 적절하게 구현할 수 있음에도 불구하고, 본인인증제도를 도입하여 연령 외의 다양한 개인식별정보를 본인확인기관과 게임물관련 사업자가 수집·처리할 수 있게 하였다. 과도한 개인정보 수집으로 인한 사회적 폐해들을 고려하면 개인정보의 수집은 최소화할 필요가 있는데, 본인인증제도가 과몰입 예방조치 구현을 위해 반드시 필요한 최소한의 정보수집 방식인지에 대해서는 의문이 제기될 수밖에 없다. 게다가 헌법재판소 다수의견을 선해하면, 실명과 연령을 정확하게 확인할 수 있는 덜 침익적 수단이 있다면 현행 제도를 대체할 수 있다는 점에서, 수집 개인정보의 범위 및 대상을 한정하거나 아예 본인인증 방식을 대체하는 새로운 방식의 도입이 가능하도록 제도를 개선할 필요가 있다.

나아가 청소년 보호 쟁점과 관련하여 청소년의 자기결정권을 일차적으로 보장하고 이를 보완하기 위한 수단으로 부모의 양육권, 그리고 국가의 후견이 보호정책에서 순차적으로 고려되어야 할 필요가 있는데, 게임포털의 회원가입 시 본인인증을 강제하면 게임이용 자체에 대한 청소년의 최소한의 자율성조차도 보호받지 못하는 상황이 벌어질 수도 있을 것이다. 법상 한정된 인증수단을 확보하지 못한 청소년들에게는 본인인증제도는 청소년 보호의 미명하에 청소년의 자기결정권을 침해하는 제도일 뿐이다. 과몰입에 대한 문제 제기가 곧바로 게임이용 자체에 대한 부정적 평가를 의미하는 것은 아니므로, 일단 게임은 자유롭게 할 수 있게 하고 과몰입은 그 다음 단계에서 고려하는 것이 순리일 것이다. 과몰입예방과 같은 청소년 보호 정책이 청소년의 자율성, 자기결정권 보장보다 무조건적으로 선행되어 집행되어서는 안된다. 청소년에게 자율적으로 맡겨서는 아무것도 해결되지 않는다는 주장은 시대착오적이며, 대부분의 청소년 관련 문제들은 인지적·도덕적 판단능력의 부족이 아니라 권리행사의 경험이 없어서 발생하는 미숙함 때문이라는 지적[84]을 특히 고려할 필요가 있다.

기본적으로 무료로 제공되고 있는 인터넷게임은 누구든지 이용할 수 있어

84) 김지혜, 앞의 글, 128.

야 하는데, 청소년이 독자적으로 본인인증을 하기 어려운 상황으로 인해 본인인증제도가 청소년의 문화접근권, 문화향유권을 침해하여서는 안될 것이다. 다만 이 경우에 청소년이용불가게임에 대해서는 청소년유해환경으로부터 청소년을 보호해야 한다는 취지에서 정확한 연령확인이 요구될 것이다. 이를 위해서는 청소년보다는 본인인증이 용이한 성인이 스스로 성인임을 인증 받는 방식으로 연령확인을 하여 청소년이용불가게임을 이용하는 것이 「청소년 보호법」의 내용까지 고려했을 때 가장 현실적이라 하겠다. 전체이용가 게임에 대해서는 본인인증과 같은 장벽을 회원가입 단계에서 제시하여 청소년의 접근·이용 자체를 막을 합당한 이유가 없으므로, 결국 과몰입예방조치를 구현하기 위한 연령확인을 규범적으로 강제하기는 어려울 것이다. 다만 전체이용가 게임들에서 청소년 이용자에게 과몰입예방조치 구현을 명령한 현행 「게임산업법」 조항을 고려하면, 결국 게임사업자들은 자체적인 연령확인 방법을 모색할 수밖에 없을 것인데, 그 과정에서는 현행 개인정보보호법제를 준수하기 위한 노력 또한 기울일 수밖에 없을 것이다.[85] 개인정보 수집 대상의 범위를 성인에 한정하여 개인정보 침해가능성을 대폭 낮추고, 청소년에 대해 본인인증을 적용하지 않아 청소년의 개인정보자기결정권을 보호함과 동시에 기본적인 게임문화접근·향유권을 보장하며, 적절한 방식의 연령확인을 자체적으로 고안하여 과몰입예방조치 역시 게임사업자가 책임감 있게 시행할 수 있는 기회를 제공하는 등 조화롭고 균형 잡힌 제도개선의 가능성을 열기 위해서는 본인인증의 강제를 법상 존치하는 것은 합당하지 않아 보인다.

---

85) 「게임산업법」상 청소년대상 게임과몰입예방조치와 함께 과몰입예방조치의 중요한 축을 이루는 청소년 보호법상 강제적 셧다운제의 경우 그 시행을 위해 연령확인, 본인확인을 제도적으로 강제하고 있지는 않다. 청소년 보호법에서 연령확인을 강제하고 있는 경우는 청소년유해매체물(유해업소, 유해약물)에 대한 접근을 막기 위한 것으로 한정되어 있다. 즉 청소년유해매체물로 지정되는 게임에 대한 이용자의 접근 시 이용자가 성인여부인지를 확인하지, 모든 게임에 대해 이용자의 연령을 확인하지는 않고 있다. 다만 강제적 셧다운제의 시행이 법상 의무로 확정되어 있기 때문에 사업자는 법준수를 위해 효율적인 연령확인을 수행할 수밖에 없다. 이러한 상황에서 게임사업자들은 청소년이용가게임 서비스에서는 편의상 모든 게임이용자를 청소년으로 간주하여 과몰입예방조치를 시행하고 다만 이용자 중 성인들이 그러한 예방조치의 적용을 피하기 원한다면 성인인증을 하도록 하는 운영정책을 구현할 수도 있을 것이다.

다만 이 과정에서 관련 주체들 사이의 적절한 책임 분배라는 측면에서, 청소년이 본인의 나이를 속이거나 인증수단을 도용하는 경우 그에 대한 책임을 사업자가 아닌 청소년 및 법정대리인이 져야 한다는 제도적 규정을 마련할 필요도 있다.[86] 또한 법정대리인의 청소년들에 대한 일차적인 지도 관리의무를 분명히 하고 본인인증제도가 목적으로 하고 있는 과몰입예방을 위한 가정 내의 노력의 필요성을 명확히 할 필요도 있다. 이는 청소년 보호 정책이 청소년의 자기계발과 책임성 강화에 적극적으로 기여해야 한다는 논의를 입법적으로 반영하는 것이라 할 수 있다. 또한 사업자가 지속적인 모니터링을 통해 연령에 부합한 게임이용이 의심되는 게임이용자를 찾아내어 그에 대한 페널티(계정이용중지 등)를 부과할 수 있는 권한을 갖게 하는 것도 입법적으로 고려할 필요가 있다.

86) 최근 청소년 보호 정책들에서 관련 사업자들을 청소년 보호책임의 주축으로 설정하는 움직임이 나타난다고 지적하며 이는 실효성만 고려한 채 행위책임원칙을 저버리는 행태라고 비판하는 입장은 경청할만하다. 황창근, 앞의 글, 243 참조.

제 2 편

게임에 대한 규제 모델 고찰

제 4 장

간접규제로 바라본 게임규제
- 결제한도 규제를 중심으로 -

Ⅰ. 들어가는 말

국내 유통 게임 심의를 담당하는 게임물등급위원회(게임물관리위원회 전신)는 2006년 온라인 게임 심의에서 '온라인 게임 결제한도 규제'를 적용했다. 심의 기준에 따라 만 18세 이상 게임은 월 30만원, 만 18세 미만 게임은 월 5만원으로 결제한도가 정해졌다. 2009년에는 물가상승률을 반영해 결제한도가 성인 등급 50만원, 청소년 이용가 등급 월 7만원으로 상향됐다. 이러한 온라인 게임 결제한도 제한은 건강한 게임 생태계 분위기 조성과 사용자 보호를 목적으로 한다. 그런데 이 규제는 법령상의 규제가 아닌 영상물등급위원회와 한국게임산업협회(구 한국인터넷디지털엔터테인먼트협회) 및 게임사가 임의로 정한 규제이다. 예컨대 결제한도를 초과하는 게임은 등급을 받지 못해[1] 게임사는 게임을 출시할 수 없었으며 이에 게임사는 자율규제(?)라는 미명하에 온라인 게임의 등급 심사를 받기 위해 스스로 결제한도를 제한하였다. 게임사가 결제한도를 제한하여 게임물관리위원회로부터 등급심사를 받아 게임을 출시한 경우, 게임사는 온라인 게임을 운영하면서 제출한 결제한도를 준수한 영업을 하거나 이용자의 결제 금액을 관리하여야 한다. 이를 위반한 경우 게임사는 과태료를 납부하거

1) 심의를 담당하는 게임물관리위원회는 결제한도를 설정하지 않은 게임물에 대해서는 등급 분류를 거부한다.

나 영업정지 처분까지 받을 수 있다.[2] 이와 같은 방식으로 사업자 및 이용자의 자기결정권을 제한하고 있는 '온라인 게임 결제한도 규제'는 10년 넘게 이어졌으나 2019년 6월에 폐지되었다.[3] 그러나 이러한 규제는 언제든지 다시 등장할 수 있으며, 법에 의하지 않은 이러한 규제에 의해 게임소비자의 기본권이 제한되어도 괜찮은 것인지에 대해서는 여전히 몇 가지 의문이 존재한다. 첫째, '온라인 게임 결제한도 규제'를 어떠한 규제로 보아야 하는가? 둘째, 이 규제의 목적이 게임소비자를 보호하기 위한 사회적 규범의 실현이라고 하는데, 그 사회적 규범은 무엇이며 이는 어떻게 형성된 것인가? 셋째, 이러한 규제는 법에 의한 규제가 아닌데, 이러한 규제는 어떠한 방법에 의해 통제되는가? 본고에서는 이러한 질문에 대한 해답을 찾기 위해 먼저 미국에서 논의되었던 간접규제와 자유주의적 간섭주의(Libertarian Paternalism)에 대해 분석하고(II), 이를 전제로'온라인 게임 결제한도 규제'의 문제점을 분석해 본 후(III), 글을 마치고자 한다(IV).

II. 간접규제란 무엇인가?

1. 간접규제와 자유주의적 간섭주의(Libertarian Paternalism)

Lawrence Lessig은 우리의 행동을 규제하는 규제 장치(regulator)로 법률, 시장, (사회)규범, 구조라는 네 가지를 든다.[4] 특히 Lessig은 그중 법률이 나머지 세 가지에 큰 영향을 미친다는 점에 주목한다. 즉 그는 법률이 시장의 모습을

2) 이러한 이유에서 '온라인 게임 결제한도 규제'는 실질적으로는 강력한 규제라 할 수 있다.

3) 2019년 6월 26일 문체부는 제18차 경제활력대책회의에서 온라인게임 결제한도에 대해 법적 근거가 없다는 이유로 웹보드게임과 청소년의 결제한도를 제외한 온라인게임의 한도 폐지를 밝혔다. 그러나 이러한 규제는 언제든지 다시 쉽게 등장할 수 있다. 그 이유는 그 규제의 모습이 법령상의 규제가 아닌 소위 '그림자 규제' 또는 '간접규제'였기 때문이다. 따라서 향후에도 이런 식의 간접규제가 게임시장에 재등장하지 않도록 계속적으로 지켜보아야 할 것이다.

4) Lawrence Lessig, CODE version 2.0, Ch. 7 (2006).

바꾸고 사회규범 및 구조를 통제하는 능력을 가지고 있다고 보며, 실제로 그 능력을 행사하고 있다고 논한다. 한편 Lessig은 법에 의해 수범자인 국민의 행동을 금지하거나 의무를 부여하는 방식의 규제를 「직접규제(direct regulation)」로 보며, 법에 의해 시장 등에 영향력을 행사하여 통제하여 이러한 방식으로 사인의 행동을 규제하는 것을 간접규제(indirect regulation)로 본다. Lessig은 공적규제에 있어서 직접규제가 여전히 주요한 역할을 담당하고 있으나, 최근에는 간접규제의 비중도 커지고 있다는 점에서 간접규제에 대해 주목해야 한다고 보며, 국가는 직접규제와 간접규제의 적절한 조합을 통해 사인을 통제한다고 본다. 특히 최근에는 국가가 자유주의적 간섭주의(Libertarian Paternalism)라는 방법으로 간접규제를 활용하고 있는데 이는 행동경제학 및 소비심리학 등을 통해 소비자 등의 행동에 관여한다. 예컨대 "소비자는 합리적이지도 이성적이지도 않다"는 행동경제학의 사고에 입각하여 사인의 행동에 대한 국가의 개입을 일정한도로 허용하자는 것이다.[5] 단기적인 이익에 현혹되어 장기적인 손실 등을 판단하지 못하거나 자신의 능력을 과대평가하여 인생을 허비하는 자들에게 국가의 개입을 통해 올바른 방향으로 유도하자는 것이다.[6] 다만 자유주의적 간섭주의 또한 국가의 개입은 사인의 행동을 금지하거나 의무를 부여하는 방법이 아니라 사인에게 선택의 최종결정권을 행사할 수 있도록 유도한다는 것이다. 즉 국가는 어떠한 선택을 하도록 강제하지 않으나 선택 구조를 조작함으로써 다수의 인간의 행동을 국가가 원하는 방향으로 이끄는 것을 목표로 한다. 예컨대 자유주의적

---

5) 즉 이는 국가가 소비자를 합리적으로 유도하여 올바른 소비생활을 유도하고자 하는 사상이라고 할 수 있다. Richard H. Thaler=Cass R. Sunstein 등의 행동경제학자들이 지대한 공헌을 하였다. 흥미롭게도 2015년 9월 미국의 오바마 전 대통령은 「미국 국민을 더욱 훌륭히 섬기기 위한 행동과학적 지견의 활용」이라는 타이틀의 대통령령에 서명하였다. Exec. Order No. 13, 707, 80 Fed. Reg. 56365(Sep. 18, 2015). 이는 행동경제학적인 지견을 통해 미국 국민의 취업, 교육, 건강 증진, 합리적인 소비생활 등을 유도할 수 있다는 사고를 전제로 하며, 이를 통해 미국 정부의 활동이 바람직한 결과를 가져올 것이라는 긍정적인 전망을 하고 있다. 이러한 미국 정부의 정책은 위에서 말하는 간접규제를 표방한 것으로 볼 수 있을 것이다.

6) 이 사상은 인간의 합리성을 한정적으로 파악하고, 인간이 실수를 범하기 쉬운 영역에 있어서의 국가 개입을 허용한다는 점에서 간섭주의적이나, 그 한편으로는 최종적인 선택의 자유를 소비자 개인에게 보장한다는 점에서 자유주의적이라 할 수 있다. 이러한 국가 개입의 모습이 앞서 소개한 Lessig의 주장에서 말하는 '구조에 의한 간접규제'이다.

간섭주의(Libertarian Paternalism)를 통한 국가의 개입은 소비자에게 정보를 제공하거나 선택지를 제시하시거나 초기설정(default)의 고안 등을 통해 소비자가 올바른 선택을 할 수 있도록 하는 구조(선택 구조, choice architecture)를 만들어 주는 형태로 나타난다. 그러나 이러한 규제의 모습은 외견상 개인의 자유를 보장한 것처럼 보이지만 궁극적으로 개인의 자유를 침해하는 수단이 될 수도 있다. 요컨대 소비자나 개인이 국가에 의해 [그렇게 되도록 조작함으로써] 조성된 환경을 적극적으로 거부하지 않는 한, 국가는 의도한 것처럼 우리의 행동을 드러나지 않게 확률적으로 조작해 나갈 수 있다. 이는 명백히 직접규제와는 다른 모습으로 우리의 자유를 침해한다. 이런 이유에서 우리는 눈에 보이는 직접규제보다는 이렇게 교묘하게 자신의 자유나 자기결정에 영향을 미치는 간접규제의 모습에 더 주의를 기울여야 하며,[7] 그러한 규제에 의해 실질적으로 자기 결정권이 침해되는 것을 막아야 한다. 이에 이하에서는 간접규제의 이론적 특징 및 그것이 가지는 문제점 등을 분석해 보고자 한다.

2. 간접규제와 관련되어 주장된 이론들에 대한 분석

(1) Lessig의 사고에 대한 이해

1) 시카고학파의 분열(?)

사회규범에 의한 규제를 포함한 국가의 간접규제의 전개에 대한 연구는, 미국 시카고학파의 법과 경제학의 연구의 한 분야로서 발전해왔다. Lessig 또한 시카고학파 중 한 명이며, 이하에서 논의하고자 하는 법과 사회규범의 관계를 둘러싼 논의를 이해하기 위해 이하에서는 시카고학파의 사고를 기초로 Lessig의 주장을 분석해 보고자 한다.

Lessig에 의하면, 시카고학파에 공통하는 문제의식은「제약의 다양성 강조와 합리적 선택의 관점에서의 그 이해」이다.[8] 즉, 법 이외에도 다양한 방법으로

7) 법률에 의한 직접규제는 이미 위헌법률심판 등에 의해 규율되는데 반하여 이러한 간접규제는 통제방법이 애매하다는 문제가 있다. 오야 다케히로(大屋雄裕)의 사고에서 이러한 문제의식을 확인할 수 있다. 大屋雄裕,「柔らかく確率的な支配」, ビジネス·ロー·ジャーナル八九号, 2015, 13頁.

8) Lawrence Lessig, The New Chicago School, 27(3) The Journal of Legal Studies 661(1998), 665.

우리의 행동은 제약을 받고 있음을 지적하는 것이다.[9] 이 학파는 그러한 다양한 규제 장치를 합리적 선택이론이라는 도구를 이용하여 고찰해 나간다. 예컨대 합리적 선택이론이란 근대 경제학의 주류인 방법론 중 하나로, 개인이나 기업과 같은 경제주체가 행동을 선택할 때에 당해 행동에 의해 초래되는 편익과 비용을 올바르게 계산하고, 그 계산의 결과에 따라 가장 큰 이익을 취할 수 있다고 판단되는 행동을 실제로 선택한다는 전제하에 구축된 사회이론이다. 인간은 감정에 휩쓸리지 않으며 어디까지나 계산에 의거하여 언제나 자신이 취하는 이익이 최대치가 되는 선택을 행하는 「합리적」인 인간상이 상정된다. 그러한 전제를 공유하며 시카고학파의 연구자들은 경제학의 지견을 적극적으로 받아들여 자연인이나 단체의 행동을 분석하여 그러한 행동과 법의 관계를 해명해 왔다. 그러나 이러한 공통의 학문적 특징을 가지는 시카고학파 안에서도 다양한 종류의 규제의 취급 방법에 따라 크게 두 그룹으로 나눌 수 있다고 한다. 특히 두 그룹은 법규제를 얼마나 중요시하는지에 있어서 큰 차이를 보인다. 이 구별은 시기적인 구분과도 어느 정도 대응하므로, Lessig은 이를 「新/舊시카고학파」라 명명하였다.

(가) 舊시카고학파의 특징

舊시카고학파의 특징은 법규제를 중요시하지 않는 자세이다. 법규제가 기타의 다른 규제와 비교하여 우월적인 지위에 있지 않다는 것이다. 오히려 그 규제는 거칠며(crude), 그에 대한 사람들의 반응도 느리며 개입은 다루기가 힘들고(clumsy) 종종 예상에 반하는 효과를 초래하므로[10] 법에 의한 규제는 다른 방법에 의한 규제(자율규제 포함)로 실현하는 것이 효율적이라고 본다.[11]

---

9) 이 「규제」에는 통상 상정되는 이상으로 다양한 것이 포함된다. 예를 들어 Lessig은 구조에 의한 규제 중 하나로 「중력」을 든다. Lessig, 27(3) J. LEGAL STUD. 661, 679. 자연법칙 또한 우리의 세계를 형성하는 하나의 구조라는 것이다. 이러한 접근은 종래의 규제가 법과 관련하여서만 언급되었던 것과 대극을 이룬다. 우리의 자유로운 행동을 방해하는 것은 우선 모두 규제로 이해하고, 그 규제의 강도나 그것이 실현하는 이익, 그것으로의 국가의 관여 정도 등을 고려해 나가는 것이 이 학파에 특징적인 연구 방법이다.

10) 이를 정부실패(government failure)라고 하며, 경쟁의 제한으로 인한 시장의 실패에 따라 발생하는 자원배분의 효율성 상실하는 자중손실(dead weight loss)이 이에 해당한다. Erin Ann O'hARA, "OPTING OUT OF REGULATION – A public choice analysis of contractual choice of law, 53(3) Vanderbilt Law Review 1561(2000), 1561 ff.

11) Lessig, 27(3) J. LEGAL STUD. 661, 665. 구체적으로 ROBERT C. ELLICKSON, ORDER WITHOUT

(나) 新시카고학파의 특징

新시카고학파는 법규제의 중요성을 인정한다. 그들은 법이 다른 수단으로 대체될 수 있다고 보지 않으며, 여전히 효과적인 규제 장치로서 기능함을 승인한다. 나아가 그들은 법이 여타 규제 장치에 대해 영향을 준다고도 주장한다. 간단한 예를 들더라도, 정부에 의한 광고 캠페인의 전개에 의해 특정한 사안에 대한 우리의 인식이 달라지며(사회규범으로의 영향), 건축기준법에 의해 건물의 설계는 제약을 받으며(구조로의 영향), 조성금이나 세제에 의해 상품의 가격이 크게 변동된다(시장으로의 영향). 법 이외의 규제 장치는 법으로부터 독립하여 존재하는 것이 아니라, 오히려 법의 창조물의 일부일 수 있다는 것이다. 따라서 국가가 규제를 실현함에 있어 품어야 할 물음은 「법이냐 그 외의 것이냐」가 아니라 일정한 제약은 어느 정도 법에 의해 초래된 것인가 혹은 법은 어느 정도 기타 규제 장치에 영향을 주는가가 되어야 한다고 본다.[12] 즉 新시카고학파는 다양한 규제 장치의 상호관계에 대해, 법이 기타의 다른 규제 장치에 비해 영향력을 가지고 있어 우월할 수 있다는 가능성을 인정한다. 이에 新시카고학파의 최종 목적은 법과 기타의 다른 규제 장치의 최상의 안배를 찾는 데 있다고 할 수 있을 것이다. Lessig을 비롯하여 Sunstein 등이 新시카고학파에 해당하므로 본 연구 또한 주로 이들의 주장을 살펴보고자 한다.

2) Lessig의 사회규범론

Lessig이 전개한 사회규범론은 사실상 사회규범에 주목하지 않는다. 오히

LAW: HOW NEIGHBORS SETTLE DISPUTES (1991) 참조. 참고로 Posner는 Lessig 등과 동일하게 新시카고학파에 속하는 학자임에도 다음과 같은 세 가지 이유에서 국가·법에 의한 사회규범으로의 영향력 행사에 부정적이다. 이 부정론은 Lessig의 사회적 의미론을 비판하는 문맥에서 이루어진 것이나, 그의 비판은 사회규범론 일반을 향해 있다고 보아도 무방할 것이다. 첫째, 사회적 의미를 변경하거나 유지하고자 하는 정부의 노력의 결과는 예측이 불가능하다. 정부가 원하는 방향으로 사회적 의미를 변경할 수 있는지는 다분히 우연에 의존한다. 사회적 의미의 변화를 시도하는 법이 당해 의미를 더욱 강화하는 방향으로 움직일지도 모르며, 그 반대 또한 가능하다는 것이다. 둘째, 국민과의 관계에 있어서 사회규범을 더욱 좋은 방향으로 변화시키는 인센티브를 정부가 가지고 있지 않다. 셋째, 정부 자원을 불필요한 경쟁에 소모한다. Lawrence Lessig, The Regulation of Social Meaning, 62 University of Chicago Law Review 943(1995), 978 ff.; R. A. Posner, 'Social Norms, Social Meaning, and the Economic Analysis of Law', 27 Journal of Legal Studies 553(1998), 554 ff.

12) Lessig, 27(3) J. LEGAL STUD. 661, 672.

려 그가 분석의 중심 개념으로 든 것은「사회적 의미(social meaning)」이다.[13] Lessig은 본인이 주장한 사회적 의미를,「특정한 콘텍스트(context)에 있어서의 다양한 작위, 부작위, 지위에 부착하는 기호론적 내용」이라 정의한다.[14] 예컨대 어떠한 자가 특정한 행동을 취하는 경우에 그 행동에 대해 사회가 내리는 평가가 사회적 의미라는 것이다. 보통의 인간은 사회가 자신을 어떻게 바라볼지를 의식하여 행동하므로 사회의 구성원이 자신의 행동을 바라보는 시선은 그 사람의 행동에 적지 않은 영향을 준다. 즉 Lessig은 "사람들은 자신의 행위를 보고 주위에서 가능한 한 좋은 평가를 내릴 수 있도록, 또는 가능한 한 나쁜 평가를 내지리 않도록 행동하며, 이와 같은 사회적 의미가 인간의 행동을 제약하거나 조장하는 기능을 한다"고 본다.[15]

특히 Lessig의 사회적 의미에 관한 정의의 포인트는「특정 콘텍스트에 있어서」에 있다. 사회의 평가는 어떠한 사회적 룰(≒사회규범)의 준수·일탈에 의해 기계적으로 도출되는 것이 아니라, 그에 구체적인 상황을 적용시켜야 비로소 명확해진다. Lessig에 의하면, 어떠한 사물의 의미는 그 사물 그 자체에 의해서만 구성되지 않는다. Lessig은 그 의미를 발하는 기준점이 되는 사물을「토큰(token)[16]」이라 부르고, 그 토큰이 놓인 상황, 즉 콘텍스트에 적용시켜야 비로소 그 사물의 의미를 이해할 수 있다고 본다. 요컨대 그는 인간의 행위를 토큰, 그 행위가 행해진 상황을 콘텍스트로 보고, 그 쌍방을 함께 고려함으로써 당해 행위의 사회적 의미를 파악할 수 있다고 본다. 이를 전제로 Lessig은 인간의 행위가 사회적 의미로부터 영향을 받는다면,[17] 그 사회적 의미를 이용하고자 하는 이가 반드시 등장할 것이며 대표적으로 정부가 이에 해당한다고 본다.[18] 특히

---

13) Lessig, 62 U. Chi. L. Rev. 943, 943 f.

14) Lessig, 62 U. Chi. L. Rev. 943, 951.

15) Lessig, 62 U. Chi. L. Rev. 943, 958 ff.

16) Lawrence Lessig, Plastics: Unger and Ackerman on Transformation, 98 Yale Law Journal 1173(1989), 1176에서 그는 토큰을 의미의 상징으로 보고 있으며, 눈짓, 제도, 실천, 행위 등이 이에 해당한다고 본다.

17) 어떠한 행위를 부끄러워해야 할 행위라고 비판하는 것은, 당해 행위에 부착한 사회적 의미를 이용함으로써 그 행위가 그 이상 행해지는 것을 억제하거나 그러한 행위를 취한 인간의 사회적 신용을 손상시키는 효과를 가진다.

18) Lessig, 62 U. Chi. L. Rev. 943, 957.

Lessig은 이하의 구체적 사례를 통해 사회적 의미를 이용한 정부의 통제방법을 소개한다.

(가) 미국 남부에 있어서의 결투의 관행에 대한 통제

Lessig은 미국 남부에서 행해진 결투의 관행을 폐지하기 위해 주정부가 사용한 규제방법에 주목한다.[19] 미국 남부 지역에는 장기간에 걸쳐 결투의 전통이 유지되었다. 이는 공식적인 장소에서 불명예를 입은 자가 그를 행한 자에게 결투[20]를 신청, 그 결과에 따라 어느 쪽이 옳았는지를 가리는 것이었다. 일반서민층에서는 쇠퇴하였으나, 엘리트층에서는 뿌리 깊게 잔존해 있었다. 그들에게는 결투에 참가하는 것 자체에 큰 가치가 있었다. 「결투행위」라는 토큰에 「미국 남부의 엘리트층」이라는 콘텍스트를 적용시켜 도출되는 결투행위의 사회적 의미는 「스스로를 지키는 정당한 행위」로 받아들여진 것이었다. 즉 결투는 그들에게 있어 명예의 원천이었던 것이다. 이러한 전통은 최악의 경우 당사자의 죽음을 초래하므로 주정부는 당해 행위를 멈추고자 하였다. 주정부의 첫 번째 대책은 결투행위를 법적으로 금지하는 것이었다. 그러나 엘리트층에서의 결투행위는 여전히 계속되었다. 그 이유는 결투는 「스스로를 지키는 칭송받아 마땅한 행위」라는 사회적 의미가 뿌리 깊게 남아 있었기 때문이다. 그와는 반대로 「결투의 거부」라는 토큰에 「미국 남부의 엘리트층」이라는 콘텍스트를 적용시켜 확인된 사회적 의미는 「겁쟁이」였다. 즉 법이 금지하였다는 이유로 상대가 신청한 결투를 거부하는 행위는 엘리트층에서 경멸의 대상이 되어 이는 참기 어려운 정신적 고통을 초래하였다. 이에 주정부의 법에 의한 결투의 금지는 결투행위를 억제하기는커녕 오히려 강화시킨 측면이 있었다. 결국 이를 막기 위해서 주정부는 다른 방법으로서 결투에 참가한 자의 공직 취임을 사실상 인정하지 않겠다는 대책을 마련하였다. 사실 엘리트층은 공직에 취임하는 것 혹은 공적인 일에 봉사하는 것을 스스로의 의무라고 여기고 있었는데 만약 자신이 결투에 참가하여 스스로 자신의 신분상의 의무에 해당하는 공직에 취임할 수 없게 된다면 그들에게 심각한 타격이 발생한다고 보았다. 한편 이 공직으로부터의 배제라는 규제는 엘리트층에게 「겁쟁이」라는 평가 없이 결투를 거부할 수 있는

19) Lessig, 62 U. Chi. L. Rev. 943, 968~972.

20) 총을 빨리 쏘는 자가 이기는 형식의 결투이다.

이유(「내가 결투를 거부하는 것은 겁쟁이라서가 아니라 스스로의 의무인 공직 활동이 불가능해지기 때문이다」)를 제공하였다. 이렇게 결투의 거부라는 행위에 부착해 있던 「겁쟁이」라는 종래의 사회적 의미가 완화·소멸되자 결투의 발생은 점차 감소해갔으며 주정부의 시도는 성공하였다. 이와 같이, 정부는 사회적 의미를 통제하는 경우가 있으며 그를 통해 사인의 행동을 바람직한 방향으로 이끌 수 있다.

(나) 사회적 의미 구축의 모습·방법

Lessig은 정부가 사회적 의미에 영향을 주는 것을 사회적 의미의 「구축 construction」이라 부른다. 이에는 두 가지 모습이 있다. 하나는 공격적 구축(offensive construction)으로, 사회규범을 새로이 만들거나 기존의 사회규범의 내용을 변경하는 것이다. 다른 하나는 방어적 구축(defensive construction)으로, 기존의 사회규범의 내용을 유지·강화하는 것이다.[21] 한편 그는 이러한 사회규범의 구축을 이루는 네 가지 방법을 제시하고 있다.[22] 이는 먼저 기호론적 기법(semiotic techniques)과 행동적 기법(behavioral techniques)으로 크게 이분할 수 있다.[23] 기호론적 기법에는 ① 관련성의 부여(tying)와 ② 불명료화(ambiguation)가 있다. ①은 어떠한 행위 A에 특정한 내용의 사회적 의미 X를 결부함으로써 행해진다. ②는 특정한 사회적 의미 X가 이미 부착해 있는 행위 A에 별개의 사회적 의미 Y를 충돌시켜 A와 X의 연결을 끊음으로써 행해진다. 행동적 기법에는 ③ 억제(inhibition)와 ④ 의식(ritual)이 있다. ③은 어떠한 행위를 제한·금지함으로써 당해 행위에 의해 유지·조장되었던 사회규범을 바꾸는 것이다.[24] ④는 어떠한 행위를 행하도록 강제하고 반복하여 결과적으로 그 행위에 부착한 사회적 의미를 강화하는 것이다.

---

21) Lessig, 62 U. CHI. L. REV. 943, 968~972.

22) Lessig, 62 U. CHI. L. REV. 943, 1008~1014.

23) 전자는 캠페인의 전개와 같은 방법에 의해 행위에 부착하는 의미 그 자체의 구축을 도모하는 것이며, 후자는 사인의 행동을 금지·의무 부여 등에 의해 규제한 결과, 사회적 의미의 구축이 부수적으로 이루어지는 것이다.

24) 그 예로 미국에 있어서의 인종분리정책의 금지를 들 수 있다.

(2) Sunstein의 사고에 대한 이해

Cass R. Sunstein은 「사회규범」에 착목하여 논의를 전개한다.[25] 그의 논문에서는 사회규범 외에 사회적 역할(social role), 사회적 의미(social meaning)를 정의하고 있다. 그는 사회규범을 「무엇을 해야 하는가, 또는 무엇을 해서는 안 되는가를 명확히 하는 사회적 태도」로,[26] 사회적 역할을 「특정한 역할에 부착한 그 마땅한 자세」로 정의한다.[27] 한편 그는 사회적 의미를 「사회규범에 의해 부여된 개인의 태도나 코미트먼트(commitment)」라고 정의한다.[28]

Sunstein는 모든 행위에는 표시적 차원(expressive dimension)이 존재한다고 본다. 예컨대 국기를 소각하는 행위가 단순히 물건을 태우는 것으로 평가되지 않고 그 국가에 대한 반발·항의를 나타내는 것과 동일한 방법으로 인식되듯이, 모든 행위에 대해서도 이러한 인식이 작용한다고 논한다. 그는 이러한 행위의 표시가 관련된 사회규범이나 행위자에 부착한 사회적 역할에 따라 평가된 결과가 사회적 의미가 된다고 이해한다.[29]

1) 선호와 사회규범

Sunstein은 인간이 왜 사회규범에 따르는가를 고찰하기 위해 종전의 「선호」 개념의 해체를 시도한다. 그는 선호에는 두 가지 이해(사고)가 존재한다고 논한다.

하나는 선호를 선택에 나타난 결과라고 보는 사고이다. 이러한 사고는 인간이 어떠한 선택을 하는 것은 그것이 그 사람의 선호를 충족시키기 때문이라고 이해한다. 그러나 그 사고에는 난점이 있다고 Sunstein은 분석한다. 선택만을 선호의 기준으로 파악하는 경우에는 「선택」에만 착목하면 족하므로, 그것은 결국 「선호」라는 개념의 불필요성을 의미한다. 또한 선호와 선택을 동일시해도 좋은지에 대해서도 의문을 제기한다.

---

25) Cass R. Sunstein, Social Norms and Social Roles, 96 Columbia Law Review 903(1996).

26) Sunstein, 96 COLUM. L. REV. 903, 914.

27) Sunstein, 96 COLUM. L. REV. 903, 914.

28) Sunstein, 96 COLUM. L. REV. 903, 925.

29) Lessig이 콘텍스트성에 무게를 두는 반면, Sunstein은 사회규범의 적용이라는 측면을 강조하는 것으로 보인다. 그러나 Sunstein도 인간의 행동과 사회규범의 관련성을 고찰할 때에 실제로는 콘텍스트를 고려하며, Lessig 또한 사회적 의미의 정의에 「작위, 부작위, 지위」를 들며 Sunstein이 논하는 사회규범이나 사회적 역할에 주의를 기울인다. 요컨대 강조점을 두는 방법에 차이가 있을 뿐이다.

"어떠한 선택은 반드시 당사자가 원했던 것이 아니라 마지못해 혹은 어쩔 수 없이 이루어진 것일지도 모른다. 선호와 선택을 동일시할 경우 그 선택이 형성된 배경을 고찰할 수 없게 된다."

요컨대 사회규범과 행동의 관계를 탐구하는 Sunstein은 어떠한 자의 선택이 무엇을 원하여 이루어진 것인지를 구체적으로 분석할 필요가 있으므로, 선호와 선택을 동일시하지 않고 분리한다.

또 다른 이해는 선호와 선택을 별개의 개념으로 보고 후자를 지탱하고 설명하는 것이 전자라고 본다. 이 사고의 장점은 선호 개념을 이용해 실증적으로 분석하여 인간의 선택의 배경에 있는 동기를 설명할 수 있다는 점에 있다. 그러나 Sunstein은 이 사고에도 단점이 있다고 한다. 행동의 동기 분석에 이용하기에 「선호」라는 개념이 정돈되어 있지 않다는 것이다. 어떠한 선택을 행하는 동기는 다양한 요소에 의해 구성되므로, 이를 「선호」라는 하나의 개념으로 나타내는 것은 불가능하며, 더욱 구체적인 개념을 이용하지 않으면 동기를 올바르게 분석할 수 없다는 것이다.

결국 Sunstein에게 있어 선호라는 개념은 지나치게 불분명하고 불필요한 개념이다. 그는 「선호」라는 개념을 폐기하고 그 대신 구체적인 분석에 필요한 몇 가지 개념을 제시한다.[30] 그 새로운 개념으로서 그는 「고유가치, intrinsic value」, 「여론가치, reputational value」, 「자아개념, self-conception」이라는 세 가지를 제시한다. 고유가치란, 어떠한 선택지가 「재미있고, 분명하고(illuminating), 유쾌하고(pleasant), 흥미로운지」와 관계된다.[31] 어떠한 선택지의 고유가치가 여타 선택지의 그것보다 높은 경우, 인간은 그 선택지를 골라 행동할 것이다. 그러나 행동은 고유가치에 의해서만 결정되지 않는다. 그 선택지가 주위 사람들로부터 어떠한 평가를 받을지(여론가치), 그러한 선택지를 선택함으로써 자신이 더욱 훌륭한 존재가 될 수 있는지(자아개념)에도 의존한다.[32] 이에 Sunstein은 어떠한 선택을 할 때의 동기란 이처럼 복합적이기 때문에 「선호」만으로는 이러한 개인

30) Sunstein, 96 COLUM. L. REV. 903, 938~939.

31) Sunstein, 96 COLUM. L. REV. 903, 916.

32) 예컨대 텔레비전을 볼 때 인간은 그 텔레비전 방송이 재미있기 때문에 볼지도 모른다. 그러나 그와는 별개로 그 방송을 시청하는 것이 주위로부터 높은 평가를 받거나, 그 시청행위가 자아개념을 강화한다는 관점에서 유익하다는 이유에서 보는 경우도 있을 것이다.

의 행동선택을 논할 수 없다고 본다. 즉 세세하게 나누어진 분석 개념에 의해 비로소 행동의 동기를 실증적으로 분석할 수 있다. 이 세 가지 개념 중 여론가치와 자아개념은 사회규범과 밀접하게 관련되어 있다. 어떠한 행동의 선택지가 어떠한 여론가치를 가지는지는 당해 행동에 관한 사회규범에 의해 결정되는 바가 크기 때문이다. 사회적으로 칭송받을 행위라면 인간이 그것을 행하는 인센티브가 될 것이며, 반대로 사회적으로 비난받을 행동이라면 인간이 이를 행하는 데 있어 억제의 역할을 할 것이다. 사회규범이 여론가치를 창출하고, 여론가치가 개인의 행동의 선택에 영향을 준다면, 사회규범은 인간의 행동을 규제한다고 할 수 있을 것이다. 또한 자아개념은 여론가치에 영향을 받는다. 자신이 어떠한 사람이고 싶은지를 구상하는 것은, 타자로부터 어떻게 보이고 어떻게 평가받고 싶은지와 밀접한 관련을 가진다. 그렇다면 결국 자아개념도 사회규범으로부터 영향을 받으며, 행동의 선택에 있어 사회규범이 적지 않은 영향을 준다는 점을 이를 통해서도 명확히 알 수 있다.[33] 이를 통해 Sunstein은 사인의 행동에 영향을 주는 사회규범이라는 규제 장치의 중요성을 재확인한다.

2) 국가의 사회규범에 대한 영향력 행사

Sunstein은 국가를 사회규범을 변화시키는 역할을 하는 「규범 기획자(norm entrepreneur)」로 본다. Sunstein은 개인에게 발생하는 위험을 방지하기 위해 정부가 정보 제공이나 설득, 경우에 따라서는 경제적 인센티브의 부여나 행동 강제에 의해 행동을 억제해야 한다고 논한다. 이와 같은 정부의 활동을 통해 무익하고 위험한 여론가치를 산출하는 사회규범은 변경되어야 한다는 것이다.[34] Sunstein은 한 예로서 카스트(caste) 문제의 해결을 든다:[35]

> "일정한 차별행위가 법적으로 금지되는 경우도 있다. 그러나 그것만으로는 충분치 않으며, 문제의 진정한 해결을 위해서는 차별하는 자의 의식부터 근본적으로 바꿔나갈 필요가 있다. 이는 법에 의한 차별행위의 직접규제만으로는 어려울 것이다. 오히려 요구되는 것은 그러한 차별의 배경을 형성하는 사회규범이나 사회적 의미의 변혁이다. 그러한 변혁이 있어야만 평등한 사회를 실현할 수 있는 것이다. 여기

---

33) Sunstein, 96 COLUM. L. REV. 903, 939~941.

34) Sunstein, 96 COLUM. L. REV. 903, 961~962.

35) Sunstein, 96 COLUM. L. REV. 903, 962~964.

에 국가가 사회규범으로의 영향력 행사에 적극적으로 나설 근거가 존재한다. 그러한 차별을 조장하는 사회규범을 변화시키는 활동을 국가가 행함으로써 차별의 관행을 근본부터 해결해나갈 필요가 있는 것이다."

그리고 Sunstein이 가장 무게를 두는 것을 「법의 표시기능 expressive function of law」이다. 그에 의하면, 「그들[법]은 선과 악을 얼마나, 그리고 어떻게 평가해야 하는가에 대한 「언명을 창출한다」. …가장 간결하게 말해, 그들은 기존의 규범[사회규범, 사회적 역할, 사회적 의미]을 변화시키고, 그로써 행동에 영향을 주기 위해 만들어진 것이다」.[36] 요컨대 Sunstein은, 법에는 어떠한 메시지를 발하는 표시적 측면이 있으며, 이것이 사회규범에 영향을 준다고 본다. 이러한 이해를 전제로 그는 「표시적인 정당화를 수반하는 법은 그것이 실제로 사회규범에 영향을 주고 그를 적절한 방향으로 움직일 것이라는 이유에 의해 가장 설득력 있게 옹호된다」고 이해한다.[37]

3) 이노우에 다쓰오(井上達夫)의 질서의 트리아데(Triade)

법규제 이외의 것을 새로이 「간접규제」로 파악하는 것은 우리의 「자유」라는 개념에도 적지 않게 영향을 준다. 규제란 전형적으로는 자유를 제약하는 것이라고 생각되고 있기 때문이다. 실제로 법 이외의 존재가 우리의 자유를 제약할 수 있다는 점, 또한 그러한 존재가 일정 정도 실재하기 때문에 우리의 자유가 실효적으로 보장된다. 즉 간접규제는 양면성을 가진다.[38] 일본의 학자 이노우에 다쓰오(井上達夫)는 자유를 보장하는 질서에 있어, 「결국 필요한 것은 국가·시장·공동체라는 세 가지 질서형성장치를 병존시켜 상호의 「견제와 균형(checks and balances)」이 유지되는 것」이라 결론짓는다. 이 세 가지의 질서형성장치를 통한 자유의 질서 구상을 이노우에(井上)는 「질서의 트리아데」라 명명하였다:[39]

---

36) Sunstein, 96 COLUM. L. REV. 903, 964.

37) Sunstein, 96 COLUM. L. REV. 903, 964.

38) 일본의 학자 중에는 공리주의의 제창자 Jeremy Bentham은 〈금지·의무 부여→제재〉라는 직접규제 이외에, 교시·교육 등을 통해 간접적으로 인간의 행동을 지도하는 입법 구상(간접 입법)을 제시하였다는 점을 강조하면 간접규제가 오래전부터 제창된 것으로 본다. 安藤馨, 「功利主義者の立法理論」 井上達夫編 『立法学の哲学的再編』, 〈立法学のフロンティア㈠〉, ナカニシヤ出版, 2014, 89頁 이하.

39) 井上達夫, 『自由論』, 岩波書店, 2008, 16頁, 45~59頁.

"국가의 조직적 폭력과 집권화가 잉태하고 있는 위협에 대해, 분산적 결정 시스템으로서의 시장과 분권적 질서로서의 공동체가 자유의 보호막이 된다. 공동체의 사회적 전제(專制)에 대해서는, 국가는 인권의 보장과 법의 지배라는 원리에 의해, 시장은 공동체 밖에서의 생활 기회의 제공에 의해 자유를 구제한다. 시장에 있어서의 경제 권력의 전제(專制)와 착취에 대해서 국가는 독점규제와 사회보장에 의해, 공동체는 계약과는 이질적인 호혜성의 원리에 의거한 상호 부조에 의해, 개인의 자유를 임금노예가 될 자유나 아사(餓死)할 자유 이상의 것으로 격상시킨다."

이노우에(井上)는 세 가지의 질서형성장치 중 하나가 과도하게 비대해져 그 이외의 장치를 압박하는 상황을 「전제(專制)의 트리아데」라 부르며 경계하였으며, 개인의 자유가 보장되기 위해서는 세 가지 질서유지장치의 병존이 필요하며, 이는 상호의 견제와 균형에 의해 달성될 수 있다고 본다. 이노우에(井上)에 의한 질서의 트리아데론은 Lessig이 제시한 새로운 규제 장치와 동일하다고 판단된다. 즉 국가·시장·공동체에 의한 질서 구상을 각각 법·시장·사회규범에 의한 규제에 대응시킬 수 있다. 법이 여타 규제 장치에 영향을 준다는 주장이 자유의 문제와 밀접하게 관련되어 있음을 이노우에(井上)의 주장에서도 읽어낼 수 있다.

3. 간접규제가 가지는 전제(專制)의 위험성

(1) 밀(John Stuart Mill)과 토크빌(Alexis de Tocqueville)의 사고

일찍이 John Stuart Mill과 Alexis de Tocqueville은 법률이 아닌 것(사회규범과 유사한 것)에 의한 자유의 침해에 대해 주의할 필요가 있음을 강조하였다. Mill이나 Tocqueville이 제시한 사회규범과 비슷한 것은 「관행」이 되기도 하고 「여론」이 되기도 하나, 여기에서 중요한 것은 그러한 비－법적인 사실 또한 때로는 법적 규제·제재보다 과혹한 형태로 우리의 행동을 제약한다는 것이다.[40)]

40) 참고로 오쿠다이라 야스히로(奥平康弘)는 일본에서 문제되고 있는 혐오표현과 관련하여 '문화력'이라는 것에 의한 사회통제의 필요성을 강조하였는데, Mill 등과 다른 점은 그가 문화력의 긍정적 효과에 주목한 점이다. 奥平康弘, 「《インタビュー》法規制はできるだけ慎重にむしろ市民の「文化力」で対抗すべきだろう」, Journalism 2013年一11月号, 102頁. 다만 오쿠다이라(奥平)는 문화력에는 「권력과 관련한 법률의 모습이 당연히 포함될 수밖에

먼저 Mill의 경우 『자유론』, 그리고 그에서 제시한 자유주의의 원류를 이루는 하나의 사고인 타자 위해의 원리(The Harm Principle)를 통해 확인할 수 있다. 먼저 Mill은 사회규범과 비슷한 것에 의한 자유의 침해를 논하였다:[41]

> "생각이 깊은 이들은 사회 스스로가 폭군인 때에는 … 포학(暴虐)수행이 (정치적) 공무원의 손에 의해 행해질 수 있는 행위에만 한정되지 않음을 깨달았다. 사회는 자신의 명령을 스스로 집행할 수 있으며, 실제로 집행하고 있다. 그리고 만약 사회가 올바르지 못한 명령을 내리거나 적어도 간섭해서는 안 되는 사항에 대해 명령을 내린다면, 사회는 다양한 정치적 압제(壓制)보다도 더욱 공포에 떨어야 할 사회적 포학을 수행하게 될 것이다. 왜냐하면 사회는 뿌리 깊이 개인 생활의 세부에 침투하여 영혼 그 자체를 노예화시키므로 개인이 이에서 벗어나기 매우 어렵기 때문이다. … 형법 등의 법률 이외의 방법에 의해 사회는 자신의 의사와 관습을, 그 사상과 관습에 반대하는 시민에 대해서도, 행위의 준칙으로서 강제하려 한다. 또한 자신의 관행과 조화되지 않는 모든 개인의 개성의 발전을 방해하고, 가능한 경우 이와 같은 개성의 형성 그 자체를 저지하고, 모든 인간의 성격이 사회의 성격을 모범으로 하여 형성되어야 함을 강제하려고 한다."

Mill에 지대한 영향을 받았다고 일컬어지는 Tocqueville 또한 법 이외의 규제에 대해 주의해야 한다고 본다. 민주주의에 있어서의 「다수자의 전제(專制)」라는 그의 유명한 주장 속에서 확인할 수 있다:[42]

> "국왕이 가지는 힘은 물리적인 힘일 뿐이므로 신민의 행위를 규제하더라도 그 의지에는 작용할 수 없다. 그러나 다수자에게는 물리적이고 정신적인 힘이 있어 이것은 국민의 행위뿐만 아니라 의지에도 작용하여 행동을 방해하며 행동의 의욕을 빼앗는다."

없다」고 서술하고 있어 순수하게 국가로부터 독립된 '문화력'만으로 볼 수는 없을 것이다. 참고로 駒村圭吾, 「「意味の秩序」と自由」, 曽我部真裕＝赤坂幸一編, 『憲法改革の理念と展開 (下) 一大石眞先生還曆記念』, 信山社, 2012, 171頁에서도 법률 이외의 것에 의한 간접규제의 긍정적인 점에 주목한다.

41) 존 스튜어트 밀 지음(서병훈 옮김), 자유론, 책세상, 2005를 참조하였으며, 명확하지 않다고 판단되는 부분은 필자가 원문을 보고 일부 수정하였다.

42) 알렉시스 드 토그빌 지음(은은기 옮김), 미국의 민주주의, 계명대학교 출판부, 2013 참조.

(2) 新시카고학파 및 이노우에(井上)의 사고로부터의 시사점

이노우에(井上)가 지적하는 것처럼 전체주의적 전제(專制)로의 경계심을 품고 있어야 한다. 이를 통해서 우리는 강대한 국가가 법을 이용하여 또는 경우에 따라서는 법의 근거 없이 통제경제나 계획경제에 의해 시장을 파괴하고, 다양한 중간단체를 파괴하거나 실질적으로 국가조직의 하부 구조에 두는 것을 막을 수 있다. 국가의 행위는 법을 통해 이루어지는 것이 기본이다. 그리고 법이 여타 규제 장치에 영향을 준다면, 본래 과대한 법규제로부터의 도피처 등의 역할을 해야 하는 시장이나 공동체(사회규범)가 법과 일체화되어 우리의 자유를 제약하게 될 것이다. 또한, 新시카고학파가 지적한 것처럼 법 이외의 (간접)규제는 그야말로 간접적이기 때문에 종래 고려되어온 법규제의 통제시스템을 통해 견제당하지 않는다. 법의 직접규제에 대응해온 종래의 시스템(위헌법률심판제도)으로는 사회규범 등을 매개로 한 법의 영향력 행사를 정확하게 포착할 수 없으며, 그 영향력 행사를 통제하는 것 또한 불가능할 것이다.

이노우에(井上)가 논하는 바와 같은 자유의 실효적 보장을 위한 질서의 구축과 함께 간접규제 장치에 대한 법의 영향력 행사를 통제하는 이론의 구축도 필요하며, 新시카고학파가 이러한 문제의식을 가지고 시도한 해결책을 살펴보는 것은 큰 의미가 있을 것이다. 요컨대 新시카고학파 및 이노우에(井上)의 주장을 통해 확인할 수 있는 것은 '법 이외의 규제 장치'를 현재화시켜 분석을 시도하는 것은 자유의 실효적 보장을 위한 구체적 조건이 어떠한 것인지, 그 조건은 어느 경우에 충족되는지 등에 대해 몇 가지 유익한 시사점을 찾을 수 있다는 사실이다(이하 III. 참조).

III. 온라인 게임 결제한도 제한이라는 간접규제, 무엇이 문제인가?

1. 간접규제의 통제의 필요성

Lessig을 포함한 新시카고학파의 문제의식은, 종래의 법에 의한 직접규제와는 상이한 새로운 규제의 형태를 유형화하고 정리하여, 여러 규제 장치로의 영향력을 가진다고 여겨지는 법에 의한 간접적인 규제방법을 폭로하는 것이었다. 물론 그들은 효과적인 구제의 실행을 위해 법 이외에 의한 규제가 가지는 긍정적인 기능을 인정하면서도 그러한 법 이외의 규제가 과도해지지 않도록 적절한 통제를 도모하는 것을 지향하였다.

한편 현대 국가에 있어서 국가의 부정·부당한 자유로의 개입을 배제하는 역할을 최종적으로 담당하고 있는 것은 헌법일 것이다. 이는 통치기구의 설계에 있어서 여러 국가조직으로의 권한 배분을 결정하여 그 권한일탈행위를 금지하고, 언뜻 권한에 포함되는 행위로 보이더라도 내용적으로 사인으로의 개입이 금지되는 사항에 대해 열거함으로써, 우리의 자유를 보장한다. 그렇다면 새로운 규제의 형태에 대해서도 헌법학적 고찰, 그리고 그 통제 중 하나로서의 헌법적 통제가 시도되어야 함이 마땅할 것이다. 헌법의 권력 제한의 역할을 직접규제에 머물게 두는 것은, 국가권력이 이른바 그 퇴로를 통해 활발한 규제활동을 하는 데 일조하게 만든다. 특히 간접규제가 통치기법 중 하나가 된 현대에 있어서는 그러한 규제를 통제하기 위한 이론적 설명이 요구되고 있다. 그런 의미에서 Lessig의 다음과 같은 지적은 매우 중요하다:[43]

> "시장, 규범 또는 구조를 통해 간접적으로 초래되는 그러한 규제(제한) 또한 위헌이라 판단하여야 할 것인지에 대해 우리는 더욱 올바른 이해를 위해 노력해야 할 것이다.

즉 Lessig은 국가에 의한 사회규범의 구축을 헌법적으로 통제하는 이론을 개발해야 한다고 보았다. 그의 주장을 더욱 깊이 이해하기 위해 Lessig의 논문에서 예시되었던 구걸규제의 사례를 먼저 소개하기로 한다.[44]

종래 뉴욕 주에서는 구걸행위에 대해 형사벌이 과해졌다.[45] 그러나 법원은 이 규정이 아메리카 합중국 수정 헌법 제1조에서 보호하는 언론의 자유를 침해한다고 보았다.[46] 위 판결에 의하여 구걸행위 또한 미국 수정헌법 제1조의 언

---

43) Lessig, 27 J. LEGAL STUD. 661, 668.

44) Lessig, 62 U. CHI. L. REV. 943, 1039 ff.

45) N.Y. Penal Law §240. 35(1) (McKinney 1989).

46) Loper v. New York City Police Department, 999 F2d 699 (2d Cir. 1993).

론의 자유에 의한 보호를 받는 행위에 해당하여 뉴욕 주는 당해 행위를 법으로 규제할 수 없게 되었다. 그러나 뉴욕 주는 구걸행위에 대한 규제를 포기하지 않았다. 다른 수단을 사용하여 이를 억제하고자 하였다. 뉴욕 주가 생각한 것은 구걸행위 자체를 금지하는 것이 아니라 구걸에 응하는 자를 감소시키면 된다는 발상에 입각한 것으로, 그 실시 방법은 구걸의 대응에 관한 대규모의 캠페인을 전개하는 것이었다. 지하철 승객을 대상으로 다음과 같이 제언하였다.

"구걸에 응하는 행위는 그들을 돕는 일이 아닙니다."

구걸행위에 응하는 것은 언뜻 그들을 돕는 것처럼 보이나 실제로는 그렇지 않다. 도움을 받음으로써 그들은 구걸을 반복하게 되고 그러한 생활에 익숙해진다. 그들을 진정으로 돕는 일은 구걸을 거부하고 그들이 그러한 상황으로부터 벗어날 인센티브를 부여하는 것이다. 이러한 내용을 담은 캠페인이 실행된 것이다. 이 캠페인의 효과에 의해 사람들의 구걸행위에 대한 사고가 변화하였다. Lessig이 사용하는 토큰과 콘텍스트의 적용을 통해 사회적 의미를 고찰해 보면, 「구걸에 응하지 않는 것」이라는 토큰이 「캠페인 전의 뉴욕 주」라는 콘텍스트를 적용시켜 도출되는 사회적 의미는, 냉정하고 인색하고 배려가 부족하다는 것이었다. 많은 사람은 구걸하는 사람에 대해 동정의 마음을 가지며, 구걸행위에 응하지 않는 것에 대한 죄의식을 가지고 있어 자신이 무언가를 해야 한다는 책임감이나 의무감을 느끼고 구걸에 응했던 것이다. 그런데 뉴욕주의 캠페인에 의해 그 사회적 의미가 변화하였다. 「구걸에 응하지 않는 것」이라는 토큰에 「캠페인 후의 뉴욕 주」라는 콘텍스트를 적용시켜 도출되는 사회적 의미는, 거부행위가 구걸행위를 행하는 사람들을 돕는다는 것이었다. 이러한 사회적 의미가 새롭게 형성되면, 사람들은 구걸을 거부할 때에 소위 주위의 시선을 신경 쓸 필요가 없어져 당당하게 거부할 수 있게 된다. 나아가 이전과는 정반대로 구걸에 응하는 행위에 대한 사회적 의미가 부정적인 것이 될 가능성도 있게 된다. 결국 이러한 뉴욕주의 캠페인에 의해 구걸에 응하는 자의 수는 감소하였다. 구걸이 어려운 환경이 조성되었기 때문에 당연히 그 공간에서 구걸행위를 하고자 하는 이는 감소하였다. 직접규제를 금지당한 뉴욕 주의 제2의 시책(간접규제)이 보기 좋게 성공한 것이다.

그러나 Lessig은 이 구걸규제의 사례를 언급하며, 정부에 의한 사회적 의미 구축의 위험한 측면을 지적하고, 그에 대해 법학적인 고찰을 행하지 않았던 종전의 학설을 비판한다:[47)]

> "구걸행위는 그 당부는 제쳐두더라도 판례에 의해 인정된 헌법상 보호를 받는 행위이다. 그리고 구걸을 직접 금지하는 형법의 규정도, 구걸에 응하는 자를 감소시키고자 하였던 주의 캠페인도, 모두 표적으로 삼은 것은 구걸행위이다. 그럼에도 불구하고 전자는 헌법상의, 나아가 언론의 자유라는 미국에 있어서 강력한 보호가 부여되는 권리를 침해한다는 이유에서 배제되는 한편, 후자는 그러한 검토조차 이루어지지 않은 채 법학의 고찰 대상이 아니라고 여겨진다."

즉 Lessig은 이러한 불균형에 주의를 기울여야 한다고 논한다. 참고로 낙태를 반대하는 보수주의자들이 법적인 규제가 허용되지 않자 낙태비용을 보험혜택을 받지 못하도록 하는 방법으로 낙태에 대한 규제를 해왔는데, 이러한 규제방법 또한 간접규제의 모습이라고 할 수 있으며 Lessig이 주장한 것과 같은 비판을 받았다.[48)]

2. 간접규제의 통제 메커니즘(mechanism)

(1) 新시카고학파가 주장한 메커니즘

Lessig은 간접규제의 통제 메커니즘의 부재라는 문제를 해결하기 위해 Barnette 판결이 제시한 anti-orthodoxy principles[49)]를 주목한다.[50)]

> "만약 우리의 헌법이라는 성좌 속에 항성이 있다면, 그것은 공무원이 그 지위의 높고 낮음을 불문하고, 정치, 내셔널리즘, 종교, 그 외의 의견에 관한 사안(matters of opinion)에 대해 무엇이 정통한 것인지 정할 … 수 없다는 것이다."[51)]

---

47) Lessig, 62 U. Chi. L. Rev. 943, 1040~1041.

48) Adam Sonfield, Restrictions on Private Insurance Coverage of Abortion: A Danger to Abortion Access and Better Health Coverage, 21 Guttmacher Policy Review 29(2018), 29 ff.

49) 이는 '정통성 정립 금지의 원칙'으로 의역할 수 있으나, 이하에서는 원어 그 자체가 가지는 전달력이 더 강하다는 판단되어 원어를 그대로 사용하기로 한다.

50) West Virginia St. Bd. of Educ. v. Barnette, 319 U.S. 624, 642 (1943).

51) If there is any fixed star in our constitutional constellation, it is that no official, high or petty,

Lessig은 정부에 의한 사회규범의 구축은 이 anti-orthodoxy principles와 관련하여 문제가 되는 경우가 있다고 생각한다. 즉, 간접규제는 정부가 암묵적으로 「무엇이 정통하고 무엇이 이단인지를 국민들에게 확립시킬 수 있다는 것이다」.[52] 요컨대 이러한 규제를 통해 정부는 사회적 의미를 그들이 원하는 방향으로 구축함으로써 어떠한 행위가 바람직한지 혹은 그렇지 않은지를 그들이 결정할 수 있으며, 그에 의해 사람들의 행동을 법적 제재 없이 통제할 수 있게 된다. Lessig은 이런 방식의 규제에 문제를 제기한 것이다. 물론 모든 간접규제가 이러한 anti-orthodoxy principles를 위반한 것으로 보아 금지하자는 것은 아닐 것이다. 예컨대 미국 남부의 결투의 예를 떠올려보면 알 수 있듯이, 사회적 의미의 구축은 효과적인 통치기법으로서 우리의 복리를 증대시키는 경우도 있다. Lessig은 오히려 anti-orthodoxy principles을 정부가 정통이란 무엇인지를 수정할 수 없음을 의미하는 것으로 보지 않고 정통에 관한 규제(regulation of the orthodox)를 적절한 곳으로 인도하도록 유도하는 것으로 이해한다.[53]

Sunstein은 국가에 의한 사회규범의 구축의 한계로서 두 원리를 명시하고 있다. 첫째, 그는 국가는 불필요하고 비효율적인 사회규범을 구축해서는 안 된다고 주장한다.[54] 예를 들어, 미성년자의 흡연에 낙인이 찍히도록 사회규범을 바꾸었더라도, 반대로 흡연행위가 대담하고 매력적인 것으로 비추어져 당초의 목적에 반하여 미성년자의 흡연을 조장하는 경우가 있는데 그 경우에 정부의 시도는 실패로 돌아갈 것이라고 한다. 이러한 이유에서 그는 사회규범의 구축은 목적에 적합한 효과를 실제로 얻을 수 있는지를 신중하게 재고하여 행해져야 한다고 본다. 둘째, 그는 사회규범의 구축에 있어 개인의 권리를 침해해서는 안 된다고 본다.[55] 예를 들어, 인종적 소수자를 이급시민(second-class citizenship)으로 격하하는 사회규범을 형성하는 것은 시민 간의 평등을 침해하기 때문에

---

can prescribe what shall be orthodox in politics, nationalism, religion, or other matters of opinion, or force citizens to confess by word or act their faith therein. If there are any circumstances which permit an exception, they do not now occur to us.

52) Lessig, 62 U. Chi. L. Rev. 943, 1039.

53) Lessig, 62 U. Chi. L. Rev. 943, 1036.

54) Sunstein, 96 Colum. L. Rev. 903, 965~966.

55) Sunstein, 96 Colum. L. Rev. 903, 966~967.

안 된다는 것이다. 즉 그는 「국가는 더욱 좋은 사회의 실현을 위한 사회규범의 관리(norm management)를 해야 하는 것이지 권리를 침해해서는 안 된다」고 본다.[56]

(2) 우리법상의 규제통제의 모습

규제의 타당성 검토는 실효성, 비용편익 분석 등의 사실적·실증적 측면의 검토와 더불어 규제의 명확성, 비례성(목적의 정당성, 수단의 적정성, 침해의 최소성－대상 범위의 최소화와 더불어 기본권을 덜 침해하는 대안 존재가능성 검토 포함－, 법익의 균형성) 등의 헌법적·규범적 측면의 검토가 요구된다.[57] 이런 이유에서 행정규제기본법 제5조[58]에서도 규제는 실효성이 있어야 하고 그 대상과 수단을 필요 최소한으로 설정함에 있어 객관성·투명성 및 공정성이 확보되어야 한다는 점을 강조한다. 요컨대 행정규제기본법은 무엇보다도 규제를 마련함에 있어 국민의 자유와 창의를 존중하고 그의 본질적 내용을 침해하여서는 안 된다고 하여 규제대상의 기본권에 대한 제한에 있어 한계를 분명히 하고 있다.[59] 그런

---

56) 같은 맥락에서 그는 개인의 자율이나 복리(well-being)를 침해하는 사회규범을 구축해서는 안 된다고 본다. Sunstein, 96 COLUM. L. REV. 903, 947 ff.

57) 법률에 의한 기본권제한의 한계에 대해서는 허영, 한국헌법론(신정 제13판), 박영사, 2000, 277쪽 이하 참조.

58) 제5조(규제의 원칙) ① 국가나 지방자치단체는 국민의 자유와 창의를 존중하여야 하며, 규제를 정하는 경우에도 그 본질적 내용을 침해하지 아니하도록 하여야 한다.
② 국가나 지방자치단체가 규제를 정할 때에는 국민의 생명·인권·보건 및 환경 등의 보호와 식품·의약품의 안전을 위한 실효성이 있는 규제가 되도록 하여야 한다.
③ 규제의 대상과 수단은 규제의 목적 실현에 필요한 최소한의 범위에서 가장 효과적인 방법으로 객관성·투명성 및 공정성이 확보되도록 설정되어야 한다.

59) 정책학에서는 정책평가를 수행함에 있어 일단 목표를 분명히 설정하고 그에 따라 ① 정책의 목표 대비 효과 및 정책과 목표달성의 인과관계를 평가(효과성 평가)하고, ② 정책의 직접적 비용이나 부작용 등의 사회적 비용까지도 고려하여 정책효과가 이러한 비용을 상쇄시킬 만큼 큰 것인가를 평가(능률성 평가)하고, ③ 정책효과와 비용의 사회집단 간 지역 간 배분 등이 공정한지를 평가(공평성 평가)해야 한다고 강조한다. 정책평가 기준으로는 정책목표의 달성도, 정책의 능률성·공평성, 정책대상 집단의 만족도, 정책대상 집단에 대한 대응성, 다른 정책에 대한 대응성(외부효과)을 삼는다. 정책학의 관점에서는 규제(정책) 검토 혹은 평가에 있어 헌법적·규범적 평가가 등한시 되어 있는데 행정규제기본법에서는 이 부분도 엄밀하게 살펴볼 필요가 있다고 강조한다.

데 온라인 게임 결제한도 제한이라는 규제는 직접규제가 아닌 간접규제이므로 이러한 한계로부터 자유로울 수 있다는 점에서 문제가 될 수 있다. 이러한 문제의식을 가지고 온라인 게임 결제한도 제한이라는 규제를 규범적인 측면에서 검토해 본다면 간접규제가 직접규제의 통제시스템으로부터의 우회로로 악용될 수 있다는 것을 확인할 수 있을 것이다(이하 III. 3. 참조).

3. 온라인 게임 결제한도 제한이라는 간접규제의 통제 어떻게 할 것인가?

우리 정부는 게임소비자를 보호를 목적으로 온라인 게임 결제한도 제한이라는 간접규제를 하였는데, 이러한 간접규제가 가지는 문제점을 소비자가 가지는 자기결정권의 침해에 초점을 맞추어 분석해 보면 다음과 같다.

(1) 과소비 및 사행성 방지

온라인 게임 규제는 헌법이 보장하는 사업자의 직업 수행 자유(영업 자유)를 침해하고, 게임 이용자의 자기 선택권 및 일반적 행동 자유권 등을 침해하고 있다고 볼 수 있다. 게임소비자의 과소를 억제하기 위한 이런 식의 간접강제는 문제가 없는가? 과소비 억제라는 공공재를 해결하는데 있어 국가의 관여가 적절한 것인지를 우리의 헌법재판소가 판단한 사례를 확인하면 다음과 같다. 가정의례에관한법률 제4조 제1항 제7호 위헌확인 결정(1998. 10. 15. 98헌마168)에서 사건법률(가정의례에관한법률 – 1993. 12. 27. 법률 제4637호로 전문개정된 것) 제4조는 허례허식행위의 금지라는 제목으로 제1항에서 가정의례(家庭儀禮)에 있어서 특정한 행위들을 대통령령이 정하는 행위를 제외하고는 금지하고 있는데, 그중 제7호에서는 경조기간(慶弔期間) 중의 주류 및 음식물 접대를 금지하고 있었다. 이 조항은 가정의례에 관하여 과소비를 하는 양태를 억제하기 위한 목적을 가지고 있었다. 이에 대해 헌법재판소는 “결혼식 등의 당사자가 자신을 축하하러 온 하객들에게 주류와 음식물을 접대하는 행위는 인류의 오래된 보편적인 사회생활의 한 모습으로서 개인의 일반적인 행동의 자유 영역에 속하는 행위이므로 이는 헌법 제37조 제1항에 의하여 경시되지 아니하는 기본권이며 헌법 제

10조가 정하고 있는 행복추구권에 포함되는 일반적 행동자유권으로서 보호되어야 할 기본권"이라고 판단하였다. 즉 헌법재판소 전원재판부는 하객들에 대한 접대와 관련된 소비의 행태는 개인의 자기결정권에 따라 이루어져야 하고 이는 헌법상의 기본권 문제이므로 국가가 명령지시적 규제를 통해 이에 간여해서는 안 된다는 중요한 결정을 내렸다.

물론 이러한 헌법재판소 결정례를 과소비에 대한 사회적 방관의 용인으로 보아서는 안 될 것이다. 즉 헌재의 결정은 과소비를 방관하자는 것은 아니고 합리적 소비를 유도하는 사회적 노력이 필요하다는 점에 초점을 맞춘다. 요컨대 중요한 점은 합리적 소비에 대한 정부, 국가, 명령지시적 통제가 아닌 사회의 자발적인 노력이 필요하다는 부분이다. 합리적 소비에 대한 유도에 있어 정부보다는 일반 사회, 특히 소비대상 물건을 생산하는 업체의 자발적이고 주체적인 관여가 중요하다. 이러한 소비의 합리화를 위해서 사회, 업계가 노력할 부분은 다른 것이 아니라 소비자가 합리적 소비결정을 할 수 있도록 소비대상 물건에 대한 충분한 정보를 제공하는 것이 핵심이라 할 수 있다. 다양한 캠페인 등도 고려할 수 있지만 기본적으로 합리적 소비를 위해 사회가 행할 수 있는 것은 충분한 고지에 입각한 자발적 동의에 따른 구매를 유도하는 것이며 이를 위해서는 재화와 서비스에 대한 충분한 정보의 제공이 필요하다. 과소비 문제에 대한 국가의 개입이 적절한 목적을 갖출 수 있는지 상당히 의심스럽다. 가정의례준칙 사건 판결에서 헌법재판소는 소비행태에 대한 국가의 간섭의 위헌성을 확인했다는 점은 이를 방증한다. 그리고 지금까지 취미활동에서 개인이 돈을 얼마만큼 소비할지에 대한 규제를 했던 적이 있는가? 온라인게임 결제한도 제한 규제는 소비자를 보호한다는 미명하에 그만큼 소비자의 자유를 제한한다.

한편 모든 온라인 게임이 아니지만 일부 게임이 가지는 사행성(?)을 방지하기 위해 게임의 결제한도를 제한한 것으로 볼 수도 있다. 이를 통해 게임 이용자의 재산적 손해 및 중독에 의한 손해를 미연에 방지할 수도 있을 것이다. 그런 의미에서 이러한 제한은 소기의 목적을 달성할 수 있을 것이다. 그런데 기본적으로 목적의 정당성(실체적 합리성)은 입법부의 폭넓은 재량이 인정된다는 점에서 대부분의 규제에 있어 목적의 정당성은 충족된다고 볼 수 있다.[60] 그러나

60) 헌법재판소에서도 동성혼 및 호주제 정도만 입법 목적의 정당성을 부인하였을 뿐이다.

모든 이용자를 구별 없이 일률적으로 통제하는 방법이 타당한지는 별개의 문제이다.

(2) 자기결정권 침해

1) 자기결정과 사적자치

개인과 개인 사이의 법률관계에 있어 자기결정권의 존중은 사적자치의 원칙을 통해 실현된다. 우리 헌법은 사적자치의 원칙을 법질서의 기본으로 삼고 있으며 이 원칙은 민법·상법 등의 사법 분야에서 실현되고 있다. 사적자치의 원칙은 개인이 법질서의 한계 내에서 자기의 의사에 기하여 법률관계를 스스로 형성할 수 있다는 원칙을 말한다. 사적 자치는 헌법 제10조와 제37조 제1항에 의하여 헌법상 보장되며 헌법 제23조, 제15조 등 개별적인 기본권들에 의하여 보충되는 것으로 이해된다. 이러한 사적자치의 원칙은 '자기결정의 원칙'과 '자기책임의 원칙'을 내용으로 한다. 즉 자기가 결정하고 그 결정한 결과에 대하여는 본인 스스로 책임을 져야 한다는 것을 뜻하며 따라서 사적자치의 원칙은 본인 스스로를 지배하는 '자기지배의 원칙'이라고도 한다. 헌법 제10조의 행복추구권에서 파생되는 '자기 결정' 내지 '일반적 행동자유권'은 이성적이고 책임감 있는 개인의 자기 운명에 대한 결정·선택을 존중하되 그에 대한 책임은 스스로 지는 것을 그 내용으로 한다. 이러한 헌법상의 자기책임의 원리는 자기결정권의 한계와 관련하여 개인이 적극적으로 책임을 지는 근거로서 기능하는 동시에 소극적으로 자기가 결정하지 않은 것과 결정할 수 없는 부분에 대해서는 책임을 지지 않는다는 책임의 한계 원리로서 작용을 한다.[61] 또한 '자기책임의 원칙'이란, 개인이 타인에게 준 손해에 대하여는 그 행위가 위법하며 이와 동시에 고의 또는 과실이 있는 경우에만 책임을 진다는 원칙을 말한다. 즉 개인은 자기의 고의 또는 과실에 의한 행위에 대해서만 책임을 지고 타인의 행위에 대해서는 책임을 지지 않는다는 원칙이다. 민법은 제390조, 제750조를 비롯한 여러 규정에서 이 원칙을 규정하며 이 원칙이 두드러지게 나타나는 영역은 불법행위의

즉, 대부분의 위헌법률들도 최소한 목적의 정당성은 인정받았다.

61) 헌법재판소 2009. 6. 25. 선고 2007헌마40 결정; 헌법재판소 2013. 5. 30. 선고 2011헌바360, 2012헌바56 결정(병합).

분야라 할 수 있다. 이러한 자기책임의 원칙을 인정하면 개인은 자기의 행위에 대해서만 주의를 하면 책임을 지지 않기 때문에 자기책임의 원칙은 개인의 행동의 자유를 보장하는 역할을 한다.[62]

2) 계약의 본질적인 내용에 대한 통제와 자기결정권의 침해

본인이 자율적 판단능력을 가지고 있다면 국가의 개입은 원칙적으로 타당하지 않으며, 예외적으로 본인의 이익(인간의 존엄 등)을 위하여 자기결정의 제한이 가능할 뿐이다. 이러한 이유에서 우리 헌법 또한 자율적 판단능력을 가진 개인을 전제로 하기 때문에 온전한 판단능력이 있는 개인의 자기결정권에 국가가 개입하는 것을 원칙적으로 허용하지 않는다.[63] 그렇다면, 과소비 및 사행화(?) 방지를 위한 현행 온라인게임 결제한도 제한은 소비자의 헌법상 자기결정권 및 사적자치와 어떠한 긴장관계를 가지고 있는가?

계약의 자유는 계약의 체결 및 내용적 형성에 관한 "법적·형식적 계약자유"와 그 기초를 이루는 결정의 형성을 위한 "사실상·실질적 계약자유"로 분류할 수 있다. 전자는 "형식적 자기결정의 자유"로, 후자는 "실질적 자기결정의 자유"로 일컬을 수도 있다. 계약을 스스로 체결하였다면 이는 형식적으로는 계약자유의 행사라고 할 것이다. 그런데 형식적 계약의 자유는 그 자체가 자기목적이 될 수 없고, 당사자의 실질적 자기결정을 보장하려는 데에 있다. 여기의 실질적 자기결정은 계약의 당사자가 계약의 내용을 흥정함으로써 그 형성에 영향을 미칠 수 있음을 전제로 한다. 그렇다면 온라인 게임의 경우에는 이용자의 실질적 자기결정이 보장되지 않았기 때문에 규제를 한 것으로 볼 수 있는가? 자기결정은 자기책임을 전제로 한다. 그래서 계약상의 리스크(특히 채무불이행에 있어서)를 감수하여야 하는 자는, 설령 그것을 알지 못하였고 또 자신을 열악한 상황에 놓이게 하더라도 그 결과를 원칙적으로 스스로 감수하여야 한다. 그러

62) 계약체결에 있어 계약당사자 스스로 경험 등을 통해 스스로 사적자치를 실현할 수 있도록 하는 것이 궁극적으로는 자기책임 및 자기결정의 진정한 보장이라고 할 수 있다. Lorenz Kähler, Begriff und Rechtfertigung abdingbaren Rechts, 2012, S. 261 ff.

63) 다만 예외적으로 인간의 존엄이나 생명에 반하거나 선량한 풍속을 위반하는 자기결정에는 일정한 제재(制裁)가 필요하기 때문에 국가의 개입이 정당화될 뿐이다. 이런 이유에서 선량한 풍속은 대부분의 국가에서 사적자치의 제한사유로서 인정된다. Hein Kötz, Europäisches Vertragsrecht, Band Ⅰ, 1996, S. 235 f.

한 자를 그의 부주의로부터 보호하는 것은 지나친 후견주의적 발상이다. 요컨대 이용자가 온라인 게임 서비스 제공과 관련된 거래조건에 대하여 자기결정에 의하여 반응할 수 있는 진정한 행위선택지를 가진다면 내용통제는 불필요할 것이다. 예컨대 대법원 2014. 4. 10. 선고 2012다54997 판결은 "일반적으로 매매거래에서 매수인은 목적물을 염가로 구입할 것을 희망하고 매도인은 목적물을 고가로 처분하기를 희망하는 이해상반의 지위에 있으며, 각자가 자신의 지식과 경험을 이용하여 최대한으로 자신의 이익을 도모할 것으로 예상되기 때문에, 당사자 일방이 알고 있는 정보를 상대방에게 사실대로 고지하여야 할 신의칙상 의무가 인정된다고 볼만한 특별한 사정이 없는 한, 매수인이 목적물의 시가를 묵비하여 매도인에게 고지하지 아니하거나 혹은 시가보다 낮은 가액을 시가라고 고지하였다 하더라도, 상대방의 의사결정에 불법적인 간섭을 하였다고 볼 수 없으므로 불법행위가 성립한다고 볼 수 없다. 더구나 매수인이 목적물의 시가를 미리 알고 있었던 것이 아니라 목적물의 시가를 알기 위하여 감정평가법인에 의뢰하여 감정평가법인이 산정한 평가액을 매도인에게 가격자료로 제출하는 경우라면, 특별한 사정이 없는 한 매수인에게 평가액이 시가 내지 적정가격에 상당하는 것인지를 살펴볼 신의칙상 의무가 있다고 할 수 없고, 이러한 법리는 법적 성격이 사법상 매매인 공유재산의 매각에서도 마찬가지이다"라고 보고 있다. 요컨대 우리의 생활경험칙상 고객은 계약체결 시에 거의 항상 재화의 품질과 가격에 대해서만 주목하고 부수적인 계약내용에 대하여는 별다른 생각을 하지 않으나 계약에 관한 주된 급부라 할 수 있는 금전의 지출에 대해서는 주의를 기울이며 이에 대해서는 충분한 자기결정의 기회가 보장된다고 할 수 있다.[64] 요컨대 게임의 경우에는 이용자 본인이 지불할 가격이 얼마인지를 정확히 인식할 수 있으며, 그 지불금액을 통해 본인이 취득하는 반대급부가 무엇인지를 정확히 인지할 수 있다. 이용자 본인이 그 이용내용을 결정한다는 점을 감

64) Horst Eidenmüller, Der homo oeconomicus und das Schuldrecht – Herausforderungen durch Behavioral Law and Economics, JZ 2005, 216, 222; Patrick C. Leyens/Hans-Bernd Schäfer, Inhaltskontrolle allgemeiner Geschaftsbedingungen – Rechtsokonomische Uberlegungen zu einer einheitlichen Konzeption von BGB und DCFR, AcP 210(2010), 771, 788; Lars Leuschner, Gebotenheit und Grenzen der AGB-Kontrolle – Weshalb M&A-Verträge nicht der Inhaltskontrolle der §§ 305 ff. BGB unterliegen, AcP 207(2007), 491, 504 f.

안하면, 계약의 본질적 내용이라 할 수 있는 이용자가 지출할 수 있는 가격에 대한 한도까지 설정하고 있는 것은 자기결정권의 보호라기보다는 국가의 후견권남용으로 볼 여지가 있다.

IV. 맺음말

민법은 성인인 경우에는 그 자가 성년후견이나 한정후견 심판을 받은 경우 등에 한하여 그 자의 선택권을 제한하여 보호한다. 중독의 위험이 있는 이용자를 보호하기 위한 정책은 당연히 필요하지만 일률적으로 그들의 의사결정의 내용자체를 제한하는 것은 문제가 있다. 취약한 존재(중독의 위험이 있는 자 또는 중독된 자)의 보호는 개별적으로 이루어져야 할 문제이므로 이를 위해 게임 이용자 전부를 통제해서는 안 된다. 국가가 성인의 선택권을 일률적으로 제한하는 것은 후견권의 남용이라고 볼 수 있으며 온라인 게임의 성인 이용자들을 모두 보호해야 하는 잠재적인 취약계층으로 치부한다는 점에서 문제가 있다. 더욱이 위 규제의 모습이 법령상의 규제가 아닌 한국게임산업협회 및 게임사가 임의로 정한 규제(소위 '그림자 규제' 또는 '간접규제')라는 점에 주의를 요한다. 법령이 아닌 게임물관리위원회의 등급심사로 성인 이용자의 자기결정권 등을 제한하는 것은 매우 큰 문제점을 안고 있기 때문이다. 권력분립과 법의 지배 원리에 입각한 근대법치국가의 이념에서는 국민의 권리·의무에 관한 모든 법규가 국민의 대표기관인 국회에 의하여 제정된 형식적 법률일 것을 요구한다. 이러한 이유 때문에 원칙상 입법권의 복위임이 금지되어 위임입법은 인정되지 않는다. 그렇다면 게임물관리위원회의 등급심사를 통한 게임이용자의 권리제한은 어떠한가? 게임 내용과 무관한 구매 한도의 설정이 등급심사 평가항목에 포함된 것도 이해하기 힘들지만 이러한 규제에 대한 근거 법령이 전무하다는 점이 더 문제된다. 국가의 규제는 지켜야 하는 의무가 부여되는 만큼 그 목적이 명확해야 하며 사회에 미치는 부작용과 산업에 가해지는 피해 정도 등을 종합적으로 예측하여 결정되어야 하며, 규제가 이루어지더라도 법이 정한 범위에서 강제되어야 한다. 게임물등급위원회는 게임산업법 및 게임물관리위원회 등급분류

기준에 게임 결제한도가 포함되어 있지 않음에도 불구하고 등급 분류 신청 절차에서 결제한도 규제를 강제하여 실질적으로 등급 분류 기준과 연계시켰다. 법령에 의한 규제가 아님에도 불구하고 국민의 기본권을 제한하는 이런 식의 규제방식인 간접규제는 우회적으로 사인의 행동을 제약하는 수법으로서 법에 의한 규제에 비해 사법부나 헌법재판소의 법적 통제에서 자유로울 수 있으면서도 더 강한 정책적인 강제력을 지닌다. 간접규제가 확산되고 있는 현대 국가에 있어서 이러한 이른바 우회적으로 사인의 행동을 제약하는 수법이 고안되고 있다. 필자는 그러한 수법 중 하나가 온라인 게임의 결제한도 제한이라고 본다. 그런데 만약 이러한 간접규제가 법규제가 아니라는 이유로 법학의 논의의 도마 위에조차 오르지 못한다고 한다면, 국가가 법적 통제의 울타리에서 벗어나 우리의 자유를 쉽게 제약할 수 있게 될 것이다. 그러한 국가의 과도한 개입을 억제하기 위해서는 법 이외의 규제인 간접규제에 대해서도, 우리는 법학적 고찰의 손을 뻗어 그를 실체적으로 통제하는 원리를 창출해낼 필요가 있다. 본고에서 소개한 Lessig와 Sunstein 등이 제시한 간접규제의 통제방법이 하나의 참고할 만한 지표가 될 것이다.

제 5 장

온라인 게임 결제한도 제한에 대한 규범적 평가 및 법경제학적 평가

Ⅰ. 들어가는 말

얼마 전까지 한국은 전 세계적으로 전례가 없는 규제(소위 '갈라파고스 규제[1]')를 하고 있었다. 즉 게임이용자가 동일한 게임 내에서 결제할 수 있는 한도를 일정금액(50만원)으로 제한하고 있었다(이하 '온라인 게임 결제한도 제한 규제'로 칭함). 이 제한에 의해 게임 이용자는 현금 및 신용카드 등으로 동일 게임을 하면서 한 달간 지출할 수 있는 금액이 50만원으로 제한되었다.[2] 2019년 6월 26일 문체부는 제18차 경제활력대책회의에서 온라인게임 결제한도에 대해 법적 근거가 없다는 이유로 웹보드게임과 청소년의 결제한도를 제외한 온라인 게임의 결제한도 제한을 폐지하겠다고 밝혔다. 그러나 여전히 일각에서는 이러한 규제를 다시 해야 한다는 주장이 제기되고 있어 본고에서는 온라인 게임 결제한도 제한 규제가 재등장할 가능성을 고려하여 온라인 게임 결제한도 제한 규제가 진행되고 있다는 것을 전제로 평가해 보고자 한다.

온라인 게임 결제한도 제한은 건강한 게임 생태계 분위기 조성과 사용자 보호를 목적으로 한다. 그런데 이 규제는 법령상의 규제가 아닌 영상물등급위

1) 세상과 단절되어 독특한 동·식물 구성을 이룬 갈라파고스 제도(Galapagos islands)처럼, 변화하는 국제정세와 동떨어진 특정지역에만 있는 규제를 뜻하는 말이다.
2) 참고로 미성년자는 월 7만원으로 결제가 제한된다.

원회와 한국게임산업협회(구 한국인터넷디지털엔터테인먼트협회) 및 게임사가 임의로 정한 자율(?)규제이다.[3] 결제한도를 초과하는 게임은 게임물관리위원회로부터 게임등급을 받지 못해[4] 게임을 출시할 수 없었으며, 온라인 게임을 운영하면서 결제한도를 제한을 위반하거나 결제 금액을 관리하지 않는 게임사는 과태료를 납부해야 하거나 영업정지 처분까지 받을 수 있다.[5] '온라인 게임 결제한도 규제'는 10년 넘게 이어지고 있는 시점에서 본고에서는 온라인 게임의 결제한도 규제의 타당성 여부를 규범적 측면(II)과 법 경제학적 측면(II)에서 검토해 본 후, 맺음말에 갈음하여 온라인 게임 결제한도 규제방향을 제시해 보고자 한다(IV).

II. 온라인 게임 결제한도 규제모델에 대한 규범적 평가

과소비 방지 및 이용자의 게임 과몰입 예방이라는 목적으로 시작된 온라인 게임 결제한도 제한은 목적의 정당성은 차치하더라도 직·간접적으로 헌법이 보장하는 사업자의 직업 수행의 자유(영업 자유)를 침해하고, 게임 이용자의 일반적 행동 자유권 등을 침해할 여지가 있다. 더 나아가 이 규제는 국내 업체에만 적용되고 해외에 서버를 둔 해외 업체에는 적용되지 않는다는 점 등에서 실효성에 의문이 든다. 이에 이하에서는 게임 이용자의 일반적 행동 자유권을 중심으로 온라인 게임 결제한도 제한 규제에 대한 규범적 평가를 시도해 보고자 한다.

---

3) 요컨대 국내 유통 게임 심의를 담당하는 게임물등급위원회(게임물관리위원회 전신)는 2006년 온라인 게임 심의에 '온라인 게임 결제한도 규제'를 적용했다. 심의 기준에 따라 만 18세 이상 게임은 월 30만원, 만 18세 미만 게임은 월 5만원으로 결제한도가 정해졌다. 2009년에는 물가상승률을 반영해 결제한도가 성인 등급은 50만원, 청소년 이용가 등급은 월 7만원으로 상향됐다.

4) 즉 심의를 담당하는 게임물관리위원회는 결제한도를 설정하지 않은 게임물에 대해서는 등급분류를 거부하였다.

5) 이에 '온라인 게임 결제한도 규제'는 실질적으로 강력한 규제라 할 수 있다.

1. 소비자의 과소비 방지를 위한 정부역할의 한계

지금까지 취미활동(단, 경마 등 합법화한 도박은 제외)에서 과소비를 막기 위해 성인이 지출할 수 있는 돈의 범위를 간접적으로라도 제한했던 적이 있었는가? 즉 과소비 억제를 위해 정부가 관여할 수 있는 한계는 어디까지인가? 일찍이 우리 헌법재판소는 과소비 억제라는 공공재를 해결하는데 있어 국가의 관여가 적절한 것인지를 판단한 적이 있다. 예컨대 가정의례에관한법률 제4조 제1항 제7호 위헌확인 결정(1998. 10. 15. 98헌마168)에서 헌법재판소는 "사건법률(가정의례에관한법률 – 1993. 12. 27. 법률 제4637호로 전문개정된 것) 제4조는 허례허식행위의 금지라는 제목으로 제1항에서 가정의례(家庭儀禮)에 있어서 특정한 행위들을 대통령령이 정하는 행위를 제외하고는 금지하고 있는데, 그중 제7호에서는 경조기간(慶弔期間) 중의 주류 및 음식물 접대를 금지하고 있었다. 이 조항은 가정의례에 관하여 과소비를 하는 양태를 억제하기 위한 목적을 가지고 있었다"고 본 후, "결혼식 등의 당사자가 자신을 축하하러 온 하객들에게 주류와 음식물을 접대하는 행위는 인류의 오래된 보편적인 사회생활의 한 모습으로서 개인의 일반적인 행동의 자유 영역에 속하는 행위이므로 이는 헌법 제37조 제1항에 의하여 경시되지 아니하는 기본권이며 헌법 제10조가 정하고 있는 행복추구권에 포함되는 일반적 행동자유권으로서 보호되어야 할 기본권"이라고 판단하였다.[6] 즉 헌법재판소는 하객들에 대한 접대와 관련된 소비의 행태는 개인의 자기결정권에 따라 이루어져야 하고 이는 헌법상의 기본권 문제이므로 국가가 명령지시적 규제로 간섭해서는 안 된다고 판단하였다.[7] 헌법재판소가 소비행태에 대한 국가의 간섭의 위헌성을 확인하고 과소비 문제에 대한 국가의 개입의 문제점을 지적한 점은 감안하면, 온라인게임 결제한도 제한 규제는 소

6) 즉 사적자치는 헌법 제10조와 제37조 제1항에 의하여 헌법상 보장되며 헌법 제23조, 제15조 등 개별적인 기본권들에 의하여 보충된다고 할 수 있다.

7) 헌법재판소 결정례는 과소비에 대한 사회적 방관이 아니라 합리적 소비를 유도하는 사회적 노력이 필요하다는 점에 초점을 맞춘다. 중요한 점은 합리적 소비에 대한 정부, 국가, 명령지시적 통제가 아닌 사회의 자발적인 노력이며, 합리적 소비를 위해 사회가 행할 수 있는 것은 재화와 서비스에 대한 충분한 정보를 제공하여 이용자들이 자발적으로 결정할 수 있도록 도와주는 것이다.

비자를 보호한다는 미명하에 소비자의 지출에 대한 자기결정권 및 사적자치를 침해하고 있다고 볼 수 있다.

(1) '사적자치'와 '자기결정 · 자기책임'

사적자치의 원칙은 개인이 법질서의 한계 내에서 자기의 의사에 기하여 법률관계를 스스로 형성할 수 있게 하여, 개인과 개인 사이의 법률관계에 있어 자기결정권의 존중은 이러한 사적자치의 원칙을 통해 실현된다고 할 수 있다.

사적자치의 원칙은 '자기결정의 원칙'과 '자기책임의 원칙'을 내용으로 한다.[8] 즉 헌법 제10조의 행복추구권에서 파생되는 '자기결정' 내지 '일반적 행동자유권'은 이성적이고 책임감 있는 개인의 자기 운명에 대한 결정·선택을 존중하되 그에 대한 책임은 스스로 지는 것을 그 내용으로 한다. 자기책임의 원칙은 자기결정권의 한계와 관련하여 개인이 적극적으로 책임을 지는 근거로서 기능하는 동시에 소극적으로 자기가 결정하지 않은 것과 결정할 수 없는 부분에 대해서는 책임을 지지 않는다는 책임의 한계 원리로서 작용을 한다.[9] 따라서 경제적으로 위험하고, 불리한 내용을 선택할 수 있는 자유까지도 사적자치에 의해 존중되어야 한다.[10]

(2) 사적자치와 계약자유의 원칙

사적자치를 실현하는 대표적 수단은 계약이며,[11] 이런 이유에서 사적자치

---

8) 사적자치는 법질서 내에서 당사자의 의사를 기초로 자기책임 아래 사적 법률관계를 스스로 형성할 수 있게 한다. 이런 이유에서 사적자치의 원칙을 본인 스스로를 지배하는 '자기지배의 원칙'이라고도 부른다.

9) 헌법재판소 2009. 6. 25. 선고 2007헌마40 결정; 헌법재판소 2013. 5. 30. 선고 2011헌바360, 2012헌바56 결정.

10) 계약체결에 있어 계약당사자 스스로 경험 등을 통해 스스로 사적자치를 실현할 수 있도록 하는 것이 궁극적으로는 자기책임 및 자기결정의 진정한 보장이라고 할 수 있다. Lorenz Kähler, Begriff und Rechtfertigung abdingbaren Rechts, 2012, S. 261 ff.

11) 계약은 사적자치를 실현해나가는 데 불가결한, 이른바 사적자치를 가장 강하게 지원하는 제도라고 볼 수 있다. 이러한 해석은 山本敬三,「現代社会におけるリベラリズムと私的自治—私法関係における憲法原理の衝突(2)—」, 論叢 133巻 5号, 1993, 4~5頁. 같은 맥락에서 星野英一,「現代における契約」,『民法論集 第3巻』, 有斐閣, 1972, 14頁에서는 권리의무의

의 원칙은 계약자유의 원칙으로 불리기도 한다. 계약은 "둘 이상 당사자의 합치하는 의사표시를 요건으로 하는 법률행위"이다.[12] 계약당사자의 의사표시의 합치는 "법적으로 강제 가능한 합의(a legally enforceable agreement)[13]" 또는 "법적 강제력이 있거나 법적인 의무를 발생시키는 것으로 인정되는 합의(an agreement which is legally enforceable or legally recognized as creating a duty)[14]"를 의미한다. 즉 계약은 이미 자기결정의 표현이므로 당사자가 그에 합의한 것만으로 충분히 정당화된다.[15] 합의된 것에 대해 법적 효력을 부여하고자 하는 당사자의 의사적 행위와 그러한 효력을 확인하는 실정법규범에 의해, 계약은 법적으로 유효한 구속력을 갖게 된다.[16] 이에 객관적으로 부당해 보이는 계약도 합의에 의한 정당화로 각 당사자에게 권리와 의무를 발생시키며,[17] 그러한 의도를 존중하는 것이 계약자유의 원칙을 보장하는 것이다. 소유권을 비롯한 재산의 귀속과 관련한 여러 제도도 사적자치가 실효적으로 실현되기 위한 장치라고 볼 수 있으며, 계약법은 당사자가 스스로 규율하지 않는 부분을 보충하기 위해 마련된 임의법

발생이나 법률제도를 관계당사자의 의사로 설명하고자 하는 '계약주의(contractualism)'가 사적자치의 결과물이라고 설명하고 있으며, 이러한 사고가 20세기부터 일반화되었다고 본다.

12) 양창수/김재형, 계약법(중판), 박영사, 2011, 3면. 같은 맥락에서 김준호, 계약법, 법문사, 2012, 1면에서는 "사법상의 일정한 법률효과의 발생을 목적으로 하는 당사자의 합의"로 정의한다.

13) Jill Poole, Textbook on Contract Law, 7th ed., 2004, p. 2.

14) P. S. Atiyah, An Introduction to the Law of Contract, New York: Oxford University Press, 5th ed., 1995, p. 37.

15) Gerhard Wagner, Zwingendes Vertagsrecht, ZEuP 2018, 821, 821 f.

16) 대륙법계에서는 이를 '자기결정의 이론'이라고 하며, 영미법계에서는 이를 '약속이론'으로 칭한다. K. Larenz, Die Methode der Auslegung des Rechtsgeschäfts, 1966, S. 69; 김준호, 앞의 책, 3면; 양창수/김재형, 앞의 책, 14면; Poole, op. cit., p. 10 ff.; 이은영, 채권각론, 박영사, 2005, 21~30면. 영미법계의 신뢰이론에 대한 소개는 고영남, 고전적 계약법이론의 한계에 관한 연구－영미법의 신뢰이론을 중심으로－, 고려대학교 박사학위논문, 2000/12 참조. 참고로 일본에서 계약의 구속력에 대한 근거로 법규설, 합의설, 신뢰설 등이 주장되고 있다. 倉田卓次監, 要件事実の証明責任 契約法(上), 西神田編集室, 1993, 29頁 이하; 磯村保, ドイツにおける法律行為解釈論について-信頼責任論への序章的考察 (1)~(4), 神戸法学雑誌 第27巻 第3号, 第28巻 第2号, 第30巻 第3·4号, 1977~1981 참조. 참고로 加藤雅信等編, 〈民法學說百年史〉之序章, 三省堂, 1999, 100頁 이하에서는 磯村保 학설의 의미를 밝히고 있다.

17) 대법원 1991. 11. 12. 선고 91다10732 판결 등 다수. Wagner, ZEuP 2018, 821.

에 불과하다고 볼 수 있다.[18] 한편 계약을 체결한 당사자는 체결된 계약대로 이행해야 하며, 국가는 계약대로의 이행을 강제하는 역할을 담당하게 된다.[19]

(3) 자기결정권의 제한

자율적 판단능력을 가진 개인의 자기결정권에 국가가 개입하는 것을 원칙적으로 허용하지 않는다. 다만 자기결정권은 절대적인 권리가 아니므로 경우에 따라서는 일정한 제한이 가능하다. 먼저 사적인 사항에 관한 자기결정이라 하더라도 그것이 타인을 해하는 경우 또는 선량한 풍속에 반하는 경우에는 제약을 받게 된다.[20] 한편 자기결정권은 본인의 자율적인 판단능력을 전제로 하므로, 그 전제가 결여되거나 불충분한 경우에는 자기결정의 내재적 한계에 의해 제한될 수 있다. 개인은 자기의 의사에 기해서만 법률관계를 형성할 수 있고 자신의 행위가 어떠한 의미인지를 인식하는 경우에만 자신의 의사에 기한 결정으로서 존중되기 때문이다. 따라서 타인에게 위해를 가하지 않더라도 본인(미성년자나 판단능력이 결여된 고령자 등)의 이익을 위하여 국가는 예외적으로 본인의 의사에 반하여 후견적으로 자기결정에 제한을 가할 수 있다. 그렇다면, 온라인게임 결제한도 제한 규제는 게임이용자의 자기결정권을 제한할 만한 정당화 사유를 충족한 것으로 볼 수 있는가? 이에 대해서는 이하(II. 2.)에서 상세히 검토하기로 한다.

2. 온라인게임 결제한도 제한 규제의 정당화 근거

개인의 자기책임 및 자기결정을 토대로 한 사적자치 및 개인의 의사결정의 자유를 제한하는 경우에는 실체적 정당화사유가 있어야 한다.[21] 일반적으로 개

---

18) 송덕수, 민법총칙(제4판), 박영사, 2018, 31면.

19) 현재 대부분의 국가는 19세기 근대민법의 원칙 중 하나인 '계약자유의 원칙'에 의해 국가의 간섭 없이 당사자가 계약에 의하여 자신의 법률관계를 형성할 수 있다. 국가는 체결된 계약을 인정하고 법적으로 실행할 의무를 진다. 양창수/김재형, 앞의 책, 12면.

20) 선량한 풍속은 대부분의 국가에서 사적자치의 제한사유로서 인정된다. Hein Kötz, Europäisches Vertragsrecht, Band Ⅰ, 1996, S. 235 f.

21) 김상중, "계약체결 이전 단계의 정보제공의무", 고려법학 제56호, 2010, 22면; 권영준, "계약

인(특히 소비자)의 계약내용결정의 자유를 제한하는 정당화의 근거(규제의 목적)로는 여러 가지가 있으나 온라인게임 결제한도 제한 규제의 정당화 사유로서는 ① 정보비대칭 등으로 발생한 시장실패의 교정, ② 역학적 불균형으로부터의 소비자 보호 등을 들 수 있을 것이다.[22]

(1) 시장실패의 교정

George A. Akerlof에 의하면, 정보비대칭은 계약체결시점에 당해 계약의 체결과 내용에 대하여 의미를 가지는 제반사정이 당사자에게 불평등하게 분배되는 상황을 초래하고, 그러한 정보비대칭으로 인하여 전형적으로 시장의 실패가 발생하게 된다.[23] 정보비대칭 내지 정보불균형 이외에도 거래비용, 시장지배력에 의해서도 시장실패(Market Failure, Marktversagen)를 초래하는데, 일부 견해는 이를 교정하기 위해 자기결정권의 제한이 필요하다고 본다.[24] 이 견해는 정보비대칭 등으로부터 발생하는 시장실패를 교정하기 위해 제품 및 서비스의 품질

법의 사상적 기초와 그 시사점: 자율과 후견의 관점에서", 저스티스 제124호, 2011, 179면.

22) 온라인 게임결제한도 제한이 법적인 근거에 의한 제한이 아니므로 그 제한의 정당화사유를 정확히 알 수 없고 추론해 볼 수 있을 뿐이다. 먼저 과소비 방지 및 게임과몰입을 방지하기 위한 목적이 있을 수 있다. 더 나아가 소비자로서의 열위적 지위에 있는 이용자를 보호하는 것을 목적으로 할 것이다. 물론 후자는 온라인게임 결제한도제한의 직접적인 정당화사유는 아니지만 일반적으로 온라인 게임 이용자를 소비자로 보고, 소비자가 가지는 지위로서의 열위성을 고려하기 위한 일반정책으로서 이러한 주장을 하고 있다는 점에서 간접적으로는 규제의 사유가 된다.

23) George Akerlof, The Markt for "Lemons": Quality Uncertainty and the Markt Mechanism, 84 Quarterly Journal of Economics 488(1970), 488 ff. 즉, 중고차 시장에 "좋은 차"와 "나쁜 차"가 나온 경우, 판매업자는 중고차의 품질을 잘 알고 있음에 반하여 구매자는 그러한 정보를 갖지 못하기 때문에 품질을 구별할 수 없다. 구매자는 그에게 제안된 중고차의 품질을 적절히 평가할 수 없으므로, 겉만 멀쩡한 중고차를 비싼 값에 사는 낭패를 겪기 쉽다. 속아산 적이 있는 사람들은 중고차 시장을 찾지 않고 아는 사람을 통해 품질이 담보되는 중고차를 사려 들고, 좋은 차의 소유자는 제값을 받지 못하기 때문에 아는 사람을 통해 팔려고 든다. 결국 중고차 시장에 양질의 매물은 사라지고 저질의 매물들만 남게 된다. 종국적으로 정보비대칭은 중고차 거래를 전적으로 마비시키는 완전한 시장실패를 초래하게 된다. 즉 이로 인하여 악화(惡貨)가 양화(良貨)를 구축(驅逐)하는 레몬시장(lemon market)의 문제가 발생하게 된다.

24) Hein Kötz, Der Schutzzweck der AGB-Kontrolle – Eine rechtsökonomische Skizze, JuS 2003, 209, 210.

이 악화되는 것을 막기 위하여 통제 및 규제의 필요성을 강조한다.[25] 그런데 온라인 게임 결제한도 제한 규제는 제품이나 서비스의 품질개선에 대한 부분이 아니라 서비스 자체를 못하게 하여 종국적으로 게임시장의 실패를 초래할 수 있다. 요컨대 이 규제를 통해 시장실패가 치유되는게 아니라 오히려 시장실패를 만들고 있다.

(2) 역학적 불균형으로부터의 약자(소비자)보호

Gierke는 계약의 자유는 "강자의 손에서는 강력한 무기이고 약자의 손에서는 무딘 도구"라고 지적함으로써, 계약의 자유와 당사자 사이의 역학적 불균형의 문제를 해결할 필요성을 강조하였다.[26] 즉 이 견해는, 당사자들이 대등한 교섭력을 가지는 경우에 한하여 계약의 정당성 내지 자기결정이 보장되는데 역학적 불균형이 존재하는 곳에서는 어느 당사자가 그의 계약의 자유를 일방적으로 관철할 위험이 있으므로, 계약자유의 원칙은 제한될 필요가 있다고 본다.[27]

1) 게임이용자가 경제력의 불균형으로부터 보호되어야 자에 해당하는가?

계약당사자의 경제적 불균형은 한편으로는 경제적 약자인 당사자가 경제적 강자인 당사자와는 달리 구체적인 계약체결에 임하여야 하는 상황으로부터 도출된다고 할 수 있다. 즉, 경제적 약자인 당사자는 그의 수요를 만족시키기 위하여 경제적 강자인 당사자와 계약체결을 강하게 원하는 반면, 경제적 강자인 당사자는 그 계약을 반드시 체결할 필요가 없다는 점에서 약자는 결과적으로 불리한 계약을 체결할 수밖에 없으므로 이를 보호할 필요가 있다는 것이다. 그러나 게임의 이용자들은 실질적으로 경제적 약자로 볼 수도 없을 것이며, 강

---

25) Hugh Collins, REGULATING CONTRACTS, 1999, p. 230; Michael Adams, "Ökonomische Analyse des AGB-Gesetzes－Verträge bei asymmetrischer Information－," BB 1989, 781 = Ökonomische Theorie des Rechts, 2. Aufl., 2004, S. 127 ff.; Akerlof, 84 Q. J. Econ. 488(1970) 참조.

26) Otto von Gierke, Die Soziale Aufgabe des Privatrechts, 1889, S. 28 f.; 김진우, "약관 내용통제의 정당화사유", 법학연구 제71호, 2012, 264면 이하; 서종희, "B2B 거래에서의 약관규제법의 개정방향" 외법논집 제41권 제3호, 2017, 95면 이하 참조.

27) 주택임대차보호법이나 상가건물임대차보호법이 전형적으로 약자인 임차인을 보호하기 위해 마련된 강행법이라고 할 수 있다.

자인 사업자와의 계약체결이 강제되는 것도 아니며, 사업자가 오히려 고객과의 계약체결을 강하게 요구하고 있다고 볼 수도 있다.

2) 게임이용자는 정보의 열위 등에 의한 상황적 불균형으로부터의 보호되어야 할 존재인가?

계약상대방의 (정보적 측면에서의) 상황적 열위가 내용 통제 및 규제의 원인이라고 볼 수도 있다. 즉, 사업자는 장래 체결하고자 하는 계약에 대하여 시간을 가지고 그의 이익을 충분히 고려하여 서비스를 제공하는데 반하여, 그 상대방은 흥정할 여지를 갖지 못한 채 즉흥적으로 단순히 그것을 수용하거나 계약체결을 포기할 수밖에 없기 때문에 이용자를 보호할 필요가 있다. 그러나 역학적 불균형은 다양한 원인을 가질 수 있을 뿐만 아니라 항상 당사자 일방만이 우위에 있다고 보기 어렵다. 물론 정보나 협상력 등과 관련하여 사업자와 소비자 사이에 구조적인 비대칭이 존재할 수 있으나 현대사회에서 소비자는 누구나 될 수 있는 사회적 역할(지위)에 불과하다는 점에서 경제적 불균형과 역학적 불균형은 일반적인 소비자가 아닌 개별 당사자로서의 소비자에 초점을 맞추어야 한다. 요컨대 일반적으로 소비자가 평균적 사업자에 비하여 인적 및 물적 자원 측면에서 상대적으로 열위에 있는 점은 부정할 수 없으나 경우에 따라서는 계약체결에 있어서 경제력과 교섭력의 우열을 운운하기 곤란하거나 심지어 사업자보다 경제력과 교섭력이 강한 계약상대방에 의하여 계약이 체결되는 경우도 있을 수 있다.[28] 따라서 소비자라는 이유만으로 약자로서 보호되어야 한다는 논리는 받아들이기 어렵다.

3. 온라인 게임 결제한도 제한 규제 방식은 적절한가?

현행 온라인 게임 결제한도 제한 규제 방식은 모든 이용자를 구별 없이 일률적으로 통제하는 방법이라고 할 수 있다. 그런데 이러한 방식의 내용통제 방법은 그 형식여하를 불문하고 다음과 같은 문제가 있다.

---

28) 예컨대 경제적 강자가 지적능력이 더 뛰어난 소비자와 계약을 체결하는 경우도 있다.

(1) 게임이용자를 구별하지 않는 규제방법의 문제점

결제한도를 제한하는 규제는 실체적 정의를 실현하기 위한 규제라는 점에서 절차적 정의실현을 위한 규제방법과의 차별화가 필요하다. 예컨대 정보적 열위에서 오는 상황적 불균형이라면 절차적 방법을 보장하여 그 상황적 불균형은 보완할 수 있는 절차적 정의가 문제되는 경우이므로 그 문제는 사업자의 정보제공의무를 통해 일률적으로 해결하면 된다.[29] 즉 이 경우에는 소비자의 개별적 특수성을 고려할 필요 없이 모든 소비자에게 일률적으로 적용되는 방법에 의해 충분히 그 목적을 달성할 수 있다. 그런데 온라인 게임의 경우에는 사업자 측에서 정보적 우위를 누린다고 할 수도 없다. 설사 있다 하더라도 사업자와 고객 사이의 (체계적) 정보비대칭을 교정하기 위한 방법으로는 정보제공을 통해 고객의 정보탐색비용을 줄여주는 방법으로 피해를 최소화 할 수 있을 것이며, 이 방법을 통해 고객의 상품선택은 최적화 될 것이며 사업자들 간 급여(Leistung)경쟁이 촉진될 수 있다(이른바 market discipline).

그런데 결제한도를 제한하는 규제는 거래내용자체에 대한 제한이라는 점에서 실체적 정의를 실현하기 위한 규제라 할 수 있다. 이러한 내용 자체에 대한 규제는 시장메커니즘을 보완하는데 그치지 않고 교정까지 한다는 점에서 개별당사자의 특수성을 고려해야 한다. 즉 성인이 한 달에 얼마를 지출할 수 있는 가라는 것에 대한 통제는 내용통제로서 평균적 소비자가 아닌 개별당사자로서의 소비자보호 문제로 접근해야 한다.[30] 평균적 소비자를 보호하기 위해 내용을 일률적으로 통제하는 것은 개별당사자로서의 소비자가 가지는 자기결정권을 박탈한다고 볼 수 있다. 따라서 역학적 불균형에 대한 보호라는 미명하에 게임이용자를 일괄적으로 통제하는 것은 타당하지 않다.[31] 이는 오히려 행정편의주의를 위한 것이며, 이는 오히려 역학적인 우위에 있는 국가행정기관에 의한 사적자치의 침해라고 할 수 있다.

---

29) 요컨대 계약에 기한 급여나 반대급여에 관한 정보부족으로 인하여 발생하는 불합리한 결과는 정보제공의무가 적절한 해결책이 될 수밖에 없을 것이다.

30) Matteo Fornasier, Freier Markt und zwingendes Vertragsrecht, 2013, S. 123 f.

31) 대금에 대한 통제는 폭리행위(민법 제104조)나 신의칙(민법 제2조)의 엄격한 요건 아래서만 허용된다고 할 것이다. 이는 경쟁을 기초로 한 사적 자치의 근간을 유지하기 위해서이다.

(2) 계약의 본질적 급부라 할 수 있는 가격(지출범위)을 제한하는 것의 문제점

소비자 및 이용자가 "합리적인 무시(rationaler Ignoranz)"를 할 수밖에 없는 경우에 일반적으로 내용 통제의 정당화는 인정된다. 그런데 만약 이용자가 서비스 제공자의 급부 내용 및 자신의 반대급부에 대하여 관심을 두는 것이 합리적이라고 할 수 있는 경우에는 내용 통제는 불필요할 것이다.[32] 즉 주된 급부나 반대급부(주로 대금)에 대하여는 내용통제는 원칙상 인정하지 않는 것이 타당하다.[33]

참고로 대법원 2014. 4. 10. 선고 2012다54997 판결은 "일반적으로 매매거래에서 매수인은 목적물을 염가로 구입할 것을 희망하고 매도인은 목적물을 고가로 처분하기를 희망하는 이해상반의 지위에 있으며, 각자가 자신의 지식과 경험을 이용하여 최대한으로 자신의 이익을 도모할 것으로 예상되기 때문에, 당사자 일방이 알고 있는 정보를 상대방에게 사실대로 고지하여야 할 신의칙상 의무가 인정된다고 볼 만한 특별한 사정이 없는 한, 매수인이 목적물의 시가를 묵비하여 매도인에게 고지하지 아니하거나 혹은 시가보다 낮은 가액을 시가라고 고지하였다 하더라도, 상대방의 의사결정에 불법적인 간섭을 하였다고 볼 수 없으므로 불법행위가 성립한다고 볼 수 없다. 더구나 매수인이 목적물의 시가를 미리 알고 있었던 것이 아니라 목적물의 시가를 알기 위하여 감정평가법

32) Horst Eidenmüller, Der homo oeconomicus und das Schuldrecht – Herausforderungen durch Behavioral Law and Economics, JZ 2005, 216, 222; Patrick C. Leyens/Hans-Bernd Schäfer, Inhaltskontrolle allgemeiner Geschaftsbedingungen – Rechtsokonomische Uberlegungen zu einer einheitlichen Konzeption von BGB und DCFR, AcP 210(2010), 771, 788; Lars Leuschner, Gebotenheit und Grenzen der AGB-Kontrolle – Weshalb M&A-Verträge nicht der Inhaltskontrolle der §§ 305 ff. BGB unterliegen, AcP 207(2007), 491, 504 f. 심지어 최근에는 자기결정이라는 것 또한 사적자치의 영역에 속하는 것으로서 사실상 강제 또는 합리적 무신경(rationale Apathie des Opfers)으로 발생하는 결과는 본인이 책임져야 한다는 주장이 강하게 제기 되고 있다는 점을 재고할 필요가 있다. Horst Locher, "Begriffsbestimmung und Schutzzweck nach dem AGB-Gesetz", JuS 1997, 389, 390; Mathias Habersack/Jan Schürnbrand, "Unternehmenskauf im Wege des Auktionsverfahrens aus AGB-rechtlicher Sicht", in: FS Canaris, 2007, S. 359 f., S. 370.

33) 고객이 어떤 가격으로 물품이나 용역의 구매를 원하는지를 법관이나 행정기관으로 하여금 결정토록 하는 것은 사적 자치의 원칙 및 경쟁을 기초로 한 시장경제의 원리와 조화를 이룰 수 없기 때문이다.

인에 의뢰하여 감정평가법인이 산정한 평가액을 매도인에게 가격자료로 제출하는 경우라면, 특별한 사정이 없는 한 매수인에게 평가액이 시가 내지 적정가격에 상당하는 것인지를 살펴볼 신의칙상 의무가 있다고 할 수 없(다)"고 본다. 요컨대 생활경험칙상 고객은 계약체결 시에 거의 항상 재화의 품질과 가격에 대해서만 주목하고 부수적인 계약내용에 대하여는 별다른 생각을 하지 않으나 계약에 관한 주된 급부라 할 수 있는 금전의 지출에 대해서는 주의를 기울이며 이에 대해서는 충분한 자기결정의 기회가 보장된다고 할 수 있다.

그런데 온라인 게임 결제한도 제한은 합리적인 무시에 대한 통제가 아니라 합리적인 관심이 필요한 영역에 대한 통제라 할 수 있다. 게임의 경우에는 이용자 본인이 지불할 가격이 얼마인지를 정확히 인식할 수 있으며, 그 지불금액을 통해 본인이 취득하는 반대급부가 무엇인지를 정확히 인지할 수 있다. 이처럼 게임 이용자 본인이 그 이용내용을 결정한다는 점을 감안하면, 계약의 본질적 내용이라 할 수 있는 (이용자가 지출할 수 있는) 가격에 대한 한도까지 설정하고 있는 것은 국가의 후견권 남용으로 볼 여지가 있다.

(3) 현대적 의미의 스트룰드부르그(Struldbrug)의 등장

미성년자나 도박중독자, 고령자 등과 같이 자율적 판단능력을 충분히 갖추고 있지 않은 경우에는 그들의 자기결정권을 제한할 수 있다. 이에 미성년자에는 민법 제5조에 의해 일률적으로 법정대리인의 동의 없이 이루어진 법률행위를 취소할 수 있도록 하고 있다. 그러나 성인은 다르다. 성인은 일괄적으로 판단할 수 없을 정도로 다양한 스펙트럼을 가진다. 따라서 성인소비자를 미성년자와 같이 획일적으로 보호하는 것은 성인의 개인차가 무시하는 것으로서 적절하지 않다.[34] 이에 민법은 성인의 경우에 그 정도에 따라 성년후견, 한정후견, 특정후견의 심판을 받은 피후견인도 제한능력자로서 보호한다.[35] 중독의 위험

34) 미성년자의 획일적 보호의 필요성에 대해서는 Karl Larenz/Claus-Whlhelm Canaris, Lehrbuch des Schuldrechts, Zweiter Band: Besonderer Teil, 2. Halbband, 13.Aufl., 1994, S. 312 f. 참조.

35) 각 후견의 핵심요건을 비교하면, 성년후견은 질병, 장애, 노령, 그 밖의 사유로 인한 정신적 제약으로 사무를 처리할 능력이 '지속적으로 결여된 사람'에 대한 것이고(민법 제9조 제1항), 한정후견은 이보다는 정도가 낮아 이러한 사무처리능력이 '부족한 사람'에 대한 것이고(민법 제12조 제1항), 특정후견은 이보다 더욱 정도가 낮아 '일시적 후원 또는 특정

이 있는 이용자를 보호하기 위한 정책은 당연히 필요하지만 일률적으로 그들의 내용결정을 제한하는 것은 문제가 있다. 요컨대 성인을 일괄적으로 보호하는 것이 타당하지 않는 것처럼, 온라인 게임 이용자를 일괄적으로 보호하는 것은 타당하지 않다. 취약한 존재(중독의 위험이 있는 자 또는 중독된 자)를 개별적으로 보호해야 할 문제이지 이용자 전부에 대한 후견적인 존재로 국가가 역할을 할 필요가 없다. 만약 국가가 일률적으로 후견적인 입장을 취한다면, 온라인 게임의 이용자들을 모두 보호해야 하는 취약계층으로 치부하는 것이며, 이는 Swift의 걸리버 여행기에 등장하는 스트룰드부르그(Struldbrug)[36]의 현대적인 변용이

한 사무에 관한 후원이 필요한 사람'에 대한 것이다(제14조의2 제1항). 이러한 요건에 해당하는 자는 가정법원의 당해 후견개시의 심판을 받아서 각각 피성년후견인, 피한정후견인, 피특정후견인이 된다. 제한능력자들에게 취소권을 부여하는 제도는 사적 자치의 원칙이라는 민법의 기본이념, 특히 자기책임의 원칙의 구현을 가능케 하는 도구로서 인정된다. 즉 제한능력자들은 자기행위에 대한 완전한 책임을 감당하기에는 정신적·사회적 능력이 부족하다는 것을 감안한 것이다. 이 제도로서 거래의 안전을 희생시키게 된다 하더라도 제한능력자를 보호하고자 하는 것이다. 또한 법정성년후견제도는 정신적 능력을 제약요건으로 하고 있지만, 모든 유형의 제도 이용자에게 잔존능력을 인정한다. 특히 피한정후견인 및 피특정후견인은 가정법원으로부터 후견개시의 심판을 받더라도 원칙적으로 행위능력을 가지며, 피성년후견인의 경우 종전의 금치산자 제도와는 달리 자신의 신상에 관한 사항에 대해서는 상태가 허락하는 범위에서 단독으로 결정할 수 있도록 하고 있다. 또한 일상생활에 필요하고 그 대가가 과도하지 않은 법률행위, 즉 후견인의 대리권 및 한정후견인의 동의가 필요한 행위의 범위에 관해서 가정법원의 결정권을 인정해 주는 등 종전의 행위무능력제도보다 탄력적으로 운용하고 있다.

36) 작가 Swift는 걸리버가 Laputa라는 여행지에서 만나는 'Struldbrug'를 통해 인간에게 있어서 가장 큰 공포인 늙음과 죽음으로부터 벗어나는 것에 대해 의문을 제기하고 유한한 생명을 너머 불사의 존재가 되고자 하는 인간적인 열망을 다룬다. 영원히 살 수 있다는 Struldbrug의 이야기를 들은 걸리버는 흥분하여 불사의 존재들이 행복할 것이라고 생각한다. 그러나 이들은 축척된 인간의 지혜를 가지고 있으며 초월적인 세계관을 가지고는 있지만 사회에서 부러움이나 존경의 대상과는 거리가 멀다. 즉 오히려 Laputa 사회에서 Struldbrug는 멸시의 대상이 될 뿐이다. 그들은 죽지는 않지만 계속 늙어가는 존재이며, 이로 인하여 치매 및 만성질환의 병을 가진 존재로서 사회적인 부담으로서 이해된다. 더 나아가 이들은 자의적이 아닌 타의에 의해 일정 나이가 되면(80세), 죽은 것으로 간주되어 80세 이후에는 어떠한 법적 거래(신용거래, 토지매입, 임대차 등)를 할 수도 없으며 법의 보호대상에서 제외된다(the status of an accursed outsider). 또한 이들이 부부인 경우에는 부부 모두가 80세 이상에 되는 시점에 혼인이 종료되게 된다. 요컨대 이 불사의 존재들은 스스로 행복하지도 않고, 사회에 유익하지도 않다. 그들은 인간적인 공포와 질병에서 해방된 존재가 아니며, 아무리 오래 살아도 자유로운 정신을 소유하지는 못하고 오히려 사회에 짐이 될 뿐

라고 볼 수도 있다.

4. 권력분립원칙 및 법의 지배에 대한 위반

권력분립과 법의 지배 원리에 입각한 근대법치국가의 이념에서는 **국민의 권리·의무에 관한 모든 법규가 국민의 대표기관인 국회에 의하여 제정된 형식적 법률일 것을 요구한다**. 이러한 이유 때문에 원칙상 입법권의 복위임은 금지되며, 즉, 위임입법[37]은 인정되지 않는다. 그러나 현대복지국가에서는 국가기관(대법원 등)의 독립성과 전문성을 보장할 필요가 있게 되었으며, 공공복리의 지향에 따른 행정기능의 확대·강화에 부응하기 위하여 위임입법을 예외적으로 인정하지 않을 수 없게 되었다.[38] 그러나 위임입법은 입법권은 국회에 속한다는 권력분립의 원리와 국가권력의 행사는 국회가 제정한 법률에 근거하여야 한다는 법치주의의 원리에 대한 예외라는 점에서 남용되어서는 안 된다. 이에 위임입법은 국회의 입법권의 본질적 내용을 침해하지 않는 한도에서 인정되며, 법률로써 개별적·구체적으로 위임된 범위 내에서만 허용된다.[39] 예컨대 대통령령으로 정할 사항에 관한 법률의 위임은 구체적으로 범위가 정해져 있어야 하므로, 그 위임 규정의 내용과 취지 등으로부터 위임의 목적·내용·범위와 그 위임에 따른 행정입법에서 준수하여야 할 목표·기준 등의 요소가 미리 파악될 수 있도록 규정되어야 하며, 이러한 위임이 있는지 여부는 위임 규정의 형식과

이다. Earnest Tuveson(ed.), Swift: A Collection of Critical Essays, Englewood Cliffs, 1964, p. 21 ff.

37) 위임입법이란 입법부 이외의 국가기관이 본법에서 위임된 범위 내에서 법령을 정립하는 것이다. 이는 입법기관인 국회가 아닌 다른 국가기관에 의한 법규의 정립을 총칭하는 것을 말한다. 일반적으로 행정기관과 지방자치단체가 법률의 위임에 의하여 일반적·추상적 규범을 정립하는 것이며, 이를 가리켜 행정입법이라고 한다. 대통령 명령을 '시행령', 국무총리 및 부총리, 장관명령을 '시행규칙'이라 한다.

38) 특히 행정활동의 고도화에 따른 전문적·기술적 입법사항의 증대, 행정현상의 변화를 반영하기 위한 탄력적 입법의 필요, 지방별·분야별 특수한 사정의 고려, 긴급시에 대처하기 위한 광범위한 수권의 요구 등의 이유로 행정입법은 당연한 것으로 받아들여지게 되었으며, 그 범위와 대상이 날로 늘어나고 있다.

39) 위임입법은 위헌 또는 위법의 명령·규칙심사제도 등에 의한 규범통제(헌법 제107조 제2항)를 받는다.

내용 외에 해당 법률의 전반적인 체계와 취지·목적 등도 아울러 고려하여 판단하여야 한다.[40] 또한 헌법 제75조에 의하면 대통령령은 법률에서 구체적으로 범위를 정하여 위임받은 사항과 법률을 집행하기 위하여 필요한 사항에 관하여 발하는 것이므로, 이는 모법인 법률이 위임한 사항이나 법률이 규정한 범위 내에서 법률을 현실적으로 집행하는 데 필요한 세부적인 사항만을 규정할 수 있을 뿐, 법률의 위임 없이 법률이 규정한 개인의 권리·의무에 관한 내용을 변경·보충하거나 법률에 없는 권리제한 사유를 추가로 규정할 수는 없다.[41]

그렇다면 게임물관리위원회의 등급심사를 통한 사업자와 이용자의 권리의 제한은 타당한가?[42] 게임 내용과 무관한 구매 한도 금액이 등급심사 평가항목에 포함된 것도 이해하기 힘들지만 더욱 납득이 어려운 부분은 해당 규제에 대한 근거 법령이 전무하다는 점이다. 국가의 규제는 지켜야 하는 의무가 부여되는 만큼 그 목적이 명확해야 한다. 또한 사회에 미치는 부작용과 산업에 가해지는 피해 정도 등을 종합적으로 예측하고 법이 정한 범위에서 강제돼야 한다. 이러한 관점에서 봤을 때 온라인게임 월 결제한도는 명백하게 규제 법정주의의 원칙에 반하는 규제다. 요컨대 게임산업법 및 게임물관리위원회 등급분류기준에 게임 결제한도 규제에 관한 법적 근거는 없음에도 등급 분류 신청 절차를 통해 결제한도 규제를 강제하고 실질적으로 등급 분류 기준과 연계하는 점은 법률 유보 원칙을 위반하는 사항이다.

Ⅲ. 온라인 게임 결제한도 규제모델에 대한 법경제학적 평가

입법을 함에 있어서는 일반적으로 비용추계분석을 이루어져야 한다.[43] 이

---

40) 대법원 2000. 10. 19. 선고 98두6265 전원합의체 판결.

41) 대법원 1995. 1. 24. 선고 93다37342 전원합의체 판결.

42) 결제한도를 설정하지 않은 게임물에 대해서는 등급심의를 하지 않는 것은 직접적으로는 사업자에 대한 규제이며, 이를 통해 소비자는 간접적 규제를 받는 것이다. 간접규제는 규제방식에 있어 간접규제가 직접규제의 통제시스템으로부터의 우회로로 악용될 수 있다는 점에서 문제가 있다. 이에 대한 상세한 분석은 서종희, “간접규제로 본 온라인게임 결제한도 제한”, 일감법학 제44호, 2019, 177면 이하 참조.

43) 국회법 제79조의2(의안에 대한 비용추계 자료 등의 제출) ① 의원이 예산 또는 기금상의

는 입법의 경제적 효율성을 확보하기 위해 필요한 조치라고 할 수 있으며 종국적으로 입법을 통해 예상되는 성과에 비하여 과도한 비용이 소요되는 입법을 저지할 수 있는 수단이 된다.[44] 그런데 게임물등급관리위원회의 등급심사에 의한 소비자 결제한도의 제한은 법령이 아니라는 점에서 교묘하게 이러한 비용추계분석을 회피하는 우회라고 볼 수 있다.

조치를 수반하는 의안을 발의하는 경우에는 그 의안의 시행에 수반될 것으로 예상되는 비용에 대한 국회예산정책처의 추계서 또는 국회예산정책처에 대한 추계요구서를 아울러 제출하여야 한다. 다만, 국회예산정책처에 대한 비용추계요구서를 제출한 경우에는 제58조 제1항에 따른 위원회의 심사 전에 국회예산정책처의 비용추계서를 제출하여야 한다.
② 위원회가 예산 또는 기금상의 조치를 수반하는 의안을 제안하는 경우에는 그 의안의 시행에 수반될 것으로 예상되는 비용에 대한 국회예산정책처의 추계서를 아울러 제출하여야 한다. 다만, 긴급한 사유가 있는 경우 위원회의 의결로 이를 생략할 수 있다.
③ 정부가 예산 또는 기금상의 조치를 수반하는 의안을 제출하는 경우에는 그 의안의 시행에 수반될 것으로 예상되는 비용에 대한 추계서와 이에 상응하는 재원조달방안에 관한 자료를 의안에 첨부하여야 한다.
④ 제1항부터 제3항까지의 규정에 의한 비용추계 및 재원조달방안에 대한 자료의 작성 및 제출절차 등에 관하여 필요한 사항은 국회규칙으로 정한다. 행정규제기본법 제7조 제1항 제4호에서도 규제영향분석으로 '규제의 시행에 따라 규제를 받는 집단과 국민이 부담하여야 할 비용과 편익의 비교 분석'을 작성하도록 하고 있다.

44) Gunnar Janson, Ökonomische Theorie des Rechts, Berlin 2004, S. 132; Erik Gawel, 'Ökonomische Effizienzanforderungen und ihre juristische Rezeption', in id.(Hrsg.), Effizienz in Umweltrecht, 2001, S. 230. 이는 위헌법률을 평가하는 경우에 판단하는 법익의 균형성과 밀접한 관련성을 가진다. 예컨대 어떤 법률로 인하여 얻는 이익이 그로 인한 기본권 제한이라는 비용을 능가할 때에는 그 법률은 위헌의 소지가 있다. OECD는 2007년 규제의 질을 높이기 위해 '규제의 질에 관한 원칙'(principles of regulatory quality)을 마련하였다. 동 원칙에서 규제수립 시, 준수해야 할 요건으로 ① 목적 달성을 위해 최소한의 규제가 요구되며, 규제준수를 위해 최소한의 부담이 요구됨, ② 규제는 문제 해결에 효과적이어야 하며, 최소한의 비용으로 목적을 달성할 수 있는 효과적인 방법이어야 함, ③ 새로운 규제는 기존 규제와 일관성을 가져야 함, ④ 규제는 유연하게 규정되어야 하며, 지속해서 개선·향상되어야 함, ⑤ 규제는 투명하고, 이해관계자가 쉽게 접근할 수 있어야 함, ⑥ 규제과정은 이해관계자의 의견 반영 등 개방성과 신뢰성의 문화를 촉진해야 함, ⑦ 규제는 헌법과 법의 요구사항을 준수해야 함, ⑧ 규제는 적정한 목표로 설정되고, 강제력을 가져야 한다고 규정하고 있다. 즉, 규제는 투명한 규제수립 과정을 통해 피규제자에게 최소한의 부담을 주는 방식으로 법적 범위 내에서 수립되어야 한다. 유럽연합의 입법 규제 방식 또한 이를 전제로 이루어진다. Stphane Jacobzone(ed.), "Indicators of Regulatory Management Systems", OECD Working Papers on Public Governance 2007/4(2007), p. 8.

1. 비용편익분석: 파레토 최적 및 잠재적 파레토 개선

비용편익 분석을 하는 경우에는 이익과 비용을 비교할 수 있는 객관적인 기준 내지 공통의 기준분모가 없다(이른바 통약불가능성,[45] incommensurability)는 문제가 발생한다. 통약불가능의 문제를 객관적으로 누구나 동의할 수 있게 해결할 방법은 없겠지만, 법적 판단을 위해서는 법익의 고량(考量)은 불가피하다. 우선 상충되는 법익이 동일한 종류의 것일 때에는 통약 불가능성의 문제는 어느 정도 회피할 수 있을 것이며, 비용－편익 분석을 위하여 비교형량하여야 하는 법익이 반드시 금전적으로 평가될 필요도 없다는 점에서 통약불가능성이 비용편익분석을 불가능하게 하는 것은 아니다. 즉 게임사 및 게임이용자들은 온라인게임 결제한도 제한규제 의해 발생한 산업발전 및 시장서비스 질적·양적 저하를 보여줄 수 있는 데이터 분석을 통해서 간접적으로 통약불가능성을 극복할 수 있을 것이다.

경제학에서는 정책결정이나 소비자 선택에 따른 선호에 따라 효용함수(utility function)를 도출한다. 효용함수는 더 높은 선호에 더 큰 숫자를 대응시킨다. 예를 들어 소비자가 소비할 수 있는 상품이 두 가지이고 이 두 가지의 소비량이 x와 y라고 하면 효용 u는 효용함수를 이용하여 u=f(x,y)로 표시될 수 있다. 이런 소비함수를 시각적으로 나타내는 효과적인 방법이 바로 무차별지도(indifference map)이다. 이 무차별지도의 예는 다음과 같다([그림 5－1] 참조).

이 그림에는 여러 개의 무차별곡선(indifference curves)들이 그려져 있다. 각 무차별곡선은 소비자에게 동일한 효용을 주는 x와 y의 조합들이다. 환언하면 소비자는 무차별곡선 위의 소비조합들을 모두 동일한 정도로 선호한다는 뜻이다. 무차별곡선은 원점에서 멀리 위치할수록 높은 효용을 나타낸다. 이에 의하면 [그림 5－1]에서 무차별곡선 U1의 효용수준은 무차별곡선 U0의 효용수준보다 높다. 예컨대 u=f(x0,y0)과 u=f(x1,y1)의 효용은 같으나, x의 소비량이 줄어든 반면에 y의 소비량이 늘게 된다.

---

45) 토마스 쿤은 자신의 유명한 저서 〈과학혁명의 구조〉에서 정상과학이 다른 이론과 충돌하면서 새로운 이론으로 나아가는 과정을 패러다임의 전환이라는 용어로 설명한 바 있다. 이 때 두 이론 간에는 절대 비교를 할 수 있는 척도가 존재하지 않는데 이를 통약불가능성(incommensurability)이라고 부른다.

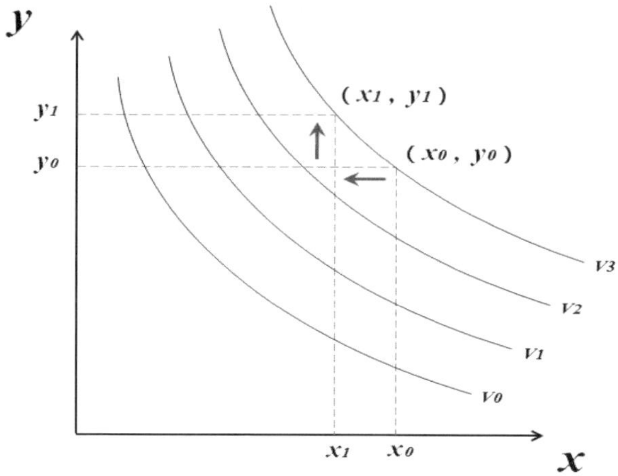

[그림 5-1] 효용함수와 무차별곡선

x와 y를 이익집단의 이익 효용함수로 대체하여 살펴보면 다음과 같다([그림 5−2] 참조).

1점과 2점은 효용이 같고, 3점과 4점은 효용이 같으나, 1점과 2점에 비하여

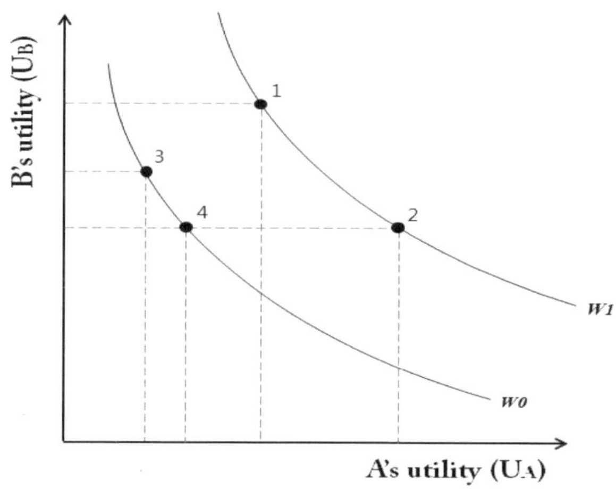

[그림 5-2]

3점과 4점은 효용이 작다. 그중 1점은 3점과 4점에 1점은 파레토 최적[46]이라고 할 수 있다. 즉, 1점은 A집단과 B집단 모두에게 가장 이익이 되어, 1점을 선택하는 정책 및 입법은 만장일치로 찬성하는 결과를 가져올 것이다. 어떤 입법에 있어 피해의 최소성을 충족시킨다는 것은 파레토 기준을 만족시킨다는 의미를 가진다. 즉 입법적 규제는 기본권 등을 덜 제한하는 방법으로 입법 목적을 달성하는 것이 가능하다면, 이는 누구도 더 불리하게 만드는 것은 아니기 때문이다.[47] 반면에 2점은 4점에 비하여 파레토 최적이라고 할 수 있으나, 2점은 3점에 비하여는 파레토 최적이 아니다. 왜냐하면 3점에서 2점으로 이동하면, B집단의 이익이 줄어드는 손해가 발생하기 때문이다. 다만 2점이 3점보다 효용이 크다는 점에서 비용-편익분석에 의하면 2점을 선택하는 것이 합리적이다.

(1) 잠재적 파레토 개선

1) 잠재적 파레토 개선(potential Pareto inprovement)과 외부효과

[그림 5-2]에서 3점을 포기하고 2점을 선택하는 것이 비용-편익분석에 따르면 타당하지만, 제한당하는 사람에게 보상이 주어지는 것도 아니므로 이러한 경우에는 파레토 기준은 충족시키지 못한다. 그렇다고 2점에 대한 선택을 포기하는 것은 합리적이라고 할 수 없다. 요컨대 2점을 선택하는 것은 잠재적 파레토 개선(potential Pareto inprovement)을 의미하며, 즉 만장일치로 찬성하는 선택은 불가능하지만, 칼도-힉스 기준을 충족시킨다는 점에서 2점을 선택하는 것이 타당하다고 할 수 있다([그림 5-3] 참조).[48]

칼도-힉스 기준은 실질적인 보상이 아니더라도 그러한 가능성만 있으면 개선으로 볼 수 있다는 점에서, 잠재적 파레토 개선은 이론적으로나 실증적으로 문제가 있을 수 있다. 그러나 잠재적 파레토 개선은 정책의 후생적 영향을

46) 프랑스의 경제학자 파레토의 이름을 딴 파레토 효율성은 경제학에서 가장 많이 사용되는 효율성 개념이다. 미시경제학의 일반균형론에서 주로 사용되는 개념으로, 간단히 "파레토 개선이 불가능한 상태"를 파레토 효율 혹은 파레토 최적(Pareto optimum)이라고 부른다. 경제가 파레토 최적을 달성하게 되면 자원을 낭비 없이 효과적으로 사용하고 있다고 할 수 있다.

47) Janson, a.a.O., S. 132; Gawel, a.a.O., S. 228.

48) Gawel, a.a.O., S. 230 f.

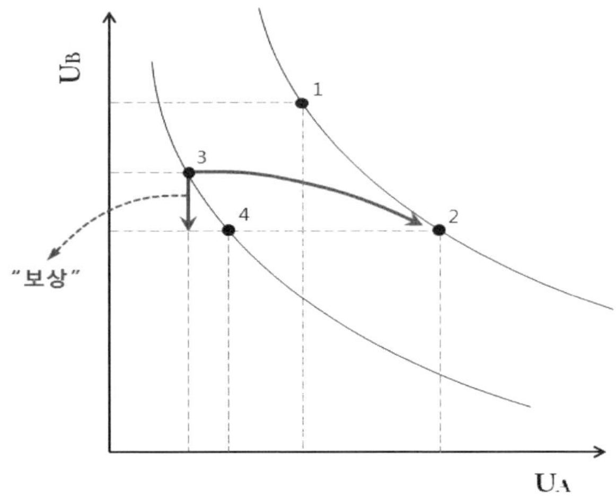

[그림 5-3]

분석하기 위해서는 불가피한 비용-편익 분석이라고 할 수 있다. 요컨대 이 기준은 비용보다 편익이 크다면, 그러한 정책은 선택할 가치가 있다고 본다. 실제로 그 손해에 대한 보상이 이루어질 것인지의 문제는 정책 결정 이후의 문제에 불과하다. 실질적인 보상이 없는 경우에는 그 정책결정에 의해 발생하는 비용의 증가는 음의 외부효과(negative externality)[49]라고 할 수 있다. 요컨대 국가가 정책을 결정하면서 무시되는 비용은 음의 외부효과가 된다. 생각건대 온라인게임 결제한도를 제한하는 경우에는 사업자의 영업의 자유를 침해하여 사업자의 영업손실을 발생시킨다는 점, 온라인 게임 이용자의 자기결정권을 침해할 수 있다는 점에서 결제한도를 제한하는 정책보다는 결제한도를 제한하지 않는 것이 비용-편익 분석에 의하면 더 타당하다고 할 수 있다.[50]

49) 외부효과란 경제활동에 직접 참여하는 중개인의 행위가 다른 중개인의 생산과 소비의 선택의 가능성에 직접적으로 영향을 미치는 경우를 의미한다. Bernard Salanié, Microeconomics of Market Failures, 2000, p. 89.

50) 향후 게임사 등은 객관적인 데이터(영업손실 및 이용자의 게임이탈 등)를 통해 규제에 의해 발생하는 비용증가 등을 정부기관 등에 제시할 필요가 있다.

2. 외부효과의 내부화(internalization of externalities)

기업은 생산량을 결정함에 있어 외부효과에 따른 비용을 0(zero)으로 생각한다. 완전경쟁시장[51])을 전제로 한 [그림 5－4], [그림 5－5][52])를 보면 알 수 있듯이 기업이 만일 개별 한계비용인 PMC(Private Marginal Cost)[53])를 판단의 기준으로 삼으면 생산량은 q_1으로 결정되게 된다.[54]) 반면에 기업이 사회적 한계비용인 SMC(Social Marginal Cost)를 기준으로 판단하면 생산량은 q_2가 된다. [그림 5－5]에서 보면 알 수 있듯이 생산량이 많아질수록 외부성도 증가하게 된다. 음의 외부성이 증가하게 되면 개별적 한계비용과 사회적 한계비용의 격차(㉠)가 커져서 그만큼의 피해가 발생하게 된다. 따라서 음의 외부성으로 인하여 발생한 피해를 줄이기 위해서는 음의 외부성을 유발하는 자에게 개별 한계비용으로 생산량을 판단하게 하는 것이 아니라 사회적 한계비용으로 생산량을 결정하도록 해야 한다. 이것을 흔히 음의 외부효과의 내부화라고 한다.[55]) 불법행위법은 이러한 음의 외부효과를 내부화하는 중요한 역할을 담당한다.[56]) 또한 [그림 5－4]를 보면 음의 외부효과로 인하여 기업에 발생하는 이익은 (㉡+㉢)이기 때문에 이를 감안하여 법적인 방법으로 이를 내부화시켜야 할 것이다.[57])

---

51) 완전경쟁시장이란 수많은 수요자와 공급자가 존재하고 공급자들이 공급하는 물건이 거의 동일한 시장을 말한다(N. Gregory Mankiw, Essentials of economics, 김경환/김종석 역, 교보문고, 2005, 330면).

52) 이하에서 이용되는 평면좌표 함수에서 특별한 언급이 없는 한 q(Q)축은 생산량을 의미하며, p(P)축은 가격을 의미한다.

53) 개인 한계비용(한계비용 = 총비용의 변화량/산출량의 변화량)을 의미한다. 즉 산출량이 한 단위 증가함에 따라서 변화가 되는 총비용의 변화량을 의미한다(N. Gregory Mankiw, 앞의 책, 317면).

54) 총이윤이 가장 크기 위한 생산량은 MR(Marginal Revenue: 한계수입)과 한계비용(MC)이 같게 되는 곳에서 생산량이 결정된다(N. Gregory Mankiw, 앞의 책, 335면). 더욱이 완전경쟁시장에서는 가격 P가 불변이므로, 생산량을 한 단위씩 증가하면 총수입은 P만큼 증가한다. 따라서 경쟁시장의 기업에 있어서 한계수입은 그 재화의 가격과 같다((MC = P). N. Gregory Mankiw, 앞의 책, 332면.

55) Robert D. Cooter & Thomas Ulen(한순구 역), 「법경제학」, 경문사, 2009, 50면.

56) 외부효과를 내부화하는 방법으로는 발생한 손해에 대해 손해배상책임을 인정하는 방법, 그와 동시에 입증책임의 전환이나 무과실책임을 인정하는 방법, 징벌적 손해배상을 인정하는 방법 등이 있을 것이다.

57) 발생하는 이윤은 [가격(P) × 생산량(q)]으로 계산하면 된다.

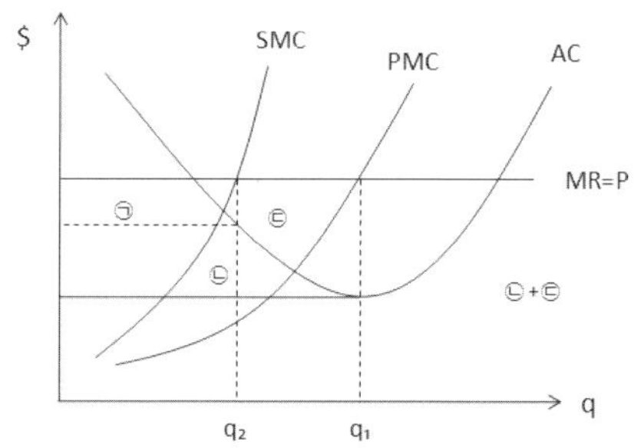

[그림 5-4]

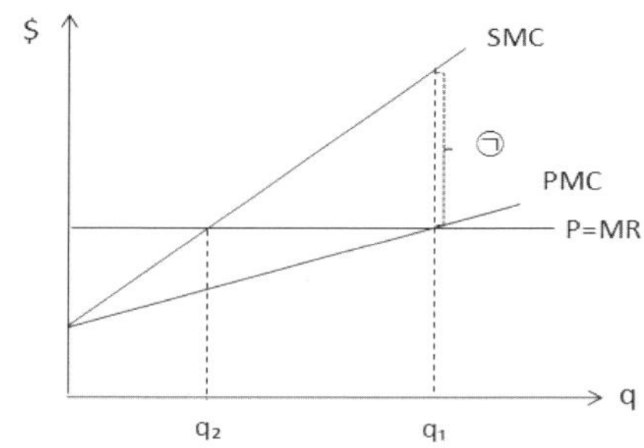

[그림 5-5]

일반적으로 음의 외부효과의 내부화는 불법행위법에 의해 이루어진다.[58] 그런데 불법행위법에서는 비용의 최소화라는 관점에서 구체적으로 외부효과의 내부화를 모색한다는 점,[59] 과실책임을 원칙으로 한다는 점에서 모든 외부효과가 내부화되는 것은 아니므로 현대에는 기금(fund)에 의한 보상제도 및 자율규제를 통해 이러한 내부화를 시도하기도 한다.

결제한도를 제한하여 얻는 것이 [그림 5−2], [그림 5−3]에서 3점에 해당하다면, 결제한도를 제한하지 않아서 얻는 효용은 [그림 5−2], [그림 5−3]에서 2점에 해당한다고 할 수 있다. 그러나 과몰입 게임이용자들의 보호가 2점을 선택함으로 인하여 간과될 수 있다는 점에서 이로 인하여 발생하는 비용의 증가는 보상을 통해 개선되어야 할 것이며, 그 보상의 방법은 외부효과의 내부화를 통해 이루어질 것이다. 그렇다면 본고에서 다루고 있는 게임이용자의 결제한도를 제한하지 않아서 발생하는 음의 외부효과는 어떠한 방법으로 내부화가 가능하겠는가? 보상제도가 마련되어 있다면 그 방법이 대표적인 음의 외부효과의 내부화가 될 것이다. 현행법상 불법행위 손해배상제도가 내부화 수단이 될 것이지만, 민법 제750조 등은 과실책임이라는 점에서 위험책임을 인정하는 방법 등을 모색할 필요가 있을 것이다. 다만 주의할 부분은 [그림 5−3]의 3점에서 2점으로 가면서 발생한 손실에 대한 보상액이 3점에서 2점으로 가면서 증가한 A

58) Robert D. Cooter & Thomas Ulen, 법경제학(한순구 역), 50면; Reinhard Ellger, Bereicherung durch Eingriff, Jus Privatum 63 Mohr Siebeck 2002, S. 442.

59) Guido Calabresi, "Some Thoughts on Risk Distribution and the Law of Tort," 70 Yale Law Journal 499(1961), 499 ff.

집단의 이익보다 커서는 안 된다는 것이다. 그렇게 되면 오히려 3점보다 2점의 효용이 크다고 할 수 있는 전제가 잘못 되기 때문이다. 따라서 3점에서 2점으로 수정됨에 의하여 발생한 손실(비용)을 어떻게 내부화할 것인지는 중요한 문제라고 할 수 있다.

(1) 위험책임의 도입

민사책임의 기본원칙인 과실책임은 피해자가 가해자의 귀책사유를 증명해야 하는데, 피해자가 현실적으로 이를 입증하기란 대단이 어렵다. 이에 피해자 구제를 위해서는 손해에 대한 증명책임을 전환하거나 무과실의 위험책임을 인정할 필요가 있다. 주의할 점은 위험성은 위험책임뿐만 아니라 과실책임에서도 중요한 역할을 한다는 점이다. 즉 구체적인 상황이 위험하면 할수록, 요청되는 주의의 정도도 높아지기 때문에 위험성의 정도에 따라서는 위험성은 과실책임에서도 중요한 요소이다. 이러한 이유 때문에 대부분의 법체계에서는 다소 강도 높은 위험이 문제되는 경우에는 (위험)보유자의 과실행위를 전제로 책임을 부과하면서도 보유자가 자신에게 귀책사유가 없다는 사실을 증명하게 하여, 보유자는 추정된 유책성에 의해 책임을 진다.[60] 반면에 고도의 위험원이 존재하는 경우에는 보유자의 과오행위와 관계없이 그에게 엄격책임이 인정된다.[61] 게임이라는 것 자체가 게임의 특수성에 의해 이용자가 중독에 빠질 수 있다는 잠재적 위험성은 인정할 수 있으나 그 위험성이 고도로 위험한지 여부는 현재 시점에서는 불분명하다고 할 수 있다. 요컨대 사업자에게는 최소한 위험방지요청(Gefahrsteuerungsgebot)으로서 그 위험을 현실화시키지 않도록 기대가능한 예방조치를 해야 하는 의무가 있다고 할 수 있다.[62]

---

60) B. A. Koch/Koziol, in: B. A. Koch/Koziol(Hrsg), Unification of Tort Law: Strict Liability, 2002, p. 432 ff.

61) 과실책임과 위험책임은 엄밀하게 말해 대립하는 것이 아니라 양자의 관계는 유동적이라 할 수 있다. Erwin Deutsch, Gefährdungshaftung und Verschuldenshaftung, JBl 1981, 449, 450; H. Koziol, Bewegliches System und Gefährdungshaftung, in: F. Bydlinski/krejci/Schilcher/Steininger(Hrsg), Das Bewegliche System im Geltenden und künftigen Recht, 1986, S. 51 ff.

62) 타인에게 위험을 발생시키는 활동을 시작하거나 또는 그와 같은 상태를 만드는 자가 제3자에게 손해를 주지 않도록 필요한 보호조치 내지 안전조치를 해야 주의의무를 부담한다. Maximilian Fuchs/Werner Pauker, Delikts- und Schadensersatzrecht, 2012, S. 95 ff.; Wolfgang

다만 사업자 스스로가 게임에 중독되어 피해를 보고 있는 이용자를 고려하여 스스로 위험책임을 부담한다면 이는 전체적으로 기업의 윤리책임에 의한 위험책임화를 이끌어 이용자 보호와 산업 발전을 동시에 실현할 수 있을 것이다. 이런 이유에서 유럽연합은 산업발전의 동력을 위해 행정규제를 지양하면서 대신 이를 통해 발생할 수 있는 피해의 구제는 무과실의 「위험책임 접근방식」[63] 또는 「위험관리 접근방식」(Risk Management Approach) 중 어느 하나를 선택하여 해결하고 있다.[64] 더 나아가 위험책임을 지는 사업자가 책임보험에 가입하는 것이 모든 잠재적 피해자가 스스로 손해보험에 가입하는 것보다 저렴한 가격으로 효율적으로 손해를 분산시킬 수 있다는 점을 감안하면,[65] 사업자에게 책임보험제도에 가입하는 것을 강제하는 것도 하나의 방법이 될 수 있을 것이다.

(2) 이용자보호기구를 통해 이용자의 자기제한 유도

스스로 계약의 구속력으로부터 벗어나는 자기 결정, 즉 자기제한(Selbstsperre)에 의해서 통제가 이루어져야 한다. 온라인 게임 또한 자기제한에 의해 이용자 스스로를 보호할 필요가 있다. 2016년도에 게임문화재단 산하의 통합 이용자보호기구인 "게임이용자보호센터(Game User Care Center, 'GUCC')[66]에서는 이용자 보호를 위한 가이드라인(총 11개 조문)에서는 게임물 이용제한 제도를 두고 있

Thiele, Leistungsstörungen und Schutzpflichtverletzung, Zur Einordnung der Schutzpflichtverletzungen in das Haftungssystem des Zivilrechts, JZ 1967, 649 ff.; 공순진, "보호의무위반에 기한 계약체결상의 과실책임", 재산법연구 제7권 제1호, 1990, 123면 이하 참조.

63) 대법원 2016. 5. 19. 선고 2009다66549 전원합의체 판결은 "사회에 위험을 야기시킨 사람은 그 노출된 위험에 의하여 타인이 피해를 입지 않도록 그 위험을 제거하여야 하고 그 위험의 노출·방치로 인하여 피해를 입은 사람에 대하여 배상책임을 진다는 이른바 위험책임은 일반적으로 통용되는 불법행위 이론"이라고 한다.

64) European Parliament resolution of 16 February 2017 with recommendations to the Commission on Civil Law Rules on Robotics (2015/ 2103(INL)), Liability No. 53.

65) 효율성인 측면에서의 책임보험자의 주체를 판단하는 것에 대해서는 V. Bar, Gemeineuropäisches Deliktsrecht I, 1996, S. 146; MünchKommBGB/Wagner, 6. Aufl., 2013, § 828 Rn. 20. 참조.

66) 「게임산업 진흥에 관한 법률」(이하 '게임산업법') 제28조 및 같은 법 시행령 제17조 별표 2 제8호 '사'목에서 온라인(웹보드)게임 이용자를 보호하고 그 권익을 보장하기 위하여 게임제공업자에게 이용자보호방안을 수립하도록 개정하였다. 이를 이행하기 위해 GUCC가 설립되었다. http://www.gucc.or.kr

다. 즉 동 가이드라인은 게임과몰입 방지 등을 위하여 1년 이상의 기간을 정하여 게임 이용자의 게임물 이용을 제한함을 내용으로 한다(제5조 제1항). 그 구체적인 내용은 내부통제기준에 포함시켜서 정하도록 하고 있고(제5조 제2항) 가이드라인에서는 게임물 이용제한을 신청할 수 있는 자가 명시적으로 규정되어 있다. 게임에 대한 이용제한을 신청할 수 있는 자격이 부여된 자로는 1) 게임 이용자 본인, 2) 그 배우자 및 직계 존·비속, 3) 그 법정대리인 또는 기타 이에 준하는 자, 4) 게임물관리위원회 위원장 또는 이용자보호기구의 장 등으로 정하고 있다. 그 신청은 문서(전자문서 포함)를 통하여 하도록 하고 있다. 더 나아가 게임제공업자는 게임물 이용제한 기간이 경과한 경우 이를 해제하는 절차를 마련하도록 규정하고 있다(제5조 제3항). 향후 이러한 이용자 보호를 위한 게임제한 가이드라인이 실질적인 효과가 창출될 것인지에 대해서는 다양한 측면에서 재검토가 이루어 져야 할 것이지만, 최소한 이 가이드라인에 의해 사업자의 이용자 보호에 대한 책임은 강화되었다고 평가할 수 있다.

Ⅳ. 맺음말

정부의 정책은 게임산업의 발전과 이용자 보호라는 두 이익 사이에 균형추(conterbalance)역할을 담당해야 한다. 따라서 정부규제 정책은 그 규제를 준수하는 집단이나 규제에 의해 기본권 등이 침해되는 개인이 관용할 수 있어야 하며, 그를 위해서는 규제가 합리적이고 타당해야 한다.[67] 이러한 이유에서 각국은 입법(특히 규제입법)을 함에 있어 일반적으로 비용추계분석을 하고 있으며(OECD 국가 및 EU의 기본적인 입장이다), 우리의 경우에도 국회법 제79조의2가 이를 반영하고 있다. 그런데 온라인 게임 결제한도 규제는 어떠한가? 위임입법의 한계를 벗어난 것인지를 차치하고라도 지금의 통제방법은 몇 가지 문제점이 있다.

첫째, 게임이용을 통해 반사적으로 피해를 보는 집단을 보호한다는 미명하

67) 이성적인 사람들이 견해대립이 발생하는 경우 다원주의 사회가 유지되기 위해서는 이성적 불합치를 관용을 취하는 것으로 해결할 수 있다. John Rawls, Political Liberalism, 1996, p. 58.

에 게임산업의 발전을 저해하며, 정상적으로 게임을 이용하는 다수의 게임이용자에 대한 자기결정권을 제한하는 문제점이 있다.

둘째, 비용편익 분석에 의하더라도 일괄적으로 모든 이용자를 제한하는 방법보다는 게임의 이용에 대해서는 가능한 한 자율규제에 맡기고, 그로 인하여 발생하는 외부효과는 민사적인 책임강화(위험책임 인정, 책임보험 강제가입, 기금형성)를 통해 해결하는 것이 바람직하다.

셋째, 일괄통제 방식은 재고가 필요하다. 물론 중독에 빠지거나 과소비를 하게 되는 이용자를 보호하기 위한다는 점에서 목적의 정당성은 인정될 수 있을 지라도, 그 방법에 있어서 지금의 일괄적인 통제방법은 행정편의를 고려한 통제 시스템이라는 오해를 불러일으킬 수 있다는 점에서 정당성이 약하다.

마지막으로, 시장실패를 치유하기 위한 통제가 오히려 시장의 실패를 초래한다면, 이는 정부실패를 방증한다고 할 수 있다는 점에서 재고가 필요하다. 완전경쟁시장이 파레토 효율적이라는 사실에도 불구하고 현대 국가 중 온전히 시장원리에만 기반하여 경제를 운용하는 국가는 없다. 현실에서는 완전경쟁시장이 존재하지 않고 시장의 실패가 나타나기 때문이다. 완전경쟁시장이 성립되기 위해서는 몇 가지 조건이 필요한데(종종 이 사실을 잊어버리는 사람들이 많다) 이것을 만족시키지 못하는 상태를 시장실패(market failure)라고 한다. 시장실패의 원인으로 거론된 것들은 1) 불완전경쟁(독점이나 과점 등이 발생한다, 흔히 규모의 경제와 관련된다), 2) 공공재(public goods)의 존재, 3) 외부성의 존재, 4) 불확실성, 5) 비대칭 정보[68] 등이다. 이러한 이유들로 인해서 시장실패가 발생하고 이것이 정부가 시장에 개입해야 하는 이유가 되지만, 그렇다고 정부의 개입이 꼭 파레토 효율성을 도출한다고 볼 수는 없다. 경우에 따라서는 정부에 의한 개입이 너무 비효율적이고 무능하기 때문에, 오히려 정부의 개입이 문제를 악화시킨다고 주장한다. 이른바 정부실패(government failure)가 발생한다는 것이다. 기

68) 도덕적 해이나 역선택은 비대칭 정보로 인해 발생하는데, 이 둘은 시장 실패를 불러오는 주요 원인이 된다. 흔히 금융위기에 대한 금융기업들의 도덕적 해이가 자주 신문에 언급되는데, 정부의 개입으로 인해서 오히려 도덕적 해이가 발생하게 되는 특이한 사례라고도 할 수 있다. 국가는 경제주체들의 도덕적 해이나 역선택을 방지하기 위한 규제나 제도를 마련하고 시행한다(비대칭정보 혹은 불완전정보 문제를 해결하기 위한 방법은 국가의 개입이 아닌 민간 부문의 자체적인 노력에 의해서도 마련되고 있다).

본적으로 정부의 개입은 민간 부문의 자유로운 의사결정을 교란시켜 효율성에 나쁜 영향을 주게 된다. 여기에 정부실패까지 겹치게 되면 사회후생에 더욱 큰 악영향을 미치게 된다. 대표적으로 자중손실(dead weight loss)[69]을 고려할 수 있다.[70] 최소한 지금처럼 일률적으로 온라인 게임의 결제한도를 제한하는 통제방식은 게임산업계의 양적·질적 저하를 가져왔다는 점에서 정부실패로 보여질 수 있으며, 과몰입 이용자 및 과소비 이용자를 보호한다는 목적의 정당성은 다른 방법(민사책임 강화 등)으로 충분히 해결할 수 있다.

---

69) 경쟁의 제한으로 인한 시장의 실패에 따라 발생하는 자원배분의 효율성 상실을 말한다. 자중은 원래 차량 자체의 중량이란 뜻으로서, 아무 것도 싣지 않아도 그 무게는 나가게 되므로 총 운반가능 중량에서 빠져야 되는 무게가 된다. 경제학에서는 이러한 자중의 개념을 시장실패로 인한 자원배분의 비효율성을 설명하는데 사용하고 있다. 특히 정부 개입으로 인한 자중손실은 보통 조세에서 대표적으로 나타나며 이러한 자중손실을 초과부담이라고 부르기도 한다. 조세의 초과부담은 '조세로 인해 정부로 이전된 구매력을 초과하는 납세자 구매력의 상실분'이라고 할 수 있다. 납세자의 구매력의 상실이라는 개념은 앞서 설명한 소비자 잉여의 상실과 거의 비슷한 개념이라고 할 수 있다. 그런데 조세로 인한 납세자의 구매력의 상실은 모두가 정부로 이전되지 않고 그중 일부만이 이전되는 데 이처럼 정부로 이전된 구매력을 초과하는 납세자의 구매력의 상실분을 초과부담 혹은 자중손실이라고 한다. 예를 들어 정부가 어떤 재화에 물품세를 부과할 경우 납세자는 100원만큼의 구매력을 잃는데 정부가 징수하는 세액은 60원에 그친다고 하면 차액 40원은 경제 내의 누구에게도 이전되지 않고 증발되는 것이다.

70) Erin Ann O'hARA, "OPTING OUT OF REGULATION – A public choice analysis of contractual choice of law, 53(3) Vanderbilt Law Review 1561(2000), 1561 ff.

제 6 장

게임광고 심의에 대한 고찰

- 표현의 자유와 사전검열금지의 원칙 -

Ⅰ. 게임광고를 둘러싼 사회적 논란과 입법부의 대응

2000년 이후 게임산업은 비약적으로 성장하였는데 현재에도 수많은 게임이 출시되고 있고, 게임이용자들을 확보하려는 게임사들간의 경쟁은 더욱 치열해지고 있다. 게임이용 트렌드가 모바일 기기를 중심으로 재편되는 흐름에서 기기이용에 최적화된 포맷이나 장르의 유사한 게임들이 반복적으로 출시되는 등 이러한 경쟁은 더욱 심화되고 있다. 유사한 게임의 홍수 속에 게임 출시 초반 단기적으로 이용자 확보를 증가시키는 것이 게임 성공의 지표가 된 상황에서 게임사들은 마케팅에 집중하게 되었고 여러 매체들을 통해 게임광고를 하고 있다.

주로 게임콘텐츠나 게임 내 캐릭터를 그래픽 그대로 노출하는 방식으로 게임광고가 진행되어 왔지만 그 외에도 국내외 유명 연예인들을 출연시킨 게임광고들이 등장하며 게임 자체에 대한 홍보뿐만 아니라 게임산업의 성장에 대한 사회적 인식을 제고시키기도 하였다. 하지만 최근 몇몇 게임광고가 사회적 논란의 대상이 되었는데 대표적으로는 2018년 4월 국내에 출시된 '왕이되는자'라는 게임이 국내 출시에 맞추어 유튜브에 선정적인 내용의 게임광고를 하여 사회적 물의를 일으켰다. 이 게임은 중국 포유망락과기유한공사(泡游網絡科技有限公司)가 개발하고 홍콩의 추앙쿨 엔터테인먼트(Chuang Cool Entertainment)가 글로벌 서비스를 담당한 외산게임으로 중국 청나라를 배경으로 한 국왕 육성게임이다. 그런데 게임광고에서는 실제 게임에는 전혀 등장하지 않는 인신매매를 통한 후궁양성의 내용이나 여성을 고문하는 내용이 포함되었다.[1] 흥미를 유발하여 이용자들을 확보하기 위해 지나치게 자극적이고 선정적이면서 허위 내용의 광고를 게재한 것인데, 게임이용자들의 거센 항의에도 불구하고 이와 같은 방식의 노이즈 마케팅은 '상류사회'라는 또 다른 중국산 게임에서도 반복되었다. 중국 게임사 지니어스 게임(Genius Game)이 출시한 '상류사회'라는 게임은 기업경영 시뮬레이션 게임인데 이의 광고에는 기업 회장이 비서와 불륜을 저지르거나 유사성행위를 연상케 하는 내용 등이 포함되어 사회적 문제가 되었다.[2] 비단 중국산 게임의 광고에서만 비난 여론이 들끓었던 것은 아니다. 국내 게임사인 유스티스(iustice)의 카드수집형 모바일 게임인 '언리쉬드(UNLEASHED)'는 2018년 어린이날 기념 이벤트로 노출이 심한 미소녀와 소아성애를 연상시키는 여아 캐릭터 일러스트를 공개하여 역시 물의를 일으켰다.[3]

이처럼 선정적인 내용의 게임광고가 사회적 비난의 대상이 되자 게임물관리위원회(이하 '게관위')는 2018년 4월 18일 제16차 사후관리심의회의에서 '왕이되는자'의 광고에 위법성이 있다고 결정하였다.[4] 게관위는 실제 게임에 광고의 내용이 포함되어 있지 않기 때문에 이는 「게임산업진흥에 관한 법률(이하 '「게임산업법」')」 제34조 제1항 제1호를 위반하여 '등급을 받은 게임물의 내용과 다른

---

1) 관련기사는 "모바일게임 '왕이되는자' 광고 성 상품화 논란…"어린이들도 보는 광고인데", 투데이신문 2018년 4월 17일. http://www.ntoday.co.kr/news/articleView.html?idxno=61134 ; "국내 최고 매출 3위 왕이되는자, 도 넘은 선정성 '고삐 풀린 망아지'", 스포츠조선 2018년 8월 3일. http://sports.chosun.com/news/ntype.htm?id=201808040100030950001930&servicedate=20180803 참조.

2) 관련기사는 "마누라한테 들키지 말라? 게임 상류사회 도 넘은 선정성", 오마이뉴스 2018년 10월 3일. http://star.ohmynews.com/NWS_Web/OhmyStar/at_pg.aspx?CNTN_CD=A0002476567&CMPT_CD=P0010&utm_source=naver&utm_medium=newsearch&utm_campaign=naver_news; "'왕이되는자' 이어, '상류사회' 유사성행위 묘사 광고 논란", 게임메카 2018년 10월 4일. https://www.gamemeca.com/view.php?gid=1496503 참조.

3) 관련기사는 "게임 언리쉬드 '어린이날 기념' 소아성애 삽화 논란", 노컷뉴스, 2018년 5월 3일. http://www.nocutnews.co.kr/news/4964494 참조.

4) 관련기사는 "게임위, '왕이되는자' 광고 차단 및 직권등급재분류 조치", 게임동아, 2018년 4월 27일. http://game.donga.com/89431/ 참조.

내용의 광고를 하거나 그 선전물을 배포·게시'하는 위법행위에 해당한다고 판단했다. 그리고 게관위는 「게임산업법」 제38조 제7항의 광고 차단조치를 추진하기 위해 해당 게임사의 의견청취 절차를 거친 후 광고를 게시하고 있는 주요 커뮤니티와 포털 등 정보통신서비스제공자에게 광고 차단을 권고했다. 하지만 이러한 광고들에 대해 비난여론이 형성된 결정적 이유는 광고의 내용이 게임의 실제 내용과 달라서라기보다는 광고 내용이 지나치게 선정적이었기 때문인데, 게관위의 판단은 선정성 부분과 무관하게 이루어져서 결국 게관위의 조치는 비난여론을 쉽게 잠재울 수 없었다. 다만 「게임산업법」상 광고의 선정성에 대한 심의를 하거나 그와 관련된 조치를 할 수 있는 권한이 게관위에 주어져 있지 않기 때문에 상술한 게관위의 판단과 조치는 법적으로 허용되는 최선의 조치였다.

이에 2018년 6월 28일 민경욱 의원 등 국회의원 10인은 게관위의 게임광고 심의권한을 확대·강화하는 내용의 「게임산업진흥에 관한 법률 일부개정법률안(의안번호 14059, 이하 '「게임산업법」 개정안')」을 발의하였다. 선정적인 게임광고로부터 청소년을 보호하기 위해 광고의 유해성을 확인하는 사전심의권한을 게관위에 부여해야 한다는 것이 개정안의 핵심 내용이었다. 게임산업계나 관련 미디어측에서는 광고(표현)의 자유를 보호해야 한다고 주장하며 개정안은 광고 표현에 대한 사전검열조치라고 강력하게 반대의사를 밝혔다.[5)]

광고 사전심의는 표현의 자유의 제한과 맞물린 주요 헌법적 쟁점으로 최근 몇 년 사이 헌법재판소는 이에 대한 중요한 결정들을 내려왔다. 법정책이 마련될 때 최고규범인 헌법에 합치되어야 한다는 당연한 원칙을 고려하면 작금의 상황에서 게임광고 사전심의제도에 대한 정책적 논의에는 헌법적 검토가 병행되어야 한다. 따라서 현재 게임광고 심의를 둘러싼 논의를 정리하고 대안을 제시하려 한다면 게임광고가 헌법상 보호되는 표현인지 여부와 사전검열금지 원칙의 적용 대상인지 여부를 심도 깊게 논의할 필요가 있다. 그에 따라 이 글에서는 최근 의료광고 및 건강기능식품 광고의 사전심의제도에 대한 헌법재판소의 결정례들을 분석하여 헌법적으로 허용되는 광고 심의제도의 틀을 그려보는

---

5) 관련기사는 "게임광고 '사전심의법' 발의 … '선정성 논란·유해성 차단' 게임업계 반발", 데일리팝, 2018년 7월 4일. http://www.dailypop.kr/news/articleView.html?idxno=34102; "사전 광고 심의, 게임산업 나락으로 떨어진다", ZDNet Korea, 2018년 7월 11일. http://www.zdnet.co.kr/view/?no=20180711101809 참조.

작업을 중심적으로 수행할 것이다. 그리고 이에 근거하여 현행 광고 심의제도와 「게임산업법」 개정안의 내용에 대해 평가하며 게임광고에 대한 합헌적인 심의모델을 제안해 볼 것이다.

II. 광고 심의제도에 대한 헌법적 검토

1. 광고: 표현의 자유의 보호대상인가

사상과 의견의 자유로운 교환은 민주사회의 기초를 이루며 언론·출판의 자유는 민주적 정치체제에서 불가결의 본질적 요소이다.[6] 인간의 정신활동으로서 행해지는 의사표현은 개인의 인격을 발현하는 가장 유효하고 적절한 수단이라는 점에서 언론·출판의 자유와 같은 표현의 자유는 인권으로서의 지위를 확보한다. 그에 따라 표현의 자유는 민주주의 헌정체제에서 가장 근본적인 기본권 중 하나로 취급되며 다른 자유들의 기반이자 우월적인 지위를 가진다고 인정받아 왔다.[7]

정치적 함의를 갖는 사상·의견의 표현만이 헌법의 보호대상인 '표현'으로 인정받는 것은 아니다. 불특정다수에게 정보를 전달하는 것 역시 표현의 자유의 보호 대상이다.[8] 표현의 자유에 대한 국가의 자의적 침해를 방지하고 실질적인 자유 보장을 위해서는 표현의 자유의 보호영역을 임의로 한정하여서는 안된다. 표현을 통한 개성과 인격의 발현이 특정한 내용이나 의도의 표현을 할 경우에만 이루어진다고 보는 것은 차별적이며 시대착오적인 생각일 수 있다. 대중문화의 시대에서 비정치적이거나 탈정치적인 자기표현이 오히려 개성을 발현하는 핵심적인 표현이 되고 있음은 소셜네트워크서비스(SNS) 등을 이용해보면 쉽게 알 수 있기 때문이다. 이러한 표현들이 자본주의 환경 하에서 영리추구라는 경제적 의도와 결부된다고 하더라도 이를 헌법상 보호되는 표현의 내용이

6) 헌재 1998. 4. 30. 95헌가16 결정.

7) 헌재 1991. 9. 16. 89헌마165 결정; 대판 2011.12.22. 2008도11847. 성낙인, 『헌법학』 제21판, 법문사, 2021, 1263면.

8) 헌재 1998. 2. 27. 96헌바2 결정.

아니라고 단정할 수는 없는 것이다.

이러한 맥락에서 광고 역시 헌법상 보호되는 표현의 일종이라 할 수 있다. 일반적으로 광고란 "기업이나 개인 단체가 상품·서비스 등을 세상에 알려 계획한 목적을 거두기 위해 투자하는 정보활동"으로 개념 정의된다.[9] 영리추구를 위한 정보 제공 행위라는 점에서 광고를 제공하는 행위는 경제적인 자유와 표현의 자유를 모두 행사하는 성격을 가진다. 헌법재판소는 기본적으로 광고는 "사상·지식·정보 등을 불특정다수인에게 전파하는 것"[10]이라 밝히며 헌법상 보호되는 일반적인 표현의 일종으로 보고 있다. 특히 광고를 '기업언론'이라 지칭하기도 하며 헌법 제21조 제1항에 따라 보호되어야 하는 표현으로서의 가치를 강조한다.[11] 나아가 헌법재판소는 광고의 이러한 특성도 인정하면서도 광고가 여러 표현방식을 통하여 그 대상이 되는 "상품에 사회적 가치를 부여"하고 나아가 "생활양식이나 가치관을 새롭게 제시하는 등 문화를 형성"한다는 측면에서 표현으로서 독특한 가치를 갖는다고 본다.[12] 광고는 인격발현과 개성신장에 미치는 효과가 중대하지 않다는 점에서 정치적·시민적 표현행위를 의미하는 전통적인 언론과 차이가 있을 수 있지만,[13] 새로운 가치와 문화를 창출해내는 언론으로서 그 존재를 부인할 수 없고 헌법상 보호되는 표현의 대상이 아니라고 볼 수 없는 것이다.[14]

---

9) 이준복, "광고자유의 제한에 관한 비교법적 연구－독일과 미국의 인터넷광고 관련법을 중심으로－", 『한독사회과학논총』 제18권 제3호, 2008, 134면. 참고로 헌법재판소는 다양한 표현으로 '광고'를 지칭한다. 헌재 1998. 2. 27. 96헌바2 결정례에서는 '광고물'이라는 표현을 사용하였고 헌재 2005. 10. 27. 2003헌가3 결정례에서는 '상업(적) 광고'라는 표현을 사용하였다. 헌재 2000. 3. 30. 99헌마143 결정례에서는 '상업적 광고표현'이라는 용어를 사용하였고 2015. 12. 23. 2015헌바75 및 헌재 2018. 6. 28. 2016헌가8 결정례에서는 '상업광고' 혹은 그냥 '광고'라는 표현을 사용하기도 하였다. 이 글에서는 이상의 개념 정의를 토대로 '광고'라는 표현을 사용한다.

10) 헌재 1998. 2. 27. 96헌바2 결정.

11) 헌재 2002. 12. 18. 2000헌마764 결정.

12) 헌재 2002. 12. 18. 2000헌마764 결정.

13) 헌재 2005. 10. 27. 2003헌가3 결정.

14) 반면 헌법재판소의 소수의견에서는 광고는 민주사회의 토론과 여론 형성에 이바지하기 위한 것이 아니라 영업이나 상품의 홍보화 판매촉진을 주된 목적으로 하는 영리적 활동이므로, 표현의 자유가 아닌 영업활동의 자유에 포섭될 뿐이라고 판단하기도 하였다. 즉 상업적 광고는 표현의 자유에 의해 보호를 받는 대상이 아니라고 하였다. 헌재 2008. 6.

여기서 중요한 점은 음란한 표현에 대한 헌법재판소의 결정례[15]에서처럼 헌법상 보호받는 표현들은 표현의 자유를 보호하기 위한 헌법의 특칙들이 우선적으로 적용된다는 것이다. 표현의 자유에 대한 규제로부터 표현들을 보호하기 위해 정립된 중요한 원칙들, 예컨대 명확성의 원칙, 사전검열금지의 원칙 등이 헌법상 보호받는 표현에 적용된다.[16] 이러한 원칙들의 적용으로 인하여 표현의 자유에 대한 규제정책들의 합헌성 심사는 엄격하게 이루어진다.

물론 표현의 자유의 고전적 의미상 민주주의 실현에 필요한 여론형성에 관여된 정도에 따라 표현의 보호 수준을 다르게 설정할 수는 있을 것이다. 기본권의 충돌을 해결해야 하거나 제한을 해야 하는 상황에서 표현의 내용이나 목적을 고려하여 이익형량을 하고 보호 수준을 달리 정할 필요가 있다. 하지만 이러한 논의는 어디까지나 제한이 필요한 표현 역시 헌법상 보호대상임을 전제하고 이루어지는 것이지 제한이 필요하다는 이유에서 혹은 정치적 함의가 부재하거나 미약하다는 이유에서 애초부터 해당 표현을 보호대상에서 배제하고 이루어지는 것은 아니다. 청소년 보호라는 측면에서 규제가 요구되는 음란한 표현에 대해서도 헌법재판소는 일단 이를 헌법상 표현의 자유의 보호대상으로 인정하였고 다만 일반적 법률유보에 의해 공적 제한이 가능하다고 판단하였다. 따라서 광고 역시 영리추구라는 상업적 목적이 분명하고 정치적인 사상·의견 등과 무관한 내용을 가지고 있다 하더라도 정보의 제공, 새로운 가치와 문화의 창출에 기여한다는 측면에서 표현의 자유의 보호대상인 표현이며 이를 보호하기 위한 헌법의 특칙들이 우선적으로 적용되고, 보호의 수준을 정할 필요가 있는 경우 표현의 목적이나 내용을 고려한 개별적 이익형량이 이루어져야 한다.[17]

---

26. 2005헌마506 및 헌재 2010. 7. 29. 2006헌바75에서의 재판관 조대현의 별개의견 및 헌재 2015.12.23.2015헌바75 및 헌재 2018. 6. 28. 2016헌가8 등에서의 재판관 조용호의 반대의견 참조.

15) 헌재 2009.5.28. 2006헌바109 결정.

16) 헌재 2009.5.28. 2006헌바109 결정; 정종섭, 『헌법학원론』 제12판, 박영사, 2018, 631면.

17) 비슷한 입장으로는 이종훈, "상업광고에 대한 사전검열의 헌법적 문제", 『헌법실무연구』 제17권, 2016 참조. 상업적 광고에 대해 비상업적 언론과 차별하여 보호를 해야 하는지 혹은 동등한 헌법적 보호가치가 인정되어야 하는지에 대해서는 미국을 중심으로 논의가 전개되어 왔는데 그에 대한 정리는 김웅규, "21C 미국에서의 상업적 언론에 대한 헌법적 평가", 『세계헌법연구』 제14권 제3호, 2008, 120면 이하 및 조소영, "광고규제에 대한 헌법적

2. 광고심의: 사전검열금지 원칙의 적용

(1) 사전검열금지의 원칙과 광고

헌법상 표현의 자유가 다른 기본적 인권들에 비해 우월적 지위를 갖는다는 이론적 평가는 표현의 자유에 대한 규제의 합헌성을 판단하는 기준이 다른 자유권들에 대한 규제보다 엄격하게 설정되는 실질적인 제도로 드러난다. 헌법재판소는 명확성의 원칙, 명백하고 현존하는 위험의 원칙, 사전검열금지의 원칙 등을 적용하여 표현의 자유에 대한 규제를 엄격하게 심사하여 왔다.[18] 이들은 표현의 자유에 대한 우월적 지위를 확고히 인정하고 있는 미국에서 헌법이론과 실무적으로 발달된 원칙들로 우리 역시 이를 다양한 판례에서 수용하여 왔다. 그런데 이 중 사전검열금지의 원칙은 헌법 제21조 제2항에 명시되어 표현의 자유 규제에 대한 합헌성 심사에서 중요한 역할을 수행하고 있다.

검열이란 "그 명칭이나 형식과 관계없이 실질적으로 행정권이 주체가 되어 사상이나 의견 등이 발표되기 이전에 예방적 조치로서 그 내용을 심사, 선별하여 발표를 사전에 억제하는, 즉 허가받지 아니한 것의 발표를 금지하는 제도"를 뜻한다.[19] 이러한 사전검열은 법률에 의하더라도 불가능한데 다만 모든 형태의 사전적인 규제를 금지하는 것은 아니고, 의사표현의 발표 여부가 오로지 행정권의 허가에 달려있는 사전심사만을 금지한다. 헌법재판소는 헌법이 금지하는 사전검열의 요건으로 첫째, '일반적으로 허가를 받기 위한 표현물의 제출의무가 존재할 것', 둘째, '행정권이 주체가 된 사전심사절차가 존재할 것', 셋째, '허가를 받지 아니한 의사표현을 금지할 것', 넷째, '심사절차를 관철할 수 있는 강제수단이 존재할 것'을 들고 있다.[20] 검열의 주체는 행정권인데 행정기관인지 여

검토-상업광고에 대한 논의를 중심으로-", 『공법학연구』 제18권 제3호, 2017, 231~233면 참조.

18) 명확성의 원칙을 적용한 결정례로는 헌재 1998. 4. 30. 95헌가16 결정, 헌재 2002. 6. 27. 99헌마480 결정 참조. 명백하고 현존하는 위험의 원칙을 적용한 결정례로는 헌재 1990. 4. 2. 89헌가113 결정 참조.

19) 헌재 2005. 2. 3. 2004헌가8 결정; 검열을 "국가의 선별적 재량권의 행사에 따른 표현의 사장(死藏)"이라 설명하는 입장은 김하열, 『헌법강의』, 박영사, 2018, 480면.

20) 헌재 1996. 10. 31. 94헌가6 결정; 헌재 2008. 6. 26. 2005헌마506 결정; 헌재 2015. 12. 23. 2015헌바75 결정; 헌재 2018. 6. 28. 2016헌가8 결정.

부는 기관의 형식보다는 실질에 따라 판단된다. 검열을 행정기관이 아닌 독립적인 위원회에서 행하더라도 행정권이 검열절차를 형성하고 검열기관의 구성에 지속적인 영향을 미칠 수 있는 경우라면 실질적으로 보아 검열기관은 행정기관이라 보아야 한다.[21] 그리고 사전심의가 있더라도 의사표현의 공개를 원천적으로 금지하지 않고 연령에 따라 접근을 제한적으로 허용하는 식의 등급분류제도는 검열에 해당하지 않는다.[22]

광고가 표현의 자유의 보호대상이라면 광고 규제에 대한 합헌성 심사에서도 명확성의 원칙, 명백하고 현존하는 위험의 원칙, 사전검열금지의 원칙이 적용된다. 헌법 조문에 명시된 사전검열금지의 원칙이 광고에 적용되면 광고에 대한 실질적 행정권력의 사전심사(사전심의)는 위헌으로 판단될 것이다. 특히 헌법에는 사전검열금지의 원칙의 적용에 대한 예외 규정이 존재하지 않기 때문에 원칙의 적용단계에서는 검열을 통해 행정권력이 추구하려는 어떠한 법적 이익, 공익도 고려대상이 아니다. 따라서 광고표현으로 인한 사회적 폐해에 대해서는 실제 이러한 부작용들이 발생한 이후에만 사후적으로 조치가 가능할 것이다. 광고가 가질 수 있는 역기능이 어느 정도 예상되는 경우에도 사전에 이를 행정권력이 통제하지 못한다는 점은 우려를 낳기에 충분하고 광고에 헌법상 검열금지의 원칙을 예외 없이 적용하는 것이 타당한지에 대한 논의로 이어지게 된다. 실제로 광고가 헌법상 보호되는 표현임을 계속적으로 인정해오고 있는 헌법재판소 역시 사전검열금지 원칙을 적용할지 여부에 대해 일관성 있는 입장을 보여주지 못해왔고 최근에야 입장이 정리되었다.

(2) 헌법재판소의 입장

1) 적용 입장: 텔레비전 방송광고 사전심의 관련 2008년 결정례

광고에 대해 사전검열금지 원칙을 적용한 최초의 결정례는 텔레비전 방송광고 사전심의 사건의 결정례이다.[23] 이 결정례에서 헌법재판소는 광고도 표현의 자유의 보호대상임이 분명하므로 표현에 대한 사전검열금지를 규정한 헌법

---

21) 헌재 1996. 10. 4. 93헌가13 결정.

22) 김하열, 앞의 책, 482면.

23) 헌재 2008. 6. 26. 2005헌마506 결정.

제21조 제2항이 당연 적용된다고 하였다. 이 결정례에서는 상술한 사전검열의 요건들을 설정·적용하여 구 방송위원회로부터 위탁을 받은 한국광고자율심의기구가 텔레비전 방송광고의 사전심의를 담당하도록 한 「방송법」 조항들을 위헌으로 선언하였다. 언론출판에 대해 사전검열이 허용되면 국민의 예술활동의 독창성과 창의성이 침해되고 관제의견이나 지배자에게 무해한 여론만이 허용되므로 사전검열은 절대적으로 금지되어야 한다는 것이 헌법재판소의 판단 근거였는데, 광고의 표현으로서의 독창성·창의성을 보호하기 위해 일단 표현이 공개적으로 제시되는 것을 사전에 막을 수 없음을 분명히 한 것이라 해석 가능하다. 물론 행정권력이 아닌 광고업계나 민간에서 자율적으로 광고를 심의하는 것은 사적 자치라는 측면에서 허용될 수 있다. 다만 민간자율심의기구가 실질에 있어서는 행정권력의 지휘, 감독, 비용지원 하에서 이루어지는 경우에는 이는 헌법상 금지되는 사전검열에 해당할 것이다.

2) 적용배제 입장: 건강기능식품 광고 사전심의 관련 2010년 결정례

이러한 판단에도 불구하고 광고에 대해 사전검열금지 원칙을 무차별적으로 적용하는 것이 타당하지 않다는 반론 역시 헌법재판소에 의해 제기되기도 하였다. 우선 상술한 텔레비전 방송광고 사전심의 관련 결정례에서 재판관 1인은 상업적 방송광고는 영업활동의 자유에 포섭되므로 사전검열금지 원칙이 적용되지 않는다는 별개의견을 제시하였고 또 다른 재판관 1인은 표현매체의 전파성과 파괴력이 강력해진 시점에서 사전검열금지 원칙을 경직적으로 적용하면 불합리한 결과에 이르기 때문에 이 원칙을 제한적으로 적용할 필요가 있다는 반대의견을 제시하기도 하였다.[24]

특히 「건강기능식품에 관한 법률」상의 건강기능식품의 기능성 표시·광고의 사전심의절차에 관한 결정례에서 헌법재판소는 광고에 대해 사전검열금지 원칙을 무차별적으로 적용되어서는 안된다는 견해를 제기하였다.[25] 즉 표현의 대상이나 내용, 표현매체나 형태 등에 따라 사전검열금지 원칙을 유연하게 운영하여야 사전검열 금지의 진정한 취지에 맞는 것이고 광고로 인한 해악을 사

24) 헌재 2008.6.26. 2005헌마506 결정에서 조대현 재판관, 목영준 재판관의 의견 참조.
25) 헌재 2010.7.29. 2006헌바75 결정.

후적으로 제재하여도 피해 회복이 사실상 불가능한 경우가 발생할 수 있어, 실효적으로 기본권 주체의 건강, 신체를 보호하기 위해서는 건강기능식품에 대한 허위·과장 광고를 사전에 예방할 수 있게 사전심의절차를 구축할 필요가 있다고 판단하였다.[26] 특히 건강기능식품 광고는 상업광고이므로 정치적·시민적 표현행위와 관련이 없을 뿐만 아니라 이에 대한 사전심의로 인해 표현의 독창성과 창의성이 침해될 위험도 작다고 헌법재판소는 판단하였다. 결국 사전검열금지 원칙의 적용여부를 표현의 내용이나 매체, 그리고 표현으로 인한 부작용까지 종합적으로 고려하여 유연하게 판단하자는 이론을 헌법재판소가 제시하였다.[27]

3) 적용 입장 확인: 의료광고 및 건강기능식품 광고 사전심의 관련 2015년 이후의 결정례

헌법재판소가 상업광고에 사전검열금지 원칙을 적용함에 있어 일관되지 못한 입장을 보여준다는 비판[28]이 제기될 정도로 관련 결정례들에서 제시된 의

26) 한편 조대현 재판관은 별개의견을 통해 광고표현은 언론 출판에 해당하지 않아 사전검열금지원칙이 적용되지 않는다고 판단하였다.

27) 하지만 헌법 제21조 제1항의 보호를 받는 표현에는 당연히 제2항의 사전검열금지원칙이 예외 없이 적용된다고 보는 것이 헌법 명문의 해석상 타당하며, 건강기능식품 광고보다 사회적 해악 발생의 가능성이 높은 음란표현에 대해서도 헌법재판소가 사전검열금지 원칙을 적용한 상황에서 상업광고에 대해 사전검열금지 원칙을 적용하지 않는 것은 타당하지 못하다는 비판이 있다. 김배원, "언론·출판의 자유와 사전검열금지원칙", 『공법학연구』 제16권 제1호, 2015; 문재완, "상업적 표현의 자유와 방송광고사전심의제도", 『인권과 정의』 제344호, 2005, 49면; 이세정, "건강기능식품법상 기능성 표시·광고 사전심의제도의 위헌성 여부에 관한 연구", 『법학논총』 제28집 제2호, 2008; 이종훈, 앞의 논문; 한견우, 장연화, "건강기능식품의 광고규제에 관한 법적 문제점과 개선방안", 『공법연구』 제36집 제2호, 2007 참조. 표현의 자유와 충돌하는 다른 기본권들과의 이익형량을 사전검열금지 원칙을 적용하기 위해 그 앞선 단계에서 고려하고 판단하는 것은 사전검열금지 원칙이라는 특칙의 우선적 적용이라는 헌법의 기본 취지에 반한다고 볼 수도 있다. 조소영, 앞의 논문, 240면; 한수웅, 『헌법학』, 법문사, 2015, 738면.

반면에 전파력이 강한 새로운 미디어의 출현 상황에서 인쇄매체 시대를 배경으로 형성된 사전검열금지 원칙을 그대로 적용하는 것은 타당하지 않고 상업광고가 비록 표현이라 할지라도 경제적 자유와 훨씬 밀접하므로 다른 표현들보다는 많은 제한이 불가피할 수밖에 없다며 재판관들의 입장을 옹호하는 논의도 전개되어 왔다. 박용상, 『언론의 자유』, 박영사, 2013, 485면; 성낙인, 앞의 책, 1272면; 홍승기, "방송광고 사전심의 위헌 판단의 함의–헌법재판소 2005헌마506사건을 중심으로", 『행정법연구』 제37호, 2013, 73~74면 참조.

견대립은 학계에서도 다양한 견해의 제시로 이어져 왔다. 하지만 헌법재판소의 입장은 의료광고와 건강기능식품 광고에 대한 최근의 결정례들을 통해 정리가 되었다고 판단할 수 있다.

의료광고 사전심의제도 위헌 결정에서 헌법재판소는 광고에 대해 사전검열금지 원칙이 적용되어야 한다고 판단하였는데, 특히 예외적으로 검열을 허용하는 규정을 둔 1962년 헌법과 달리 현행 헌법 조문에는 그러한 예외가 존재하지 않고 이러한 상황에서 사전검열금지 원칙의 적용이 배제되는 영역을 설정하는 것은 객관성을 담보하지 못한다고 하였다.[29] 사전검열금지 원칙이 자의적으로 적용되어 권력에 의한 표현의 내용규제가 발생하는 최악의 상황을 예방하기 위해서는 광고 등 헌법상 보호되는 모든 표현에는 사전검열금지 원칙이 절대적으로 적용되어야 한다는 취지인 것이다.

건강기능식품 광고 사전심의에 대한 2018년 결정례는 헌법재판소의 입장의 비일관성을 궁극적으로 해소한 중요한 결정례라 할 수 있다. 건강기능식품 광고에 헌법상 사전검열금지의 원칙이 적용되지 않는다고 판단하였던 2010년 결정례의 입장을 공식적으로 변경하였기 때문이다. 헌법재판소는 현행 헌법상 사전검열은 표현의 자유 보호대상이면 예외 없이 금지된다며 상업광고라 할지라도 표현의 자유의 보호대상이므로 당연히 제21조 제2항이 적용된다고 판단하였다.[30] 상업광고에 대해 사전검열금지 원칙이 예외 없이 적용될 수 있는지에 대한 논의를 촉발시킨 헌법재판소 내의 의견대립은 최근의 결정례들에 의해 적용이 되어야 한다는 방향으로 정리되었다. 이러한 입장은 후속적인 결정례를 통해서 재확인되며 헌법재판소의 확고한 입장으로 자리매김하였다.[31]

(3) 광고 심의제도의 합헌성 확보를 위한 헌법적 기준

이러한 결정례들에서 보다 주목할 부분은 구체적으로 어떠한 방식의 광고

---

28) 윤성옥, “방송광고 표현의 보호와 규제의 법리－헌법재판소 결정문 분석을 중심으로－”, 『미디어 경제와 문화』 제14권 제2호, 2016, 74면.

29) 헌재 2015. 12. 23. 2015헌바75 결정.

30) 헌재 2018. 6. 28. 2016헌가8 결정.

31) 헌재 2019. 5. 30. 2019헌가4 참조. 의료기기 광고 관련 결정례로는 헌재 2020. 8. 28. 2017헌가35 참조.

심의제도가 헌법상 금지되는 검열에 해당하는지를 판단하는 부분이다. 이 부분은 기존의 광고심의 제도의 헌법적 타당성을 살펴볼 필요가 있는 경우뿐만 아니라 광고 심의에 대한 사회적 요구가 존재하는 영역에서 합헌적인 심의정책을 마련할 때에도 반드시 참조해야 하기 때문이다.

2015년 의료광고 관련 헌법재판소의 결정 당시 「의료법」에 의한 의료광고 사전심의는 보건복지부장관으로부터 위탁을 받은 각 '의사협회(대한의사협회, 대한치과의사협회, 대한한의사협회)'의 의료광고심의위원회가 수행을 하였는데 이는 행정권력이 아닌 영업자단체 등 민간협회에 의한 자율적 심의제도의 외양을 가졌다. 또한 2018년 건강기능식품 광고 관련 헌법재판소의 결정 당시 「건강기능식품에 관한 법률」에 의한 건강기능식품 기능성 표시·광고에 대한 사전심의 역시 식약처장으로부터 위탁받은 '한국건강기능식품협회'라는 민간기구에 의해 이루어졌다. 외견상 행정권력이나 공공기관이 아닌 민간에서 광고에 대한 사전심의가 이루어졌음에도 헌법재판소는 이 두 경우 모두 검열에 해당한다고 판단하였는데, 심의기관이 행정권력인지 여부를 실질적으로 판단하는 원칙을 정립하고 적용하였기 때문이다.

이러한 원칙은 텔레비전 방송광고 관련 결정례에서 이미 제시되었는데 행정권력의 심의기구에 대한 직접적인 지휘, 감독, 비용지원이 있는 경우 행정권이 실질적으로 심의주체가 된다는 것이었다. 그런데 최근의 결정례들에서는 이 원칙을 구체화하고 확장하였는데, '행정권력이 심의기구 구성에 관여할 수 있는 경우', '심의기구의 자율적 운영이 사실은 행정권력이 정해 놓은 심의기준·절차를 준수함에 그치는 경우', 그리고 '심의결과를 행정권력에 보고하는 체계가 갖추어져 있거나 심의업무 위탁의 철회가 행정권력의 자의에 따라 이루어질 수 있는 경우' 등에도 행정권이 실질적인 검열 주체가 된다고 보았다. 이러한 원칙을 종합하면 헌법재판소는 심의를 맡은 민간 기구가 행정권력으로부터 완전히 독립하여 자율적인 심의업무를 수행할 것을 요구하고 있다고 볼 수 있다. 결국 광고심의 제도에 대한 헌법재판소의 합헌성 심사는 다음의 기준들에 따라 상당히 엄격하게 이루어질 수밖에 없다.

i) 행정권력이 직접 주체가 되어 시행하는 사전심의제도는 등급분류제도가 아닌 이상 헌법상 인정될 수 없다. ii) 사업자 단체 등 민간기구에 의한 사전심의는 합헌적이지만 이 경우에도 심의기구의 구성, 심의업무의 운영(방법 및 절차), 재원확보, 심의권한의 위탁 과정이 행정권력으로부터 완전한 독립하여 자율적으로 이루어지지 않으면 헌법상 금지되는 사전검열에 해당할 수 있다. iii) 사후적인 심의 및 규제는 헌법 제37조 제2항에 의해 국가안전보장, 질서유지, 공공복리를 위해 필요한 경우에 법률로써 가능하다.

기준 i), ii)를 적용하면 결국 법규범이 전혀 관여하지 않고 이와 무관하게 자발적으로 이루어지는 민간의 자율적인 심의 시스템(비법정 자율심의) 혹은 법규범에서 심의 권한을 부여하였지만 심의업무나 운영에 행정권력이 직·간접적으로 전혀 관여가 불가능한 제도 하의 민간 심의 시스템(법정 자율심의) 정도만이 합헌적인 광고 사전심의모델로 인정될 것이다. 그리고 기준 iii)에 따르면 사후심의는 사전검열금지 원칙과 무관한 부분이므로 행정기관에 의해 이루어질 수 있고 그와 별도로 당연히 업계의 자율규제 역시 가능할 것이다.

광고로 인하여 사회적 해악이 발생할 수 있는 상황, 즉 광고의 역기능이 예상되는 경우 이에 대한 합헌적 정부규제는 사후규제가 원칙이고 사전심의를 통한 광고 게재의 원천봉쇄는 행정권에 의해서는 이루어질 수 없다. 허위정보의 제공으로 인해 국민의 건강권이라는 중요한 헌법적 보호가치가 위협받을 수 있는 의료 및 식품 관련 광고에서, 그리고 선정적이고 폭력적인 내용으로 인해 청소년 보호라는 헌법적 가치가 위협받을 수 있는 미디어콘텐츠 관련 광고에서도 이러한 기준들은 예외 없이 적용되었다. 따라서 광고의 부작용과 소비자 보호 논의가 활발한 광고 분야에서 광고의 부작용을 최소화하기 위한 사전적 예방조치를 취하려면 민간에 의해 구성·운영되는 사전심의 모델을 택해야 한다.

3. 현행 광고 심의제도 검토

국내 광고 심의체계는 상당히 복잡하다.[32] 광고매체별, 광고업종별로 심의

32) 이하의 심의제도 소개는 다음의 글들을 참조하였다. 한국온라인광고협회, 『온라인광고 법

기구가 다양하게 존재하는 다원적 심의체계를 두고 있기 때문에 광고 심의제도를 일반화하여 설명하거나 평가하기 어렵다. 다만 일반적으로 2008년부터 계속되어온 광고 사전심의 관련 헌법재판소의 결정례들의 영향을 받아 헌법합치적인 심의체계를 정립하고 있으며 구체적으로는 민간에 의한 자율심의 모델을 일반적으로 구현하고 있다고 볼 수 있다.

(1) 매체별 광고 심의제도

먼저 방송광고의 경우 2008년 텔레비전 방송광고 사전심의 제도가 위헌 결정을 받은 이후 민간기구인 '한국방송협회'의 사전 자율 심의체제가 정립되었다.[33] 헌법재판소 결정 이후 방송통신심의위원회가 방송광고심의에 관한 규정을 개정하여 사후 심의모델을 법정화하였는데, 한국방송협회는 이 규정의 심의기준들을 활용하지만 심의 수행은 자율적으로 행하고 있다. 케이블TV 방송광고는 '한국케이블TV방송협회'에서 사전 자율심의를 하며 홈쇼핑 방송광고는 '한국일반홈쇼핑기업협회'에서 사전 자율심의를 하고 있는데 이들 모두에 대해 방송통신심의위원회는 사후적으로 심의를 수행한다.[34]

모바일 광고의 경우 '한국무선인터넷산업연합회(MOIBA)'에서 사전에 자율적으로 심의를 하고 있는데 특별한 입법적 근거 없이 업계의 관련자들(이동통신사들, 한국콘텐츠산업연합회, 한국통신사업자연합회) 사이의 협약을 기초로 심의 업무를 수행하는 전형적인 비법정 자율심의라 할 수 있다.[35]

인터넷 광고의 경우 국내의 포털 업체들이 자율적으로 구성한 '한국인터넷자율정책기구(KISO)'에서 사후적으로 자율 규제를 하고 있다.[36] 신문, 잡지 등 인쇄매체에서의 광고 역시 '한국광고자율심의기구'에서 사후적으로 자율규제를

제도 가이드북』, 2016; 조재영, "국내 광고 심의 체계에 대한 고찰－광고 매체별, 광고 업종별 심의 체계의 문제점과 개선방향－", 『한국광고홍보학보』 제14권 제2호, 2012, 62면.

33) 한국방송협회 자율심의에 대한 소개는 http://www.kba.or.kr/kba2012/deliberate/ad_intro.asp 참조.

34) 김세원, "케이블TV협회, 광고자율심의 본격 가동", 『신문과 방송』 460호, 2009, 148면; 조재영, 앞의 논문, 66면.

35) 황성기, "인터넷 환경에서의 의료광고 규제제도 개선방안에 관한 연구", 『법학연구』 제48집, 2016, 35면.

36) 황성기, 앞의 논문, 36면.

하고 있다.[37]

결국 매체별 광고심의 제도를 정리하면 미디어 업계별로 자발적으로 구성된 민간기구에서 독립적이고 자율적으로 사전 혹은 사후심의를 하고 방송광고 분야에 있어서는 행정기관인 방송통신심의위원회가 규정에 따라 사후심의를 부가적으로 수행하고 있다.

(2) 업종별 광고 심의제도

업종별로 광고 심의제도를 살펴보면 우선 의료, 의료기기, 제약, 건강기능식품에 관한 광고들에 대해서는 서로 유사한 방식으로 법정 사전심의가 제도화되어 있었다. 각각 「의료법」, 「의료기기법」, 「약사법」, 「건강기능식품에 관한 법률」에서 행정기관(의료광고의 경우에는 '보건복지부', 그 외의 경우에는 '식품의약품안전처장')이 심의주체가 되어 심의를 민간기구(각각 '의사협회'들, '한국의료기기산업협회', '한국바이오제약협회', '한국건강기능식품협회')에 위탁하는 방식의 사전심의를 두고 있었다.

하지만 행정권력의 직·간접적 개입으로 민간심의기구의 완전한 독립성·자율성이 침해되는 경우에는 이러한 방식의 사전심의 모델은 위헌이라는 헌법재판소의 논리에 따라 2015년 의료광고 심의제도에 대한 위헌결정이 이루어졌고 이후 의료광고 심의제도는 큰 폭의 변화를 겪었다. 헌법재판소의 결정 취지에 맞추어 2018년 3월 27일 「의료법」이 개정되었고 그에 따라 2018년 9월 28일부터 각 의사협회의 의료광고심의위원회에서 광고심의가 재개되었다.[38] 개정된 법에서는 심의의 주체를 각 의사협회의 민간심의기구로 확정하고 심의기구의 구성이나 운영이 민간을 중심으로 자율적으로 이루어지도록 정하였다(법 제56조, 제57조, 제57조의2, 제57조의3). 이후 위헌결정을 받은 건강기능식품 광고 심의제도 역시 관련 법규정들(「건강기능식품에 관한 법률」 제16조 내지 제18조)이 2019년 3월 14일부터 삭제되는 등 효력을 상실하였기 때문에 민간기구가 자율적으로 심의를 수행하게 되었다. 의료기기광고 심의제도와 의약품광고 심의제도 역시 헌법재판소의 기준에 맞게 완전히 독립적이고 자율적인 민간기구에 의

37) 조재영, 앞의 논문, 66면.

38) http://www.admedical.org/_front_/index.php의 공지사항 참조.

한 심의제도로 탈바꿈하였다.

법률에 근거하여 사전심의가 이루어지고 있는 또 다른 광고 분야로는 영화·비디오물의 광고를 들 수 있다. 「영화 및 비디오물의 진흥에 관한 법률」 제32조 및 제66조에 의거하여 영화 및 비디오물 광고에 대해서는 '영상물등급위원회'가 청소년유해성 여부를 사전에 심의하고 있다. 결국 영상물등급위원회는 영화 자체의 등급분류와는 별도로 영화광고에 대한 사전심의를 수행한다. 행정기관인 영상물등급위원회가 사전에 심의를 수행하고, 청소년유해성이 있다고 판단된 광고는 청소년뿐만 아니라 성인에게도 전면적으로 게시가 금지되고, 이를 위반하는 경우에 과태료(법 제98조)가 부과되는 현행 광고심의제도는 최근의 헌법재판소의 결정 흐름에 비추어볼 때 위헌성이 있다고 판단된다. 법정 사전심의제도를 존치하기 위해서는 헌법합치적인 심의제도의 입법적 모색이 요구된다.

한편 법정 사후심의가 이루어지는 경우로는 우선 변호사광고를 들 수 있는데 「변호사법」에 따라 대한변호사협회 및 각 지방변호사회 광고심사위원회에서 그 심의를 수행하고 있다. 또한 게임광고의 경우에도 「게임산업법」에 따라 게임물관리위원회가 사후심의를 하고 있다.

그리고 법적으로 심의업무를 구체화하여 명시하지 않은 채 업계에서 자율적으로 심의가 이루어지는 광고들로는 금융투자상품 및 금융투자회사 등의 광고, 영상광고 형태의 대출광고, 보험광고, 주류광고, 화장품광고 등이 있는데 이들은 각각 한국금융투자협회, 한국대부금융협회, 보험협회, 한국주류산업협회, 대한화장품협회 등의 민간기구에서 사전적으로 심의하고 있다.[39]

이러한 상황을 종합하면 행정권력이 아닌 민간기구에 의한 독립적이고 자율적인 사전심의제도를 마련하는 방향으로 업종별 광고 심의제도가 정리되어 왔음을 알 수 있다. 다만 법률에서 광고에 대한 사전심의를 법정화한 업종의 경우에는 민간기구에 의한 사전심의 운영에서 독립성과 자율성이 온전히 확보되었는지 여부를 더욱 엄격하게 판단할 필요가 있다. 헌법재판소의 결정례에 따라 이미 입법적으로 심의제도를 개편한 의료광고의 사례는 합헌적인 법정 사전심의의 기본모델로 평가할 수 있을 것이고, 광고의 사회적 부작용을 사전에 예방할 필요가 있다고 여기는 업종에서는 이 모델에 맞추어 보다 적극적으로 제

39) 조재영, 앞의 논문, 70~73면.

도개편 작업에 임해야 하는 상황이라 정리할 수 있다.

Ⅲ. 게임광고 심의제도의 현황 및 개선방안

1. 게임광고 심의제도의 현황 및 문제점

현행 게임광고 심의제도는 법정 사후심의 모델을 취하고 있다. 「게임산업법」 제34조 제1항 제1호 내지 제4호에 의하면 '등급을 받은 게임물의 내용과 다른 내용의 광고를 하는 행위', '등급분류를 받은 게임물의 등급과 다른 등급을 표시한 광고를 하는 행위', '게임물내용정보를 다르게 표시하여 광고하는 행위', '게임물에 대하여 내용정보 외에 경품제공 등 사행심을 조장하는 내용을 광고하는 행위'가 금지된다. 「게임산업법」에 따르면 이러한 금지행위를 위반한 광고는 문화체육관광부장관, 시·도지사 또는 시장·군수·구청장이 수거·폐기·삭제할 수 있는데(법 제38조 제3항 제4호), 이에 대한 판단을 게관위가 하도록 되어 있다(법 제16조 제2항 제8호). 광고 게시 전에 미리 심의를 받는 것이 아니라 사후에 행정기관인 게관위가 심의를 하는 현행 방식은 사전검열의 문제를 야기하지 않는다.

본래 게임물을 관리하던 법률인 「음반·비디오물 및 게임물에 관한 법률」에서는 게임광고에 대해 법정 사전심의 모델을 취하였다. 1999년 제정된 이 법 제22조에 의하면 영상물등급위원회가 연소자(청소년)에 대한 게임광고의 유해성여부를 광고 배포·게시 전에 확인할 수 있고 확인된 경우 광고의 배포·게시가 금지되었다. 그리고 유해성 여부의 확인방법, 절차 기타 필요한 사항은 영상물등급위원회 규정으로 정하도록 하고 있어(같은 조 제3항), 사실상 행정권력에 의한 사전검열이 이루어졌다. 하지만 이 제도에 대한 위헌시비는 실제 헌법재판으로 이어지지 않았고 현재까지 이 법의 후속법률인 「영화 및 비디오물의 진흥에 관한 법률」 제32조, 제66조에 제도가 남아 있다.

2006년 「음반·비디오물 및 게임물에 관한 법률」에서 게임물에 관한 부분이 분리되어 「게임산업법」이 제정되었는데 이전에 행정기관인 영상물등급위원회에 의해 이루어지던 게임광고에 대한 청소년 유해성 사전 심의 제도는 제정법에 포함되지 않았다. 제도의 위헌성에 대한 논의 때문이라기보다는 게임에 대한 전문적 식견이 부족했던 영상물등급위원회에서 게임광고 심의를 공정하고 효율적으로 수행하지 못하고 임의적 집행을 하여 왔다는 비판[40]이 입법에 반영된 것이었다. 다만 신법에서는 행정기관인 게관위가 사후적으로 게임광고를 심의하게 되었다. 그리고 이 과정에서 '청소년 유해성'이라는 심의기준은 사라지고 사행적인 내용의 광고인지 여부와 등급분류의 결과와 다른 내용의 광고를 하는지 여부만을 판단할 권한이 게관위에 부여되었다. 게임광고와 관련된 사회적 비난에 직결되어 있는 청소년 보호의 문제를 다룰 수 있는 권한이 법에서 제외되어 사전적으로나 사후적으로 게임관련 기구에서 이를 행하지 못하게 되었다는 점은 결국 게임광고에 대한 심의가 사실상 형해화되어 있음을 보여준다.

물론 앞서 살펴보았듯이 매체별로도 광고심의 제도를 독자적으로 갖추고 있기 때문에 방송이나 인터넷 등을 통해 게임광고를 하기 위해서는 별도의 매체별 광고심의를 받게 된다. 그리고 방송이나 인터넷을 통한 광고 게시에는 민간심의기구에 의해 사전에 혹은 사후에 심의가 진행되며 선정성·폭력성·사행성 등의 청소년 유해성 여부에 대한 심의가 이루어진다. 하지만 이러한 매체별 광고심의에 있어 심의표준을 제시하는 「방송광고심의에 관한 규정(방송통신심의위원회 규칙 제114호, 2015.10.15. 시행)」을 살펴보더라도 게임물에 대한 품목별 심의기준은 지나치게 단순하며 광고에 있어 이용등급을 밝혀야 한다는 기준만이 제시되어 있다(제34조). 게임에 대한 전문성을 갖추기 어려운 매체별 심의제도에서 게임광고와 관련된 작금의 사회적 논의, 즉 선정적이고 폭력적인 콘텐츠로부터 청소년을 보호해야 한다는 논의에 부응한 심의가 이루어지기는 어려울 것이다. 게다가 현행 매체별 광고심의제도에 대해서는 심의규정 적용의 일관성·형평성이 부족하며 심의과정이 폐쇄적이라는 지적이 있으며 급변하는 미디어 환경에 적응력이 부족하다는 비판[41]까지 제기되고 있기 때문에 게임광고 심의가 적절하게 이루어질 수 있을지는 의문이다.

---

40) 최성락·이혜영·서재호, "영상물등급위원회의 자율규제방안에 관한 연구", 『한국행정연구』 제15권 제4호, 2006, 14면 이하 참조.

41) 조재영, 앞의 논문, 74~79면.

게임광고의 청소년유해성이 사회적 문제가 되고 있는데도 게임업종에서뿐만 아니라 광고매체에서도 이를 제대로 심의할 수 없는 제도적 상황에서 게임광고에 대한 새로운 심의제도를 모색하는 것은 당연한 수순이다. 특히 게임업계나 민간 차원에서 문제 상황을 예방하고 최소화하기 위한 노력이 부족하다면 국가권력이 나서 입법적인 해결을 도모해야 한다.

2. 「게임산업법」 개정안에 대한 헌법적 검토

최근 몇몇 선정적인 내용의 게임광고로 인하여 청소년 보호 문제가 제기되자 2018년 6월 28일 게관위로 하여금 게임광고의 청소년 유해성에 대한 사전심의를 하도록 하는 내용의 「게임산업법」 개정안(의안번호 14059)이 발의되었다. 개정안의 제안이유를 살펴보면 게임물에 대한 등급분류와 달리 게임광고에 대해서는 사전심의가 이루어지지 않아 선정적이고 자극적인 게임물에 관한 광고나 선전물에 청소년들이 노출되고 있어 게임광고에 대한 사전심의가 필요하다는 것이다. 그리고 심의의 방식은 현행 「영화 및 비디오물의 진흥에 관한 법률」의 예를 활용하여 게관위가 사전에 게임광고의 청소년 유해성 여부를 확인하고, 유해성이 있는 것으로 확인받은 광고는 배포·게시할 수 없도록 하는 것이다(안 제34조 제2항 및 제3항 신설 등).[42)]

이러한 개정안은 게임광고에 대한 사전심의가 매체에 의해 형식적으로 이루어지고 사후심의제도는 한정적으로 이루어져 사실상 게임광고 심의제도가 무의미해진 현재 상황을 해결하기 위해 법제 상황을 2000년대 초반으로 되돌리려는 시도라 평할 수 있다. 당시 게임물을 관장하던 「음반·비디오물 및 게임물에 관한 법률」의 내용을 답습하여 게임광고의 청소년 유해성 여부를 사전에 행정기관이 판단하도록 하여 광고로 인한 사회적 문제를 미리 차단하겠다는 입법의지가 「게임산업법」 개정안에는 분명하게 담겨있다. 입법기술적으로는 현재 특별한 논란 없이 적용되고 있는 「영화 및 비디오물의 진흥에 관한 법률」의 광고사전심의 관련 규정을 게임광고 상황에 맞추어 준용하여 특별한 하자 없이 즉

42) 개정안에 대한 자세한 내용은 국회 의안정보시스템에서 검색결과(다음의 URL 주소) 참조. http://likms.assembly.go.kr/bill/billDetail.do?billId=PRC_U1O8I0H6P2H8I1E0V1L4Y1G6Q9M7I4

시 시행가능한 입법이라는 논리까지 갖추었다고 평할 수 있을 것이다.

하지만 국회 문화체육관광위원회의 검토보고에 따르면 이 개정안이 「영화 및 비디오물의 진흥에 관한 법률」을 준용한 부분은 문제가 있다고 평가한다. 즉 "게임은 장기간 운영되면서 런칭을 비롯해 업데이트 및 각종 이벤트에 대한 광고가 제공되어 짧은 기간 상영되는 영화에 비해 광고·선전물의 수가 많고, 제한상영가 영화를 제외한 그 외 영화에 관한 광고·선전물에 대해 유해성 여부를 확인받도록 규정하고 있는 「영화 및 비디오물의 진흥에 관한 법률」과는 달리, 모든 게임의 광고·선전물에 대하여 사전 확인을 받도록 하고 있다는 점에 비추어, 법적 형평성과 과잉금지원칙에 반하는 점은 없는지 등에 대한 논의가 필요"하다는 것이다.[43] 나아가 이 개정안은 「게임산업법」의 취지와도 부합하지 않는다고 보았는데 "현행 「게임산업법」에서는 일정한 요건을 충족하는 민간사업자들을 자체등급분류사업자로 인정하여 자체적으로 등급분류 심의를 할 수 있도록 하는 것에 비해, 개정안은 게임물의 광고·선전물에 대한 전면적인 사전심의를 게관위에 일임하고 있는바, 민간의 자율성을 확보할 수 있도록 규정하고 있는 현행법의 취지와 일부 부합하지 않는"다고 평가하였다.[44]

물론 사실상 심의의 공백상황인 게임광고 분야에서 업종 특유의 법정 심의제도를 구축하려는 시도는 분명히 의미 있는 작업이다. 하지만 상술하였듯이 법정 사전심의제도를 마련하는 과정에서는 그의 합헌성을 갖추기 위한 세심한 입법적 노력이 필요하다. 특히 광고 내용에 대해 행정기관이 사전에 심의하여 그 배포·게시 여부를 결정하고 이를 준수하지 않는 경우 처벌이 가능한 내용의 법정 사전심의제도는 헌법재판소의 위헌결정을 받을 수밖에 없다. 표현의 자유 보호 관련 헌법적 논의에 의거해 이 개정안을 살펴보면 개정안은 검토보고에서 언급된 것 이상의 근본적인 문제점을 가지고 있다고 평가할 수 있다.

앞서 살펴보았듯이 「영화 및 비디오물의 진흥에 관한 법률」의 광고에 대한 사전적 청소년 유해성 확인(심의)제도는 헌법재판소가 금지하고 있는 사전검열에 해당할 소지가 있다. 개정안에서는 모든 게임의 광고 선전물에 대해(안 제34

43) 문화체육관광위원회, "게임산업진흥에 관한 법률 일부개정안(민경욱 의원 대표발의) 검토보고", 2018, 5~6면

44) 같은 검토보고, 6면.

조 제2항) 행정권력에 의해 구성(법 제16조 제4항)되고 비용의 지원(법 제20조)을 받는 게관위가 행정권력이 정한 절차와 기준에 따라(안 제34조 제5항) 게임광고의 청소년 유해성을 광고배포 이전에 확인하고(안 제34조 제2항) 이를 지키지 아니한 경우에 과태료를 부과하여(법 제48조 제1항 제8호) 강제력을 확보하는 법정 사전심의모델이 마련되었는데, 이는 헌법상 사전검열금지 원칙에 따라 위헌적이라 평할 수 있다. 상업적 광고표현에 대한 업종별 사전심의에 있어 법적으로 이에 관여하는 경우 심의기관의 구성 및 심의업무에서의 자율성·독립성이 실제로 확보되었는지를 엄격히 검토하여 예외 없이 사전검열금지의 원칙을 적용하고 있는 헌법재판소의 최근의 태도를 고려하면 이러한 평가는 당연한 귀결일 것이다.

3. 합헌적 게임광고 심의 모델

게임과 같은 미디어콘텐츠에 대한 등급분류의 목표는 청소년 보호에 있다. 선정적이거나 폭력적인 콘텐츠에 성인이 아닌 청소년이 접근 가능한 경우 발생할 수 있는 사회적 문제들을 예방하기 위해 표현의 자유에 대해 제한을 가하는 것이 등급분류 제도이다. 게임에 대한 광고 역시 그 내용에 따라 청소년 보호가 필요한 상황이 발생할 수 있다. 현재 게임광고의 일반적인 포맷은 게임자체에 대한 관심을 증폭시키기 위해 게임의 전개과정을 그대로 보여주거나 주요 캐릭터를 그래픽 혹은 실사로 전달하는 방식인데 그에 따라 게임광고에 대해서도 선정성·폭력성의 이슈가 발생할 수밖에 없는 것이다.

상황이 이렇다면 게임광고에 대한 적절한 규제정책이 필요하고 이는 표현의 자유에 대한 침해가 되지 않게 합헌적으로 이루어져야 한다. 앞서 살펴보았듯이 이러한 규제정책이 합헌적이려면 광고가 배포·개제된 이후에 이루어져야 하고 법률에 근거를 두어야 한다. 만약 청소년에 미칠 수 있는 악영향을 사전에 방지하기 위하여 게임광고 심의를 배포·개제 이전에 진행하는 정책을 법률에 마련하려면 사전검열이 되지 않게 민간심의기구를 지정하고 그 구성·운영방식·절차·재원 등에 완전한 독립성·자율성을 부여해야 한다.

현행 게임광고 심의제도는 법정 사후심의로 합헌적이지만 청소년 보호와 관련된 선정적·폭력적 광고콘텐츠에 대한 규제가 불가능하고 매체별로 이루어지는 사전적(사후적) 자율심의 역시 형식적이고 비전문적이어서 무규제 상태에 있다는 비판을 받고 있다.[45] 대안으로 제시된 「게임산업법」 개정안의 내용은 법정 사전심의를 모델로 하였지만 이는 「게임산업법」 전체 취지에도 부합하지 않고 위헌적인 요소까지 내포하고 있다.

이 경우에 생각해볼 수 있는 대안으로는 우선 법정 사후심의를 강화하여 청소년 보호를 실질화할 수 있는 게임광고 규제 시스템을 마련하는 것을 들 수 있다. 「게임산업법」을 개정하여 게관위가 게임광고의 선정성·폭력성 역시 사후적으로 심의할 수 있도록 하는 것이다.[46]

헌법에 합치되는 사전심의 제도를 마련하는 것도 고려해 볼 수 있을 것이다. 청소년 보호 문제가 발생할 가능성이 높은 경우 사전에 그러한 광고를 차단하는 것이 당연히 효율적이다. 다만 게임광고에 대한 사전심의가 합헌적이려면 민간 심의위원회를 조직하고 게관위와는 완전히 독립하여 자율적으로 게임광고에 대해 심의를 해야 할 것이다. 매체별 사전적 자율심의가 존재하는 상황에서 어차피 거쳐야 할 사전심의를 업계에서 보다 전문적이고 내실 있게 진행하고 이러한 심의결과를 매체별 심의기구는 특별한 심의 없이 수용하는 방식으로 제도를 구축하는 것이 적절할 것이다.[47] 이러한 게임업종 고유의 심의제도는 게임광고의 특성을 고려하여 구체화될 수 있다. 예를 들어 게임의 경우 출시, 업데이트, 이벤트에 따라 수시로 광고가 필요하고 특히 적절한 시점에 광고가 배포·게재되어야 하는데 그에 따라 게임광고에 대한 신속심의를 마련하여 광고의 시의성을 제고할 수 있다. 또한 게임 콘텐츠를 소개하는 식의 일반적인 광고

---

45) 조재영, 앞의 논문, 83면.

46) 2020년 12월 15일 이상헌 의원이 대표 발의한 게임산업진흥에 관한 법률 전부개정법률안에서는 제59조에서 상세한 게임내용정보를 게임광고에 표시하도록 하였고 제67조에서는 게임내용과 다른 내용의 광고 금지 외에 환전 및 불법프로그램 광고 금지, 청소년유해성 광고 금지, 사행성 조장하는 것으로 오인할 수 있는 광고 금지를 명시하였다. 게임물관리위원회를 통한 사후규제의 강화에 중점을 두고 있는데 다만 이 과정에서 규제범위 및 행정권이 비대해지는 문제가 있을 수 있다. '청소년유해성'이나 '사행성 조장 오인' 등의 판단 주체 및 기준에 대한 명확한 설정이 이루어지지 않으면 표현의 자유에 대한 상당한 제한이 자의적으로 이루어질 수도 있다.

47) 비슷한 취지로는 최종선, "방송광고 환경 변화에 따른 법제도 정비방안", 『법학연구』 제21집 제1호, 2018, 131면 참조.

포맷상 게임광고 심의는 등급분류의 결과를 활용할 수 있고 그에 따라 간편심의 제도를 마련할 수 있다.

이러한 사전심의 제도는 「게임산업법」 개정을 통해 법정화할 수도 있고 그런 작업 없이 업계의 협의를 통해 순수하게 자율적으로 진행될 수도 있다. 다만 심의기구의 권위를 확보하고 심의 및 그 결과에 강제성을 부여하여 심의제도를 실효성 있게 안착시킨다는 점에서, 나아가 청소년 및 소비자의 권리보호를 위한 최소한의 기본권보호의무를 국가가 실행한다는 점[48]에서 자율규제의 법정화도 고려해 볼 필요가 있다. 이 경우에는 심의기구의 설치 및 운영, 게임광고의 정의, 심의대상, 처벌사항 등을 법에 명시해야 하며 법상 심의의 주체가 민간기구임을 분명히 하고 그의 구성이나 운영방식, 절차, 재원 등에 행정권력의 관여를 철저하게 배제한다는 점을 밝혀야 한다. 그리고 비법정 자율심의 모델을 마련하는 경우에는 심의를 강제하고 그 결과가 실효성을 가질 수 있도록 하기 위해 협약을 마련하고 이를 업계에서 준수하는 문화를 형성할 필요가 있다.

Ⅳ. 자율규제에 대한 고려

민주주의 사회에서 사상의 자유시장은 사회의 존립 근거이자 발전의 원동력이다. 누구나 자유롭게 스스로의 의견을 표출하고 소통할 수 있는 환경의 조성은 민주주의 헌정체제에서 표현의 자유에 대한 보호에 의해 현실화된다. 자신의 생각·감정 등을 다양한 방식으로 표출하는 것은 스스로의 인격과 개성을 발현하는 과정이므로 표현의 자유는 정치적 의미를 넘어서 보편적 인권의 핵심적 내용으로 자리매김한다. 개개인의 인격이 모두 존엄하듯이 그들을 표현하는 과정은 그 무엇의 방해를 받아서는 안 된다. 표현으로 인해 타인이나 공동체에 해악을 끼치는 경우에는 표현의 주체가 그에 상응하는 책임을 부담하면 되고, 해악이 예상된다고 하여 표현의 내용이나 의도, 목적을 토대로 표현 자체를 미리 통제할 수는 없다. 개인의 표현(행위)을 공권력이 사전에 통제하여 표현 자체가 외부로 표출되지 못하도록 막는 것은 헌법에서 명시하고 있는 사전검열금지

48) 조소영, 앞의 논문, 245면.

의 원칙에 따라 용납될 수 없다. 정보를 제공하고 새로운 문화 트렌드를 조성한다는 점에서 광고는 헌법상 보호를 받는 표현으로 인정되어 왔다. 그리고 헌법재판소의 결정례들을 통해 광고에 대해서도 사전검열금지의 원칙이 적용된다는 점이 확인되었다. 비록 영리추구라는 목적을 위해 상품정보를 제공하는 내용의 표현이지만, 광고를 행정권력이 사전에 억제하는 것은 위헌적인 행태인 것이다.

광고에 대한 민간의 자율적·독립적 사전심의만을 합헌적이라 판단한 헌법재판소의 최근의 결정례들은 상업적 표현에서의 사전검열금지 원칙의 적용을 분명히 한 것을 넘어서 공적 문제에 대한 규제 주체의 전환에 대한 논의 역시 담고 있는 것으로 독해할 수도 있다. 헌법재판소는 어떠한 사적 행위가 공적·사회적 문제를 야기하는 상황에서 이에 대해 공권력의 개입을 당연히 여기지 않고 문제를 일으킨 주체가 스스로 책임지고 이를 예방할 수 있는 모델을 제시하고 운영할 수 있는 기회를 보장하였다. 공권력의 개입을 모든 사회문제에 있어 묘책(silver bullet)으로 생각하는 경향에 따라 공권력 업무의 과부화가 문제가 되는 상황에서, 규제영역에서 사적자치의 원칙을 확장하여 자율규제를 안착시키려는 시도는 최근 활발히 논의되고 있다. 그러한 맥락에서 헌법재판소의 입장을 단순히 검열관련 헌법조문의 적용을 넘어 개인의 자유를 최대한 보장하기 위한 새로운 자율규제담론의 수용이라 해석해 볼 수 있는 것이다. 법과 제도의 최소화를 통해 개인의 자유를 확장하고 그에 대한 책임을 제고할 수 있는 환경을 조성하는 것은 결국 기본적 인권 보호와 관련된 헌법의 근본 취지에 부합할 것이다.

게임업계 역시 자율규제에 대한 논의가 활발한데, 2019년부터 게임광고에 대한 자율심의도 시범적으로 시행되고 있다. 게임으로 유발될 수 있는 사회적 문제에 대해 인식을 제고하고 자기책임역량 강화를 도모하기 위한 자정적 노력의 결과인 것이다. 게임 자체에 대한 자율규제의 흐름에 맞추어 게임광고에 대한 심의를 업계 스스로 수행할 수 있는 시스템을 안착시키려는 노력은 헌법에 합치된 심의모델을 마련한다는 소극적 의미를 넘어 업계가 능동적으로 사회적 책임을 실천한다는 측면에서 상당한 함의를 가질 것이다.

제 7 장

웹보드 시행령에 대한 공법적 검토

Ⅰ. 웹보드 시행령의 등장

정보통신망을 통하여 카드게임이나 화투놀이 등 베팅이나 배당의 내용을 모사한 게임물을 소위 '웹보드 게임'이라 한다. 「게임산업진흥에 관한 법률」(이하 게임산업법) 제2조 제1의2호는 베팅 또는 배당을 내용으로 하는 게임물로서 게임의 결과에 따라 재산상 이익 또는 손실을 주는 게임물을 '사행성게임물'로 정의하여 게임물에서 제외하고 있는데 웹보드 게임은 그에 해당하지 않는다는 것이 일반적인 관점이며, 그에 따라 웹보드 게임은 등급분류를 받아 유통되고 있다. 웹보드 게임의 게임머니는 게임산업법 제32조 제1항 제7호에 따라 환전이 금지되어 게임머니의 획득이나 손실이 실제의 재산상 이익 또는 손실에 해당하지 않기 때문에 웹보드 게임 서비스가 합법적으로 이루어지고 있는 것이다.

하지만 법의 내용에도 불구하고 이용자들 사이에서 직접적으로 혹은 불법 환전상을 통해 게임머니의 환전이 이루어지고 이에 따라 합법적인 웹보드 게임이 사행적으로 이용되어 일반 이용자들에 피해를 주는 사례가 발생하여 왔다. 정부가 불법 환전에 대한 단속과 처벌을 강화하였음에도 불구하고 실효를 거두지 못하자, 웹보드 게임업계에서는 월 게임머니 구입(결제) 한도를 30만원으로 정하는 등 자율규제를 실시하였다. 그럼에도 문제 상황이 계속된다고 판단한 정부는 2012년 11월 29일 웹보드 게임 사행성 조장행위에 대한 시정권고 기준을 고시로 신설하였는데 이는 그동안의 웹보드 게임업계의 자구적인 노력을 고

시화하며 여기에 1회 베팅한도, 1일 손실한도, 게임 상대방 선택 제한, 자동진행 금지, 본인확인 강화 등의 규제들을 추가하였다.

하지만 2013년 시정권고 기준(고시)에 대한 규제개혁위원회(제301회) 심의 결과, 규제의 본질적인 내용을 법률의 명확한 위임 없이 '고시' 형식으로 제정하는 것은 법체계상 문제의 소지가 있으며 규제내용도 명확성의 원칙 등에 부합하지 않는다는 이유로 철회권고가 내려졌다. 이후 고시의 내용들을 게임산업법 제28조 제8호의 위임을 받아 시행령 별표 2의 제8호에 마련하는 방식으로 입법적 조치가 이루어지면서 '게임산업진흥에 관한 법률 시행령 별표 2의 제8호(이하 웹보드 시행령)'가 마련되었다. 특히 빠르게 변화하는 게임 산업의 특성을 감안하여 규제에 대한 재검토형 일몰(2년)을 설정하였다.

웹보드 시행령 가목에서는 월 구매한도를 30만원으로 제한하고, 나목에서는 1회 이용한도 금액을 3만원으로 제한하며, 다목에서는 1일 손실한도를 10만원으로 제한하고 이를 초과하는 경우 24시간 게임이용을 제한하였다. 또한 라목에서는 게임 상대방 선택을 금지하였는데 이는 무료로 제공하는 별도의 게임머니만을 사용하는 경우는 예외로 하였다. 마목에서는 자동베팅을 금지하였고, 바목에서는 게임이용을 위한 본인확인을 연 4회 하도록 하였다.

II. 시행령 도입에 대한 문제 제기

웹보드 시행령은 도입에서부터 여러 비판에 직면해왔다. 우선 규정이 명확하지 못하여 이해하기 어렵고 수범자들에게 혼란을 야기한다는 것이다. 규제는 기본적으로 수범자들의 자유와 권리를 제한할 수 있기 때문에 명확한 표현으로 마련되어야 한다. 규제 내용이 불명확할 경우 집행 권력의 자의적인 법(령)적용이 가능하기 때문에 규범의 명확성 원칙 준수가 요구된다. 무엇보다 1회 베팅한도, 1일 손실한도를 정하고 있는 나목과 다목은 복잡하게 서술되어 그 의미의 명확성이 떨어지는데,[1] 문제는 이런 불명확한 규정의 위반에 따라 행정처분이

1) 나. 게임물 이용자 1명이 1회 게임에 사용할 수 있는 게임머니가 가목에 따른 구매한도 규모에 따라 지급될 수 있는 게임머니(게임물 이용자 1명이 가목의 한도까지 가상현금, 게임아이템 등을 구매하는 때 지급될 수 있는 게임머니 총량의 최저치를 기준으로 한

가능하다는 점이었다. 이에 대한 우려와 비판이 제기되자, 정부는 웹보드 시행령에 대한 해석기준을 발표하였다. 이렇게 해석기준에 따라 시행령이 운영된다는 점은 오히려 시행령의 객관적 명확성이 낮다는 것을 보여주며, 법령의 지위를 갖지 못하여 민주적 통제에서 벗어날 수 있는 해석기준에 의해 업계와 이용자들의 자유와 권리가 자의적으로 제한될 수 있다는 문제를 야기한다.

또한 각 목에 있어 규제취지·대상(양태)을 비교해 볼 때 규제가 체계정합성을 이루고 있는지도 의심스럽다. 웹보드 시행령은 웹보드 게임 이용의 사행화를 방지하기 위해 다양한 내용의 규제를 하나의 세트로 나열하고 그 위반에 제재를 부여하였다. 하지만 과연 가 내지 바목의 내용이 이러한 취지에 각각 부합하는지 그리고 각 목의 내용들이 중복되는 것 없이 서로 명확히 구분되어 설정되었는지, 마지막으로 각 목을 이러한 방식으로 열거할 만큼 각 규제의 위상이나 수준이 대체로 동일한지 의문이 제기될 수 있다. 규제취지의 관점에서 볼 때, 월 구입(결제)한도를 규제한 가목이나 1회 베팅한도를 규제한 나목에서는 사행성 억제의 취지를 직접적으로 구현하고 있는 것으로 보인다. 하지만 손실한도에 따른 이용시간 제한이라는 규제를 설정한 다목은 청소년보호법의 셧다운제를 마치 성인에게 적용하는 모습을 보여주며 사행성 억제보다는 게임 과몰입을 방지하기 위한 규제로 읽힌다. 게다가 가목에 의해 월 구입 한도가 설정되어 있는 경우, 손실의 최대 한도가 최종적으로는 가목에 의해 통제되므로 다목은 실효성이 낮고 가목에 포섭될 수 있는 중복 규제에 불과하다.

상대방 선택을 제한하고 있는 라목은 불법환전을 차단하는 직접적 효과를 낼 수 있는 반면, 자동베팅 진행을 금지하여 과도한 베팅이 이루어지지 않도록 하는 마목은 나목의 1회 게임 이용(베팅)한도 규제로 그 목적을 이미 달성할 수 있는 규제에 불과하다. 게다가 라목이나 마목 모두 규제의 기본 내용은 그 자체

다. 이하 이 호에서 같다)의 10분의 1을 초과할 수 없도록 하여야 한다.

다. 게임물 이용자 1명의 게임머니가 게임을 통하여 1일 동안(같은 날 오전 0시부터 24시 사이를 말한다) 가목에 따른 구매한도 규모에 따라 지급될 수 있는 게임머니의 3분의 1을 초과하여 감소한 경우(게임을 통하여 획득하거나 상실한 게임머니를 합산한 결과, 같은 날 처음 게임을 시작하기 전에 비하여 게임머니가 가목에 따른 구매한도 규모에 따라 지급될 수 있는 게임머니의 3분의 1을 초과하여 감소한 경우를 말한다) 그 당시 진행되고 있는 게임이 종료된 이후부터 24시간 동안 해당 게임물 이용자에 대하여 게임 이용을 제한하여야 한다.

로는 게임이용의 사행화 방지와 관련이 적고 게임진행(이용)방식에 대한 일반적 규제의 양태를 가졌기 때문에, 이를 사행화 방지에 특정된 규제인 가 목이나 나 목과 하나의 규제 세트로 묶어 열거하는 것은 체계적이지 못한 것으로 보인다. 본인확인을 강화한 바목의 경우에는 사실 그 규제 자체의 해석으로 사행성 억제의 효과를 찾기는 어려우며 본인 확인을 통한 접근 통제, 게임이용방식 규제 정도에 머무르고 있어 가목 및 나목과 같은 수준의 비중을 갖는 규제로 열거함에는 무리가 있어 보인다. 체계정합성을 상실할 경우 규제에 대한 신뢰성은 감소되고 규제 중복의 상황으로 인해 권리침해성이 증가하여 법체계 내에서 규제의 존속이 위태로울 수 있다는 점을 고려하면 취지, 비중, 위상이 상이한 규제들을 하나의 규제 체계로 묶어 버린 웹보드 시행령의 체계는 대폭적인 보완이 필요한 것으로 보였다.

나아가 규제는 법체계 내의 최고법인 헌법에 합치되어야 존속될 수 있는데 웹보드 시행령이 합헌적인 규제인지 역시 살펴볼 필요가 있다. 규제의 합헌성을 판단함에 있어 일반적으로 사용하는 심사기준은 비례의 원칙(과잉금지의 원칙)인데, 이에 따르면 규제의 목적이 정당하고 그 수단이 적정해야 하며 규제가 야기하는 침해가 최소적이며 덜 침해 최소적인 대안이 없어야 하며 규제로 인한 사회적 이익과 침해되는 법익이 적절하게 균형을 이루어야 한다. 가목의 월 구매한도 30만원이 물가 등 경제적인 상황과 일반적인 소비행태를 고려하였을 때 적정한 수준인 것인지, 다목의 이용시간 제한은 성인의 자유를 침해하는 국가 후견주의의 발로는 아닌지, 게임이용(진행)방식에 관한 규제들인 라 내지 바목의 경우 이용자의 불편을 최소화하면서 규제목적을 달성할 수 있는 다른 방법이 없는지 등의 문제 제기가 나름 합당하다고 본다면, 결국 가 내지 바목의 규제들은 과도한 규제로 헌법합치적이지 않다고 평가할 수 있다. 게다가 규제 미준수시 영업정지나 영업폐쇄 명령이 내려질 수 있고 등급분류 거부나 등급분류 결정 취소도 이루어질 수 있어 웹보드 사업 수행이 금지될 수 있는데, 이는 기업에 대한 최근의 행정제재들이 기업의 경쟁력을 유지하며 건전한 기업운영을 도모한다는 차원에서 금전적 제재수단을 활용하는 방식으로 진행되고 있음을 고려할 때 흐름에 역행하는 과도한 조치로 평가될 수 있을 것이다.

Ⅲ. 규제합리화와 자율규제 모델 도입

규제 시행 이후 불법 환전 관련 신고 건수 및 웹보드 게임물에 대한 민원이 대폭 감소하는 등 건전한 웹보드 게임 이용환경 조성되었지만, 주요 게임사의 매출 등 주요경영지표가 최대 50~70% 이상 감소하는 등 전반적으로 시장의 규모가 축소하여 산업활성화에 대한 요청이 높아졌다. 규제의 목적이 게임업계의 위축에 있는 것이 아니므로 업계의 영업의 자유와 사행화방지라는 공익을 균형 있게 추구하기 위하여 과도한 규제를 완화할 필요성이 제기된 것이다. 결국 2016년 웹보드 시행령 일몰시기 도래에 따라 규제 재검토가 이루어지는 과정에서 과도한 규제로 말미암아 게임산업 침체가 야기되었다는 지적의 합리성이 인정되었고, 월 게임머니 구매한도를 50만원으로 상향하고 웹보드게임 이용자보호를 위한 업계의 자율규제의 근거를 법정화하는 개정안이 문화체육관광부에 의해 마련되었다.

사목이 신설되며 게임제공업자는 게임 과몰입 방지를 위한 이용자 보호방안을 수립할 의무를 지게 되었다. 가 내지 바목의 궁극적인 입법목적이라 할 수 있는 '웹보드게임 이용자 보호'에 관련하여 게임제공업자로 하여금 전반적인 보호방안을 수립하도록 의무화한 사목의 신설은 사행화 방지에 대한 업계의 자율규제의 법정 근거를 마련한 것으로 이해될 수 있다. 다른 산업 영역에서 자율규제의 정책적 기조가 만연한 관계로 가 내지 바목을 전면 대체할 자율규제안으로 사목이 제시될 수도 있었지만, 기존 규제를 유지한 채 사목만 추가되는 식으로 개정이 이루어졌다. 기존 규제들이 존속되며 사목이 추가된 것은 오히려 규제가 강화된 것으로 읽힐 수도 있으나, 웹보드 시행령에 제기되었던 문제들, 즉 불명확하고 비체계적이며 과잉적인 규제라는 문제를 개선하기 위한 중요한 도구로 사목이 선택된 것으로 보아야 하고 장기적으로는 웹보드 규제 체계를 사목 중심으로 개편하는 규제 전반의 자율화까지 염두에 둔 포석으로 이해될 수 있었다.[2)]

사목은 웹보드 게임의 사행화 방지라는 규제 목적을 달성하면서도 게임산

2) 2016년 2월 12일 규제개혁위원회(제537회)에서 규제 담당 부처인 문화체육관광부가 웹보드 시행령의 규제를 장기적으로는 자율규제화하는 것이 바람직하다고 발언한 부분 참조.

업 위축 및 매출 감소 등 규제비용을 최소화할 수 있는 대체규제 마련 차원에서, 선진 외국의 사행산업에서 실시하고 있는 책임게임제도를 차용하여 제시된 것이다. 예치한도, 지출한도, 시간한도 등 사행행위 관련 책임한도를 스스로 설정하고 그에 따른 접속제한과 자발적 차단이 가능하도록 하여 이용자의 자율과 선택에 따른 이용자 보호장치를 마련하는 것이 책임게임제도의 핵심 내용이다. 다만, 책임게임제도는 이용자 보호를 위한 가장 효율적인 방식을 채택해야 하므로 그 구체적인 내용은 게임의 특징, 이용자들의 이용 패턴이나 사회적 상황에 따라 달라질 수 있고 그러한 내용의 설정은 업계의 자율에 맡기는 것이 일반적이다. 그에 따라 신설된 사목에서도 구체적인 이행조치에 대한 언급 없이 게임이용자의 과몰입을 예방하기 위한 이용자 보호방안 마련이라는 추상적이며 선언적인 의무만을 게임제공업자에 부여하였다.

Ⅳ. 책임게임제도 중심으로의 규제 개편

사목의 도입 이후 웹보드 게임업계에서는 자율규제의 근간을 마련하기 위해 이용자보호센터를 설립하였는데 센터에서는 불법이용 상황을 모니터링하고 이용자보호프로그램을 운영하는 등 사목의 효율적인 준수를 위한 노력을 계속하였다. 하지만 가 내지 바목이 여전히 존속하고 월 구매한도의 상향 외에는 개선된 부분이 없어 웹보드 시행령에 대한 비판적 문제 제기는 여전히 유효하였다. 사목이 실효성을 확보하게 될수록 가 내지 바목이 갖는 과잉규제로서의 문제점은 더욱 드러날 수밖에 없고, 침해최소적인 규제를 선택하라는 헌법적 요청을 고려하면 자율규제를 중심으로 법정규제들을 정리할 필요가 있음은 분명해졌다. 그 결과 2020년 규제개혁위원회(제719회) 일몰심사에서는 규제합리화의 요청에 따라 다목을 폐지하고 사목의 내용을 보완(강화)하는 새로운 웹보드 시행령 안을 수용하였다. 특히 다목의 일 손실한도 제한은 시행령 도입 때부터 비판을 받아왔는데, 월 구매한도(50만원)로 웹보드게임 이용에서의 과소비·과몰입 문제에 대처할 수 있고 1회 이용한도(5만원)로 사실상 게임이용의 사행화를 효과적으로 방지할 수 있음에도 1일 손실한도(10만원)와 그에 따른 게임이용시간 제한을 부과한 다목은 과도한 중복 규제로 평가되었다. 또한 이용자 과몰입 방지라는 다목의 취지는 사목 도입 후 사목의 이용자 보호방안의 핵심 내용으로 포섭될 수밖에 없었기 때문에, 더 이상 다목을 유지할 이유가 없어졌다.

사목의 이용자 보호 규정은 구체적 기준 없는 선언적 항목으로 되어 있어 자율규제의 가이드라인으로 작동하기 어렵기 때문에, 이용자 보호방안 수립 관련 의무내용에 사행화 방지방안의 마련 역시 의무화하여 업계의 자율규제 실효성을 확보하였다. 다목의 폐지에 더불어 사목을 보완하는 개정의 의도는 획일적이고 강제적인 기존 웹보드 시행령 각 목 규제를 합리적 차원에서 개선·완화하고 더불어 사목의 자율규제의 기반을 강화하는 것으로 해석된다. 무엇보다 2016년 사목을 신설할 때 참고가 되었던 선진 외국의 책임게임제도의 근거를 보다 명확하게 법정화하여 사목의 자율규제의 운영과 그 결과를 중심으로 웹보드 시행령의 내용을 향후 일몰심사에서 재편할 가능성을 보여준다. 특히 책임게임제도의 구체적인 방안을 마련함에 있어 게임물관리위원회와의 협의를 의무화한 것은 웹보드 규제의 자율규제로의 전환이 민관협치 거버넌스라는 공동규제의 형식과 절차를 거쳐 연착륙되도록 의도한 것으로 해석될 수 있다.

제 8 장

웹보드 시행령에 대한 사법적 검토

Ⅰ. 들어가는 말

2013년 6월 문체부는 사행산업 규제에 해당하는 베팅규제 등을 통하여 게임의 사행적 이용 방지 및 건전한 영업질서를 유지하고 그 밖에 현행 제도의 운영상 나타난 일부 미비점을 개선·보완하려는 차원에서 시행령 개정안(별표 2의 제8호 가목 내지 바목)을 입법예고하였다. 게임산업법 시행령 [별표 2]의 제8호는, 2년마다 그 타당성을 재검토하는 일몰형의 '웹보드 시행령'으로 도입되어, 2014. 2. 23.부터 시행되고 있다(<표 8-1> 참조).

〈표 8-1〉 시행령 [별표 2]의 제8호의 내용

가목. 월 구매한도 제한	30만원
나목. 1회 이용한도 제한	3만원
다목. 1일 손실한도 제한	10만원
라목. 게임상대방 선택금지	금지
마목. 자동베팅금지	금지
바목. 본인 확인	연 4회(분기별)

시행령 이후 게임물관리위원회는 오픈마켓용 보드게임물에 대해서도 웹보드 시행령을 적용하여, 유료화를 허용하였고 웹보드 시행령 가목 월 구매한도 30만원 제한은 게임이용자 1인 합산(모든 플랫폼 통합 한도 30만원)의 형태로 규율하였다. **규제개혁위원회(이하 '규개위')는 제1차** 일몰 심사를 통해 웹보드게임은 사행성이 있는 내용을 모사하고 있어 적정 관리가 필요하나, **시행령 규제는 업계에 과도한 부담을 초래하고 있는바, 전반적 규제완화가 이루어진 시행령 개정안에 대한 동의** 입장 표명하였고, 문체부 또한 해당 웹보드게임 규제는 **장기적으로 자율규제화**하는 것이 바람직하나, 시장의 투명성·공정성 확보가 우선되어야 한다고 밝혔다. 이에 웹보드 시행령 [별표 2] 제8호에 사목이 신설되는 등 약간의 개정이 이루어졌다(<표 8-2> 참조; 사목 신설은 규제강화를 위한 것이 아니라 자율규제의 출발을 위한 입법적 결단이었음).

〈표 8-2〉 1차 일몰심사에 따른 개정내용 비교

	개정 전	2016년 개정 후	비고
가목. 월 구매한도 제한	30만원	**50만원**	금액상향
나목. 1회 이용한도 제한	3만원	**5만원**	-금액 상향 -비율 동일(1/10)
다목. 1일 손실한도 제한	10만원	10만원	금액 동일, 월구매한도의 1/3에서 1/5로 비율조정
라목. 게임상대방 선택금지	금지	**1회 게임의 이용한도가 2,500원 이하인 경우 가능**	예외적 허용
마목. 자동베팅금지	금지	금지	변경 없음
바목. 본인 확인	연 4회(분기별)	연 1회	횟수 축소
사목. 이용자보호방안 수립	-	**과몰입 방지를 위한 이용자보호방안 수립**	**신설**

웹보드 시행령 사목에 따라 2016년 7월에 이용자보호방안(자율규제) 마련 및 이행을 위해 게임물관리위원회·게임사업자·시민단체·학계 전문가 등 민관이 참여한 게임이용자보호센터(GUCC)가 설립되었다.

규개위의 2차 일몰심사시에 불법환전 신고 및 민원 감소, 다목 손실한도 중복규제에 대한 불합리함을 중심으로 개선을 건의하였으나, 불법 환전 수단의 다양화 등의 사유로 규제 개선 조치는 없었다. 이에 규개위는 현행 규제는 그대로 유지하고 일몰제는 연장시키면서(<표 8-3> 참조), 불법환전 방지를 위한 대안 마련과 비용편익분석 등 규제영향 평가 추진을 부대 권고하였다.

〈표 8-3〉 2차 일몰심사에 따른 개정내용 비교

가목. 월 구매한도 제한	50만원	**유지**
나목. 1회 이용한도 제한	5만원	**유지**
다목. 1일 손실한도 제한	10만원	**유지**
라목. 게임상대방 선택금지	금지(**1회 게임의 이용한도가 2,500원 이하인 경우 가능**)	**유지**
마목. 자동베팅금지	금지	**유지**
바목. 본인 확인	연 1회	**유지**
사목. 이용자보호방안 수립	**과몰입 방지를 위한 이용자보호방안 수립**	**유지**

규개위의 3차 일몰심사시 정보통신망을 통하여 베팅이나 배당의 내용을 모사한 게임물의 범위에 스포츠 승부예측 게임을 추가하여 게임물 이용자의 구매한도 등에 제한을 두고, 일반게임제공업자 및 청소년게임제공업자 등은 게임물의 버튼 등 입력장치를 자동으로 조작하여 게임을 진행하는 장치 또는 소프트웨어를 제공하지 못하게 함으로써 게임물의 사행적 이용을 방지하는 등 현행 제도의 운영상 나타난 일부 미비점을 개선·보완하였다. 한편 '다'목 1일 손실한도 제한 규정은 '가'목(월 결제한도), '나'목(1회 이용한도)의 이용자 소비제한 및 **'사'목(이용자 보호방안)의 과몰입 방지와 중복되는 부분이 있어 삭제**하고, 이와 동시에 '사'목 **이용자 보호 규정을 게임위와 협의하여 수립, 이행하는 것으로 강화하였다**(〈표 8-4〉 참조).

〈표 8-4〉 3차 일몰심사에 따른 개정내용 비교

	개정 전	개정 후	비고
웹보드 시행령 대상 게임	베팅이나 배당의 내용을 모사한 카드게임이나 화투놀이 등의 게임물	베팅이나 배당의 내용을 모사한 카드게임, 화투놀이 또는 **스포츠 승부예측 게임** 등의 게임물	**대상 게임확대**
가목. 월 구매한도 제한	50만원	50만원	변경 없음
나목. 1회 이용한도 제한	5만원	5만원	변경 없음
다목. 1일 손실한도 제한	10만원	-	**삭제**
라목. 게임상대방 선택금지	1회 게임의 이용한도가 2,500원 이하인 경우 가능	1회 게임의 이용한도가 2,500원 이하인 경우 가능	변경 없음
마목. 자동베팅금지	금지	금지	변경 없음
바목. 본인 확인	연 1회	연 1회	변경 없음
사목. 이용자보호방안 수립	과몰입 방지를 위한 이용자보호방안 수립	이용자 보호 및 게임물의 사행화 방지 방안을 **위원회와 협의**하여 수립	**강화**

제정당시부터 지금까지의 추이를 보면, 시행령 [별표 2]의 제8호는 점차적으로 규제가 완화되었다고 평가할 수는 있으나(<표 8-5> 참조), 일몰규제의 취지가 무색하게 일몰을 연장하면서 그 생명을 유지하고 있다는 점, 자율규제를 위한 사목이 신설되었음에도 여전히 가목 내지 바목의 규제를 유지하고 있다는 점 등을 재고하여 개정방향을 모색해 볼 필요가 있다.

〈표 8-5〉 개정내용 비교

웹보드 시행령 항목	취지	2014년	1차 일몰심사 2016년 (완화)	2차 일몰심사 2018년 (유지)	3차 일몰심사 2020년 (다목 삭제)
대상 게임	열린 규정	2014. 10. 모바일 웹보드로 적용범위 확대			스포츠 승부예측 게임 추가
가목. 월 구매한도 제한	과도한 이용방지	30만원	**50만원**	50만원	50만원
나목. 1회 이용한도 제한	사행적 이용 방지	3만원	**5만원**	5만원	5만원
다목. 1일 손실한도 제한	과도한 이용방지	10만원	10만원	10만	**폐지**
라목. 게임상대방 선택금지	사행적 이용방지	금지	**1회 게임의 이용한도가 2,500원 이하인 경우 가능**	1회 게임의 이용한도가 2,500원 이하인 경우 가능	1회 게임의 이용한도가 2,500원 이하인 경우 가능
마목. 자동베팅금지	사행적 이용 방지	금지	금지	금지	금지
바목. 본인 확인	사행적 이용 방지	연 4회(분기별)	**연 1회**	연1회	연 1회
사목. 이용자보호방안 수립	과도한 이용방지 및 사행적 이용방지	–	**과몰입 방지를 위한 이용자 보호방안 수립**	과몰입 방지를 위한 이용자 보호방안 수립	**이용자 보호 및 게임물의 사행화 방지 방안을 위원회와 협의하여 수립**

정리하면, 게임산업법 시행령 [별표 2] 제8호는 고스톱 및 포커류 등 웹보드 게임에 대한 사행화[1] 방지를 위한 목적을 가지고 규정된 입법이라고 할 수 있다.[2] 즉 게임의 사행화는 게임 과몰입(과용)의 문제와 재산 손실 등의 부작용을 낳을 수 있기 때문에 본 규정에서 이를 방지하기 위하여 게임제공업자에게 일정한 규제를 가하고 있는 것이다. 다만 유독 웹보드 게임 규제에 집중하는 국내의 현상을 어떻게 이해할 것인지에 대해서 진지한 고민이 필요하다고 할 수 있다.

II. 웹보드 시행령 [별표 2] 제8호의 체계정합성 및 규제의 형태 분석

사행성을 방지하는 것은 결과적으로 이에 의해 게임 이용자의 재산적 손해 및 중독에 의한 손해를 미연에 방지할 수 있다. 그런 의미에서 웹보드 시행령은 소기의 목적을 달성할 수 있다고 판단된다. 그런데 기본적으로 목적의 정당성(실체적 합리성)은 입법부의 폭넓은 재량이 인정된다는 점에서 일반적으로 대부분의 규제에 있어 목적의 정당성을 충족된다고 볼 수 있다.[3] 다만 **시행령 [별표**

---

1) 웹보드 게임제공사업자는 게임머니를 판매하지만 현금과 등가로 교환하거나 재산상 이익으로 전환할 의무를 부담하지 않는다. 하지만 게임머니가 게임제공사업자와 상관없이 게임서비스 밖에서 현실적으로 거래되는 경우(Real Money Trade 내지 Trading, RMT) 사행화의 가능성이 존재한다는 것이다. 약관에서 사업자가 거래를 금지하고 있으므로 사행성 자체는 없다고 보기도 한다. 권현호, "해외 웹보드게임의 게임결과물 환전 방식에 관한 연구", 『한국컴퓨터게임학회논문지』, 27권 2호(2014), 133면.

2) 이를 본격적인 사행산업 규제에 해당한다고 평가는 견해(게임이용자보호센터, 이용자보호 가이드라인[2016] [백주선 변호사의 검토 의견서 부분], 19면)도 있지만, 사행화 방지와 사행산업 규제는 엄격히 구분해야 할 것이다. 사행산업에서는 현금이나 환급 가능한 물품으로 베팅을 하거나 배당을 하는 것이지만, 고스톱·포커류의 웹보드 게임에서는 이와 같은 내용을 모사한 것에 불과하므로 엄연히 사행산업은 아닌 것이다. 다만 일부 이용자가 불법적인 방법으로 게임머니 등을 거래한다면 이는 해당 게임을 사행적 목적을 위하여 게임을 이용하는 것이라고 할 수 있다(같은 취지로 황성기, "온라인 웹보드게임의 사행성 규제의 헌법적 한계—도박과 게임의 개념본질적 구분을 중심으로—", 『경제규제와 법』, 제4권 제2호(2011), 53면).

3) 헌법재판소에서도 동성혼 및 호주제 정도만 입법 목적의 정당성을 부인하였을 뿐이다. 즉, 대부분의 위헌법률들도 최소한 목적의 정당성은 인정받았다.

2] **제8호** 각목의 규제방법 중 일부는 사행성방지를 위한 직접적인 규제라고 보기 어려우며, 단지 그 규제를 통해 간접적으로 사행성을 방지하고자 한 것인데, 이러한 간접적인 효과를 위해 규제의 정도는 지나치게 강하다고 볼 수 있다. 이에 다음과 같은 발상의 전환이 필요하다.

1. 예방 패러다임에서의 객관적 기준설정

예방 패러다임은 공동체적 관점에서 공동체의 사고비용의 최소화를 지향(법경제학과 친화)하므로 국민에 대한 행위규범을 마련하여 법의 예방적 기능을 강조하고 정책판단에 있어 사전적인 규제를 실천하고자 한다. 그런 의미에서 시행령 [별표 2] 제8호는 예방적 패러다임의 전형적인 예라고 할 수 있다. 예방적 패러다임의 성공을 위해서는 객관적인 기준을 제시하여 수범자들의 관용을 유도할 필요가 있으며 규제의 기준이 어떻게 하여 설정될 것인지에 대한 제시가 필요하다. 즉 예방적 패러다임은 사전적 관점에서의 규제를 지향하는데 사전적 관점은 예측을 전제로 하며, 그 예측은 항상 불명확성을 지니고 있다는 점에서 그러한 예측이 어떠한 기준에 의해 이루어졌는지를 설명할 필요가 있다. 그러한 불명확성을 수반하고 있다는 점에서 산업에 대한 사전규제는 그 산업에 대한 충분한 정보와 판단에 기초하여야 한다.

그런데 입법부가 맨 처음에 내린 결단은 그러한 정보와 판단에 기초하기보다는 제정의 필요성만을 강조하면서 이루어지며, 그러한 불명확성의 수정은 법 개정으로 보완하려고 한다는 점, 그리고 개정은 그 제정에 있어 제시한 기준의 관성화를 통해 그 자체로 이미 정당화된 기준으로 작동한다는 점에서 제정시에 제기한 기준에 대한 끊임없는 의심과 개선을 시도해야 할 것이다. 그렇다면 **시행령 [별표 2] 제8호** 가목 등에 의해 제시되는 금액은 어떠한 기준에 의해 설정된 것인가? 이는 그 당시 게임등급분류와 관련되어 업계가 자율적으로 설정하고 있었던 결제한도를 그대로 차용한 것일 뿐이며, 이미 PC·온라인게임의 성인 월 결제한도 폐지되어 자율규제로 전환되었다는 점에서 금액 설정에 대한 재평가가 필요할 것이다. 생각건대 PC·온라인게임의 성인 월 결제한도 폐지 및 시행령 별표 2의 8호 다목의 폐지 이후에 미친 결과에 대한 영향평가에서 이용자 및 사회에 미치는 경제적 후생의 감소가 없었다는 점이 확인된다면 더욱더 가격제한에 대한 전면적인 재검토가 필요할 것이다. 특히 2016년, 월 구매한도 30만원에서 50만원, 1회 게임의 이용한도(=베팅한도) 3만원에서 5만원으로 상향된 이후, 현재까지 5년 넘게 2016년도 규제안이 유지되고 있는 상황이라는 점에서 물가상승 등을 고려하더라도 적극적인 재검토가 필요한 시점이다.

2. 후견적 패러다임(예방패러다임)에서 책임게임시스템으로의 변화

(1) 해외의 동향

영국 내 게임산업 관련 규제는 전무하다고 보아야 하며 영국 내에서는 게임 기업에 대한 최대 80%의 세금 공제, 25,000파운드의 한도 내의 펀드 지원, 게임 개발 견습·온라인 학습·단기 교육 등을 제공하는 차세대 기술 아카데미 등의 설립과 같이 일방적으로 게임산업을 지원하고자 하는 정책만이 주를 이루고 있다. 게임산업 전반에 대한 영국 사회의 개방성은 상당한 수준인데 일례로 영국에서는 대한민국을 포함하여 세계 많은 나라들이 사행성을 이유로 금지하고 있는 온라인 도박까지 합법화하고 있다.[4)]

유럽에서 가장 강하게 도박을 규율하는 국가 중 하나인 독일 또한 게임이라고 인정되면 그 게임의 종류와 무관하게 원칙적으로 독자적인 규제를 가하지 않는다. 즉 독일에서는 도박이 아니라 게임으로 인정되면 미성년 보호 등을 위한 목적을 제외하고는 사행화 우려 등을 이유로 게임에 대한 규제를 해서는 안 된다는 입장이 유력하다.[5)] 대표적으로 바이에른 주 의회에서도 독일 청소년 보호 시스템이 게임과 관련해서도 제대로 작동하는지에 대해서 검토가 필요하다고 하면서도 그것이 성인게임 이용자의 사적자치 등을 침해해서는 안 된다는 점을 강조하고 있다.[6)]

---

4) Gamblingsites, Online Gambling Law in the United Kingdom, https://www.gamblingsites.org/laws/united-kingdom/

5) Niklas Mühleis, Verzockt, c't Heft 25/2018, S. 164.

6) Hannes A. Czerulla, Gewinn dich arm, c't Heft 3/2018, S. 34 ff; Hilgert/Sümmermann, CR 2016, 104; Nickel/Feuerhake/Schelinski, MMR 2018, 590.

요컨대 영국과 독일 등은 게임으로부터 발생하는 부작용은 부모의 보호감독, 가성환경, 사회 환경적 요인을 개선하거나 개별적인 게임이용자를 보호하는 정책을 마련하고 있으며, 전체 이용자에 대한 일괄적인 통제, 게임산업 자체를 규율하는 방식을 취하고 있지 않다. 영국 정부가 게임에 대한 일괄적인 통제방식이 아닌 개별 이용자를 보호하기 위한 조치를 취하는 것은 우리에게 시사하는 바가 크다. 즉 영국이 아동 청소년을 대상으로 한 게임중독 치료센터를 개소하여 운영하면서 자국 청소년들의 정신건강 증진을 위한 노력을 기울이면서 청소년 스스로 지나친 과몰입 등을 지양하고 통제할 수 있도록 유도하는 것에 집중하는 것을 우리는 눈여겨 볼 필요가 있다.[7)]

(2) 자기제한(Selbstsperre)에 내부통제

계약이 유효라고 한다면, 스스로 계약의 구속력으로부터 벗어나는 자기 결정, 즉 자기제한에 의해서 통제가 이루어져야 한다. 웹보드 게임 또한 자기제한(Selbstsperre)에 의해 이용자 스스로를 보호할 필요가 있다. 자기제한이란 이용자의 요청으로 카지노가 도박자에게 출입을 금지하게 하는 것을 의미하며, 카지노 이용자는 자기제한을 통해서 자신을 보호한다.[8)] 독일은 오래전부터 카지노에서의 도박을 유효로 하면서도 카지노의 일방적인 도박제한(도박의 거절) 및 도박자 스스로의 자기제한을 통해 중독위험이 있는 도박장 이용자의 도박장 출입을 제한하여 그 자를 보호하고 있다.[9)] 예컨대 독일은 도박에 관한 국가계약(Staatsvertrag zum Glücksspielwesen in Deutschland, GlüStV) 제8조 제2항에 이를 명문화하고 있어,[10)] 카지노는 도박자의 도박제한신청을 당연히 허가하여야 한

7) The Guardian, NHS opens clinic to help child addicts of computer games, https://www.theguardian.com/society/2019/oct/08/nhs-opens-clinic-to-help-child-addicts-of-computer-games

8) Peters, " Die Spene des G!Ucksspielers nach dem G!Ucksspielstaatsvertrag der Lander", NJOZ 2010, 1197, 1197 f.

9) 독일 내에서의 출입제한제도와 관련하여 최민수, "독일법상 카지노 출입제한에 관한 소고", 『비교사법』, 제21권 제2호(2014), 93 면 이하 참조.

10) 제8조(도박제한) ① 도박자의 보호와 도박중독의 대처를 위해 카지노와 제10조 제2항에서 언급한 주최자는 종합적인 제한제도를 유지할 의무가 있다.
② 제한제도의 참여의무가 있는 주최자는 자기제한을 신청하거나(자기제한) 또는 직원들의 인지나 제3자의 신고로 또는 그 밖의 사실상의 근거로 도박자에게 도박중독이 있거나 채무

다. 요컨대 이용자 스스로 계약의 구속력으로부터 벗어나는 자기 결정, 즉 자기제한(Selbstsperre)에 의해서 내부통제를 할 수 있도록 하고 있다. 독일은 도박중독이 없더라도 그 밖의 사유로 인하여 타인제한(Fremdsperre)이 선언될 수도 있다. 가령 초과채무(Überschuldung)가 있거나 지불금이 잔존하는 경우에도 출입제한선언이 가능하다.[11] 타인제한은 가족, 피해를 본 고용주, 변제를 받지 못한 채권자 등 제3자의 신고를 이유로 선언될 수 있다. 동 규정에 따르면 "도박중독이 우려되거나 채무가 초과된 자가 자신의 수입과 재산에 맞지 않는 도박판돈으로 위험을 감행하려고 하는 경우"에 타인제한을 선언할 수 있음을 규정한다.[12]

(3) 개선방향

입법에 의한 후견적 관여는 사적자치에 대한 침해, 즉 자율패러다임을 수정하여 포기하는 것이 아니라 진정한 자율패러다임으로의 유도를 지향한다. 우리 판례도 대법원 2007. 11. 22. 선고 2002두8626 전원합의체 판결에서 "사유재산제도와 경제활동에 관한 사적자치의 원칙에 입각한 시장경제질서를 기본으로 하는 우리나라에서는 원칙적으로 사업자들에게 계약체결 여부의 결정, 거래상대방 선택, 거래내용의 결정 등을 포괄하는 계약의 자유가 인정되지만, 시장의 지배와 경제력의 남용이 우려되는 경우에는 그러한 계약의 자유가 제한될 수 있다 할 것이고, 이러한 제한 내지 규제는 계약자유의 원칙이라는 시민법 원리

초과가 있거나 그가 자신의 재정적인 의무를 이행하지 못하거나 자신의 수입과 재산과의 관계에 맞지 않는 도박판돈을 지출하는 때에는 해당 도박자를 제한해야 한다(타인제한).

③ 제한은 최소한 1년이다. 개장자는 해당 도박자에게 그 제한을 지체 없이 서면으로 통지한다.

④ 개장자는 제23조 제1항에서 언급한 정보를 차단정보에 등록하여야 한다. 모든 정보가 입수될 수 없는 경우에도 등록은 허락된다.

⑤ 제한의 해제는 최소한 1년 후에 가능하고 도박자의 서면신청으로만 가능하다. 제한해제는 제한을 내렸던 개장자가 결정한다.

11) Peters, NJOZ 2010, 1197, 1197.

12) 자기제한이 선언된 후에 카지노가 출입제한 규정을 위반해 출입을 허가한 경우, 독일 연방대법원은 카지노의 적극적 계약위반으로 인한 손해배상책임을 긍정하고 있다(독일 민법 제280조 제1항). BGH NJW 2006, 362, 363. 요컨대 도박자의 요청으로 자기제한이 선언되고, 카지노가 출입제한규정을 위반해 도박자의 출입을 허가한 경우에는 카지노의 계약위반으로 인한 손해배상책임을 진다.

를 수정한 것이기는 하나 시민법 원리 그 자체를 부정하는 것은 아니며, 시민법 원리의 결함을 교정함으로써 그것이 가지고 있던 본래의 기능을 회복시키기 위한 것으로 이해할 수 있다"고 하여 이점을 명확하게 설시하고 있다. 그런데 입법부에 의한 후견적 관여는 경사면(Slippery slope)과 같아서 일단 시작하면 언제 끝날지 예측하기 어렵다는 점에서 그러한 후견적 관여를 일시적으로 하기 위해 도입된 것이 일몰규제라 할 수 있다. 그런데 이러한 일몰규제는 형식적인 평가나 일반원칙의 설시만으로 그 일몰성을 계속적으로 연장하는 것은 바람직하지 않으며, 그러한 평가가 제대로 이루어 지기 위해서는 그 규제의 완화에 따른 부작용을 정확하게 평가할 수 있는 영향평가를 위한 기회제공을 전제로 한다. 특히 **시행령 [별표 2] 제8호** 개정에서 사목을 추가하여 이용자보호방안 등을 강화한 것은 외부적으로는 게임사에 대한 책임강화로 보일 수 있으나 그 입법취지는 장기적인 관점에서 자율규제로 전환하고 이용자의 자율적인 통제를 지향한다는 점에서 규제 완화를 통해 평가기회를 제공해야 할 것이다. 유럽 등에서 예측이 어려운 산업 및 이용자들의 자율성을 침해할 수 있는 경우에 규제를 함에 있어 '간섭의 부재'인 '소극적 자유'가 아니라 '실질적인 자기지배'와 '자기실현'을 가능하게 하는 '적극적 자유'로의 이동을 유인하고 있다는 점에 주목할 필요가 있다.

1) 시행령 별표 2의 제8호 사목에 대한 개정 목적 재고: 자율규제에 대한 신뢰와 가목 등의 완화

이미 살펴본 것과 같이 사행산업 규제방식에 있어서 선진 외국의 법제는 대체로 이용자가 자율적으로 베팅한도, 손실한도(이용한도) 등을 정하는 방식(책임게임시스템)을 보다 선호하는 것으로 보이는데, 게임뿐만 아니라 다른 산업 영역에서 자율규제의 정책적 기조가 만연한 상황에서 **시행령의 획일적 규제보다 세련된 자율적 선진 규제 방식으로 전환하는 방안을 검토**할 필요 있다. 2015년 일몰규제 영향분석 평가과정에서 상세한 내용의 책임게임시스템안이 시행령 가 내지 바목을 대체할 자율규제안으로 제시되었지만, 가 내지 바목이 유지된 채 사목의 신설로 이어질 뿐이었다. 그런 맥락에서 보면 제3차 일몰심사에서 다목을 삭제한 것은 타당한 입법적 결단이라고 할 수 있다. 한편 사목의 신설은 자율규제안의 타당성을 규제기관에서 충분히 인식한 결과인데도 불구하고 가 내지 바목을 유지하였기 때문에 형식적으로 **사목은 자율규제가 아닌 중첩적인 정부규제 항목이 추가된 것에 지나지 않을 수 있어 사목 규제도입 취지나 입법적 연혁에 배치·역행하는 실정을 양산하고 있다.**

2) 시행령 별표 2의 제8호 사목 신설이 가지는 의미 재고

사목은 자율규제로 나아가는 과도기적인 규제형식을 지향하고 있다. 그러나 사목이 실질적으로 기능하기 위해서는 **자율규제의 실현이 가능한지를 평가**할 수 있어야 한다. 따라서 **가목부터 바목 중 중첩되거나 가장 본질적인 부분에 대한 규제가 삭제**되었어야 한다. 종전 규제를 그대로 두는 것은 자율규제를 위해서 앞문은 열어주면서 뒷문은 닫아버리는 격에 해당한다. 형식적으로 **자율규제에 정부의 처벌 권한이 발동할 수 있어 사목의 실질적 기능에 대해서 회의적으로 바랄 볼 수도 있다.**

3) 자율규제에 의한 게임이용자 보호

국내 웹보드게임 또한 자기제한에 의해 이용자 스스로를 보호하게 할 필요가 있다. 다행히 2016년도에 게임문화재단 산하의 통합 이용자보호기구인 "게임이용자보호센터(Game User Care Center, 'GUCC')[13]에서 마련한 이용자 보호를 위한 가이드라인(총 11개 조문)에서는 게임물 이용제한 제도를 두고 있다. 이용자보호와 관련한 실질적 보호 제도의 내용은 가이드라인 제4조에서 제8조까지이다. 즉 이용자보호책임자(제4조), 게임물 이용의 자기제한(제5조), 모니터링(제6조), 게임과몰입 예방 및 관리(제7조), 민원처리 및 분쟁조정(제8조) 등이다.[14] 특히 동 가이드라인은 게임과몰입 방지 등을 위하여 1년 이상의 기간을 정하여 게임 이용자의 게임물 이용을 제한함을 내용으로 한다(제5조 제1항). 그 구체적인 내용은 내부통제기준에 포함시켜서 정하도록 하고 있고(제5조 제2항) 가이드

---

13) 「게임산업 진흥에 관한 법률」(이하 '게임산업법') 제28조 및 같은 법 시행령 제17조 별표 2 제8호 '사'목에서 온라인(웹보드)게임 이용자를 보호하고 그 권익을 보장하기 위하여 게임제공업자에게 이용자보호방안을 수립하도록 개정하였다. 이를 이행하기 위해 GUCC가 설립되었다. http://www.gucc.or.kr

14) 가이드라인은 이행실적보고(제9조), 이용자보호기구(제10조), 보호방안의 평가 및 보고(제11조) 등에 관하여 규정하고 있다.

라인에서는 게임물 이용제한을 신청할 수 있는 자가 명시적으로 규정되어 있다. 게임에 대한 이용제한을 신청할 수 있는 자는 게임 이용자 본인뿐만 아니라 그 배우자 및 직계혈족, 법정대리인이 대리신청할 수 있다(30일·90일·1년 중 이용제한 기간 선택).[15] 그 신청은 문서(전자문서 포함)를 통하여 하도록 하고 있다. 더 나아가 게임제공업자는 게임물 이용제한 기간이 경과한 경우에 이를 해제하는 절차를 마련하도록 규정하고 있다(제5조 제3항). GUCC의 이용자 보호를 위한 게임제한 가이드라인이 실질적인 효과가 창출될 것인지에 대해서는 계속적으로 다양한 측면에서 재검토가 이루어져야 할 것이지만, 최소한 이 가이드라인에 의해 사업자의 이용자 보호에 대한 책임은 강화되었다고 평가할 수 있다. 생각건대 GUCC 등에 대한 평가가 제대로 이루어지기 위해서는 중첩적이고 과잉적인 정부규제를 삭제하면서 자율규제를 혼합하여야 할 것이며, **종전의 정부규제를 두면서 자율규제를 혼재하게 하는 것은 기이한 형태의 모습**이라고 할 수 있으므로 최소환 자율적인 운영가능성을 위해 연성법(soft law)으로의 개정이 필요할 것이다.

장기적인 관점에서도 사업자 스스로가 게임 과몰입 등에 의해 피해를 보고 있는 이용자를 고려하여 스스로 책임을 부담한다면 이는 전체적으로 기업의 윤리책임의 구체화를 이끌어 이용자 보호와 산업발전을 동시에 실현할 수 있을 것이다.

III. 맺음말

실수를 저지르고 이를 성찰할 수 있는 가능성은 실수를 애초부터 피하려고 행하는 의사결정보다 학습효과가 더 큰 것으로 알려져 있다. 즉 이용자에게 불리한 결과(중독 등)를 막기 위해 등장하는 입법적인 후견이 진정 이용자와 사회에 유익한 것인가 하는 것에 대한 재고가 필요하다. 정부의 후견적 관여는 당사자 실수를 통해 배울 자유를 박탈함으로써 교육과 성장의 기회를 놓치게 하고, 나아가 당사자에 의한 해결이 축적되어 점차 사회자생적인 관행과 규범이 적립

15) 대리신청 시 가족관계증명서 접수, 가족 휴대폰 인증, 명의자 휴대폰 인증 필요하다.

되는 것을 저해할 수 있다. 책임게임제도 등을 통해 게임이용자 스스로 자율적인 통제를 할 수 있는 기회를 제공하고 산업계 스스로 자율규제를 통해 이용자를 보호할 수 있는 방법을 유도하고 않고 일률적으로 모든 이용자를 통제하는 방식은 소위 '법에 의해 자행된 절도'가 될 수 있다. 특히 **성인에게 자신이 지출할 수 있는 한도를 규제하는 것은 신중할 필요가 있다.**

1. 자율규제로의 전환을 위한 토대 마련

웹보드 게임의 경우에 GUCC에 의해 자기제한이 이루어지고 있으며, 요청이 없는 과몰입 의심 이용자에 대해 사업자의 단계적 관리 또는 게임물관리위원회, 게임이용자보호센터 등 유관기관 요청을 통한 제한 조치가 이루어지고 있다. 즉 웹보드게임 사업자는 이용자의 게임이용 시간, 판수, 결제금액 등을 고려하여 합리적인 단계별 관리 체계를 운영하고 있다.

자율규제는 민관의 신뢰와 협력을 전제로 하는데, 신뢰부여가 없는 한 자율규제의 실현은 '잡을 수 없는 신기루' 불과한 공허한 공식에 불과할 수 있다는 점에서 현행의 **시행령 별표 2의 제8호 각목은 재평가가 필요하다. 무엇보다도** 가목의 부분에 대한 결제한도를 자율규제로 맡기고 게임사들이 자율적으로 상향하고 이용자보호방안을 수립한 결과에 대한 평가를 할 수 있는 기회를 줄 필요가 있다.

2. 시행령 적용범위에 대한 개선

스포츠 승부예측 게임은 기존 웹보드게임과 베팅, 배당이 존재한다는 점을 제외하고 게임 진행 과정 및 운영 방식이 현저하게 달라[16] 이를 고려한 별도의 이용자 보호 및 사행화 방지방안 마련이 필요할 것이다. 고스톱과 같이 배당 내용 모사만 존재하는 게임물의 경우, 이용자 간 베팅이 불가하고 한 판당 이용시

---

16) 웹보드게임은 이용자가 게임을 직접 진행하며 이에 대한 베팅과 배당이 이루어지며 이용자간 대결이 게임의 주요 진행 방식이며 스포츠 승부예측 게임은 타인의 스포츠 경기에 베팅 후 배당이 이루어지는 제3자 베팅구조로, 이용자간 대결이 존재하지 않음.

간이 길어 사행적 이용 가능성이 현저히 낮다는 점에서 완화된 평가를 받을 필요가 있다.

또한 게임사업자가 이용자와 AI간 대전 형태의 PvE(Player vs. Environment)형 카지노 모사 게임(블랙잭, 바카라, 슬롯, 소위 '단독형 웹보드 게임')[17]을 제공하는 경우에도 규율대상에 포함될 것이다. 즉, 베팅과 배당이 동반되기 때문에 PVE(단독형 웹보드)게임이 오락성과 사행성을 동시에 지니고 있다고 평가할 수 있는데, 게임법에 따르면 **'사행성게임물'은 명백히 불법으로 규정되어 있고, 합법의 범주 안에는 '사행성'을 가진 게임물은 부존재한다는 점[18]에서 합법적인 게임물에 해당**하는 단독형 웹보드 게임의 규제에 대한 평가가 필요하다. 단독형 웹보드게임은 베팅 및 배당에 따라 게임머니를 손실할 수 있다는 측면에서 시행령 대상인 웹보드게임물과 동일하며, AI 대상으로 베팅을 하고 그 결과에 따라 배당받는 방식이기 때문에 현실적으로 이용자 간 게임머니 거래 가능성이 없는 구조를 갖고 있다. 그런데 현재 명확한 근거 없이 단독형 웹보드게임의 유료화 서비스를 금지하고 있는바, 시행령 적용(제도권 편입)을 통한 유료화 서비스 기회 도모(장르 확대)와 이에 따른 사행화 우려를 최소화할 수 있는 관리 체계 구축이 필요할 것이다. 예방 패러다임은 음성화를 저지하고 양성화를 유도하여 효율적인 운영(외부효과의 내부화, 공동체에 대한 공시)을 지향한다는 점에서 단독형 웹보드게임을 다르게 취급하는 것은 문제가 있다.[19] 소셜 카지노 게임은 해외에서 장기간 성행하며 경제적 의미가 있는 시장 규모를 형성하고 있다는 점과 국내 게임사의 게임 창작·배급 기회 제한 등에 대한 고려가 필요하다. 그 전제로서 단독형 웹보드게임에 대해 웹보드게임에 준하는 규제를 적용해야 할 것이다. 물론 그와 동시에 웹보드게임과의 차이점 등을 분석하여 단독형 웹보드게임의 과몰입 또는 불법 온라인 도박으로의 역이동을 방지하기 위한 규제

---

17) 단독형 웹보드게임은 오프라인 카지노 게임을 모사하여 모바일, PC 등 플랫폼에서 구현하고, 게임 결과에 따른 현금지급이 배제된, 즉 가상의 게임머니만을 이용하여 즐기는 게임 장르라 할 수 있음.

18) 오락적 요소를 중심으로 하는 긍정적 개념의 'game'과 도박적 요소를 중심으로 하는 부정적 개념의 'gamble'은 산업적 측면에서는 온라인 콘텐츠산업과 사행성 관광산업으로 규제 목적 및 체계를 이원화하는 것이 일반적인 태도임.

19) 국내 단독형 웹보드게임 시장의 활성화 시 불법 온라인 카지노 시장의 일정 규모가 양성화될 것으로 예상된다.

책을 신속하게 마련해야 할 것이다.

3. 개정방향

지금까지의 논의를 기초로 정리하면 시행령 별표 2의 제8호의 적용대상에 PvE(단독형 웹보드)게임을 포섭할 필요가 있으며, 사목의 실질화를 통해 가목 및 나목의 금액제한은 삭제 또는 그 금액을 증액할 필요가 있을 것이다. 라목 내지 바목 또한 게임별 특징을 고려하여 개별적인 적용이 가능하도록 개정되어야 할 것이다(<표 8−6> 참조).

〈표 8−6〉 개선방향

	현행	개선방안
웹보드 시행령 대상 게임	베팅이나 배당의 내용을 모사한 카드게임, 화투놀이 또는 스포츠 승부예측 게임 등의 게임물	**PvE(단독형 웹보드)게임포섭 −유료화를 전제로−**
가목. 월 구매한도 제한	50만원	**사목으로 재설계**
나목. 1회 이용한도 제한	5만원	**사목으로 재설계**
다목. 1일 손실한도 제한	−	−
라목. 게임상대방 선택금지	1회 게임의 이용한도가 2,500원 이하인 경우 가능	재고(게임별로 차별화)
마목. 자동베팅금지	금지	재고
바목. 본인 확인	연 1회	재고
사목. 이용자보호방안 수립	이용자 보호 및 게임물의 사행화 방지 방안을 **위원회와 협의**하여 수립	**실질적인 자율규제로의 전환을 위한 토대 마련**

제 3 편

게임분야 비교법적 연구

제 9 장

비디오 게임 규제에 대한 미 연방법원의 논의

- 폭력적인 내용의 비디오 게임과 예술·표현의 자유 -

Ⅰ. 논의의 시작: 비디오 게임에 대한 부정적 인식의 확산과 규제 입법의 등장

사회의 진보에 따라 대중의 인식이 개방적으로 변하고 기술의 진보에 따라 새로운 매체가 등장하면서 보다 참신하고 흥미로운 콘텐츠가 등장해 대중을 유혹하여 왔다. 기존의 것과 차별화된 새로운 미디어 콘텐츠의 수용 여부를 두고 사회적 논쟁 역시 전개되어 왔다. 자극적인 콘텐츠가 청소년 세대에 악영향을 미친다는 주장과 새로운 표현에 대한 헌법적 보호가 자유민주적 사회에서 우선시되어야 한다는 주장이 격렬하게 충돌하는 식으로 논쟁이 전개되어 왔다.

매체의 발달과 혁신적인 콘텐츠의 개발이 지속적으로 진행되어 온 미국의 경우에도 이러한 논쟁의 역사를 추적할 수 있으며, 가장 최근에는 비디오 게임을 둘러싸고 유사한 논쟁이 이루어졌다. 1990년대에 들어와 가정용 비디오 게임이 보급되고 청소년들에게 선풍적인 인기를 끌어왔는데, 총과 폭탄을 사용하는 1인칭 슈팅 게임이 등장하면서 비디오 게임의 폭력성에 대한 사회적 우려가 제기되어 왔다.[1] 특히 몇몇 언론들을 통하여 1999년의 콜롬바인(Columbine) 고교의 총기사건의 주 원인으로 둠(Doom)과 같은 폭력적인 내용의 비디오 게임

1) 전종수, 「게임중독과 셧다운제」, 커뮤니케이션북스, 2012, 48면.

이 지목되면서 폭력적인 비디오 게임(violent video game)에 대한 규제가 입법적으로 시도되었다.[2] 폭력적인 비디오 게임이 일련의 총기사건이나 청소년 폭력 범죄의 주요 원인인지 여부에 대하여는 과학적 연구들이 명확한 결론을 이끌어 내지 못하였지만,[3] 폭력적인 비디오 게임에 대한 부정적 여론에 편승한 입법은 각 주를 중심으로 계속되어 왔다.[4] 이러한 입법에 대하여 비디오 게임업계에서는 게임도 예술 및 표현의 일종이라는 근거를 바탕으로 이에 대한 헌법적 보호를 사법부에 요청해왔다.

---

2) Clay Calvert, "Media Bashing at the Turn of the Century: The Threat to Free Speech After Columbine High and Jenny Jones", 2000 L. Rev. Mich. St. U.-Detroit C.L. 151 (2000).

3) 폭력적 비디오 게임의 유해성을 지적한 대표적인 연구들로는 Anderson, C.A., & Bushman, B.J. "Effects of violent video games on aggressive behavior, aggressive cognition, aggressive affect, physiological arousal, and prosocial behavior: A meta-analytic review of the scientific literature". Psychological Science 12, 2001, pp. 353-359; Funk, Hagan; Schimming, Bullock; Buchman, Jackie; Myers, Wesley A.; Buchman, Debra D.; Myers, Melissa, "Aggression and psychopathology in adolescents with a preference for violent electronic games". Aggressive Behavior 28 (2), 2002, pp. 134~144; Gentile, D. A. & Anderson, C. A. "Violent video games: The newest media violence hazard". In D. A. Gentile (Ed.), *Media violence and children*. Westport, CT: Praeger Publishing, 2003 참조. 반면 유해성을 부정한 대표적인 연구들로는 Lawrence Kutner and Cheryl K. Olson, Grand Theft Childhood: The Surprising Truth About Violent Video Games, Simon & Schuster, 2008; Lillian Bensely and Juliet Van Eenwyk, "Video Games and Real Life Aggression," Journal of Adolescent Health, vol. 29, 2001; Mark Griffiths, "Video Games and Health," British Medical Journal vol. 331, 2005 참조.

4) 연방 차원에서도 폭력적 비디오 게임에 대한 규제 입법을 시도하였으나 실패하였다. 일례로 2005년 당시 상원의원이었던 Hillary Clinton(뉴욕 주, 민주당), Joe Lieberman(코네티컷 주, 민주당), Evan Bayh(인디애나 주, 민주당)은 연방거래위원회를 통하여 연예오락 소프트웨어 등급위원회(Entertainment Software Rating Board)의 등급심사 체계를 감시하는 식의 가족 연예오락 보호법(Family Entertainment Protection Act)을 입안하기도 하였지만 입법화되지는 못하였다. 이후 관련 규제 입법은 주 단위로 시의회, 카운티 의회, 주 의회에서 이루어졌다.

II. 규제입법에 대한 연방법원의 평가 1: 사법부에 의한 인식의 전환

1. 인디애나폴리스 시의 사례

(1) 인디애나폴리스 시의 입법과 연방지방법원의 심사

민주당 출신의 바트 피터슨(Bart Peterson)은 1999년 인디애나폴리스(Indianapolis)의 시장으로 당선된 이후 시의회와 함께 폭력적인 비디오 게임에 대한 규제를 입법화하여 2000년에 미성년자의 폭력적인 비디오 게임 이용을 규제하는 법규를 제정하였다.[5] 이에 의하면 5개 혹은 그 이상의 아케이드 게임 기계를 보유한 사업장에서는 그 기계들의 게임 내용이 '폭력적인 묘사'를 담고 있거나 지나치게 선정적인 내용을 담고 있는 등 '미성년자들에게 해로운' 경우에는 반드시 경고 표시를 부착해야만 하였다. 또한 같은 공간 내의 다른 게임 이용자들이 그러한 내용의 게임을 볼 수 없도록 가림막을 설치하는 방식으로 해로운 내용의 게임 기계를 나머지 것들로부터 분리하여 설치하도록 하였다. 그리고 부모나 후견인의 동행 없이는 18세 미만의 미성년자가 그러한 게임들을 이용할 수 없게 하였다. 5개 미만의 게임 기계를 보유한 사업장에서도 가림막 설치 규정을 제외한 나머지 규정들을 준수하도록 하였다.[6]

해당 법규에서는 '폭력적인 묘사'를 다음과 같이 정의하였다. "인간 혹은 인간과 유사한 생명체에 대한 현실적이며 심각한 손상을 시각적으로 묘사하거나 나타내는 것으로 이에는 절단(amputation), 참수(decapitation), 사지절단(dismemberment), 유혈참사(bloodshed), 훼손(mutilation), 불구로 만들기(maiming) 또는 손상(disfiguration)이 포함"된다.[7] 그리고 '미성년자에게 해로운'이라는 표현은 "폭력에 대한 미성년자의 병적인 관심 혹은 성에 대한 미성년자의 호색적인 흥미에 주로 호소하며, 18세 미만의 자들에게 적합한 매체물이 무엇인가에 관한 성인 공동체 전체의 지배적인 기준에 명백히 위반하며, 문학적·예술적·정치적·과학적 가치를

5) Art Golab, "Violent Video Games Under Fire", Chi. Sun-Times, July 22, 2000, at 3.

6) American Amusement Machine Association v. Kendrick, 244 F.3d 572, 573 (7th Circuit 2001)

7) Id.

결여한, 폭력적 묘사 또는 지나치게 선정적인 내용"을 의미한다.[8] 미성년자에 대한 해악과 관련된 정의 규정은 연방대법원이 Miller v. California 결정[9]에서 설정한 음란성 심사 기준을 차용한 것이다. 음란성 심사기준(Miller test)에 해당되는 음란물은 연방헌법 수정조항 제1조의 표현의 자유의 보호를 받지 못하고 규제 대상이 된다. 폭력적인 표현 역시 표현의 자유의 대상이 아니고 규제의 대상이 되어야 한다는 의도가 법규에 반영된 것이다.

이러한 법규정에 대하여 미국 아케이드 게임기 협회(American Amusement Machine Association)는 즉각적으로 반발하며 법규의 적절성에 대한 심사를 연방지방법원에 요청하였다. 인디애나 남부 연방지법의 데이비드 해밀턴(David F. Hamilton) 판사는 본 법규가 미성년자 보호를 위해 표현물 제한을 인정한 기존의 선례의 내용들을 신중하게 반영하고 제한적으로 적용하였고 나아가 그 내용 또한 모호하지 않다고 하며 그의 합헌성을 인정하였다.[10] 음란한 표현뿐만 아니라 폭력적 표현 모두로부터 미성년자들이 보호되어야 하고 음란성 심사기준을 폭력성 평가에 활용하여 폭력적 표현의 자유를 제한하는 것은 문제없다는 판결이었다.

이러한 판결은 비디오 게임을 단순한 오락물로 취급하였던 1980년대의 연방법원의 판결들과 그 맥락을 같이 한다고 볼 수 있다. 특히 1983년 메사추세츠 연방지방법원의 판결인 Malden Amusement Co. v. City of Malden[11]에서는 비디오 게임은 정보 제공 요소 없는 오락물에 불과하므로 연방헌법 수정조항 제1조의 보호를 받지 못한다고 판시하기도 하였다. 인디애나폴리스 시의회의 입법과 연방지방법원의 결정은 모두 비디오 게임의 표현으로서의 가치를 부정하고 폭력적 표현물에 대한 가치 또한 당연히 부정하였던 기존의 인식을 확인한 과정으로 정리해 볼 수 있다.

---

8) Id.

9) Miller v. California 413 U.S. 15 (1973).

10) Am. Amusement Mach. Association v. Kendrick, 115 F. Supp. 2d 943 (S.D. Ind. 2000).

11) Malden Amusement Co. v. City of Malden, 582 F. Supp. 297, 299 (D. Mass 1983).

(2) 연방항소법원의 심사

1) 폭력물과 음란물의 구별

미국 아케이드 게임기 협회는 연방지방법원의 결정에 즉각적으로 항소하였고 2001년 3월 연방 제7항소법원은 인디애나폴리스 시의 법규가 위헌적이라는 판단에 따라 그의 집행을 금지하는 결정(이하 Kendrick 판결)을 내렸다.[12] 사안에서의 핵심적 쟁점은 비디오 게임에서의 폭력적인 표현이 음란물과 동일하게 해로운 것이며 이를 연방헌법 수정조항 제1조의 보호 범위 바깥에 놓을 수 있는지였다.[13]

항소법원의 의견을 작성한 리차드 포스너(Richard Posner) 판사는 폭력적인 표현과 음란적인 표현이 동일하게 취급되어야 한다는 인디애나폴리스 시의 주장을 받아들이지 않았다.[14] 우선 포스너 판사는 음란적인 표현에 대한 규제는 본래 해롭지는 않지만 다소 거슬리는(offensive) 표현을 대상으로 삼는다고 하였다.[15] 그리고 거슬리는 표현이라는 음란적 표현의 정의에 따르면 본 사안의 규정에 의하여 규제되는 게임들은 음란적 표현과 동일한 것으로 간주하기 어렵다고 하였다. 포스너 판사는 하우스 오브 데드(House of the Dead)와 같이 본 사건 법규가 그 적용대상으로 삼은 게임들이 "매우 틀에 박힌 양식을 가지고 있고 명백하게 허구적이므로 어떠한 이로 하여금 욕지기가 나게(거부감이 들게) 하지는 않을 것이다"라고 강조하였다.[16] 나아가 만약 게임이 명백하게 거슬린다는 이유에서 음란적인 표현과 동일한 것으로 분류되어 왔다면 더 이상의 증거 없이도 충분히 규제를 받아 왔을 수 있는데 현실은 그렇지 않기 때문에, 폭력적 비디오 게임을 음란적 표현과 동일한 차원에서 규제할 수는 없다고 하였다. 결국 본 규제가 합헌적인지를 판단함에 있어서는 폭력적 비디오 게임이 실제로 미성

12) American Amusement Machine Association, et al. v. Kendrick, et al. 244 F.3d 572 (United States Court of Appeals for the Seventh Circuit).

13) Thomas Henry Rousse, "Electronic Games And The First Amendment: Free Speech Protection For New Media In The 21st Century", Northwestern Interdisciplinary Law Review Vol. IV, No. I (2011) p. 216.

14) American Amusement Machine Ass'n v. Kendrick, 244 F.3d 572, 574 (7th Circuit 2001).

15) Id.

16) Id. at 575.

년자에게 해악을 미친다는 점을 증명하는 자료에 의거하여 판단할 수밖에 없다고 포스너 판사는 밝혔다. 즉 게임이 음란적 표현에 당연히 포함되는 것이 아니라면 폭력적인 내용을 담은 게임 자체가 해악을 끼치는지를 고찰하여 본 규제의 합헌성을 결정해야 한다는 것이다.

2) 폭력적 비디오 게임의 해악성 판단

포스너 판사는 폭력적인 내용의 표현물의 가치를 강하게 인정하며 마치 아이를 양육하는 과정에서 필요한 부분이라고 설명하기도 한다. 즉 폭력적 표현은 인류에게 있어 항상 중심적인 흥미의 대상이었고, 그림(Grimm), 안데르센(Andersen), 페로(Perrault) 등에 의하여 수집된 전통적인 동화에 익숙한 사람들은 잘 알듯이 상당히 어린 나이의 아동들의 흥미 대상이기도 하여왔다는 것이다. 18세까지 아동들에게 폭력적인 묘사를 담은 표현물에 대한 노출을 막는 것은 비현실적이며 또한 기형적이라고 포스너 판사는 강조하였다.[17] 그리고 폭력적 표현에 대한 노출을 막는 것은 우리가 알고 있는 실제의 세상에 아이들이 대처할 준비를 제공하지 않는 것에 불과하다고 하였다. 나아가 포스너 판사는 비디오 게임의 폭력성을 신곡(The Divine Comedy)이나 오디세이아(The Odyssey)와 같은 고전문학 작품의 폭력성과 비교하며 폭력적 표현의 표현으로서의 가치를 강조하였다.

그리고 그는 비디오 게임은 다른 일반적인 표현과 달리 상호작용을 통하여, 즉 대화형으로 내용이 전달되어 해악성이 높다는 일각의 주장이 피상적이라 비판하였다. 포스너 판사는 영화, TV, 그리고 교양 저서 등 모든 매체가 소비자로 하여금 그 내용(이야기)에 휘말리고 몰입하도록 하는 것을 목적으로 하기 때문에 상호작용적일 수밖에 없다고 반박하였다. 포스너 판사는 널리 알려진 유명한 문학작품들, 명작이라 불리는 작품들은 독자를 그 이야기에 끌어당기고 독자로 하여금 그 작품의 캐릭터들과 동질감을 들게 하며, 그들을 판단하고 그들과 싸우도록 하여 캐릭터들의 즐거움과 고통을 독자 고유의 것인 것마냥 경험하도록 한다고 지적하였다. 그러면서 그는 찰스 디킨즈(Charles Dickens)의 독자들이 항의를 하여 '위대한 유산(Great Expectations)'이 해피엔딩으로 끝나도록

17) Id. at 577.

만들었던 일, 관광객들이 '율리시스(Ulysses)'의 허구적인 사건들이 발생한 배경인 더블린의 요지들을 방문하는 일, 그리고 셜록 홈즈 관련 문화 등을 일반적인 문학작품, 매체물의 상호작용성의 예로 꼽았다.

결국 폭력적인 내용을 담고 있는 다른 매체물과 비교해 볼 때 게임의 폭력적인 내용만을 해악적이라고 말할 수 없으며, 게임물이 아닌 다른 매체물도 상호작용성이 높으므로 게임물만이 몰입도가 높고 해악적이라는 주장은 적절하지 않다는 것이 포스너 판사의 논리였다. 따라서 그러한 논증의 틀에서 인디애나폴리스 시의 법규는 폭력적 비디오 게임의 표현으로서의 가치를 제한하는 위헌적인 규정이라고 결론 내렸다.

2. 세인트루이스 카운티의 사례

2000년 미주리(Missouri) 주 세인트루이스 카운티(St. Louis County)는 앞서 다룬 인디애나폴리스 시의 법규와 유사하게 미성년자에게 폭력적인 묘사를 담고 있는 비디오 게임을 판매하거나 대여하지 못하도록 하는 법률을 제정하였다.[18] 이에 비디오 게임업계는 이 법률이 표현의 자유를 보장하는 미연방헌법 수정조항 제1조를 위반하였다며 미주리 동부 연방지방법원에 소를 제기하였다.[19] 하지만 연방지방법원에서는 게임업계의 주장을 받아들이지 않고 법률의 합헌성을 인정하였다.[20]

2002년 9월 언론학자, 역사학자, 심리학자 그리고 게임 연구가 등 33인은 연방 제8항소법원에 항소하였다. 이에 항소법원은 2003년 6월 만장일치로 세인트루이스 카운티의 폭력적인 비디오 게임에 대한 규제 법률을 위헌적이라고 판단하였다.[21] 주심을 맡은 모리스 아놀드(Morris S. Arnold) 판사는 비디오 게임을 포함하여 다양한 종류의 표현물이 연방헌법 수정조항 제1조의 보호를 받는다고 판시하였다.

---

18) Interactive Digital Software Association v. St. Louis County, 200 F. Supp. 2d 1126, 1128 (E.D. Mo. 2002).

19) Id. at 1131.

20) Id. at 1141.

21) Interactive Digital Software Association v. St. Louis County, 329 F.3d 954 (8th Cir. 2003).

연방 제8항소법원은 우선 연방헌법 수정조항 제1조가 잭슨 폴락(Jackson Pollack)의 그림, 아르놀트 쇤베르크(Arnold Schoenberg)의 음악 또는 루이스 캐럴(Lewis Carroll)의 알아들을 수 없는 운문 등을 모두 보호해줄 정도로 광범위한 보호영역을 가지고 있다고 강조하였다.[22] 그러면서 비디오 게임에 포함되어 있는 그림, 그래픽 디자인, 콘셉트 예술, 음향, 음악, 이야기, 내러티브 등이 그들과 유사한 보호를 받아야 한다는 점을 강조하였다. 특히 게임의 표현이 음란물과 동일하며 그에 따라 연방헌법 수정조항 제1조의 보호 대상이 아니어야 한다는 카운티의 주장을 받아들이지 않았다.[23]

법원은 본 사안의 핵심이 표현의 자유의 보장에 있다는 점을 강조하며, 정부는 부모의 권위라는 망토에 숨어서 보호대상이 되는 표현을 침묵시킬 수 없다고 판시하고 있다. 만약 정부의 이러한 움직임을 인정한다면 이는 입법자들로 하여금 부모의 권위를 증진시킨다는 외피 하에서 미성년자들도 향유해야 하는 연방헌법 수정조항 제1조의 권리들을 싫든 좋든 해치는 것이 된다고 경고하였다.[24] 즉 법원은 미성년자들도 헌법상 표현의 자유, 그리고 표현물에 대한 접근·이용·향유의 자유를 가진다고 명백하게 밝히고 있으며, 이에 대한 규제는 부모에 의하여 이루어져야 하지 부모를 대신한다는 핑계로 정부에 의해 수행되어서는 안 된다고 판시하였다.

3. 평가 및 정리

Kendrick 판결을 사회문화적으로 독해하면 이 판결은 미성년자들이 누리는 대중문화 영역을 파괴하기 위해 성인들에 의하여 주도된 문화 전쟁에 있어 중요한 반격을 상징한다.[25] 특히 그러한 격전에 있어 주류 엘리트 집단에 의해 법률가이자 학자로서 최고의 권위를 인정받아온 포스너 판사가 비디오 게임을 지지하는 논의를 선도하였다는 점은 상당한 의의를 갖는다. 규제입법과 이를 지

22) Id. at 957.
23) Id. at 958.
24) Id. at 960.
25) Clay Calvert, "Violence, Video Games, And A Voice Of Reason: Judge Posner To The Defense Of Kids' Culture And The First Amendment", 39 San Diego L. Rev. 1, 3 (2002).

지하는 여론이 창궐한 시기에 폭력적 비디오 게임의 표현으로서의 가치를 인정하고 이에 대한 인식의 전환을 가져온 이 판결의 논증은 아래와 같이 정리될 수 있다.[26)]

1) 폭력적 이미지는 우리 사회에서 갑자기 등장한 것이 아니라 늘 인류의 중심적인 관심거리에 놓여 있었다.
2) 폭력적 이미지는 연방헌법 수정조항 제1조의 보호범위 밖에 놓이게 되는 음란물 그리고 아동 포르노그래피와 한 덩어리로 묶어 규제할 수 없다.
3) 사회과학 연구가 아무리 정당하고 방법론적으로 신뢰할 만하더라도 실제 세계의 폭력의 특정한 경우가 매체물에 의하여 발생되었는지를 정확하게 말해줄 수 없다.
4) 매체 폭력에 대한 입법에 있어 정책결정 과정을 지도하는 원리로서의 상식적 추론과 긴절한 이익에 대한 논의에 대해서는 그 정당성을 의심할 필요가 있다.

포스너 판사는 정치인들이 미성년자들도 헌법상의 표현의 자유에 대한 권리를 가진다는 사실을 의도적으로 무시하고 입법을 한다는 점도 지적하였다. 이러한 기본적인 논의의 틀은 후속하는 타 연방법원들의 심사과정에서도 계속해서 활용되었다는 점에서 이 판결은 중요한 의미를 갖는다. 세인트루이스 카운티 관련 연방 제8항소법원의 판결 역시 엄밀하게 보자면 Kendrick 판결에서의 포스너 판사의 논의를 답습한 것으로 평가할 수 있다. 실제로 아놀드 판사는 판결문에서 총 4회에 걸쳐 포스너 판사의 논의를 직접적으로 인용하였다.[27)] 특히 포스너 판사의 결론이라 할 수 있는 "게임도 헌법의 보호대상이 되는 표현이다"라는 주장을 아놀드 판사도 수용하였다. 그리고 포스너 판사의 논의처럼, 일부 학계에서 제시된 폭력적 비디오 게임과 미성년자의 폭력성 사이의 연관성에 대한 연구가 법원을 설득하기에 부족하다고 하였으며, 미성년자에 대한 통제를 부모가 양육권에 따라 실시하는 것이 당연하며 자연스럽다고 하였다.

결국 폭력적 비디오 게임에 대한 초기의 규제 입법과 그에 대한 연방법원

---

26) Id. at 4.

27) Lorraine M. Buerger, "The Safe Games Illinois Act: Can Curbs On Violent Video Games Survive Con-Stitutional Challenges?", 37 Loy. U. Chi. L.J. 617 (2006) p. 639. Interactive Digital Software Ass'n 결정 957, 957, 957, 959면에서 각각 Kendrick 판결을 인용하였다.

의 사법심사로서의 두 사례는 몇 가지 특징을 갖는 것으로 정리해 볼 수 있을 것이다. 먼저 시와 카운티라는 하위의 행정단위에서 규제입법이 이루어졌고, 음란물에 대한 정형화된 규제모델을 차용하여 폭력적 내용을 담은 게임물에 대한 미성년자의 접근을 불허하는 법규를 마련하였다는 점이다. 그리고 두 사례 모두에서 이러한 입법에 대하여 연방지방법원에서는 문제없는 입법이라고 판시하였지만 연방항소법원에서는 게임도 다른 매체물처럼 표현의 가치를 지니며 폭력적인 표현은 음란적인 표현과 달리 표현의 자유의 보호영역에 포섭된다는 판단을 내렸다는 점이다. 포스너 판사를 위시한 소수의 선도적인 사법엘리트들에 의하여 폭력적 비디오 게임에 대한 인식의 전환이 법시스템 내에서 제시되는 모습은 초기의 사례들에서 드러나는 중요한 특징이라 할 수 있다.

Ⅲ. 규제입법에 대한 연방법원의 평가 2: 전환된 인식의 사법부 내 확산

1. 워싱턴 주의 사례

2003년 5월 워싱턴 주 의회에서는 미성년자에 대한 폭력적 비디오 게임의 판매 또는 대여를 금지한 법을 통과시켰다. 이 법에 대하여 게임 산업계는 즉각적으로 법률의 위헌성을 주장하였다. 2004년 7월 15일 워싱턴 서부 연방지방법원의 로버트 래스닉(Robert Lasnik) 판사는 경찰 등 법집행을 하는 공무원들에 대한 폭력을 묘사한 비디오 게임의 판매를 금지한 워싱턴 주의 법률의 집행을 금지하였다.[28]

소송 과정에 있어 워싱턴 주는 폭력적 비디오 게임 판매 금지 법률의 타당성을 주장하면서 폭력적 비디오 게임은 음란물에 대한 규제 원리에 따라 동일하게 규제받아야 한다고 하였다. 하지만 연방지방법원의 래스닉 판사는 이러한 주의 주장을 받아들이지 않았다. 그는 폭력에 대한 묘사는 문학, 예술 매체에서 사용되어 왔으며 이러한 묘사가 역사에 걸쳐 중요한 메시지를 전달하여 왔다고

28) Video Software Dealers Association v. Maleng, 325 F. Supp. 2d 1180 (W.D. Wash. 2004).

강조하였다.[29] 그리고 이러한 폭력에 대한 묘사가 음란물과 마찬가지로 표현의 자유의 보호범위에서 배제된다고 볼 수는 없다고 판단하였다.[30] 규제 대상이 된 게임들은 모두 스토리 라인을 가지고 꼼꼼한 예술작업에 따라 복잡한 내러티브를 보여주고 있는데, 이들은 모두 연방헌법 수정조항 제1조가 보호 대상으로 삼고 있는 표현에 해당한다고 래스닉 판사는 언급하였다. 또한 그는 미성년자도 표현의 자유의 엄연한 주체이며 단순히 미성년자에 대한 표현이라고 해서 이에 대한 규제가 정당화되는 것은 아니라는 점을 분명히 하였다.[31]

그리고 게임의 폭력적 묘사가 실제로 폭력적 행위를 유발한다는 워싱턴 주 측의 전문가들의 증언들도 래스닉 판사는 받아들이지 않았다. 그는 법집행 공무원에 대한 폭력을 하찮게 보이게 하는 비디오 게임에 대한 노출이 실제에 있어 그러한 공무원에 대한 폭력을 유발한다는 점을 전문가들이 명확하게 보여주지 못하였다고 판단하였다.[32] 또한 전문가들에 의하여 제시된 거의 대부분의 연구가 게임의 폭력적 묘사가 아닌 TV의 폭력적 묘사의 미성년자에 대한 영향을 다루었으며, 그 어떤 연구도 경찰 등 법집행 공무원에 대한 폭력을 연구하는 것으로 계획되어 있지 않았음을 래스닉 판사는 날카롭게 지적하였다.[33]

2. 일리노이 주의 사례

2005년 2월 일리노이(Illinois) 주 주지사인 로드 블라고예비치(Rod Blagojevich)는 미성년자에 대한 폭력적 비디오 게임의 판매 혹은 대여를 금지하는 '일리노이 게임 안전법(The Safe Games Illinois Act: SGIA)' 안을 의회에 제출하였다.[34] 일리노이 게임 안전법은 일리노이 형법전을 수정하며 두 개의 새로운 법률을 형법전에 추가하였다. 그 하나는 폭력적 비디오 게임법(Violent Video Games Law)이며 다른 하나는 (적나라한) 성표현의 비디오 게임법(Sexually Explicit Video

29) Id. at 1184.
30) Id. at 1185.
31) Id. at 1186.
32) Id. at 1188.
33) Id.
34) Bill Status, H.R. 4023, Ill. Gen. Assemb., 94th Sess. (2005).

Games Law)이다.[35] 이에 따르면 폭력적이거나 적나라한 성표현을 담은 비디오 게임을 미성년자에게 판매하거나 대여한 자는 1,000달러의 벌금을 부과받게 되었다.[36] 법에서는 폭력적 비디오 게임을 '게이머가 다른 캐릭터를 죽이거나 심각한 신체적 손상을 입히는 식으로 인간의 인간에 대한 폭력을 묘사하거나 흉내 내는 것을 포함한 게임'이라 정의하였다.[37] 그리고 게임 판매자로 하여금 대여 혹은 판매에 앞서 구매자의 ID를 체크하도록 하였으며 이용 등급에 관련하여 새로운 라벨을 부착하도록 하였다. 이 법안은 2005년 3월 찬성표 91, 반대표 19로 일리노이 주 하원에서 통과되었고,[38] 주 상원에서도 51 대 5의 압도적인 표차로 통과되었다.[39] 2005년 7월 25일 주지사는 본 법안에 서명하였다.

일리노이 게임 안전법이 주지사에 의하여 서명된 그 날 비디오 산업계는 동법에 대하여 소송을 제기하였다.[40] 연예오락 소프트웨어 협회(Entertainment Software Association), 비디오 소프트웨어 판매자 협회(Video Software Dealers Association), 그리고 일리노이 소매상 협회(Illinois Retail Merchants Association)는 일리노이 북부 연방지방법원에 동법이 표현의 자유를 침해한다며 소를 제기하였다. 동법원의 매튜 케넬리(Matthew F. Kennelly) 판사는 2005년 11월 2일 동법 집행에 대한 영구적 금지 처분을 결정하였다.[41]

케넬리 판사는 먼저 Kendrick 판결의 선례적 가치를 인정하였다. 일리노이 북부 연방지법의 상급법원인 연방 제7항소법원의 결정으로서의 Kendrick 판결

---

35) Safe Games Illinois (Violent/Sexually Explicit Video Games) Act, Pub. Act. No. 94-315, 2005 Ill. Leg. Serv. 2147 (West) (codified at 720 Ill. Comp. Stat. 5/11-21).

36) Safe Games Illinois (Violent/Sexually Explicit Video Games) Act §§ 12A-10, 12B-10.

37) Id.

38) Press Release, Office of the Governor, Gov. Blagojevich Commends House for Passing Landmark Video Game Legislation; Encourages Senate to Follow Suit (Mar. 16, 2005), 온라인 버전은 http://www.illinois.gov/PressReleases/ShowPressRelease.cfm?SubjectID=1&RecNum=3763

39) Legislative History Summary, Bill Status, H.R. 4023, Ill. Gen. Assemb., 94th Sess. (2005) (outlining Senate Committee Amendment No. 1).

40) Press Release, Entm't Software Ass'n, Video Game Industry to File Suit Seeking Relief From Illinois Governor's Unconstitutional Law (July 25, 2005), available at http://www.theesa.com/archives/2005/07/video_game_indu_ 1.php (announcing that the "computer and video game industry will file a lawsuit" against the SGIA).

41) Entertainment Software Association v. Blagojevich, 404 F. Supp. 2d 1051 (N.D. Ill. 2005).

은 선례로서 가치를 분명히 가진다고 밝혔다. 그리고 케넬리 판사는 표현의 자유에 대한 내용 기반적(content-based) 규제입법에 관한 심사기준인 엄격 심사기준(strict scrutiny standard)을 적용하여 사건 법률의 위헌성을 심사하였다.[42] 심사기준의 내용 중 '(규제에 대한) 주 정부의 긴절한 이익(compelling state interest)이 존재하는지 여부'에 있어 문제된 쟁점은 폭력적 비디오 게임과 청소년 폭력이 실제로 인과관계를 가지느냐 하는 점이었다. 케넬리 판사는 먼저 폭력적 비디오 게임이 미성년자들의 공격적 생각과 행위에 영향을 미친다는 주 정부의 주장을 수용하지 않았다.[43] 이들 사이의 인과관계를 입증하기에는 자료가 지나치게 부족하다는 이유에서였다.[44] 주 정부는 폭력적 비디오 게임이 대뇌의 전두엽의 활동을 감퇴시킨다는 윌리엄 크로넨베르거(William Kronenberger) 박사의 연구 자료를 내놓았는데 케넬리 판사는 과학적 증거가 없는 자료라고 일축하였다.[45] 뇌 활동의 감소는 특정한 일에 능숙해짐을 보여줄 수도 있는데, 크로넨베르거 박사의 연구자료는 이러한 현상을 무조건 뇌의 손상으로 취급하였다는 점에서 문제가 있다고 보았다.[46]

3. 미시건 주의 사례

2005년 9월 미시건(Michigan) 주에서는 미시건 주 공법(Michigan's Public

42) 표현의 자유와 관련된 규제 법률에 대한 심사에 있어서는 세 가지의 심사기준이 선택적으로 사용된다. 내용 기반(관련)적(content-based) 규제에는 엄격 심사기준(strict standard)이 사용되고 내용 중립적(content-neutral) 규제의 경우에는 중간 심사기준(intermediate standard)이 사용되며, 내용 기반적 규제이지만 그 내용이 음란물, 폭력유발언어(fighting words), 명예훼손 등에 해당하는 경우에는 합리성 심사기준(rational standard)이 사용된다. 엄격 심사기준에서는 규제 법률이 긴절한 목적(compelling state interest)을 달성하기 위하여 엄정하게 재단된(narrowly tailored) 수단이어야 하며 중간 심사기준에서는 중요한 목적(important state interest)을 달성하기 위하여 상당한 연관(substantial relationship)을 갖는 수단이어야 한다. 마지막으로 합리성 심사기준에서는 규제 법률이 합법적인 목적(legitimate state interest)을 달성하기 위한 합리적(rational) 수단이어야 한다. Laurence H. Tribe, American Constitutional Law (2d ed., 1988), p. 146.

43) Entertainment Software Association v. Blagojevich, 404 F. Supp. 2d 1051 (N.D. Ill. 2005), 1073.

44) Id. at 1074.

45) Id.

46) Id. at 1066.

Act) 108이 제정되었는데 이 법에서는 미성년자에게 극도로 폭력적이고 음란적인 비디오 게임을 판매하는 것을 금지하였다. 이 법은 미시건 주지사인 민주당 출신의 제니퍼 그랜홈(Jennifer Granholm)이 게임과 청소년 폭력의 연관성을 강조하며 벌인 적극적인 입법운동을 통하여 제정된 것이었다.

동법은 2005년 12월 1일부터 효력이 발생될 예정이었는데 연예오락 소프트웨어 협회가 효력발생금지 가처분을 미시건 동부 연방지방법원에 신청하면서 소송에 휘말리게 되었다. 2005년 11월 미시건 동부 연방지법의 조지 스티(George C. Steeh) 판사는 가처분 신청을 인용하였다. 그리고 2006년 4월 3일 스티 판사는 미시건 주의 법률이 영구적으로 집행될 수 없게끔 결정을 내렸다.[47]

미시건 주 정부는 비디오 게임이 상호작용을 포함하고 있기 때문에 단순한 일방적인 표현물과 다르고 전통적으로 연방헌법 수정조항 제1조의 보호를 받는 매체물과 다르게 취급되어야 한다고 하였다. 하지만 스티 판사는 이러한 상호작용적 표현과 단순한 표현이 서로 구별될 수 없고 게임의 상호작용적 표현도 헌법에 따라 보호된다고 하였다. 무엇보다 스티 판사는 폭력적 비디오 게임과 폭력적 행위 사이의 연관에 대한 구체적인 증거가 없다고 지적하였다. TV보다 게임이 더 유해하다는 주 정부의 주장에 대하여도 동법원은 이를 증명할 자료가 없다고 지적하였다. 그리고 일반적으로 선호되지 않는 새로운 연예 오락 매체물에 대한 차별이 본 법안에서 분명히 존재하고 있다고 판단하였다.[48]

4. 미네소타 주의 사례

2006년 7월 31일 미네소타(Minnesota) 연방지방법원의 제임스 로젠봄(James M. Rosenbaum) 판사는 성인 이용가 등급의 게임을 미성년자에게 판매 혹은 대여하는 것을 형사 처벌하는 미네소타 주법의 집행을 영구적으로 금지하는 결정을 내렸다.[49] 로젠봄 판사는 우선 비디오 게임이 단독으로 미성년자에게 최소한의 해라도 끼친다는 점을 증명하는 자료가 없음을 강조하였다. 그리고 주 입

47) Entertainment Software Association v. Granholm, 426 F Supp 2d 646 (E.D. Mich. 2006).
48) Id.
49) ESA, et al., v. Hatch, et al. (2006).

법의 정당화 근거로 제시된 연구들이 객관적으로 주 정부의 입장을 정확하게 증명해 주지 못함을 지적하였다.

특히 다른 주에서의 유사한 법률들에 대하여 연방법원들이 연방헌법 수정조항 제1조에 위반된다고 결정을 지속적으로 내리고 있는 상황에서 미네소타 주가 이러한 입법을 시도한 이유에 의구심을 표명하였다. 법원은 미성년자를 보호한다는 명분에는 전적으로 동감하지만 헌법적 결함을 치유하지 못하는 법률은 받아들일 수 없음을 명확하게 하였다. 이러한 상황에서 법집행을 인정해 버리면 그로 인하여 표현의 자유가 상당히 위축될 수 있으므로 즉각적인 법집행금지 처분을 내린다고 밝혔다.[50)]

5. 루이지애나 주의 사례

2006년 11월 29일 루이지애나(Louisiana) 중부 연방지법의 제임스 브래디(James Brady) 판사는 미성년자에게 폭력적 비디오 게임의 판매를 금지한 루이지애나 주 법의 시행을 금지하는 영구적 처분을 명하였다.[51)] 이 결정은 동일 사안에 대한 같은 해 8월의 예비적 가처분 결정을 그대로 승인한다는 것이었다.

예비적 가처분에 관한 결정에 있어 브래디 판사는 비디오 게임이 연방헌법 수정조항 제1조에 의하여 보호되는 표현이라는 이전의 연방 판결들을 주 정부가 경시하고 입법을 하였다고 비판하였다. 문학 작품과 마찬가지로 비디오 게임도 표현이며 표현의 자유를 온전하게 누려야 한다는 점은 이미 연방사법부에 의하여 확인되어 오고 있다는 점을 강조하였다. 그리고 폭력적 비디오 게임과 청소년들의 폭력 사이의 연관에 대하여도 이를 증명하는 증거가 부족하고 신뢰할만하지 않다고 지적하였다. 또한 연예오락 소프트웨어 등급위원회의 자율등급체계나 부모의 통제와 같은 대안들이 있는 상황에서 사안의 규제입법은 지나치게 기본권 제한적이고 위헌적이라 평가하였다.

특히 브래디 판사는 주 정부가 주민들의 혈세를 오용하고 있다고 비난하였

50) 본 결정에 대한 주정부의 항소에 대하여 2008년 3월 연방제8항소법원은 미네소타 연방지법의 결정을 유지하였다. Entertainment Software Association v. Swanson, 519 F.3d 768 (D. Minn. 2006).

51) ESA, et al., v. Foti, et al. (2006).

다. 입법과정의 각 단계, 즉 주 정부의 발안, 주 하원에서의 의결, 주 상원에서의 의결에서 변호사들과 변호사 출신의 의원들이 법안을 검토하였고 그에 따라 이 법안과 유사한 법안들이 이미 연방법원들에서 위헌이라 결정되었음을 알 수 있었음에도 아무도 이 법안에 제동을 걸지 않았다는 점은 문제가 있다고 신랄하게 비판하였다.

6. 평가 및 정리

상술한 사례들에서는 Kendrick 판결에 의하여 전환된 폭력적 비디오 게임의 유해성에 대한 사법부의 인식이 그 외의 연방법원들, 특히 연방지방법원에까지 확산되고 공고화되는 과정이 여실히 드러난다. 그 과정을 살펴보면 몇 가지 특징을 발견할 수 있다.

첫째, Kendrick 판결 등에서 사법엘리트들에 의하여 주도된 게임에 대한 새로운 문화적 가치 판단에도 불구하고 정치권에서는 폭력적 비디오 게임에 대한 규제 입법 마련에 몰입하였고, 시나 카운티 등의 소규모 행정단위가 아닌 주 차원의 규제 입법이 지속적으로 이루어졌다. 열거한 사례에서는 모두 주 의회에 의한 입법이 이루어졌고 초기의 규제입법 사례에 비하여 보다 광범위한 영향력과 비중을 갖는 입법이 마련되었음을 알 수 있다.

둘째, 보다 강력해진 입법에도 불구하고 이상에 열거한 사례에서는 모두 연방지방법원이라는 소송과정의 첫 관문에서 입법의 하자가 지적되었다는 점에 주목할 필요가 있다. Kendrick 판결 등 초기의 선도적 결정이 연방항소법원 차원에서 이루어졌다면 그에 의하여 전환된 사법부의 인식은 연방지방법원들의 결정에 의하여 연방사법부 전역에 확산되고 공고화되는 모습을 보여주었다.

마지막으로 그러한 결정의 과정에서 연방지방법원들의 판사들은 Kendrick 판결의 논증 틀을 차용하여 그 틀 안에서 주 입법의 문제점을 지적하는 모습을 반복적으로 보여주었다. 폭력적 비디오 게임에 대한 미성년자의 접근을 불허하는 식의 입법 모델이 각 주에서 반복되며 일종의 규제입법의 전형으로 자리 잡았다면, 이러한 입법의 문제점을 지적하는 사법부의 심사 틀 또한 연방지방법원들의 결정을 통하여 정형화되었던 것이다.

논증의 틀을 살펴보면, 각 주의 비디오 게임 규제입법에 대한 연방법원들의 기본적 판단 기준은 게임도 표현물이며 따라서 연방헌법 수정조항 제1조의 보호범위에 속하고 게임규제에 대한 심사는 결국 엄격 심사기준에 의거한다는 점에 놓인다. 엄격 심사기준을 통과하기 위해서는 해당 규제 입법의 목적 혹은 이익이 긴절하여야 하며 이를 위한 규제가 필요하고 최소침해적으로 이루어져야 하는데, 긴절한 이익(목적)의 존재 여부 판단에 있어서는 게임이 청소년에게 유해한지, 구체적으로는 폭력적 묘사를 담은 게임이 청소년의 폭력적 행위를 유발하는지에 대한 과학적 검증이 요청되었다. 2000년대 주 정부에 의하여 제시된 연구들은 이들 사이의 인과관계를 충분히 납득할 만큼 보여주지 못한다는 것이 연방법원들의 일관된 판단이었다. 또한 최소침해적 규제인지 여부의 판단에 있어서도 법원들은 연예오락 소프트웨어 등급위원회의 자율등급 시스템, 게임교육, 부모의 통제 등 게임으로 인한 해악을 예방할 대안들이 존재하고 있는 상황에서 폭력적 비디오 게임의 미성년자에 대한 무조건적인 판매 또는 대여 금지는 과도한 선택지라고 판단하였다. 나아가 게임만을 다른 매체와 상이하게 규제하는 것은 차별적이라고 하였다.

Ⅳ. 연방대법원의 판결: 전환된 인식의 확정

1. 캘리포니아 주의 입법

아동심리학자 출신으로 캘리포니아 주 상원의원이었던 릴랜드 이(Leland Yee) 의원은 폭력적 비디오 게임이 청소년의 폭력성을 유발한다고 확신하였으며, 포르노그래피의 경우와 마찬가지로 아동에게 폭력적 비디오 게임을 판매하는 것이 금지되어야 한다고 주장하였다.[52] 그는 미성년자에게 폭력적인 비디오 게임의 판매 등을 원천적으로 봉쇄하는 법안을 제시하였고 2005년 캘리포니아 주 의회는 이를 통과시켰다. 법률은 크게 두 가지 내용을 담고 있었는데 하나는 폭력적인 비디오 게임을 18세 미만의 청소년들에게 판매하거나 대여하는 것을

52) Fritz, Ben, "Lawmaker defends law banning sale of violent video games to minors", Los Angeles Times, 2010-04-10.

금지하였으며, 다른 하나는 연예오락 소프트웨어 등급위원회의 자율적인 등급 시스템을 넘어 등급표시를 의무화하도록 하였다. 각각의 위반 시에는 최고 1,000달러의 벌금을 물게끔 하였다. 이 법안은 주 의회의 의결 이후 당시 주지사였던 아놀드 슈왈제네거(Arnold Schwarzenegger)가 2005년 10월 서명하였고 2006년 1월부터 시행될 예정이었다.

이 법률에서도 '폭력적인 비디오 게임'을 정의함에 있어 이전의 규제입법들과 마찬가지로 연방대법원의 음란성 심사기준을 차용하였다. 그에 따라 법률에서는 (1) 합리적인 사람이 전체적인 시각에서 판단하여 미성년자에게 허용되는 표준에서 벗어나거나 병적인 흥미를 발견할 경우, (2) 미성년자에게 적합한 공동체의 일반적인 기준에 분명히 반하는 경우, (3) 전체적으로 게임이 미성년자를 위한 문학적, 예술적, 정치적 또는 과학적 가치를 중대하게 결여한 경우에는 그 게임이 폭력적인 것이라 하였다.[53]

2. 연방지방법원의 심사

법안이 논의될 때부터 연예오락 상인협회(Entertainment Merchants Association)의 전신인 비디오 소프트웨어 판매자 협회와 연예오락 소프트웨어 협회는 이 법을 파기할 소송을 준비하고 있었다. 소송의 근거로는 이 법률이 연예오락 소프트웨어 등급위원회가 적절하게 수행하고 있던 등급 분류체계에 영향을 미칠 수 있고 게임 산업 전반에 악영향을 미칠 수 있다는 점이 제시되었다.[54] 비디오 소프트웨어 판매자 협회는 캘리포니아 북부 연방지방법원에 소를 제기하였고 뒤이어 연예오락 소프트웨어 협회가 함께 소송에 참여하였다. 특히 이들 두 단체는 소송 진행 중에 법률의 시행을 막아달라는 예비적·사전적 가처분(preliminary injunction)을 신청하고 법원은 2005년 12월 이를 받아들였다.

이 가처분 신청을 받아들인 로널드 와이트(Ronald M. Whyte) 연방판사는 신청인들이 폭력적인 비디오 게임에 노출될 수 있는 미성년자의 헌법상 권리를 주 정부가 제한할 수 있는지 그리고 그러한 게임과 미성년자들에 대한 심리적

53) California Civil Code §§ 1746-1746.5 (d)(1)(A).

54) Thorsen, Tor, "Schwarzenegger signs game-restriction bill", Gamespot, 2005-10-07.

해악 사이의 인과관계가 있는지에 대하여 심각한 의문이 제기되고 있음을 성공적으로 보여주었다고 강조하였다.[55] 성공적인 가처분 결정에 뒤이어 두 단체는 연방지방법원에서 승소하였다. 2007년 8월 와이트 판사는 사건 법률이 연방헌법 수정조항 제1조에 위배된다고 판시하였다.[56] 특히 그는 캘리포니아 주가 비디오 게임과 다른 매체들이 어떻게 다른지, 그리고 그에 따라 어떻게 다른 영향을 청소년들에게 미치는지를 충분히 설명하지 못하였고 폭력적인 비디오 게임과 폭력적인 행동과의 인과관계를 제대로 입증하지 못하였다고 판시하였다.

3. 연방항소법원의 심사

아놀드 슈왈제네거 주지사는 이 결정에 즉각 항소하였다. 항소법원은 폭력적 비디오 게임으로부터 청소년을 보호하는 방안으로 주법에서 제시된 판매금지 등의 방법은 지나치게 강력한 규제로, 판매업자가 자율등급을 매기거나 미성년자의 부모가 이를 통제하는 방안 등 덜 제한적인 방법에 비하여 권리침해성이 높다고 판시하였다.

항소심에서 캘리포니아 주는 게임도 음란물과 같이 연방헌법 수정조항 제1조의 보호범위 바깥에 놓이며 그에 따라 이에 대한 규제의 심사 시에는 엄격 심사기준보다 약한 합리성 심사기준이 적용된다고 강조하였다.[57] 캘리포니아 주는 Ginsberg v. New York 판결[58]을 인용하며 음란물에 적용되는 약한 합리성 심사기준을 폭력적인 비디오 게임에 대한 규제 입법 심사에도 적용해야 한다고 하였다. 하지만 연방항소법원은 이러한 주장을 받아들이지 않았다. Ginsberg 판

---

55) Fisher, Ken. “California game law blocked”. Ars Technica. 2005-12-22.

56) Video Software Dealers Association. v. Arnold Schwarzenegger, No. C -05- 04188 RMW (2007).

57) 박민, “폭력적 비디오게임에 대한 미국 연방고등법원의 판결”, 황승흠, 안경봉 편, 「게임법제도의 현황과 과제」, 박영사, 2009, 222면 이하 참조.

58) Ginsberg v. New York, 390 U.S. 629 (1968). 노골적인 성표현을 담은 잡지를 미성년자에게 판매하는 것을 금지한 뉴욕 주의 법률이 수정헌법 제1조를 위반하였는지에 대한 사건에 있어 당시 연방대법원은 해당 법률이 내용 기반적 규제 법률이지만 그 내용이 음란물에 해당되므로 그 위헌심사에 있어 엄격심사기준이 적용되지 않고 그보다 약한 합리성 심사기준이 적용된다고 판시하였다. 그에 따라 뉴욕주는 미성년자에게 노골적인 성표현을 담은 잡지의 판매를 금지할 수 있다고 결론지었다.

례는 노골적인 성표현이라는 내용에 관한 결정이며 폭력적인 매체물에 적용될 수 있는 법리가 아니라고 선을 분명히 그었다. 사법전통에 의하여 확립된 연방헌법 수정조항 제1조의 보호범위 바깥 영역에 대한 예시에는 폭력적인 매체물이 포함되지 않기 때문에 폭력적인 비디오 게임에 대한 규제 법률은 내용 기반적 규제로서 엄격 심사기준에 따라 심사를 받아야 한다고 하였다.

먼저 사건 법률에 긴절한 주의 이익이 존재하는지 여부의 판단에 있어 캘리포니아 주는 폭력적·반사회적 행동 억제의 필요성을 강조하였고 연방항소법원도 이를 인정하였다. 특히 미성년자가 폭력적이고 반사회적인 행동을 보이지 않고 성장하는 것은 긴절한 주의 이익이 된다고 법원은 판단하였다. 하지만 캘리포니아 주가 또 다른 긴절한 국가목적으로 제시한, 폭력적인 비디오 게임의 수행이 미성년자들의 심리적, 신경학적 위해를 발생시키는 것을 예방할 필요성에 대하여는 연방항소법원은 부정적인 입장을 제시하였다. 무엇보다 폭력적인 비디오 게임의 수행이 미성년자들로 하여금 공격적이고 반사회적인 행동을 하도록 유도하는지에 있어 확증이 없다고 판시하였다. 연방항소법원은 캘리포니아 주가 인용한 크레이그 앤더슨(Craig Anderson) 연구팀의 논문 등 여러 논문들이 폭력적 비디오 게임의 수행과 미성년자의 폭력적 행동 사이의 인과관계를 명확히 증명해 주지는 못한다고 판단하였다.

나아가 연방항소법원은 캘리포니아 주법이 과연 최소침해적으로 재단된 입법인지의 판단에 있어서도 부정적인 입장을 제시하였다. 연예오락 소프트웨어 등급위원회의 자율적인 등급제나 부모의 통제가 정부의 규제보다 덜 제한적이면서 세심하게 재단된 규제 방법으로 보인다는 지적에 있어, 주 정부는 이러한 방법은 비효율적이라고 항변하였다. 하지만 연방항소법원은 비록 덜 효율적이라도 목적달성이 가능한 최소침해적 수단이 있으면 이를 택하는 것이 정당하며 이를 통하여 헌법상 자유를 최대한 보장해야 한다고 판단하였다.

4. 연방대법원의 심사

(1) 과 정

슈왈제네거 주지사는 항소법원의 결정 이후 연방대법원에 상고를 하였다.

캘리포니아 주는 2009년 5월 상고허가영장을 연방대법원에 신청하였고 연방대법원은 이를 받아들여 사건을 심리하게 되었다. 당시 다른 주들이 제정한 폭력적 비디오 게임에 대한 유사한 규제입법들은 연방지법이나 연방항소법원 차원에서 모두 파기되어 온 상황이었기 때문에[59] 굳이 연방대법원이 나설 필요가 없었다는 점에서 연방대법원이 사건 심리를 승낙한 것은 꽤나 놀라운 일이었다.[60] 다만 연방대법원이 사건 심리를 승낙한 것은 다른 주들에서 이러한 법률이 파기된 과정에서의 논의, 즉 표현의 자유의 보호와 보호받지 못하는 표현으로부터의 미성년자의 보호라는 상충하는 이익에 대한 논의를 보다 심도 깊게 다루겠다는 의지의 표현이었다고 해석할 수 있다.[61]

연방대법원의 심리 개시가 결정된 이후, 진보와 자유 재단(Progress & Freedom Foundation) 그리고 전자 프론티어 재단(Electronic Frontier Foundation) 등은 법정의견서를 제출하며 슈퍼 마리오 브로스 같은 게임도 폭력적인 비디오 게임이라 주장하였다.[62] 미국 소아과학회(American Academy of Pediatrics), 캘리포니아 심리학 협회(California Psychological Association), 상식적인 미디어(Common Sense Media) 역시 캘리포니아 주 정부를 지지하였다.[63]

반면 마이크로소프트(Microsoft)와 액티비젼 블리자드(Activision Blizzard)는 연예오락 소프트웨어 협회를 지지하는 의견서를 냈고 음반, 영화, 출판업계의 각 협회들이 이에 동참하는 의견서를 제출하였다. 그리고 시민권 보호에 관련된 단체들 미국 민권자유 연맹(American Civil Liberties Union) 전미 반검열 연합(National Coalition Against Censorship), 그리고 전미 청소년권리 협회(National Youth Rights Association)도 이에 동참하였다. 게다가 비디오 게임이 청소년 폭력과 연관 있다는 증거가 존재하지 않기 때문에 본 법률이 불필요하다는 취지의

59) Beatrice M. Hahn, "The More Things Change, The More They Stay The Same: Schwarzenegger V. Entertainment Merchants Association", 6 Duke J. Const. L. & Pub. Pol'y Sidebar 111, 113 (2011).

60) Liptak, Adam. "Supreme Court Debates Violent Video Game Ban", New York Times, 2010-11-02.

61) Boyd, S. Gregory. "Video Game Regulation and the Supreme Court: Schwarzenegger v. Entertainment Merchants Association", Gamasutra, 2010-11-01.

62) Schwarzenegger, Arnold, "Brief of the Progress & Freedom Foundation and the Electronic Frontier Foundation as Amici Curiae in Support of Respondents", 2010년 9월.

63) Schwarzenegger v. Entertainment Merchants Association, SCOTUS Blog, 2010-11-02.

법정의견서를 각 주들에서도 제출하였는데, 이에 참가한 주들로는 로드 아일랜드, 아칸소, 조지아, 네브라스카, 노스 다코타, 오클라호마, 사우스 캐롤라이나, 유타, 워싱턴 등이 있었다. 또한 82명의 심리학자, 범죄학자, 의학자, 미디어학자들이 연예오락 소프트웨어 협회를 지지하는데 동참하였다.

(2) 다수 의견

본 사안에 있어 연방대법원은 5인의 다수 의견과 이에 동조하는 2인의 동조 별개 의견, 그리고 이에 반대하는 대법관 2인의 개별적인 반대 의견을 내놓았다. 이중 다수 의견은 스칼리아 대법관이 작성하였고 이에는 대법관 케네디, 긴즈버그, 소토마요르, 케이건이 동참하였다. 다수 의견은 해당 법률이 연방헌법 수정조항 제1조에 위배된다고 판시하였다.[64)]

무엇보다 비디오 게임은 표현의 자유의 보호 대상에 포섭되며 전통적으로 연방헌법 수정조항 제1조에 의하여 보호되는 책, 연극, 영화 등과 같이 비디오 게임도 친숙한 문어적 도구들과 그 매체에 특유한 특징들을 통하여 생각(표현)들을 전달한다고 보았다. 특히 언론의 자유의 기본 원리는 새롭고 다른 매체라는 점을 이유로 달라지지 않다는 점을 다수 의견은 강조하였다. 나아가 정부가 표현의 메시지, 생각, 주제 또는 내용을 이유로 그 표현을 제한할 권한을 가지지는 못한다는 가장 기본적인 원리는, 외설스럽거나 선동적이고 도발적인 언어들과 같이 역사적으로 '보호받지 못하는 표현'의 극소수의 경우에만 예외가 인정된다고 하며, 보호받지 못하는 표현의 새로운 범주를 의회가 함부로 만들어 낼 수는 없다고 강조하였다. 본 사안에서 캘리포니아 주는 오직 미성년자들에 직결되는 표현에 대하여만 허용될 수 있는 내용 기반적 규제의 완전히 새로운 범주를 만들어 내고자 했기 때문에 이는 잘못된 것이라 다수 의견은 지적하였다.

이어서 다수 의견은 해당 법률은 보호되는 표현의 내용에 관해 규제하고 있으므로, 캘리포니아 주가 그 법률이 엄격심사를 통과함을, 즉 그 법률이 주의 긴절한 이익에 의하여 정당화되며 그러한 이익에 부합되도록 세심하게 규정되었음을, 입증할 수 없는 한 그 법률은 무효라고 밝혔다. 긴절한 이익의 존재여

---

64) Brown v. Entertainment Merchants Association, 564 U.S. 768 (2011).

부의 문제에 있어 폭력적 비디오 게임에 대한 노출과 아동들에 대한 해로운 영향 사이의 연관을 보여주려는 심리학적 연구들은 그러한 노출이 미성년자들의 공격적 행위를 유발한다는 점을 증명하지 못한다고 다수 의견은 지적하였다.[65] 또한 비디오 게임 업계의 자발적인 등급분류제나 부모의 통제권을 고려할 때 캘리포니아 주의 법률은 지나치게 제한적이라며 다수 의견은 해당 법률은 엄격 심사 기준을 충족할 수 없다고 밝혔다.

(3) 동조(별개) 의견

알리토 대법관은 다수 의견에 동조하는 별개 의견을 냈다. 이에는 로버츠 대법원장이 참여하였다. 감수성이 예민한 미성년자들, 다시 말하자면 게임이 만들어내는 또 다른 세상에 빠져서 수많은 시간을 보내곤 하는 미성년자들에게 과도한 폭력성 비디오 게임이 미치는 영향이 심각한 사회 문제라는 점을 동조 의견은 인식하였다. 그리고 그러한 문제들에 대한 대응 노력으로서의 캘리포니아 주 법률의 가치도 인정하였다. 하지만 그러한 좋은 의도에도 불구하고 당해 법률은 헌법에서 요구하는 명확성의 틀을 갖추고 있지 않는바, 위헌적이라고 동조 의견은 판시하였다.

나아가 동조 의견은 다수 의견이 그저 표현의 자유의 일종으로 인정하며 그것의 청소년들의 폭력적 행위에 대한 영향력을 배척한 게임이라는 신기술, 새로운 표현물에 대한 심사 시에는 이에 대하여 보다 심도 깊은 이해가 필요함을 지적하였다. 새로운 기술이 사회에 엄청난 영향을 미칠 가능성에 대한 고려는 법적 판단에 있어 매우 중요하다고 동조 의견은 지적하였다. 무엇보다도 게임과 같은 이러한 신기술에 대한 사법적 판단에 있어서는 입법가, 정책결정자들의 판단을 경솔하게 배척하여서도 아니 된다고 동조 의견은 강조하였다. 법관들보다 그들은 이러한 문제에 훨씬 많은 시간을 들여 고민하였고 이에 대한 이해도도 높기 때문에 그들이 결정한 내용에 대하여 법원이 평가할 때는 그들의 의견에 대한 존중이 필요하다는 것이었다. 연방과 주의 입법자들, 교육자들, 사회과학자들과 부모들이 폭력적 비디오 게임에 대하여 우려를 표명하고 있는 상황에서 이것이 기우임을 강조하는 다수 의견은 지나치게 낙관적이며, 게임에

65) Id. at 12-13.

서 무고한 희생자들을 사냥하는 캐릭터의 액션을 조종하면서 시간을 보내는 것이 문학작품에 있는 폭력 장면을 읽는 것과 본질적으로 다르지 않다는 다수 의견은 잘못된 판단을 내리고 있는 것이라며 동조 의견은 비판을 가하였다.

(4) 반대 의견

토마스 대법관과 브라이어 대법관은 다수 의견에 반대하는 의견을 작성하였다. 토마스 대법관은 다수 의견이 연방헌법 수정조항 제1조에 대한 본래의 일반적 해석에 부합하지 아니한다고 지적하였다. 그는 미성년자가 표현의 자유를 누린다는 다수 의견의 이론적 토대에 반대하며 건국세대의 실무와 믿음에 따르면 본래 '언론(표현)의 자유'는 미성년자의 부모 또는 후견인을 거치지 아니하고 미성년자에게 직접 발언할 (또는 미성년자가 언론에 접근할) 권리를 포함하지는 않는다고 강조하였다.[66] 특히 사건 법률은 성인이 미성년자를 위하여 비디오게임을 구매·대여하는 행위를 금지하지 않고, 미성년자가 그 게임을 수행하는 행위는 금지하지 아니한다는 점에서 표현의 자유 침해가 문제될 여지가 없다고 판단하였다.

브라이어 대법관은 캘리포니아 주 법률이 가장 완곡한 형태의 언론의 자유 제한의 예일 뿐이라고 판시하였다. 이 제한은 자녀가 유해한 폭력적 인터랙티브 자료를 구매하는 것을 방지하고자 하는 부모의 노력을 정부가 보충한다는 식의 긴절한 이익에 의하여 정당화된다고 하였다. 또한 같은 효과를 가지면서 덜 제한적인 대안은 존재하지 않는다고 강조하였다.

나아가 브라이어 대법관은 음란적 표현과 폭력적 표현을 구분하는 식의 다수 의견의 접근 방법이 문제가 있다고 비판하였다. 13세 소년에게 나체 여성의 사진이 실린 잡지를 판매하는 행위는 금지하면서 13세 소년에게 가상현실에서 여성을 묶고 재갈을 물리고 고문하고 살해하는 인터랙티브 비디오게임을 판매하는 것을 보호하는 것이 어떻게 말이 될 수 있는지 반문하였다. 그러면서 브라이어 대법관은 이 사건은 궁극적으로 검열에 관한 것이 아니라 교육에 관한 것

---

66) Recent Case, "Constitutional Law--Second Amendment--Seventh Circuit Holds Ban On Firing Ranges Unconstitutional.--Ezell V. City Of Chicago", 651 F.3D 684 (7TH CIR. 2011), 125 Harv. L. Rev. 666, 670.

이라고 정리를 하였다. 미래세대를 우리의 정부시스템이 작동하는데 협조하는 사람으로 키울 수 없다면, 우리의 헌법은 그것이 보호하고자 하는 자유를 확보하는데 성공할 수 없다고 강조하였다.

5. 평가 및 정리

(1) 비디오 게임과 예술·표현의 자유

연방대법원은 정치적 발언과 표현에 대하여뿐만 아니라 연예·오락물에 대하여도 연방헌법 수정조항 제1조의 보호를 인정하여 왔다.[67] 정교분리의 헌법적 요청과 더불어 일반적인 표현과 결사의 자유를 보장하고 있는 수정조항 제1조는 본래 정치적 자유의 구축을 위한 표현의 자유 보장이라는 취지를 가지고 있다.[68] 그에 따라 수정조항 제1조의 본래 취지에 부합하게 정치적 표현만 그 보호 대상으로 삼자는 주장도 있다.[69] 그러한 측면에서 표현의 자유의 이론적 근거로 민주주의에 적극적으로 참여하는 시민들을 위한 기본적 자유가 표현의 자유라는 자치이론(self-government theory)이 주장되기도 한다.[70] 하지만 연방대법원은 연방헌법 수정조항 제1조를 민주적 정치 질서의 근간인 사상의 자유시장의 형성을 위한 근본적인 권리에 국한시키지 않고 순수 예술적 표현 그리고 이를 넘어 대중 예술적 표현을 보호하는 조항으로 확장시켜 왔다. 실제로 연방대법원은 Joseph Burstyn, Inc. v. Wilson 판례에서 영화의 표현의 자유를 인정하였으며,[71] Ward v. Rock Against Racism 판결에서는 음악에서의 표현의 자

---

67) Schad v. Mount Ephraim, 452 U.S. 61, 65 (1981).

68) 강승식, 「미국 헌법학 강의」, 궁리, 2007, 495면.

69) Robert Bork, "Neutral Principles and Some First Amendment Problems", 47 Ind. L.J. 1, 20 (1971).

70) Lee C. Bollinger, The Tolerant Society, Oxford University, Press, 1986, pp. 2~10. 하지만 개인의 인격발전과 합리적인 탐구에 불가결한 전제 조건으로서 표현의 자유를 파악하는 입장도 존재한다. 이 경우에는 정치적 표현을 넘어서 다양한 표현이 자유의 대상이 될 수 있다. 본고에서 논의하고 있는 비디오 게임 등으로 대표되는 예술적 표현도 그 표현을 하거나 이에 접근하는 자들의 개성, 인격 발전에 영향을 미칠 수 있다는 점에서 수정헌법 제1조의 보호 대상이 될 수도 있을 것이다.

71) Joseph Burstyn, Inc. v. Wilson, 343 U.S. 495 (1952).

유를 인정하였고,[72] Barnes v. Glen Theatre, Inc. 판결에서는 누드 댄싱과 같은 비언어적 오락물에 대하여도 표현의 자유를 인정하였다.[73]

다만 이러한 일련의 판결에서 연방대법원은 어떠한 행위 혹은 이미지가 표현의 자유의 보호를 받을 수 있는지를 결정할 수 있는 헌법적 기준을 명백하게 제시하지는 않았다.[74] 결국 다양하며 상이한 연예·오락물, 대중예술표현의 전부에 적용될 수 있는 광범위한 헌법적 보호 체계를 제시하는 작업은 이루어지지 않았고,[75] 연방대법원은 각 장르별 연예·오락물의 형태와 내용에 따라 그것의 헌법적 보호 여부를 개별적으로 판단하여야 한다고 밝혀왔다.[76]

결국 이러한 접근방식은 새로운 장르의 연예·오락물 혹은 대중예술이 등장하고 이에 대한 정부의 규제가 진행될 때마다 이러한 연예·오락물이 연방헌법 수정조항 제1조의 표현의 자유의 보호를 받을 수 있는 것인지에 대한 사법부의 개별적 판단을 필요로 한다. 그러한 이유에서 비디오 게임과 같은 새로운 장르의 연예·오락물은 연방대법원의 헌법적 판단이 있기 전까지는 어느 정도 수정조항 제1조의 보호를 받을 것으로 추정되지만 그렇다고 정부의 규제를 완전히 부정할 수만은 없는 '회색 영역'에 놓이는 것으로 취급될 수밖에 없다.[77]

소위 회색 영역에 속하는 새로운 장르의 연예·오락물인 비디오 게임에 대하여 강력한 규제들이 마련되자 그의 헌법적 보호 여부를 명확히 해달라는 요청이 사법부에 제기되어 왔다. 처음에는 연방의 하급법원들이 일치하여 비디오 게임을 수정헌법 제1조의 보호 범위 바깥에 두어왔다.[78] 그중 대표적인 판례인 America's Best Family Showplace v. City of New York 결정에서 뉴욕 동부 연방지방법원은 비디오 게임을 핀볼 기계와 같은 기계적 오락 장치 혹은 체스나 야

72) Ward v. Rock Against Racism, 491 U.S. 781 (1989).

73) Barnes v. Glen Theatre, Inc., 501 U.S. 560 (1991).

74) Patrick M. Garry, "Defining Speech In An Entertainment Age: The Case Of First Amendment Protection For Video Games", 57 SMU L. Rev. 139, 148 (2004).

75) Scott A. Pyle, "Is Violence Really Just Fun and Games? A Proposal for a Violent Video Game Ordinance that Passes Constitutional Muster", 37 Val. U. L. Rev. 429, 430 (2002).

76) Joseph Burstyn, Inc. v. Wilson, 343 U.S. 495 (1952).

77) Patrick M. Garry, supra note, at 148.

78) Patrick M. Garry, supra note, at 149.

구와 같이 규칙들로 구성된 레크레이션 활동으로 파악하였다.[79] 이러한 기계적 메커니즘에 따라 게임에서 게임수행자에게 무언가를 말하고 음악이 틀어지고 지시사항이 글자로 나오는 것 자체는 정보를 제공하는 것이 아니고 정보 제공이 없으면 헌법적인 의미에서 표현이라고 할 수 없으며 결국 비디오 게임은 연방헌법 수정조항 제1조의 보호를 받을 수 없다고 판시하였다.

하지만 연방헌법 수정조항 제1조를 정치적 표현, 그에 따라 무언가 정보가 교환되고 제공되는 것에 대한 보호 조항으로 한정하던 연방하급법원들의 입장은 변화를 보여주었다. 특히 표현의 정보적·정치적 가치를 중시하는 것처럼 보이던 사법부의 입장은 비디오 게임 자체가 갖는 예술적 특징을 통하여 비디오 게임도 표현의 자유를 향유하게 된다는 논거를 통하여 변화해 갔다. 결국 연방 제7항소법원은 예술의 한 형태로서의 비디오 게임을 인정하고 연방헌법 수정조항 제1조의 보호대상임을 명시하였다.[80] 이러한 입장은 다른 연방법원에도 영향을 미쳐 이후의 사법부 결정에서 비디오 게임이 예술의 한 형태로서 표현의 자유를 누려야 한다는 원칙이 공고해졌다.[81] 2000년대 중반 이후에는 게임에 대한 규제입법을 마련한 각 주 정부, 의회에서도 일단은 예술의 한 형태, 표현의 한 형태로서의 비디오 게임을 인정하며 다만 그에 대한 규제는 음란물에 대한 규제와 마찬가지로 필요하다고 주장하게 된다.[82]

예술의 한 형태로서 비디오 게임을 인정하고 이의 표현의 자유를 강조한 연방하급법원들의 입장은 2011년 Brown v. EMA 판결에서 종국적으로 확인되었다. 연방대법원은 이 판결을 통하여 연예·오락물의 예술적·표현적 가치를 승인하고 그에 따라 비디오 게임이 연방헌법 수정조항 제1조의 보호 대상임을 천명하였다.

관련하여 이 판결에서 주목할 만한 판시사항은 연방대법원이 비디오 게임 등과 같은 연예·오락물이 그 자체로 정치적 함의를 갖는 표현물이 될 수 있고 그에 따라 연방헌법 수정조항 제1조의 본래적 보호 대상에 놓일 수도 있음을

79) America's Best Family Showplace v. City of New York, 536 F. Supp. 170, 174 (E.D.N.Y. 1982).

80) American Amusement Machine Ass'n v. Kendrick, 244 F.3d 572 (7th Circuit 2001).

81) Interactive Digital Software Ass'n v. St. Louis County, 200 F. Supp. 2d 1126 (E.D. Mo. 2002).

82) Entertainment Software Association v. Blagojevich, 404 F. Supp. 2d 1051.

강조한 부분이다. 연방대법원은 수정조항 제1조가 언론의 자유를 보호하는 조항으로 주로 공적 문제들에 대한 담론을 보호하기 위해 존재한다는 점을 강조하였다. 하지만 연예·오락물이 정치적 함의를 갖는 경우가 많음에 따라 이와 정치적 표현을 구별하는 것이 어렵고 그러한 구별 시도 자체가 위험할 수 있다고 연방대법원은 판단하였다. 그에 따라 수많은 친숙한 문어적 도구들을 통하여 생각들과 심지어는 사회적 메시지들을 전달하는 연예·오락물도 공적 담론을 보호하기 위한 언론의 자유 조항의 적용 대상이 되며 결과적으로 비디오 게임도 표현의 자유의 보호를 받게 된다고 하였다.[83]

또한 연예·오락물의 정치적 함의가 아닌 예술적 가치에 근거하여 표현의 자유를 인정하는 논의를 받아들이면서도 연방대법원이 정부가 예술적 가치를 판단하는 것은 상당히 위험한 작업임을 지적한 부분도 주목할 만한 판시사항이라 할 수 있다. 예술 장르별로 표현의 자유의 범위를 확정하려는 시도는 상당히 위험하다고 연방대법원은 보았는데 예술과 문학에 대한 미적·도덕적 판단은 개인에 의해 내려질 수 있을 뿐, 다수의 위임이나 승인을 받았다 하더라도 정부가 결정할 수 있는 것이 아니라는 점을 분명히 하였던 것이다.[84] 새로운 매체, 새로운 장르의 표현이 등장하는 경우에 수정조항 제1조에 의한 표현과 언론의 자유와 같은 기본 원리들이 기존의 매체, 표현에 적용되던 것과 다르게 차별적으로 적용되어서는 안된다고 분명히 하였다. 결국 새로운 예술·표현 장르인 게임에 대한 정부의 도덕적 판단을 경계하며 이들도 분명히 기존의 예술적 표현물과 똑같은 수준의 표현의 자유를 누려야 함을 강조하였던 것이다.

(2) 폭력적인 표현을 담은 게임에 대한 헌법적 보호의 문제

연방헌법 수정조항 제1조는 표현의 자유에 대한 광범위하고 강한 보호를 인정하고 있지만, 헌법실무적으로는 사회적으로 해악을 미치는 표현에 대하여는 수정조항 제1조의 적용을 배제하고 헌법적 보호를 인정하지 않고 있다. 수정조항 제1조의 보호영역 밖에 놓이는 소위 보호되지 않는 표현으로는 폭력유발

83) Brown v. EMA.

84) Brown v. EMA. 비슷한 취지는 United States v. Playboy Entertainment Group, Inc., 529 U.S. 803, 818 (2000) 참조.

언어, 명예훼손, 그리고 음란한 표현 등을 들 수 있다. 이 중 음란한 표현에 대한 연방대법원의 선례가 폭력적인 비디오 게임 규제를 위해 활용되었다. 폭력물을 음란물 혹은 아동 포르노그래피와 동일하게 취급하는 법논리가 폭력적인 비디오 게임 규제 근거로 제시된 것이다.[85] 폭력물 또한 미성년자에게 해롭다는 측면에서 본질적으로 음란물과 동일하므로 연방헌법 수정조항 제1조의 보호범위 바깥에 놓아야 한다는 것이다. 그러나 연방대법원은 폭력물을 음란물과 동일하게 취급하지 않았다. 2010년 United States v. Stevens 판결에서 연방대법원은 동물학대에 대한 묘사를 금지한 법률[86]을 연방헌법 수정조항 제1조에 위반된다며 위헌결정 내렸다.[87] 사건에서 작가이자 단편영화 제작자인 로버트 스티븐스(Robert J. Stevens)는 투견에 참여한 핏불 테리어(pit bull terrier)를 묘사하는 두 개의 비디오를 제작·판매하여 기소되었는데, 특히 그중 하나의 비디오에서는 핏불 테리어가 야생 돼지를 잡는 훈련의 일환으로 농장 돼지의 아래 턱을 물어뜯으며 공격하는 생생하고 섬뜩한 묘사를 담고 있었다. 연방 제3항소법원은 기소의 근거가 된 법률이 연방헌법 수정조항 제1조를 위반하였다고 판시하였는데, 투견이나 야생돼지를 잡기 위해 개를 이용하는 것은 동물학대로 불법일 수 있지만, 문제된 법률에서 잔혹하게 동물을 묘사하는 것을 금지하는 행위는 수정조항 제1조에 의하여 보호되지 않는 표현의 새로운 영역을 창조하였기 때문에 헌법에 위반된다고 하였다. 2010년 4월 20일 연방대법원은 8 대 1 결정으로 항소법원의 판결을 유지·확정하였다. 로버츠 대법원장의 다수의견에서는 폭력물을 음란물로서 볼 수 없고 그에 따라 수정조항 제1조의 예외 대상으로 삼을 수 없으므로, 다른 표현물과 마찬가지로 강력한 보호를 받게 된다는 점을 천명하였다.

폭력적인 표현물에 음란물 규제의 논거를 적용시키는 것을 반대하여 온 연방대법원의 입장은 폭력적인 비디오 게임에 대한 규제 논의에 있어서도 관철되었다. Brown 판결에서 연방대법원은 연방헌법 수정조항 제1조의 보호범위 외

---

85) Joel Timmer, "Violence As Obscenity: Offensiveness And The First Amendment", 15 Comm. L. & Pol'y 25 (2010).

86) 이 법률은 주로 성적 페티시를 만족시키기 위하여 '작은 동물들을 으스러뜨리는 것을 묘사하는 비디오(crush video)'를 규제하기 위한 것으로 1999년 제정되었다.

87) United States v. Stevens, 559 U.S. 460 (2010).

곽에 놓이게 될 또 하나의 표현 카테고리를 생성하는 것에 반감을 나타내며, 헌법실무적으로 폭력적 표현에 대하여 헌법적 보호를 인정해 왔음에 주목하였다.

실제로 죽지 않는 괴물 같은 이상한 몬스터들을 상대로 싸우며 폭력적인 이미지들이 등장하는 것은 인류 역사의 많은 예술 작품에서도 빈번하게 나타난다.[88] 특히 폭력적인 묘사 및 내용은 호머의 일리아드, 오디세이부터 시작되어 지금까지 내려져 오고 있는 예술 작품의 특성인 것이다.[89] 그러한 이유로 게임이 폭력적인 내용, 묘사를 담고 있다고 예술로서 그리고 나아가 표현으로서의 가치를 부정당한다면 이는 예술 전반에 대한 표현의 자유를 부정하는 모양이 된다. 인류의 고전적인 문학 작품에 담겨 있는 폭력적 묘사를 수정조항 제1조의 보호영역 안에 두지 않는 것은 그 작품의 예술적·표현적 가치를 송두리째 부정하는 모습이기 때문이다.

(3) 폭력적인 비디오 게임과 미성년자 보호의 문제

다양한 발언·표현으로부터 미성년자를 보호해야 한다는 것은 어느 사회에서나 공통적으로 인정되는 가치라 할 수 있는데 표현의 자유와 미성년자 보호의 요청 사이의 충돌 문제는 헌법적 난제 중 하나라 할 수 있다. 특히 미디어의 발달로 인하여 다양한 표현물이 생성되고 이에 대한 미성년자의 접근이 용이해진 현재에는 이 두 가치의 충돌 문제가 더욱 주목 받고 있다.

미성년자의 표현에 대한 접근의 제한 입법은 다양한 주에서 다양한 매체별로 이루어졌는데 이에 대한 연방대법원의 심사들을 통하여 몇 가지 원리들이 확립되어 왔다. Ginsberg v. New York 판결에서처럼 표현에 대한 접근을 성인의 경우 제한할 수 없지만 미성년자의 경우에는 제한할 수 있다는 것이 그 중 하나이다.[90] 그 못지않게 중요하게 취급되는 원리로는 미성년자들도 표현의 자유, 표현에 대한 접근권을 누리며 때로는 정부의 규제보다 이것들이 우선할 수 있다는 것이다. 베트남 전쟁에 대한 항의 차원에서 학생이 완장을 차는 것을 금

88) Torben Grodal, "Video Games and the Pleasures of Control", Dolf Zillmann & Peter Vorderer eds., Media Entertainment: The Psychology of Its Appeal, 2000, pp. 197, 211.

89) Marjorie Heins, "Blaming the Media: Would Regulation of Expression Prevent Another Columbine?", 14 Media Stud. J. 14, 15 (2000).

90) Sable Communications of Cal., Inc. v. FCC, 492 U.S. 115, 126 (1989).

지할 수 없다고 한 Tinker v. Des Moines Independent Community School District 판결에서는 미성년자의 표현의 자유를 확인하였다.[91] 그리고 정부가 미성년자에 대한 정보의 흐름을 통제하려고 하는 것은 대부분 연방헌법 수정조항 제1조의 의미에 반한다고 결정하였다.[92]

이처럼 연방대법원은 양립하는 가치를 사건별로 다르게 형량·판단하고 있기 때문에 새로운 매체에 대한 새로운 규제가 제시될 때마다 입법자의 노력은 사법부의 개별적 판단을 통해서만 실현될 수 있는 구조를 가지게 되었다. 미성년자의 표현의 자유, 표현에 대한 접근의 자유를 기본적으로 인정하면서 이에 대한 적절한 규제의 필요성도 승인하는 연방대법원의 기본 입장은 규제 정책에 대한 합헌성 판단을 위해서는 상당한 시간과 사회적 논의가 소비될 수밖에 없다는 점을 보여준다.[93]

매체에 있어 폭력적 표현이 만연되고 있음에 따라 규범적인 차원에서는 폭력적 표현에 대한 미성년자의 접근을 규제하여야 한다는 주장이 넘쳐나고 있다.[94] 여기서 중요한 점은 어떠한 표현이 단순히 불쾌하고 마음에 상처를 준다고 해서 그에 대한 규제가 정당성을 갖게 되지는 않는다는 것이다.[95] 보다 구체적으로는 폭력물이 실제로 해로운지, 미성년자에게 해악을 미치는지에 대한 판단이 정확하게 이루어진 후에야 이에 대한 규제의 인정을 표현의 자유에 대한 예외로서 받아들일 수 있는 것이다.

결국 폭력적인 표현물을 규제하는 입법에 대하여는 엄격하게 그 위헌성을 살펴보아야 한다. 폭력물이 아동에 대하여 실제로 해악을 미친다는 점이 증명이 되지 않는 이상 규제의 긴절한 이익·목적은 달성될 수 없다. 이의 증명을 위해서는 본질적으로 미성년자에게 있어 해악이 무엇을 의미하는지도 살펴보아야 한다.[96] 그리고 규제 방법이 피해최소적으로 이루어지기 위해서는 규제 대상인

---

91) Tinker v. Des Moines Independent Community School District, 393 U.S. 503 (1969).

92) Erznoznik v. City of Jacksonville, 422 U.S. 205, 214 (1975).

93) Alan E. Garfield, "Protecting Children From Speech", 57 Fla. L. Rev. 565, 570 (2005).

94) Abby L. Schloessman Risner, "Violence, Minors And The First Amendment: What Is Unprotected Speech And What Should Be?", 24 St. Louis U. Pub. L. Rev. 243, 244 (2005).

95) James Weinstein, Hate Speech, Pornography, and the Radical Attack on Free Speech Doctrine, Westview Press, 1999, p. 128.

96) James Weinstein, ibid, at 142~143.

폭력물의 내용을 상세하게 정하고 다른 규제 대안에 대하여도 종합적으로 고려해야 할 것이다.

Ⅴ. 논의의 정리

Kendrick 판결에 의하여 전환된 폭력적 비디오 게임에 대한 규범적 인식은 다양한 주의 규제입법에 대한 연방법원의 심사를 통하여 확고하게 자리 잡았고 결국 캘리포니아 주의 비디오 게임 규제입법에 대한 연방법원의 일련의 심사를 통하여 사법부의 선례로서 자리 잡게 되었다. 특히 캘리포니아 주의 규제입법에 대한 연방대법원의 Brown v. EMA 판결은 이 쟁점에 대한 10여 년간의 법적 공방을 일단락시키는 중요한 결정이라 할 수 있다. 사회문제에 대하여 충분한 시간을 갖고 점진적으로 규범적 담론을 형성해 가는 미국 특유의 사법문화가 여실히 반영된 결정이었다.

이 판결은 폭력적 비디오 게임의 유해성에 대한 공방이 전 세계적으로 이루어지고 있던 시점에 상당한 주목을 받게 되었다. 아동들뿐만 아니라 성인 모두의 표현의 자유를 보장하기 위하여 내려진 판결이라는 평가[97]뿐만 아니라, 표현의 자유를 강하게 보호해 온 연방대법원의 입장을 재확인해 준 판례라는 평가[98]가 이어졌다. 또한 로버츠 법원에서는 표현의 자유가 늘 최고의 가치라는 점을 확인한 판례라는 평가[99]도 내려졌다. 그리고 종교와 국가(의 규제)의 엄격한 분리에 빗대어 이 판결은 국가(규제)와 언론(표현)의 분리를 선언한 것이라는 평가[100]도 내려졌다. 무엇보다도 비디오 게임 자체가 가지는 예술성 및 표현으로서의 가치를 확인하고 폭력적인 내용을 담고 있는 비디오 게임을 역시

97) Catherine J. Ross, "The Supreme Court Was Right to Strike Down California's Video Game Law", Wash. Post, June 27, 2011.

98) Tony Mauro, "Roberts Court Extends Line of Permissive First Amendment Rulings in Video Game Case", The Am. Law Daily, June 28, 2011.

99) David G. Savage, "Supreme Court Strikes Down California Video Game Law", L.A. Times, June 28, 2011.

100) David G. Post, "Sex, Lies, And Videogames: Brown V. Entertainment Merchants Association", 2011 Cato Sup. Ct. Rev. 27 (2011) p. 51.

폭력적인 내용을 담고 있는 다른 문화 콘텐츠와 차별하지 않았다는 점에서 Brown 판결은 새로운 매체가 등장하고 대중적인 콘텐츠가 제시될 때마다 반복되어 온 표현에 대한 규제의 악순환에 경종을 울렸다고 평가할 수 있을 것이다.

하지만 주의할 점은 이 판결로 폭력적인 비디오 게임이 절대적으로 헌법적 보호를 받게 되는 것은 아니라는 점이다. 표현의 자유와 늘 상충하는 또 하나의 중요한 헌법적 가치인 미성년자 보호를 위하여 폭력물, 폭력적인 비디오 게임은 규제될 수 있다. 비록 Brown 판결에 의하여 폭력적인 비디오 게임을 표현의 자유의 보호범위 바깥으로 애초부터 쫓아낼 수는 없지만, 이러한 비디오 게임이 미성년자에게 직접적인 해악을 야기한다는 점이 구체적으로 입증되고 표현의 자유에 대한 침해최소적인 섬세한 규제 입법이 제시되는 경우에는 폭력적인 비디오 게임에 대한 합헌적인 규제가 이루어질 수 있다.

이처럼 표현의 자유를 극대화하며 동시에 그의 사회적 해악을 최소화하려는 미 연방대법원의 신중한 입장은 폭력적이고 자극적인 콘텐츠로부터 청소년 보호가 문제시되고 있는 사회에서는 참조할만할 것이다. 미국의 경우처럼 표현의 자유가 절대시되지 않고 국가안전보장, 질서유지, 공공복리 등의 이유로 제한될 수 있는 일반적 권리 중의 하나로 취급되는 우리 헌정체제에 있어 Brown 판결이 큰 의미를 갖지 못하는 것처럼 보이기도 한다. 하지만 미성년자 보호라는 공익을 이유로 게임과 같은 표현물에 대한 규제 입법이 마련될 때 게임이 미성년자에게 어떠한 해악을 직접적으로 가하는지가 충분히 입증되어야 하고 게임이 갖는 표현적·예술적 가치를 덜 훼손하는 침해최소적인 대안들에 대한 신중한 고려가 필요하다는 Brown 판결의 주요 내용은 우리에게도 동일하게 적용될 수 있는 법리일 것이다. 청소년 보호라는 관점에서 게임·만화 등 다양한 콘텐츠에 대한 규제는 과잉적으로 이루어지더라도 큰 문제 없다는 시각이 우리 사회에 항상 존재해왔는데, 새로운 매체 및 콘텐츠의 가치와 청소년 보호라는 가치를 합리적으로 조화시키려는 미 연방사법부의 노력에 대한 고찰은 우리의 입법문화에 대한 반성의 시발점이 될 수 있을 것이다.

제10장

확률형 아이템 규제 및 게임등급분류제도에 관한 소고

-비교법적 고찰과 함께-

Ⅰ. 들어가는 말

게임업 자체의 상황 변화가 극단적이고 역동적이어서 규제로 인한 효과는 예측불가능하다. 이에 최근에는 정부가 이러한 상황이나 경험에 대한 온전한 지식이 없는 상황에서 규제의 효과에 대한 구체적인 분석을 하지 못하고 주먹구구식으로 규제를 만들어서 그 효과를 장담할 수 없는 경우라면, 정부에 의한 법적 규제를 지향하는 경향이 강하다.

소비자의 선택에 지대한 영향을 받는 게임업계는 당사자적 지위에서 규제효과에 대한 면밀한 분석을 시행할 수 있으며 규제상황에 즉각적으로 대응하여 규제효과를 최대화할 수 있는 기회와 지위를 확보할 수 있기 때문에, 그들에 의한 자율규제를 유도하는 것이 바람직하다는 주장이 강하게 제기되고 있다. 이에 본고에서는 우리의 게임산업에서 문제되고 있는 규제(등급분류, 확률형 아이템)를 중심으로 해외의 동향과 함께 비교해 본 후, 향후 게임산업진흥에 관한 법률(이하 '게임산업법')의 개정방향 및 게임규제의 올바른 방향에 대해서 제언해 보고자 한다.

II. 확률형 아이템 규제

국내에서는 오래전부터 온라인 게임과 모바일 게임에서는 일정 금액을 투입할 경우 다양한 보상을 주는 등 우연적 요소가 강한 확률형 아이템을 판매하고 있는데 게임물의 지나친 과소비를 방지하고 사행행위 또는 사행성게임과 유사한 측면을 규제하기 위해서 적절한 조치가 필요하다는 주장이 계속되었다. 이러한 현상은 우리나라에만 국한된 현상이 아니었으며, 유럽에서도 게임산업 규제와 관련하여 확률형 아이템을 어떻게 규제할 것인가가 중요한 쟁점으로 부각되었다.

1. 국내에서의 논의

(1) 입법적 규제

국내에서는 확률형 아이템에 대한 입법적인 규제를 위한 게임산업법의 개정을 지속적으로 시도하고 있다.

1) 19대 국회에서 2015년 3월 9일 정우택 의원이 대표발의(의안번호 제1914215호)한 '게임산업진흥에 관한 법률 일부개정법률안'이 확률형 아이템에 대한 입법적 규제를 제안하였다. 2015년 3월 9일에 발의된 이 법률안에서는 게임산업진흥에 관한 법률에 확률형 아이템을 규제하는 내용의 조문을 추가하였다. 이 안의 입법이유에 따르면 온라인 게임과 모바일 게임에서는 일정 금액을 투입할 경우 다양한 보상을 주는 등 우연적 요소가 강한 확률형 아이템을 판매하고 있는데 게임물의 지나친 과소비를 방지하기 위해서는 적절한 규제 조치의 도입이 필요하다고 하였다. 이에 위 법안에서는 게임물의 이용을 통하여 획득할 수 있는 점수·경품·게임 내에서 사용되는 가상의 게임머니 등의 유·무형의 결과물의 종류·구성비율 및 획득확률 등에 관한 정보가 게임물내용정보(게임물의 내용에 대한 폭력성·선정성(煽情性) 또는 사행성(射倖性)의 여부 또는 그 정도와 그 밖에 게임물의 운영에 관한 정보로 정의하여 게임물에 표시하도록 하는 등 게임물 이용에 관한 사항)에 포함되도록 정의규정을 보완하여 게임물의 유통 및 등급표시 등에 반영되도록 하였다. 이 법안은 19대 국회 임기가 종료되면서 자동으로

폐기되었다.

2) 20대 국회에서는 먼저 2016년 7월 4일 정우택 의원이 19대 발의안과 유사한 내용을 담은 '게임산업진흥에 관한 법률 일부개정법률안'을 대표발의(의안번호 제2000644호)하였다. 위 법안의 제안이유에서도 역시 게임사들이 확률형 아이템의 획득확률을 과도하게 낮추거나 다른 아이템과의 결합 등의 요소를 이용하여 이용자의 과소비를 유도하는 경우가 나타나고 있다고 지적하고 있다. 즉, 랜덤박스 내에서 등장하는 각 아이템의 확률을 명시하지 않거나 실시간으로 확률을 조작하는 경우가 존재해 실질적으로 현재 확률형 아이템 판매 형태는 법률이 금지하고 있는 사행행위 또는 사행성게임과 유사한 측면이 있다고 비판하며, 이에 소비자들의 권익 보호와 건전한 시장 조성을 위한 규제의 필요성이 있으나, 관련 규정의 미비로 실시하지 못했기 때문에 당해 입법안을 제안한다고 밝히고 있다. 이에 개정법률안은 정보통신망을 통하여 제공되는 게임물에서 게임아이템 및 게임머니 등을 판매할 때 확률에 따르도록 하는 경우에는 그 유·무형물의 종류·구성비율 및 획득확률 등에 관한 정보를 사업자가 공개하도록 하고 있으며, 공개의무와 관련하여 과태료 부과 및 신고 포상금 제도를 규정하고 있다(<표 10-1> 참조).

〈표 10-1〉 정우택 의원안 신·구조문대비표

현 행	개정안
<신 설>	제33조의2(게임아이템 등에 관한 정보공개) ① 게임물 관련사업자(정보통신망을 통하여 공중이 게임물을 이용할 수 있도록 서비스하는 자에 한한다. 이하 이 조에서 같다)는 다음 각 호를 게임물 이용자에게 판매할 때 우연적인 방법이 사용되는 경우 그 종류·구성비율 및 획득확률 등에 관한 정보를 공개하여야 한다. 1. 게임물의 이용을 위하여 게임물 내에서 사용되는 도구(이하 "게임아이템"이라 한다) 2. 게임머니 3. 그 밖에 대통령령으로 정하는 유·무형의

	결과물 ② 제1항에 따른 공개대상 정보 및 공개 절차에 관하여 필요한 사항은 대통령령으로 정한다.
제39조의2(포상금) ① 정부는 다음 각 호의 어느 하나에 해당하는 자를 관계 행정기관 또는 수사기관에 신고 또는 고발하거나 검거한 자에 대하여 예산의 범위 안에서 포상금을 지급할 수 있다.	제39조의2(포상금) ① ______________________.
1. ~ 3. (생 략)	1. ~ 3. (현행과 같음)
<신 설>	3의2. 제33조의2에 따른 정보 공개 의무를 위반한 자
4. (생 략)	4. (현행과 같음)
② (생 략)	② (현행과 같음)
제48조(과태료) ① 다음 각 호의 어느 하나에 해당하는 자는 1천만원 이하의 과태료에 처한다.	제48조(과태료) ① ______________________.
1. ~ 7의2. (생 략)	1. ~ 7의2. (현행과 같음)
<신 설>	7의3. 제33조의2를 위반하여 게임아이템·게임머니 및 그 밖에 유·무형의 결과물과 관련된 정보를 공개하지 아니하거나 거짓으로 공개한 자
8. (생 략)	8. (현행과 같음)
② ~ ⑤ (생 략)	② ~ ⑤ (현행과 같음)

2016년 7월 4일 노웅래 의원 또한 '게임산업진흥에 관한 법률 일부개정법률안'을 제안했는데(의안번호 제2000640호), 여기에서도 확률형 아이템에 대한 규제규정을 두고 있다. 위 개정안은 확률형 아이템을 "게임물 내에서 유료로 판매하거나 대통령령이 정하는 게임머니 등을 이용해 교환할 수 있는 게임아이템 중 특정 범위의 기댓값을 가지고 다른 게임아이템으로 재교환될 수 있는 것"으로 정의하고 있다. 한편 위 개정안은 은 게임 이용자들에게 이러한 확률형 아이

템에 대한 정보를 전혀 제공하지 않음으로써 이용자가 이를 반복적으로 구매하도록 유도하고, 심지어 획득 확률을 조작하여 이용자를 기만하는 사례 또한 밝혀지고 있다고 보아, 위 개정안은 게임물을 유통시키거나 이용에 제공할 목적으로 게임물을 제작 또는 배급하는 자는 당해 게임물에 확률형 아이템이 존재하는 경우 확률형 아이템의 종류, 구성비율 및 획득 확률 혹은 기댓값을 게임물 내부에 표시하고 이를 이용자에게 고지하도록 하고 있다(<표 10－2> 참조).

〈표 10-2〉 노웅래 의원안 신·구조문대비표

현 행	개정안
제2조(정의) 이 법에서 사용하는 용어의 정의는 다음과 같다.	제2조(정의) ____________________ ____________.
1.·1의2. (생 략)	1.·1의2. (현행과 같음)
<신 설>	1의3. “확률형 아이템”이라 함은 게임물 내에서 유료로 판매하거나 대통령령으로 정하는 게임머니 등을 이용하여 교환할 수 있는 게임아이템(게임의 진행을 위하여 게임 내에서 사용되는 도구를 말한다. 이하 같다) 중 특정 범위의 기댓값을 가지고 다른 게임아이템으로 재교환될 수 있는 것을 말한다.
2. ～ 10. (생 략)	2. ～ 10. (현행과 같음)
<신 설>	제33조의2(확률형 아이템의 표시의무) ① 게임물을 유통시키거나 이용에 제공할 목적으로 게임물을 제작 또는 배급하는 자는 당해 게임물에 확률형 아이템이 존재하는 경우 확률형 아이템의 종류, 구성비율 및 획득 확률 혹은 기댓값을 게임물 내부에 표시하고 이를 이용자에게 고지하여야 한다. ② 제1항에 따른 표시의 방법 등에 관하여 필요한 사항은 대통령령으로 정한다.

2016년 10월 25일 이원욱 의원은 '게임산업진흥에 관한 법률 일부개정법률안'을 제안했는데(의안번호 2887), 여기에서도 확률형 아이템에 대한 규제규정을 두고 있다. 위 개정안은 확률형 아이템을 구입하고, 이를 실행하는 과정에서 우연에 따라 결과값이 배당되는 구조이기 때문에 사행적 요소가 있다고 볼 수 있으나 이에 대하여는 규제가 이루어지지 못하고 있어 청소년을 비롯한 게임이용자의 과소비를 조장하는 등의 문제가 발생되고 있다고 본다. 이에 위 개정안은 확률형 아이템의 종류·구성비율 및 획득확률을 표시하도록 하고 획득확률이 과도하게 낮은 확률형 아이템을 판매하는 경우에는 청소년이 이용할 수 없도록 하는 등 확률형 아이템을 제공하는 게임물에 대하여 규제를 강화하고 있다. 특히 획득확률이 100분의 10 이하인 확률형 아이템을 판매하는 게임물은 청소년이용불가로 등급을 분류하고 있으며, 게임물의 이용을 통하여 획득한 확률형 아이템을 환전 또는 환전 알선하거나 재매입을 업으로 하는 행위를 금지하고 있다(<표 10-3> 참조).

〈표 10-3〉 이원욱 의원안 신·구조문대비표

현 행	개정안
제2조(정의) 이 법에서 사용하는 용어의 정의는 다음과 같다.	제2조(정의) ______________.
1.·1의2. (생 략)	1.·1의2. (현행과 같음)
<신 설>	1의3. "확률형 아이템"이란 게임물에서 유료로 판매하거나 대통령령으로 정하는 게임머니 등을 이용하여 교환할 수 있는 게임아이템(게임의 진행을 위하여 게임에서 사용되는 도구를 말한다. 이하 같다) 중 특정 범위의 기댓값을 가지고 다른 게임아이템으로 재교환될 수 있는 것을 말한다.
2. "게임물내용정보"라 함은 게임물의 내용에 대한 폭력성·선정성(煽情性) 또는 사행성(射倖性)의 여부 또는 그 정도와 그	2. "게임물내용정보"란 다음 각 목에 관한 게임물의 내용에 대한 정보를 말한다. 가. 폭력성의 여부 또는 그 정도

밖에 게임물의 운영에 관한 정보를 말한다.	나. 선정성(煽情性)의 여부 또는 그 정도 다. 사행성(射倖性)의 여부 또는 그 정도 라. 확률형 아이템(획득확률이 100분의 10 이하의 확률형 아이템에 한정한다)의 종류·구성비율 및 획득확률 마. 그 밖에 게임물 운영 관련 사항
3. ~ 10. (생 략)	3. ~ 10. (현행과 같음)
제21조(등급분류) ①·② (생 략)	제21조(등급분류) ①·② (현행과 같음)
③ 제2항의 규정에 불구하고 청소년게임제공업과 일반게임제공업에 제공되는 게임물은 전체이용가와 청소년이용불가 게임물로 분류한다.	③ ________ 획득확률이 100분의 10 이하인 확률형 아이템을 판매하는 게임물은 청소년이용불가로 분류하고, 그 외 청소년게임제공업과 ________________.
④ ~ ⑨ (생 략)	④ ~ ⑨ (현행과 같음)
제32조(불법게임물 등의 유통금지 등) ① 누구든지 게임물의 유통질서를 저해하는 다음 각 호의 행위를 하여서는 아니 된다. 다만, 제4호의 경우 「사행행위 등 규제 및 처벌특례법」에 따라 사행행위영업을 하는 자를 제외한다.	제32조(불법게임물 등의 유통금지 등) ① ________________.
1. ~ 6. (생 략)	1. ~ 6. (현행과 같음)
7. 누구든지 게임물의 이용을 통하여 획득한 유·무형의 결과물(점수, 경품, 게임 내에서 사용되는 가상의 화폐로서 대통령령이 정하는 게임머니 및 대통령령이 정하는 이와 유사한 것을 말한다)을 환전 또는 환전 알선하거나 재매입을 업으로 하는 행위	7. ________ 게임머니, 확률형 아이템 및 ________
8. (생 략)	8. (현행과 같음)
② (생 략)	② (현행과 같음)

그러나 20대 국회에서 발의된 상기 법안들은 모두 20대 국회 임기가 종료되면서 자동으로 폐기되었다.

3) 2020년 이후에는 마비노기 세공 확률 공개 거부 사건 및 메이플스토리 확률조작 사건 등이 발생하면서 정치권을 중심으로 확률형 아이템에 대한 규제가 필요하다는 의견이 강하게 제기되면서 21대 국회에서도 게임산업법 개정안이 발의되기 시작하였다.

2020년 12월 15일, 더불어민주당 이상헌 의원은 확률형 아이템의 종류·종류별 공급 확률정보를 표시하도록 의무화하는 내용 등을 담은 게임산업법 전부개정법률안(의안번호 제2106496호)을 발의하였다.[1] 위 개정안에서는 확률형 아이템을 "직·간접적으로 게임이용자가 유상으로 구매하는 게임 아이템 중 구체적 종류, 효과 및 성능 등이 우연적 요소에 의해 결정되는 것"이라 정의하고 있다(<표 10-4>).

〈표 10-4〉 이상헌 의원안 신·구조문대비표

현 행	개정안
제2조(정의) 이 법에서 사용하는 용어의 정의는 다음과 같다.	제2조(정의) ____________ ____________.
13. <신 설>	13. "확률형 아이템"이란 직·간접적으로 게임이용자가 유상으로 구매하는 게임아이템(유상으로 구매한 게임아이템과 무상으로 구매한 게임아이템을 결합하는 경우도 포함하며, 무상으로 구매한 게임아이템 간 결합은 제외한다) 중 구체적 종류, 효과 및 성능 등이 우연적 요소에 의해 결정되는 것을 말한다.
제59조 <신설>	제59조(표시의무) ① 게임제작업자 또는 게임배급업자(이하 "게임제작업자등"이라 한다)는 게임을 유통시키거나 이용에 제공하기

1) 동 법안은 2020년 2월 18일, 문화체육관광부가 공개한 게임산업법 전부개정안을 바탕으로 만들어진 것이다.

	위해서는 해당 게임 및 그 광고·선전물마다 게임제작업자등의 상호(도서에 부수되는 게임의 경우에는 출판사의 상호를 말한다), 등급, 게임내용정보, 확률형 아이템의 종류·종류별 공급 확률정보 및 그 밖에 대통령령으로 정하는 사항을 표시하여야 한다. 다만, 게임제작업자등은 제27조 제1항에 따라 분류된 등급을 준수하는 범위에서 이용자 연령을 달리 표시할 수 있다. ② 게임제작업자등은 대통령령으로 정하는 게임을 유통시키거나 이용에 제공할 목적으로 제작 또는 배급하기 위해서는 해당 게임에 대하여 게임의 운영에 관한 정보를 표시하는 장치를 부착하여야 한다. ③ 제1항 및 제2항에 따른 표시에 관한 기준, 범위, 방법 등에 등에 관하여 필요한 사항은 대통령령으로 정한다.

2021년 1월 8일, 더불어민주당 유정주 의원은 확률형 아이템에 관한 표시의무를 담은 게임산업법 개정안(의안번호 제2107270호)을 발의하였다. 2021년 3월 5일 유동수 의원은 이중 뽑기 시스템, '컴플리트 가챠'를 금지하는 내용을 골자로 한 게임산업진흥에 관한 법률 일부개정법률안(의안번호 제2108564호)을 발의하였다.[2)]

2021년 11월 23일 이용 의원은 자율규제에 힘을 실는 게임산업진흥에 관한

2) 이러한 컴플리트 가챠는 일본에서는 이미 지나친 사행성 논란으로 인해 게임 업계가 자율적으로 중단했고 이후 일본 정부에서도 위법 판정을 내려 규제하고 있는 판매 방식이다. 즉 일본 소비자청은 2012년 5월 18일, 소셜 게임 등의 '콘푸가챠(コンプガチャ)'가 경품표시법의 제한을 받는다고 보았으며, 특히 이는 '카드 맞추기(カード合わせ)'에 해당된다는 입장을 표명하면서 이를 위반하는 경우에는 처벌된다고 천명하였다. http://www.caa.go.jp/adjustments/hakusyo/2013/honbun_6_column.html 일본의 경우에 '콘푸가챠'는 ① 고객유인성, ② 거래부수성, ③ 경제상의 이익의 요건을 모두 갖추고 있어 경품표시법 제2조 제3항에서 규정하고 있는 '경품류'에 해당하며, 뽑기에 대한 표시 및 광고 등에 관하여는 경품표시법 제2조 제4항에서 규정하고 있는 '표시'에 해당한다.

법률 전부개정법률안(의안번호 제2113489호)을 발의하였다. 위 개정안은 "이 법에서 정한 사항 외에 대해서는 자율규제를 최대한 장려한다"는 내용을 담고 있어(개정안 제4조 제2항), 위 개정안에서 별도로 정하지 않은 확률형 아이템에 관한 사항은 자율규제를 따르게 된다. 그러나 위 개정안 발의는 2021년 12월 1일 철회되었다.

(2) 행정규제

2018년 3월 21일, 공정거래위원회는 일부 게임사가 확률형 아이템을 판매하면서 획득 확률과 획득 기간과 관련된 정보를 허위로 표시한 것을 적발하여 전자상거래 등에서의 소비자보호에 관한 법률 제21조 제1항 제1호[3]의 금지행위를 위반하였음을 이유로 국내 3개의 게임사(넥슨코리아, 넷마블게임즈, 넥스트플로어)에 시정명령을 내리고 과태료 및 과징금을 부과했다. 공정위는 이 처분을 통해 향후 확률형 아이템에 대한 소비자의 알 권리를 강화하고 합리적인 구매 결정을 유도할 것으로 기대하면서도 게임산업협회를 중심으로 진행 중인 확률형 아이템 자율규제는 위반할 경우의 제재수단이 없다는 점을 지적하였다. 이러한 이유에서 2019년 12월, 공정거래위원회는 확률형 아이템의 구성 확률 공개 의무를 담은 '전자상거래 등에서의 상품 등의 정보제공에 관한 고시' 개정안을 예고한 바 있으나 실제 개정에는 이르지 못했다.

(3) 자율규제

게임사들은 주요 수익창출 수단인 확률형 아이템에 대한 정부 차원의 규제가 본격적으로 이루어지기 전에, 게임업계 내부에서 협회를 중심으로 자발적인 규제를 강화하겠다는 입장을 발표하였다. 이에 확률형 아이템은 2015년 7월부터 도입된 '확률형 아이템 자율규제'라는 이름의 제도를 통해 한국게임산업협회, 한국게임정책자율기구에서 확률형 아이템의 확률 공개 여부 감시, 확률형

3) 전자상거래 등에서의 소비자보호에 관한 법률 제21조(금지행위) ① 전자상거래를 하는 사업자 또는 통신판매업자는 다음 각 호의 어느 하나에 해당하는 행위를 하여서는 아니 된다.
1. 거짓 또는 과장된 사실을 알리거나 기만적 방법을 사용하여 소비자를 유인 또는 소비자와 거래하거나 청약철회등 또는 계약의 해지를 방해하는 행위

아이템 결과물에 대한 개별 확률 공개, 게임 내 구매화면에 확률정보 표시 등이 이루어지고 있다. 최근(2021년 5월)에 한국게임산업협회는 기존의 것보다 확률 공개를 강화하는 내용을 담도록 자율규제 강령을 개정하였는데 이는 2021년 12월부터 시행되고 있다.

2. 비교법적 검토

(1) 유럽 등에서의 논의

1) 벨기에

2018년 5월 벨기에 도박위원회(Belgian Gambling Commission)는 유권해석을 통해 확률형 아이템이 벨기에 법상 도박에 해당한다는 입장을 발표하였다(The Belgian Gaming Commission, Research Report on Loot Boxes, April 2018).[4] 특히 이익과 손실의 가능성에 대하여, 벨기에 최고행정법원은 벨기에 게임법상 우연성게임의 구성요소인 이익(Chance of wins)을 판단함에 있어 "이익이 반드시 화폐적인 종류일 필요는 없으며, 재정적 가치를 갖는다면 이익에 해당한다"고 판시하였는데, 벨기에 게임위원회는 최고행정법원의 판결에 근거하여 이익이 반드시 금전적인 것일 필요는 없으며, 이용자가 게임통화를 다시 돈으로 바꾸는 것이 불가능하더라도 내기로 인한 이익의 가능성이 부정되지는 않는다고 판단하여 금전적인 환전성을 벨기에 게임법 위반의 판단 요소에서 제외하고 확률형 아이템의 이익과 손실의 가능성을 인정하였다. 요컨대 벨기에 도박위원회는 확률형 아이템을 구매하기 위해 투입한 가치보다 적은 가치의 아이템이 주어졌을 경우 이를 도박의 요건으로서의 손실에 해당한다고 해석하였다.

---

4) 이러한 유권해석이 나온 이후, 벨기에에서 서비스를 제공하고 있던 대부분의 게임사들은 자신들이 제공하는 게임에서 확률형 아이템의 요소를 모두 삭제하였다. 벨기에 게임위원회의 확률형 아이템 검토보고서에 따르면 (1) 게임요소(Game element), (2) 우연성(Chance), (3) 내기(Wager), (4) 이익과 손실의 가능성(Chance of wins and losses)이 모두 존재하는 게임은 벨기에 게임법상의 우연성게임에 해당하여 벨기에 게임위원회의 허가를 받아야 한다고 규정되고 있는데(Article 2. 1., 4. §1), 검토보고서에서는 확률형 아이템과 관련하여 게임요소와 우연성은 크게 다투어지지 않았으며, 중점적으로 다루어진 부분은 (3) 내기(Wager), (4) 이익과 손실의 가능성(Chance of wins and losses)이다.

그런데 게임위원회의 이와 같은 유권해석을 하게 된 데에는 어느 정도 정책적인 판단이 개입된 것이라는 분석이 나왔다. 예컨대 미성년자들이 이와 같은 확률형 아이템에 무분별하게 노출되고 있는 것은 아닌지에 대한 충분한 연구 및 보호 장치를 자발적으로 실현하고 있지 않다는 점에 초점을 맞추고,[5] 게임사들이 “확률형 아이템의 사행성을 제한하기 위한 자정 노력을 하는 것과는 정반대로 오히려 확률형 아이템의 (특히 미성년자에 대한) 판매를 촉진시키기 위해 (i) 게임 이용자의 행동 패턴 등을 관찰하여 해당 이용자가 어떠한 아이템을 구매할 확률이 높은지를 조사하거나, (ii) 확률형 아이템의 보상이 확률에 의거한 것이 아니라 게임 이용자의 실력에 의해 좌우되는 것인 양 이용자를 기망하거나, (iii) 게임 내 인기 있는 아이템을 확률형 아이템을 통해서만 취득할 수 있도록 하거나, (iv) 확률형 아이템에서 보상을 얻을 수 있는 확률을 게임이용자에게 공개하지 않는 등”의 전략을 적극적으로 활용하고 있는 부분을 문제점으로 지적하였다. 요컨대 벨기에 게임위원회는 게임제조사가 이용자의 구매 이력 및 게임이용 행태 등 대규모의 개인정보를 활용하여 확률형 아이템 관련 이용자들의 행위를 조종할 가능성을 적극적으로 수용하였고 이러한 위험에 노출된 이용자를 위한 배려가 전혀 없다는 점을 고려하여 확률형 아이템을 벨기에 게임법상 우연성게임(games of chance)에 해당한다고 판단하였다고 볼 수 있다.

2) 네덜란드

네덜란드 게임위원회(Netherlands Gaming Authority)는 2018년 4월 발표문을 통해 확률형 아이템과 관련한 경고성 입장을 발표한 바 있으며,[6] 그 발표에서 게임위원회는 거래 가능한 확률형 아이템(transferable loot box)은 네덜란드 도박법에 따라 금지되는 도박에 해당하는데 현재 네덜란드 내에서 상용화된 게임 내 확률형 아이템의 40% 정도가 거래 가능한 확률형 아이템에 해당하므로 이에 대한 자체시정을 요구하였다. 위 발표문에 따르면 확률형 아이템이 거래 가능하지 않은 경우에는 법에 위반되지 않는다고 설명하고 있다(Loot boxes do not contravene the law if the in－game goods from the loot boxes are not transferable). 즉 네덜란드 또한 확률형 아이템의 도박 해당 여부를 판단함에 있어 게임 아이

5) The Belgian Gaming Commission, Research Report on Loot Boxes, April 2018, p. 16 ff.
6) Netherlands Gaming Authority, “Study into loot boxes. A treasure or a burden?” Apr. 2018.

템의 거래 가능성이 결정적인 요소이며, 게임위원회는 확률형 아이템에서 투입한 것보다 가치가 적은 보상이 나올 경우에는 손실이 발생한 것으로 볼 수 있다고 설명한다.

3) 독 일

독일의 경우 확률형 아이템의 도박 해당 여부에 관하여 정부나 게임 관련 단체로부터 뚜렷한 입장이 발표되지는 않은 것으로 보이며 이에 관한 법률안이나 판례도 없다.[7)]

독일의 도박법(Glücksspielstaatsvertrag, GlüStV) 제3조에서도 도박이 되기 위한 요건으로 손실(Input, einen entgeltlichen Einsatz), 이득(output, einen vermögenswerten Gewinn dessen), 우연성(chance, Zufallsabhängigkeit)을 요구하며, 게임이라는 개념을 고려하여 확률형 아이템이 게임이라면, 이는 도박이 될 수 없다는 주장이 강하게 제기되었다.[8)]

바이에른 주 의회에서는 독일 청소년 보호 시스템이 확률형 아이템과 관련해서도 제대로 작동하는지에 대해서 검토가 필요하다는 주장을 제기하였다.[9)] 한편 일부 언론에서 독일아동보호위원회(Kommission für Jugendmedienschutz, KJM)의 역할이 중요하다는 지적을 하였고, 이에 KJM은 18세 미만의 미성년자에게 확률형 아이템을 광고하는 부분에 대하여 검토를 실시하겠다는 입장을 발표하였다.[10)]

독일의 일부 보고서에서는 현행 도박법의 규정상 확률형 아이템은 도박에 해당하지 않는다고 보고 있으며,[11)] 확률형 아이템의 규제여부는 입법자의 선택에 달려있다고 분석한다. 다만 입법자가 이를 규제하는 경우에는 전통적으로 규제가 필요하지 않았던 게임들에 대해서도 규제가 이루어져야 할 것이라는 점에서 신중할 필요가 있음을 강조하고 있으며, Lootboxes가 게임 산업에서 가지는 특수성과 비즈니스 모델적 특성을 고려해야 한다고 본다. 즉 규제에 앞서 이

7) Scheyhing, ZfWG 2018, 115.
8) Niklas Mühleis, Verzockt, c't Heft 25/2018, S. 164.
9) Hannes A. Czerulla, Gewinn dich arm, c't Heft 3/2018, S. 34 ff.; Hilgert/Sümmermann, CR 2016, 104; Nickel/Feuerhake/Schelinski, MMR 2018, 590.
10) Hannes A. Czerulla, Gewinn dich arm, c't Heft 3/2018, S. 34 ff.
11) Nickel/Feuerhake/Schelinski, MMR 2018, 586 ff.; Schippel, WRP 2018, 410.

보고서는 게임 산업, 청소년 보호 등 미묘한 주제를 상세하게 분석할 필요가 있다고 본다.

특히 독일은 청소년 보호(jugendschutz)의 관점에서 확률형 아이템의 규제를 분석하고 있으며, 가상물질에 대한 광고, 특히 청소년을 상대로 한 광고는 독일 부정경쟁방지법(UWG) 제3조 제2항 위반이 될 수 있다는 독일연방대법원 판결[12)]이 확률형 아이템에도 중요한 의미를 가질 것이라는 분석이 지배적이다.[13)] 요컨대 독일에서는 Lootboxen을 광고하기 위해 온라인 쇼핑에 대한 직접 링크를 제공함으로써 아이들에게 그 구매를 촉구해서는 안된다는 입장이 지배적이다.[14)]

4) 프랑스

프랑스 도박위원회(Autorite de Regulation Des Jeux En Ligne, ARJEL)는 2017년 사업보고서를 통해 확률형 아이템에 대한 부분적인 입장을 발표하였다.[15)] 확률형 아이템의 도박 해당 여부는 게임 이용자에게 주어지는 보상에 경제적 가치가 있는지에 따라 결정되고(real world value), 아이템에 경제적 가치가 있는지 여부는 그와 같은 보상이 거래 가능한지에 따라 결정된다고 설명하였다.

게임 아이템이 거래 가능하다고 하기 위해서는 게임사가 게임 아이템의 게임 외 2차 시장에서의 거래를 허용하고 있어야 하는데, 실제로 이와 같은 거래를 허용하고 있는 게임사는 거의 없기 때문에 확률형 아이템이 도박의 범주에 포함되는 것으로 해석될 가능성은 낮다고 언급한다. 다만 이때 게임사가 '거래를 허용한다'는 것의 의미에 관하여, 게임사가 게임 아이템의 게임 외부에서의 거래를 적극적으로 장려하고 지원하는 것을 의미하는 것인지 혹은 거래를 불가

---

12) BGH MMR 2014, 169 m. Anm. Oehler - Runes of Magic I; BGH MMR 2015, 328 - Ru nes of Magic II.

13) Schippel, WRP 2017, 1444.

14) Ehinger/Schadomsky, K&R 2018, 145, 147. zum parallelen Problem bei § 6 Abs. 2 JMStV Kommission für Jugendmedienschutz, Jugendschutz bei Online-Spielen, 23.3.2018, abrufbar unter: https://www.kjm-online.de/fileadmin/user_uplo ad/KJM/Ueber_uns/Positionen/Stellungnahme_KJM_2018_Online-Spiele_Lootbo xen.pdf

15) Authorité de Régulation des Jeux en Ligne, "Rapport D'Activité 2017-2018", 2018; Poivre, Maxence. Loot boxes et régulation des jeux de hasard : analyse d'une jurisprudence naissante, Faculté de droit et de criminologie, Université catholique de Louvain, 2019, p. 1 ff.

능하게 하는 기술적인 조치를 취하거나 이용 약관에서 거래를 금지하는 내용을 명시하고 있지 아니하여 사실상 거래가 이루어지고 있는 것을 방치하고 있는 상황까지 전제한 것인지는 구체적으로 설명하지 아니하였다.

ARJEL는 확률형 아이템을 구매한 이용자에게는 언제나 일정한 보상이 주어지기 때문에 도박이라고 할 수 없다는 취지의 설명은 잘못된 것이라고 지적하면서, 확률형 아이템은 주어지는 보상의 가치와는 무관하게 게임 이용자에게 자신이 원하는 아이템을 "아쉽게 놓쳤다(barely missed)"는 생각을 심어주는 기술을 활용함으로써 구매를 촉진시키고 있는데, 이는 슬롯머신 등에서 도박 참여자들에게 "아쉽게 잭팟을 놓쳤다(near miss)"는 생각을 심어줌으로써 게임을 계속하게 만드는 것과 그 구조나 형태가 유사하다는 점을 지적한다. 특히 ARJEL는 확률형 아이템에 대한 제도와 관련하여서는 규제의 용이성 등의 측면에서 EU 각국이 통일된 입장(European Gaming Regulators European Forum)을 발표할 필요가 있다고 주장하였으며, ARJEL는 확률형 아이템이 현행법상 도박이 아닐지라도 관련법(청소년 이용자 보호 등을 위해)의 정비가 필요할 수 있다는 점을 제시하고 있다.

5) 영 국

영국 도박위원회(UK Gambling Commission)는 2016년 8월 및 2017년 3월 두 차례에 걸쳐 발표한 정책방침서를 통해 확률형 아이템에 대한 도박위원회의 입장을 정리하였다.[16] 도박위원회는 영국법상 도박이란 이에 참여하는 자가 확률에 의해 '보상(prize)'을 획득할 수 있는 모든 행위를 총칭하는 개념이며, 이때의 '보상'이란 현실적인 경제적 가치가 있는 것이어야 한다고 설명하였다. 도박위원회는 2017년 11월 위원장의 공식 인터뷰 및 위원회 홈페이지를 통해 '게임 아이템의 거래 가능성'을 기준으로 확률형 아이템의 도박 해당 여부를 판단하고자 하는 기존의 입장을 다시 한번 확인하였다.

특히 도박위원회는 확률형 아이템을 (i) 거래 가능한 확률형 아이템(tradeable loot box)과 (ii) 거래 불가능한 표준 확률형 아이템(standard loot box)으로 구분

---

16) britische Gambling Commission, Loot boxes within video games, 24.11.2017: http://www.gamblingcommission.gov.uk/news-action-and-statistics/news/2017/Loot boxes-within-video-games.aspx

하고, 전자의 경우에는 게임 이용자가 확률에 의해 획득한 아이템을 거래함으로써 현실적인 경제적 가치가 있는 대가를 수령할 수 있으므로 도박에 해당할 여지가 있다고 본다. 반면에 후자의 경우에는 획득한 아이템을 게임 내에서만 이용할 수 있을 뿐 현실적인 경제적 가치가 있는 물건으로 환원할 수 없으므로 도박에 해당할 여지가 없다고 해석하였다.

이처럼 도박위원회는 아이템의 거래를 통한 경제적 가치로의 환원 가능성을 판단함에 있어, 게임 내에서만 사용 가능한 아이템이라고 하더라도 게임이용자들이 게임 외부의 2차 시장, 예컨대 eBay 등 소셜커머스 또는 기타 비공식적으로 운영되는 아이템 거래 사이트를 통해 이를 거래할 수 있다면, 해당 게임 아이템에 간접적으로라도 경제적 가치가 부여되는 것이라는 기준을 제시하였다. 또한 거래가 이루어질 수 있는 '가능성'이 있다고 하여 게임 아이템을 확률에 따라 제공하는 것이 모두 도박에 해당하게 되는 것은 아니고, 게임 이용자가 이를 "즉시 현금화 또는 교환할 수 있는 기회(readily accessible opportunities to cash in or exchange)"가 제공되는 경우에만 도박에 해당한다는 단서를 달고 있다. 즉 거래가 활성화 되어 있어 아이템을 획득한 게임 이용자가 즉시 또는 자신이 원하는 시기에 자유롭게 이를 판매하여 현금 등 현실적인 경제적 가치가 있는 물건으로 환원할 수 있다면 도박에 해당하게 된다.

반면에 도박위원회는 확률형 아이템의 게임 외부에서의 거래가 성공적으로 제한된다면(where prizes are successfully restricted for use solely within the game) 게임 아이템의 현실적인 경제적 가치로의 환원 가능성이 없게 된다고 설명하고 있다. 다만 '성공적인 제한'의 의미에 관하여 구체적인 설명이 없어, 게임사의 입장에서 아이템의 거래를 원천적으로 불가능하게 하는 수준의 조치를 취할 것을 요구하는 것인지 혹은 게임 이용자 약관 등에서 확률형 아이템의 거래를 금지하는 내용을 삽입하고 이를 위반하는 자에게 책임을 묻는 등의 조치를 취하는 것으로 충분한 것인지는 분명하지 않으나 후자로 보는 것이 일반적이다.

영국 도박위원회의 닐 맥아서 위원장은 "영국법상 무엇이 도박이고 무엇이 도박이 아닌지에 대한 정의는 영국 의회가 결정하고 수정해 나갈 사항이지" 도박위원회가 결정할 사항이 아니라고 설명하였으며, 영국법상 무엇이 도박인지를 결정하는 주요한 요소는 게임 내에서 확률에 따라(game of chance) 획득한 아이템이 현실에서 경제적 가치를 얻는지 여부이고 게임 내에서 취득한 확률형 아이템이 게임 내에서만 사용될 수 있고 현금화 될 수 없다면 이는 도박이라고 할 수 없으므로 도박위원회의 관할사항이 아니라는 입장을 밝힌다.

2018년 11월 도박위원회는 2,865명을 조사한 결과 10명 중 3명이 게임에서 확률형 아이템을 구매하였다는 것을 밝히면서도 확률형 아이템을 도박으로 볼 수 있는 관계성을 찾지 못하였다고 밝히면서 청소년 이용에 있어서의 문제점 등을 지적한다. 이에 대해 Margot James(Conservative Minister of State MP)는 이 문제는 게임사들의 자율규제로 해결할 문제라는 점을 표명하였다.

6) 호 주

호주에서는 의회 산하의 환경통신위원회(Environment and Communications References Committee)가 2018년 11월 공식 보고서를 통해 확률형 아이템에 대한 입장을 발표하였다.[17)]

위원회는 확률형 아이템이 도박인지에 관하여 아직 뚜렷한 결론을 내릴 수는 없지만 확률형 아이템에 사행적 요소가 포함되어 있다는 점은 인정할 수 있고, 특히 게임 내 아이템의 구매가 게임업계의 수익 구조에서 차지하는 비중을 고려할 때 확률형 아이템이 도박에 해당할 수 있다는 여러 단체들의 주장을 정부 차원에서 검토해 보아야 한다고 촉구하였다.

환경통신위원회의 위 보고서는 확률형 아이템을 통해 게임이용자가 얻게 되는 보상에 경제적 가치(monetary value)가 있다고 할 수 있는지 또는 그 자체에는 직접적인 경제적 가치가 없다고 하더라도 현실 세계에서 현금화(monetisation) 될 수 있는 방법이 있는지 등에 집중하고 있으며, 실제 현금으로 교환될 수 있는 확률형 아이템의 경우에는 도박의 정의에 포함될 확률이 높다(where real-world currency is exchanged, loot boxes may most closely meet the definitions of gambling)고 설명한다.

환경통신위원회는 확률형 아이템의 도박 해당 여부에 관한 판단은 결국 게임 아이템의 현실적인 경제적 가치로의 교환 가능성 또는 거래 가능성의 유무

---

17) https://www.aph.gov.au/Parliamentary_Business/Committees/Senate/Environment_and_Communications/Gamingmicro-transactions

에 따라 이루어질 수 있다는 점을 전제하고 있으며, 호주정부는 부모의 통제, 지출 한도 제한 등을 통해 소비자(특히 청소년)의 보호가 필요하다는 점을 강조한다. 결국 게임사 스스로가 소비자보호책임을 강화할 때까지 확률형 아이템과 관련된 논의는 계속 진행될 수밖에 없다고 평가한다.

3. 개선방향

유럽은 도박법상 도박의 정의를 어떻게 규정하는지에 따라 확률형 아이템을 바라보는 관점이 다르다. 예컨대 벨기에는 확률형 아이템을 도박으로 보고 있으며, 네덜란드는 도박으로 볼 가능성을 인정하고 있다. 다만 이 국가들이 이러한 해석을 하는 중요한 이유로 확률형 아이템에 의해 청소년 보호에 문제가 발생할 수 있다는 점과 게임사들이 이에 대한 적극적인 보호 장치를 마련하고 있지 않다는 점을 들 수 있다. 독일, 프랑스, 영국에서는 자국의 도박법의 정의를 고려하여 확률형 아이템을 도박으로 보는 것에 대해 소극적이다. 다만 위 국가들은 확률형 아이템의 규제는 입법부의 재량에 달려있다고 보고 있으며, 특히 그 규제는 주로 청소년 보호와 연결되고 있다고 본다. 특히 독일의 경우에는 최근까지도 계속적으로 확률형 아이템의 특성을 분석하여 18세 미만의 미성년자 보호를 위한 조치의 필요성을 주장하고 있다. 예컨대 미성년자에 대한 확률형 아이템 광고 금지 및 확률공시제도 활용 등이 논의되고 있다.

게임이용자가 유료로 확률형 아이템을 구매함에 있어 소비자의 자발적인 선택이 있었다고 할지라도 그것이 실질적으로 소비자의 자기 결정권이 보장되었다는 것을 말해주지는 않는다. 따라서 소비자의 자기결정권을 보장하기 위해서는 확률형 아이템의 확률을 공개하는 것은 바람직하다. 다만 그 공개를 법적 규제에 의할 것인지 아니면 자율규제로 할 것인지는 각국의 선택사항이라고 할 수 있다. 생각건대 정보비대칭(information asymmetry)에 의해 발생하는 소비자의 비이성적인 선택에 따른 위험은 사업자 스스로의 사소한 개입, 즉 부드러운 개입만으로도 줄일 수 있다고 본다. 자율규제를 통해 게임사들이 시행세칙에 따라 확률을 공개하도록 하는 것은 확률공개를 통해 비합리적인 선택을 하려는 소비자의 행동에 변화를 유도할 수 있다는 점에서 자율규제를 통해 소비자를 보호하려는 게임사의 선택은 존중되어야 할 것이다. 일부 게임사의 일탈이나 일부 게임이용자에게 발생한 피해만으로 자율규제의 실패라고 예단해서는 안 될 것이다. 다만 확률형 아이템이 가지는 특성과 청소년 보호의 메커니즘을 이해하여 게임사 스스로 청소년 보호 방법에 대한 진지한 고민이 필요한 시점이라 할 수 있다.

Ⅲ. 게임등급분류제도

1. 국내 등급분류제도

게임산업법 제2조 제1호와 제21조에 규정되어 있는 바와 같이 "컴퓨터프로그램 등 정보처리기술이나 기계장치를 이용하여 오락, 여가선용, 학습 및 운동효과 등을 높일 수 있도록 제작된 영상물 또는 그 영상물과 관계된 기기 및 장치"는 모두 게임물관리위원회(이하 관리위원회)의 등급분류를 받아야 한다. 즉, 게임물을 유통시키거나 이용에 제공할 목적으로 게임물을 제작 또는 배급하고자 하는 사람은 당해 게임물을 제작 또는 배급하기 전에 관리위원회로부터 등급분류를 받아야 하며, 동법 제24조의2 및 위원회 등급분류 규정 제4조에 의거하여 전체이용가, 12세 이용가, 15세 이용가 게임물은 게임콘텐츠등급분류위원회로 부터 등급분류를 받아야 한다. 다만 청소년이용불가 게임물의 경우에는 게임물관리위원회에서 등급분류를 받아야 한다.[18] 게임법 제22조의 규정에 따라 「시행행위등규제 및 처벌특례법」, 「형법」 등 다른 법률의 규정에 의하여 규제 또는 처벌대상이 되는 행위 또는 기기에 대하여 등급분류 신청을 한자, 정당한 권원을 갖추지 아니하였거나 거짓 그 밖의 부정한 방법으로 등급분류를 신청한 자 또는 사행성 게임물에 해당되는 게임물에 대하여 등급분류를 신청한 자에게는 등급분류를 거부할 수 있다. 한편 등급은 선전성, 폭력성, 범죄 및 약

---

18) 중앙행정기관의 장이 추천하는 게임대회 또는 전시회 등에 이용·전시할 목적으로 제작·배급하는 게임물이나 국가, 지방자치 단체, 교육기관, 종교기관 등이 교육·학습·종교 또는 공익적 홍보활동(비영리 목적) 등의 용도로 제작·배급하는 게임물, 시험용 게임물은 등급분류를 받지 않아도 된다(게임산업법 제21조).

물, 부적절한 언어, 사행성의 5가지 요소를 종합적으로 고려하여 분류된다. 그런데 우리의 사전적 (정부)기관심사형 등급분류 제도로서는 급증하는 게임물의 물량과 인터넷 플랫폼의 다변화 등 게임 환경의 변화로 말미암아 적절히 대처하기가 어려워지고 있다. 심의대상 게임의 폭증, 전 세계의 유통환경의 구축, 즉 유통의 배타성(exclusivity)이 희박해진 현재에 각 나라에서 각기 등급 신청하여야 하므로, 시간과 비용의 측면에서 비효율성이 커졌다는 비판으로부터도 자유롭지 못하다. 즉, 게임물관리위원회에 의한 등급분류제도가 필요한 것인지에 대한 재논의가 필요하다는 주장이 강하게 제기된다.

2. 해외의 등급분류제도

(1) 자율심의기구인 ESRB에 의한 등급분류

엔터테인먼트 소프트웨어 심의위원회(ESRB, Entertainment Software Rating Board)는 1994년 9월 미국에서 비디오게임 업계에서 자체적으로 조직된 민간 자율심의기구로 현재는 북미지역을 모두 관할하고 있다. 미국은 게임이 표현의 자유의 보호 대상이 된다고 보아 연방정부나 주 정부 차원에서 게임규제에 관한 일체의 법 규정을 두고 있지 않으며 사업자 단체가 구성한 ESRB를 통해 게임 현실에 부합하는 유연하고 신속한 대응이 가능하도록 하고 있다. 요컨대 1994년 9월 ESRB가 공식 출범하면서 미국의 게임규제는 현재와 같은 사업자 단체에 의한 자율규제 형태로 확립되었다.

ESRB는 게임물을 가벼운 폭력 및 온화한 수준의 언어를 사용하여 모든 연령대에 적합한 것으로 판단할 수 있는 모두 이용가, 모두 이용가에 비교하여 좀 더 많은 수준의 가벼운 폭력, 온화한 수준의 언어를 사용하고 최소한의 선정적 주제를 포함하는 10세 이상 이용가, 폭력, 외설적 주제, 조잡한 유머, 약간의 출혈, 도박 및 거친 언어의 빈번한 사용을 포함하는 13세 이상 이용가, 격렬한 폭력, 출혈, 성적인 내용, 거친 언어를 포함하는 17세 이상 이용가, 격렬한 폭력, 노골적인 외설성, 도박 등의 장면을 포함하는 미성년자 사용 불가의 총 5개 등급으로 분류하며[19] 게임 등급은 3인 이상으로 구성된 심사위원들의 토론을 통

19) ESRB, Ratings Guide, https://www.esrb.org/ratings-guide/

해 최종적으로 부여된다. 주목하여야 할 만한 사실은 ESRB의 등급분류가 그 자체로 게임의 유통 허가를 결정하는 기준은 아니라는 사실이다. ESRB는 홈페이지와 다수의 간행물을 통해 ESRB 등급분류 시스템의 목적을 “부모가 자녀가 하는 비디오 게임에 대하여 보다 쉽게 알 수 있도록 하기 위해” “과도한 게임 이용으로부터 자녀를 보호하고 가족 내 토론문화를 활성화하기 위해”임을 거듭 강조하고 있다.[20]

ESRB의 등급분류는 실상 정보제공의 목적에 가깝다. 미국에서 게임을 이용하는 청소년 자녀를 둔 부모의 90%가 ESRB의 역할과 규제사항을 잘 알고 있으며 이 중 85%에 해당하는 부모가 가족을 위한 게임을 구매할 때 ESRB의 등급분류에 따르고 있고 그 비율이 해마다 증가하고 있다는 조사결과는 ESRB의 등급분류 시스템이 미국 내에서 성공적으로 운영되고 있음을 단적으로 시사하는 예다.[21]

ESRB는 사후 모니터링시스템을 두어 ESRB 소매 협의회(ERC, ESRB Retail Council)와 협업 하에 온라인 및 오프라인 소매점에서 판매되는 게임물이 등급을 제대로 표기하고 있는지를 관리 감독하고 있으며 1년에 두 번꼴로 운영되는 Mystery Shopper제도를 통하여 판매현장 감사를 실시, 회원사들의 가이드라인 준수 여부를 확인하고 있다.[22] 특히 ESRB는 사업자 단체임에도 불구하고 자체적으로 강력한 통제 권한을 가지고 있는데 게임 제작사가 등급분류 규정을 어기거나 불충분하게 이행하는 경우 벌점이나 벌금 등 패널티를 부과할 수도 있고 경우에 따라서는 사업자에게 시정명령을 내리거나 이미 등급분류가 끝난 게임에 대해 등급 설정 자체를 취소할 수도 있다.[23]

요컨대 ESRB는 자율적이면서도 강한 규제체계 확립을 통해 연방정부 당국과 부모의 신뢰를 얻고 있으며 미국 내 건전한 게임문화 조성 및 확산에 기여하고 있다고 평가할 수 있다.

---

20) ESRB, Tools For Parents, https://www.esrb.org/tools-for-parents/

21) ESRB, Parents Increasingly Using ESRB Ratings To Restrict The Video Games Their Children Play,https://www.esrb.org/blog/parents-increasingly-using-esrb-ratings-to-restrict-the-video-games-their-children-play/

22) ESRB, Frequently Asked Questions, https://www.esrb.org/faqs/

23) ESRB, Ratings Process, https://www.esrb.org/ratings/ratings-process/

(2) 자율규제기구인 PEGI에 의한 등급분류

2003년 봄, 애초 각 국가는 자국법 체제 아래 서로 상이한 게임물 연령등급 시스템을 가지고 있었으나 단일시장으로서 유럽연합 내 통일된 기준마련의 필요성이 대두되면서 유럽 인터렉티브 소프트웨어 협회(ISFE, Interactive Software Federation of Europe)의 주도 아래 연합국 내의 컴퓨터·비디오·게임등급 심의단체인 범유럽 게임정보(PEGI, Pan European Game Information)가 자율규제기구로서 출범하게 되었다. 현재 유럽연합 내에서 통용되는 단일 시스템인 범유럽 게임정보는 알바니아와 오스트리아, 벨기에, 크로아티아를 포함하여 현재 유럽연합 내 35개 국가(독일 제외)를 대상으로 서비스를 제공하고 있다.[24] ESRB와 마찬가지로 PEGI의 목적 역시 게임물에 대한 충분하고 적절한 정보를 제공하여 부모들이 자녀들의 게임 이용을 통제할 수 있도록 하는 것이며 유럽연합국 내 아동 청소년이 나이에 맞는 적절한 수준의 게임을 이용할 수 있도록 하는 것을 지향한다.

PEGI 또한 게임을 모든 연령대에 적합한 것으로 간주되는 PEG 3, 어린아이들을 놀라게 할 수 있는 장면이나 소리가 포함되어 7세 이상부터 사용할 수 있는 PEG 7, 인간과 유사한 캐릭터에 대한 약간의 폭력성, 거친 언어, 도박 등이 암시되어 12세 이상부터 이용할 수 있는 PEG 12, 성행위의 묘사, 욕설의 빈번한 사용, 불법 약물 및 담배 술 등이 암시되어 16세 이상부터 이용할 수 있는 PEG 16, 강한 폭력성, 동기 없는 살인, 방어하지 않는 사람에 대한 폭력, 불법 약물 사용 및 노골적인 성행위를 포함하여 성인 이상부터 이용할 수 있는 PEG 18 다섯 등급으로 분류하고 있다.

PEGI만의 차별점은 정보 전달 방식에 있는데 미국의 ESRB가 등급분류 라벨 뒤에 텍스트로 설명을 부기, 등급분류의 이유를 설명하는 반면 PEGI는 각 7개의 인포그래픽을 사용하여[25] 게임이용자와 보호자에게 직관적이며 신속하고 효과적인 방식으로 게임물과 관련된 정보를 전달하고 있다. ESRB와 PEGI와의

---

24) PEGI, The PEGI Organization, https://pegi.info/page/pegi-organisation. 유럽 이외에 중동을 포함시키면 PEGI 의 게임등급체계를 따르는 국가는 45개국에 이른다. https://support.google.com/googleplay/answer/6209544?hl=ko

25) PEGI, What do the labels mean?, https://pegi.info/what-do-the-labels-mean

근본적 차이점은 ESRB가 등급분류를 어긴 게임업체에 대하여 시정명령부과, 등급설정 취소 등 상당한 강제력을 행사할 수 있으나 PEGI는 게임물만을 심의할 뿐 게임 판매금지나 게임업체를 직접 규제할 수 있는 권한은 갖지 못한다는 점이다.[26] PEGI 시스템이 "권고"일 뿐 강제력을 갖는 "규범"은 아닌 탓에 2012년경까지 영국 내에서는 PEGI 시스템을 채택할 것인지 아닌지를 결정할 수 있는 것은 게임 배급사의 자율적 선택에 달려 있었다. 이 때문에 PEGI 시스템을 채택하지 않은 게임 배급사들이 영국 영화등급분류위원회(BBFC)의 심의를 받는 경우도 더러 있었으며 등급 없는 게임이 시장에 출시되기는 경우도 종종 발생하였다.[27] 그러나 영국 내 게임 관련 단일 규제기관의 필요성을 지적하는 의견이 지속적으로 제기되면서 영국 정부는 2012년 7월 30일부터 PEGI의 법적 구속력을 부여, 영국 내의 게임 등급 제도를 유럽 기준인 PEGI로 통일함으로써 영국의 게임규제는 현재와 같은 PEGI에 의한 자율규제체계로 확립되었다.[28]

(3) 독일의 USK에 의한 등급분류

독일의 게임물 등급분류기관인 USK(Unterhaltungssoftware Selbstkontrolle)는 2003년에 시행된 독일 '청소년보호법(Jugendschutzgesetz)'을 근거법으로 하는 공적 조직이다. 법적 구속력이 없는 PEGI와는 달리, 청소년보호법에 근거하고 있으며 등급분류가 법적 의무로 되어 있다. 게임물에 대한 충분하고 적절한 정보를 제공하여 부모들이 자녀들의 게임 이용을 통제할 수 있도록 하는 것이며 유럽연합국 내 아동 청소년이 나이에 맞는 적절한 수준의 게임을 이용할 수 있도록 하는 것을 지향한다.

(4) 정 리

미국의 경우 사업자 단체에 의한 자율규제기구를 통해 수평적이며 객관적

---

26) http://www.bloter.net/archives/94518

27) GOV.UK, Better video games age-rating system proposals, https://www.gov.uk/government/news/better-video-games-age-rating-system-proposals

28) BBC News, UK enforces Pegi video game ratings system, https://www.bbc.com/news/technology-19042908

이고 보다 게임의 산업적 현실에 부합하는 규제가 이루어지고 있다. 미국에서는 게임 자체를 국가 차원의 규제를 필요로 하는 분야라고 여기기보다는 문화산업의 일종으로서 부모와 자녀 간 대화와 협의를 통해 충분히 풀어갈 수 있는 문제로 인식하고 있다. 게임 관련 규제의 목적이 게임산업 자체에 맞춰진 것이 아니며(간접규제 지향), 게임이용자와 게임을 이용하는 자녀를 가진 부모에게 사실에 입각한 정확한 정보를 제공하는 것에 초점을 맞춘다. 즉 미국은 창작성이 중시되는 게임의 표현의 자유 등을 보호하는 한편 건전한 게임이용 문화 조성을 위해 정부규제보다는 자율규제를 선택하였다. 이는 우리나라가 등급분류를 포함하여 게임과 관련하여 국가 차원의 각종 규제 관련 법률 등을 제정을 통하여 게임산업 전반을 관리하려는 것도 대조적이다.

미국과 유럽 등의 등급분류제도의 대부분이 자국 아동 청소년의 정신건강 증진에 포커스를 맞추고 있으며, 그 방향성이 점점 가정과 사회의 협력을 통한 자율규제 형태로 변화하고 있다는 사실은 자명하다. ESRB를 포함하여 PEGI의 경우, 게임물 등급분류는 부모와 청소년을 포함한 모든 게임이용자에 대한 정확하고 쉬운 가이드 라인의 제공이라는 목적에 충실하게 활용되고 있으며, 그 운영에 있어서도 게임산업의 발전 및 진흥을 고려하고 있다. 생각건대 우리나라의 경우 현행의 등급분류제도가 청소년 등에게 정확한 게임이용정보의 제공, 적정한 등급 유도라는 본래의 취지를 달성하고 있다고 볼 수 있는지 아니면 게임산업 자체에 대한 통제를 위한 목적에서 등급분류제도를 이용하는 것은 아닌지 하는 의문이 든다. 의도하지 않았을 수도 있으나 우리나라에서 등급분류제도는 실질적으로 등급거부 등을 통해 게임물의 유통 허가를 결정하는 요소로써 활용되고 있는바 그 지향점을 벗어난 결과를 도출하는 것도 사실이다.

3. 개선방향

우리의 현행 등급분류기관에서 등급분류와 결부된 사행성 확인과 관련하여 자의적인 기준이 쓰이고 있어, 사행성에 의한 판단에 의해 등급분류의 거부제도의 남용 가능성 등이 발생할 수 있는 위험이 있다.[29] 즉 게임산업법의 등급

---

29) 김종일, 「게임의 법적 규제에 관한 연구」, 박사 학위논문, 서울대학교 대학원, 2017, 155~159면.

분류제도는 실질적으로 내용 등급분류와 함께 사행성 확인이라는 내용 등급분류가 아닌 요소까지 포함하고 있어, 내용 등급분류라는 기본 구조에서 등급분류 결정이 나오는 반면, 사행성 확인이라는 부수적 구조에서 등급분류 거부 결정이 나오는 것으로 이해할 수 있다.[30] 생각건대 게임등급분류제도의 취지(청소년 등에게 정보제공)를 고려한다면 게임의 등급분류를 사업자의 자율 규제의 영역으로 두는 것이 바람직 할 것이다. 요컨대 청소년 보호를 목적으로 한 게임의 연령등급은 청소년과 부모에게 게임 내용의 수준과 연령 적합성에 대한 적정한 정보를 제공하면 충분하다. 따라서 등급분류를 국가기관에 의한 게임의 내용통제 수단으로 비춰질 수 있다면 이는 제도 본연의 기능을 일탈한 과도한 규제라는 비판으로 자유로울 수 없을 것이다. 미국이나 유럽 등이 자율규제로 등급분류를 운영하는 것에 대해 좀 더 진지한 고민이 필요할 것이다. 다만, 사행성은 등급분류가 아닌 사후감독을 통해 규제할 부분이므로 등급분류제도와는 달리 자율규제가 아닌 게임물관리위원회 등의 정부기관에 의한 규제도 관용될 수 있을 것이다.

더 나아가 현행법은 사행성 등 역기능 규제를 목적으로 하는 내용들을 주축으로 하고 있는데, 이는 실제 전통적인 아케이드게임물 규제에 부합하는 내용과 체계라고 할 수 있다. 특히 오프라인에서의 게임 보상 결과에 대한 환가 및 등급분류를 전제로 하고 있는 규정이 비아케이드게임물에도 적용되어, 결과적으로 빠르게 변화하는 디지털 환경에 현행 게임 규제 및 진흥체계가 적절하게 조응하지 못하는 현상이 발생하고 있다. 즉 같은 것은 같게 다른 것은 그에 합당하게 다르게 취급하지 못하는 형상이 발생하는 상황을 탈피하기 위해서 최소한 아케이드게임물과 비아케이드게임물(소위 ‘디지털게임물’)을 분리하여 등급분류제도를 규율할 필요가 있다.

30) 황승흠, “게임 등급분류의 특례와 자율규제: 영화 등급분류와 비교하여”, 국민대학교 법학연구소 「법학논총」, 제26권 제3호 (2014), 361면.

Ⅳ. 국내 게임규제의 특징

1. 유럽의 규제방향

OECD는 2007년 규제의 질을 높이기 위해 '규제의 질에 관한 원칙'(principles of regulatory quality)을 마련하고 있다.[31] 동 원칙에서 규제수립 시 준수해야 할 요건으로는 ① 목적 달성을 위해 최소한의 규제가 이루어져야 한다는 점, ② 규제는 문제 해결에 효과적이어야 하며, 최소한의 비용으로 목적을 달성할 수 있는 효과적인 방법이어야 함, ③ 새로운 규제는 기존 규제와 일관성을 가져야 함, ④ 규제는 유연하게 규정되어야 하며, 지속해서 개선·향상되어야 함, ⑤ 규제는 투명하고, 이해관계자가 쉽게 접근할 수 있어야 함, ⑥ 규제과정은 이해관계자의 의견 반영 등 개방성과 신뢰성의 문화를 촉진해야 함, ⑦ 규제는 헌법과 법의 요구사항을 준수해야 함, ⑧ 규제는 적정한 목표로 설정되고, 강제력을 가져야 한다고 규정한다. 요컨대 규제는 투명한 규제수립 과정을 통해 피규제자에게 최소한의 부담을 주는 방식으로 법적 범위 내에서 수립되어야 한다.

이러한 이유에서 유럽의회는 행정 규제를 통해 산업의 성장 동력을 잃어버리는 것은 바람직하지 않다는 보고 있으며, 이에 산업에 대한 직접적인 규제보다는 부작용에 의한 손해의 전보를 위해 민사책임을 강화하거나 산업계의 자율규제를 통해 문제를 해결할 수 있도록 기회를 제공하고 사후감독에 집중하는 경향이 강하다.

게임산업 등과 같이 역동성이 큰 산업들에서 개별 사례별로 접근하지 않고 일률적으로 금지하는 블랙리스트 방식을 취하게 되면, 그 방식이 가지는 엄격하고 형식적인 접근으로 인하여 초래될 효과는 긍정적 측면보다는 부정적 측면(사회적 비용 증가, 공공 이익 저해 등)이 훨씬 클 것이다. 이에 대해서는 (적어도 원론적 수준에서는) 학계의 공감대가 형성되어 있다고 볼 수도 있다. 특히 이와 유사한 맥락에서 '자기편애(self-preferencing) 행위에 대한 일률적인 금지는 사업자들의 이윤 추구 동기 자체에 대해 부정적인 평가를 전제하는 것으로서 이

31) Stéphane Jacobzone 외, "Indicators of Regulatory Management Systems", OECD Working Papers on Public Governance 2007/4 (2007), p. 8.

러한 규제를 도입하게 된다면 사회에 순비용을 초래할 가능성이 높으며, 새롭게 도입될 규제는 반드시 필요한 경우에 한정되고, 유연하게 적용할 수 있으며, 중립적인, 그리고 적절한 법적 기준을 적용하는 사례별 접근 방식이 되어야 한다'는 입장이 유럽연합의 일반적인 사고라고 할 수 있다.[32)]

산업발전과 피해자 보호라는 두 가지 이익을 모두 취할 수 있는 가장 효율적인 방법이 산업계의 자율규제라는 분석이 지배적이기 때문에 유럽은 원칙적으로 게임소비자 일반을 위한 정책을 자율규제에 맡기고, 개별소비자에 대한 보호를 위한 사후감독의 일환으로 배상책임을 강화하거나 보험을 강제하는 등의 정책을 추진하고 있다.

이런 이유에서 유럽연합은 산업발전의 동력을 위해 행정규제를 지양하면서 대신 이를 통해 발생할 수 있는 피해의 구제는 무과실의 「위험책임 접근방식」[33)] 또는 「위험관리 접근방식」(Risk Management Approach) 중 어느 하나를 선택하여 해결하고 있다.[34)] 더 나아가 위험책임을 지는 사업자가 책임보험에 가입하는 것이 모든 잠재적 피해자가 스스로 손해보험에 가입하는 것보다 저렴한 가격으로 효율적으로 손해를 분산시킬 수 있다는 점을 감안하면,[35)] 사업자에게 책임보험제도에 가입하는 것을 강제하는 것도 하나의 방법이 될 수 있을 것이다. 예컨대 최근 유럽연합(EU)에서는 로봇공학의 개발에 대한 법적 취급이 회원국 별로 이루어지고 있다. 이것은 흔히 유럽 로봇공학의 효과적인 발전에 장애요소로 인식되고 있다. 그래서 EU의 유럽의회(European Parliament)는 로봇공학이 미치는 초국경적 영향을 감안하여 유럽 법질서의 통일을 기하려고 한다. 이를 위하여 유럽의회 산하 법무위원회는 로봇공학 및 인공지능 분야에서의 민사

---

32) 〈https://chillingcompetition.com/2020/07/01/my-feedback-on-the-ex-anteregulatory-instrument-for-online-platforms/〉

33) 대법원 2016. 5. 19. 선고 2009다66549 전원합의체 판결은 "사회에 위험을 야기시킨 사람은 그 노출된 위험에 의하여 타인이 피해를 입지 않도록 그 위험을 제거하여야 하고 그 위험의 노출·방치로 인하여 피해를 입은 사람에 대하여 배상책임을 진다는 이른바 위험책임은 일반적으로 통용되는 불법행위 이론"이라고 한다.

34) European Parliament resolution of 16 February 2017 with recommendations to the Commission on Civil Law Rules on Robotics (2015/ 2103(INL)), Liability No. 53.

35) 효율성인 측면에서의 책임보험자의 주체를 판단하는 것에 대해서는 V. Bar, Gemeineuropäisches Deliktsrecht I, 1996, S. 146; MünchKommBGB/Wagner, 6. Aufl., 2013, § 828 Rn. 20 참조.

법적 측면에 대한 규율 권고를 담은 보고서를 작성하였고,[36] 유럽의회는 이 보고서를 압도적인 표결로 결의하여(찬성 396, 반대 123, 기권 85) 유럽연합의 집행기관이자 유일하게 법령발안권을 가진 유럽위원회(European Commission)에 대하여 입법을 권고하기에 이르렀다(2017. 2. 16).[37] 이 결의안은 로봇공학의 기술적 진보로 인한 새로운 기회와 도전에 대응할 수 있는 로봇공학 및 인공지능을 위한 유럽적 차원의 전담관리기구의 창설을 권고하고 있다. 그밖에 지능형 로봇 및 인공지능이 야기한 손해에 대한 민사책임에 관하여도 심층적으로 언급하고 있다.[38] 그런데 이 결의안은 민사책임에 대한 결의안이라는 점을 주목해야 한다. 유럽의회는 행정 규제를 통해 인공지능 및 로봇산업이 성장 동력을 잃어버리는 것은 바람직하지 않다는 생각에서 규제보다는 민사책임을 강화하여, 산업발전과 피해자 보호라는 두 가지 이익을 모두 취하는 것을 목적으로 하고 있다(이하 <표 10-5> 참조).

〈표 10-5〉 European Parliament resolution of 16 February 2017

V. 특히 사회에 대한 유럽의 기여를 특징짓는 본질적으로 유럽의 보편적인 휴머니즘적 가치를 반영하여 책임, 투명성 및 책임성을 다루는 일련의 규칙이 유용하지만, <u>그러한 규칙은 로봇공학에서 연구, 혁신 및 개발과정을 저해하여서는 아니 된다</u>.

W. 로봇 및 AI의 개발, 프로그래밍 및 사용에서 준수되어야 할 기본 윤리 원칙을 수립하고 해당 원칙을 유럽연합 규정 및 행동강령에 통합하는 데 유럽연합이 핵심 적 역할을 수행할 수 있다. 이 경우 <u>기술혁명이 인류에게 봉사하고 고급 로봇공학 및 인공지능의 이점을 광범위하게 공유하면서 가능한 한 잠재적 위험을 피할 수 있도록 한다</u>.

36) Committee on Legal Affairs, Report with recommendations to the Commission on Civil Law Rules on Robotics, 2015/2103(INL), 27 January 2017.

37) European Parliament resolution of 16 February 2017 with recommendations to the Commission on Civil Law Rules on Robotics (2015/2103(INL)) = Entschließung des Europäischen Parlaments vom 16. Februar 2017 mit Empfehlungen an die Kommission zu zivilrechtlichen Regelungen im Bereich Robotik (2015/2103(INL)) (이하 "Resolution"으로 인용한다).

38) 이 결의안은 사업자, 시민 및 정부에 대하여 이러한 기술개발이 제공하는 사회·경제적 기회를 극대화하고 발생할 수 있는 혼란을 최소화하기 위하여 지능형 로봇 및 인공지능에 대한 유럽연합의 정책의 실현가능성과 내용을 평가하는 데 기여할 것으로 보인다.

X. 우리가 혁신을 억압하지 않도록 로봇과 인공지능에 대한 미래의 계획과 관련하여 Jean Monnet이 주장하는 유형의 **점진적, 실용적 및 신중한 접근**이 유럽연합에 채택되어야 한다.

Y. 반면 로봇공학 및 인공지능의 개발 단계에 도달한 측면에서는 민사책임 문제로부터 시작하는 것이 적절하다.

2. 국내 게임규제가 가지는 문제점

(1) 기관 없는 신체(corps sans organs)로서의 사행성

게임산업법 제2조 제1항 제2호는 베팅이나 배당을 내용으로 하는 게임물, 우연적인 방법으로 결과가 결정되는 게임물, 「한국마사회법」에서 규율하는 경마와 이를 모사한 게임물, 「경륜·경정법」에서 규율하는 경륜·경정과 이를 모사한 게임물, 「관광진흥법」에서 규율하는 카지노와 이를 모사한 게임물, 그 밖에 대통령령이 정하는 게임물로서 결과에 따라 재산상 이익 또는 손실을 주는 게임물을 사행성 게임물로 정의하며 이를 게임물로 볼 수 없다고 규정하고 있기 때문이다. 참고로 게임산업법 제21조 제4항에 따라 게임물관리위원회는 등급분류를 신청한 게임물에 대하여 사행성게임물 여부를 확인하여야 하며, 동법 제21조 7항에 의해 정해진 게임산업법 시행규칙 제8조 제3항은 사행성 확인 기준으로서 재산상 이익 또는 손실을 줄 수 있는지 여부는 세 가지 요건(1. 게임물 이용에 사회통념상 과다한 비용이 소요되는지 여부, 2. 게임물 이용을 통하여 획득한 유·무형의 결과물이 환전되거나 환전이 용이한지 여부, 3. 재산상 이익 또는 손실을 줄 수 있도록 게임물을 개조·변조하는 것이 용이한지 여부)을 고려하여 관리위원회규정으로 정하도록 하고 있다.

즉 우리나라에서 '사행성'은 게임인지 여부를 판단하는 단계, 등급분류단계, 게임이용단계 및 게임내용물에 대한 통제 단계까지 관여하고 있다. '사행성'에 대한 민감한 반응이 일부 아케이드 게임으로부터 출발한 것이긴 하지만, 다양한 게임에 '사행성'이 지배하는 것은 이상하다고 할 수 있으며, 특히 그 사행성을 기준으로 정부가 규제에 직접 관여하는 경우에는 모호한 기준에 의한 일률 통제를 정당화하는 근거로서 사용될 수 있다는 점에서 재고가 필요하다.

(2) 간접규제방식에 의한 게임이용자 통제

1) 간접규제와 자유주의적 간섭주의(Libertarian Paternalism)

국가의 규제는 지켜야 하는 의무가 부여되는 만큼 그 목적이 명확해야 하며 사회에 미치는 부작용과 산업에 가해지는 피해 정도 등을 종합적으로 예측하여 결정되어야 하며, 규제가 이루어지더라도 법이 정한 범위에서 강제되어야 한다. 간접규제를 통해 국민의 기본권을 제한하는 것은 우회적으로 사인의 행동을 제약하는 수법으로서 법에 의한 직접규제에 비해 사법부나 헌법재판소의 법적 통제에서 자유로울 수 있으면서도 더 강한 정책적인 강제력을 지닌다. 간접규제가 확산되고 있는 현대 국가에 있어서 이러한 이른바 우회적으로 사인의 행동을 제약하는 수법이 고안되고 있다. 시행령 및 지침(고시)에 의한 시장의 통제는 전형적인 간접규제의 모습이라고 할 수 있다.

Lawrence Lessig은 우리의 행동을 규제하는 규제 장치(regulator)로 법률, 시장, (사회)규범, 구조라는 네 가지를 든다.[39] 특히 Lessig은 그중 법률이 나머지 세 가지에 큰 영향을 미친다는 점에 주목한다. 즉 그는 법률이 시장의 모습을 바꾸고 사회규범 및 구조를 통제하는 능력을 가지고 있다고 보며, 실제로 그 능력을 행사하고 있다고 논한다. 한편 Lessig은 법에 의해 수범자인 국민의 행동을 금지하거나 의무를 부여하는 방식의 규제를 「직접규제(direct regulation)」로 보며, 법에 의해 시장 등에 영향력을 행사하여 통제하여 이러한 방식으로 사인의 행동을 규제하는 것을 간접규제(indirect regulation)로 본다. Lessig은 공적규제에 있어서 직접규제가 여전히 주요한 역할을 담당하고 있으나, 최근에는 간접규제의 비중도 커지고 있다는 점에서 간접규제에 대해 주목해야 한다고 보며, 국가는 직접규제와 간접규제의 적절한 조합을 통해 사인을 통제한다고 본다. 특히 최근에는 국가가 자유주의적 간섭주의(Libertarian Paternalism)라는 방법으로 간접규제를 활용하고 있는데 이는 행동경제학 및 소비심리학 등을 통해 소비자 등의 행동에 관여한다. 예컨대 "소비자는 합리적이지도 이성적이지 않다"는 행

---

39) Lawrence Lessig, CODE version 2.0, Ch. 7 (2006).

동경제학의 사고에 입각하여 사인의 행동에 대한 국가의 개입을 일정한도로 허용하자는 것이다.[40] 단기적인 이익에 현혹되어 장기적인 손실 등을 판단하지 못하거나 자신의 능력을 과대평가하여 인생을 허비하는 자들에게 국가의 개입을 통해 올바른 방향으로 유도하자는 것이다.[41] 다만 자유주의적 간섭주의 또한 국가의 개입은 사인의 행동을 금지하거나 의무를 부여하는 방법이 아니라 사인에게 선택의 최종결정권을 행사할 수 있도록 유도한다는 것이다. 즉 국가는 어떠한 선택을 하도록 강제하지 않으나 선택 구조를 조작함으로써 다수의 인간의 행동을 국가가 원하는 방향으로 이끄는 것을 목표로 한다. 예컨대 자유주의적 간섭주의(Libertarian Paternalism)를 통한 국가의 개입은 소비자에게 정보를 제공하거나 선택지를 제시하시거나 초기설정(default)의 고안 등을 통해 소비자가 올바른 선택을 할 수 있도록 하는 구조(선택 구조, choice architecture)를 만들어 주는 형태로 나타난다.

2) 간접규제가 가지는 문제점

행정규제기본법은 무엇보다도 규제를 마련함에 있어 국민의 자유와 창의를 존중하고 그의 본질적 내용을 침해하여서는 안 된다고 하여 규제대상의 기본권에 대한 제한에 있어 한계를 분명히 하고 있다.[42] 그런데 이러한 간접규제

---

40) 즉 이는 국가가 소비자를 합리적으로 유도하여 올바른 소비생활을 유도하고자 하는 사상이라고 할 수 있다. Richard H. Thaler=Cass R. Sunstein 등의 행동경제학자들이 지대한 공헌을 하였다. 흥미롭게도 2015년 9월 미국의 오바마 전 대통령은 「미국 국민을 더욱 훌륭히 섬기기 위한 행동과학적 지견의 활용」이라는 타이틀의 대통령령에 서명하였다. Exec. Order No. 13, 707, 80 Fed. Reg. 56365 (Sep. 18, 2015)는 행동경제학적인 지견을 통해 미국 국민의 취업, 교육, 건강 증진, 합리적인 소비생활 등을 유도할 수 있다는 사고를 전제로 하며, 이를 통해 미국 정부의 활동이 바람직한 결과를 가져올 것이라는 긍정적인 전망을 하고 있다. 이러한 미국 정부의 정책은 위에서 말하는 간접규제를 표방한 것으로 볼 수 있을 것이다.

41) 이 사상은 인간의 합리성을 한정적으로 파악하고, 인간이 실수를 범하기 쉬운 영역에 있어서의 국가 개입을 허용한다는 점에서 간섭주의적이나, 그 한편으로는 최종적인 선택의 자유를 소비자 개인에게 보장한다는 점에서 자유주의적이라 할 수 있다. 이러한 국가 개입의 모습이 앞서 소개한 Lessig의 주장에서 말하는 '구조에 의한 간접규제'이다.

42) 정책학에서는 정책평가를 수행함에 있어 일단 목표를 분명히 설정하고 그에 따라 ① 정책의 목표 대비 효과 및 정책과 목표달성의 인과관계를 평가(효과성 평가)하고, ② 정책의 직접적 비용이나 부작용 등의 사회적 비용까지도 고려하여 정책효과가 이러한 비용을 상쇄시킬 만큼 큰 것인가를 평가(능률성 평가)하고, ③ 정책효과와 비용의 사회집단 간 지

는 국민을 직접규제하는 것이 아니라 시행령 등에서 사업자에게 일정한 의무를 부여하여 시장구조를 지배하여 이용자를 제한한다는 점에서 문제가 있다. 즉 이러한 간접규제의 모습은 외견상 개인의 자유를 보장한 것처럼 보이지만 궁극적으로 개인의 자유를 침해하는 수단이 될 수도 있다. 요컨대 소비자나 개인이 국가에 의해 [그렇게 되도록 조작함으로써] 조성된 환경을 적극적으로 거부하지 않는 한, 국가는 의도한 것처럼 우리의 행동을 드러나지 않게 확률적으로 조작해 나갈 수 있다. 이는 명백히 직접규제와는 다른 모습으로 우리의 자유를 침해한다. 이런 이유에서 우리는 눈에 보이는 직접규제보다는 이렇게 교묘하게 자신의 자유나 자기결정에 영향을 미치는 간접규제의 모습에 더 주의를 기울여야 하며,[43] 그러한 규제에 의해 실질적으로 자기결정권이 침해되는 것을 막아야 한다. 정부가 마련하는 표준약관이나 고시(예규) 등도 사업자 및 시장을 통제하여 종국적으로 소비자의 자기결정권 행사에 영향을 미칠 수 있다.

3) 검 토

민법은 성인인 경우에는 그 자가 성년후견이나 한정후견 심판을 받은 경우 등에 한하여 그 자의 선택권을 제한하여 보호한다. 중독의 위험이 있는 이용자를 보호하기 위한 정책은 당연히 필요하지만 일률적으로 그들의 의사결정의 내용자체를 제한하는 것은 문제가 있다. 취약한 존재(중독의 위험이 있는 자 또는 중독된 자)의 보호는 개별적으로 이루어져야 할 문제이므로 이를 위해 게임 이용자 전부를 통제해서는 안 된다. 국가가 성인의 선택권을 일률적으로 제한하는 것은 후견권의 남용이라고 볼 수 있으며 게임의 성인 이용자들을 모두 보호해야 하는 잠재적인 취약계층으로 치부한다는 점에서 문제가 있다. 더욱이 위 규제의 모습이 간접규제라는 점에 주의를 요한다. 간접규제의 형태로 성인 이

역 간 배분 등이 공정한지를 평가(공평성 평가)해야 한다고 강조한다. 정책평가 기준으로는 정책목표의 달성도, 정책의 능률성·공평성, 정책대상 집단의 만족도, 정책대상 집단에 대한 대응성, 다른 정책에 대한 대응성(외부효과)을 삼는다. 정책학의 관점에서는 규제(정책) 검토 혹은 평가에 있어 헌법적·규범적 평가가 등한시되어 있는데 행정규제기본법에서는 이 부분도 엄밀하게 살펴볼 필요가 있다고 강조한다.

43) 법률에 의한 직접규제는 이미 위헌법률심판 등에 의해 규율되는데 반하여 이러한 간접규제는 통제방법이 애매하다는 문제가 있다. 오야 다케히로(大屋雄裕)의 사고에서 이러한 문제의식을 확인할 수 있다. 大屋雄裕, 「柔らかく確率的な支配」, ビジネス·ロー·ジャーナル八九号, 2015, 13頁.

용자의 자기결정권 등을 제한하는 것은 매우 큰 문제점을 안고 있기 때문이다. 권력분립과 법의 지배 원리에 입각한 근대법치국가의 이념에서는 국민의 권리·의무에 관한 모든 법규가 국민의 대표기관인 국회에 의하여 제정된 형식적 법률일 것을 요구한다. 이러한 이유 때문에 원칙상 입법권의 복위임이 금지되어 위임입법은 인정되지 않는다. 국가의 규제는 지켜야 하는 의무가 부여되는 만큼 그 목적이 명확해야 하며 사회에 미치는 부작용과 산업에 가해지는 피해 정도 등을 종합적으로 예측하여 결정되어야 하며, 규제가 이루어지더라도 법이 정한 범위에서 강제되어야 한다. 간접규제를 통해 국민의 기본권을 제한하는 것은 우회적으로 사인의 행동을 제약하는 수법으로서 법에 의한 직접규제에 비해 사법부나 헌법재판소의 법적 통제에서 자유로울 수 있으면서도 더 강한 정책적인 강제력을 지닌다. 간접규제가 확산되고 있는 현대 국가에 있어서 이러한 이른바 우회적으로 사인의 행동을 제약하는 수법이 고안되고 있다. 그런데 만약 이러한 간접규제가 법규제가 아니라는 이유로 법학의 논의의 도마 위에조차 오르지 못한다고 한다면, 국가가 법적 통제의 울타리에서 벗어나 우리의 자유를 쉽게 제약할 수 있게 될 것이다. 그러한 국가의 과도한 개입을 억제하기 위해서는 간접규제에 대해서도, 우리는 법학적 고찰의 손을 뻗어 그를 실체적으로 통제하는 원리를 창출해낼 필요가 있다.

Ⅴ. 맺음말

성공적인 자율규제기구가 기본적으로 갖추어야 할 요소는 첫째, 마련된 자율규제수단을 강제할 수 있는 권한을 갖는 것이다. 현대적 자율규제기구에서는 자율규제수단에 대한 강력한 집행수단과 이행준수(compliance) 메커니즘을 갖추고 감사하고 벌칙을 부과할 수 있는 권능을 부여받음으로써 준사법기관으로서의 역할까지 한다. 이와 관련하여 흥미로운 연구가 화학약품 산업과 관련하여 주목을 끌고 있다. 해당 연구에서는 자율규제에 대한 강제력을 자율규제기구에서 행사하지 못하여 자율규제가 결국 실패한 사례가 대상이 되었다.[44] 이러한

44) Andrew A. King and Michael J. Lennox, Industry Self-Regulation without Sanctions: The Chemical

경우 자율규제기구의 회원인지 여부가 해당 자율규제준수 여부와 직접적인 관련성이 없어서 오히려 자율규제기구의 회원인 자들이 비회원인 경우보다 자율규제 내용을 더 늦게 반영한다는 경험적 연구가 있다. 둘째, 자율규제의 성공요인으로서 중요한 것은 독립성과 회원에 대한 효과적이고 강력한 통제를 통한 정당성 확보이다. 만약 자율규제기구가 정당성을 확보하지 못하여 신뢰할 수 없거나 효과적이지 못한 것으로 판단된다면 정부의 규제기관, 일반 시민 또는 관련 당사자들이 규제수단의 적절성 내지 타당성을 의문시하고 이에 도전하는 행동을 할 가능성이 있다. 따라서 자율규제기관이 정당성을 확보하기 위해서는 초기단계부터 명확한 객관성과 집행력을 갖출 필요가 있다. 이를 위해서 강력한 집행력을 증명하거나 정부와의 관계를 객관화하는 가시적인 활동이 필요하다.

1. 자율규제는 명령지시적 규제(법적 규제)의 대안으로서 규제개혁차원에서 제안되기도 하지만 현재에는 새로운 환경에 대한 효율적 규제로서 도입되는 경우가 빈번하다. 특히 전문적인 분야 또는 기술적인 분야에 대해서는 전문가 집단인 자율 기구가 규제를 제정하고 집행하는 것이 더욱 효율적이므로 자율규제 선택 시 정부의 규제 집행 비용이 감소되고 환경의 변화에 유연하게 대응할 수 있는 등 효율성과 유연성이 극대화되는 효과를 도모할 수 있다.

2. 정부의 기업 행위 전반의 평가 역량이 낮고 참여 기업의 동질성 수준이 낮은 경우 기업의 행위를 간접적으로 관리하는 자율규제가 더 최적의 규제라 할 수 있다. 규제대상 환경의 변화가 예측하기 힘들 정도로 역동적이며 법제정 및 집행비용 및 이를 위한 사전적인 정보의 취득 비용이 과도한 경우에는 정부의 기업행위 평가 역량이 낮아지고 규제 효율성 증진 차원에서 자율규제가 적합하다고 할 수 있다. 규제 효과에 대한 불확실성이 강하고 과도한 권력작용으로 기업행위를 지나치게 억제할 수 있는 경우에도 자율규제가 적절하며, 기업들의 전반적인 기술(technology) 적용의 내용과 수준이 동일하지 않은 경우 기술의 선택 자체는 기업의 자율로 맡기고, 기술의 적용 결과에 대한 간접적 관리를 하는 자율규제 방법이 더 바람직하다. 요컨대 기존의 산업의 경계가 모호해지는 현대 산업의 특성을 고려하면 특정 기업의 행태가 어느 산업의 영역으로 판

Industry's Responsible Care Program, 43 Acad Mgmt J 698, 709 (2000).

단할 수 있는지가 불명확하고 이처럼 이질적 요소가 강한 산업군에 대한 규제로 자율규제가 적절하다 할 수 있다.

산업 전체의 변화 추이를 일반적으로 예측하기 어려운 IT, 디지털 콘텐츠 분야에 대한 규제에 있어 정부의 개입은 정보조사비용을 증가시키고 규제 집행비용을 증가시켜 정부업무의 과부화와 효율성저하, 재원낭비의 상황을 불러일으킬 수 있다. 게임산업의 경우에도 지난 20년 동안 콘솔형, 인터넷, 모바일 게임 등으로 산업의 주축이 확장되는 변화의 모습을 보였으며 이제는 실감형 게임(AR,VR) 및 클라우드 기반형 게임, AI 및 블록체인 기술을 활용하는 게임 등이 등장하고 있어 정부의 기업행위 전반의 평가 역량이 낮아질 수 있는 대표적인 분야라 할 수 있다. 게임산업에 대한 진흥을 목적으로 하는 게임산업법에서 청소년보호 차원에서 게임의 내용에 대한 규제를 마련하는 것은 수용 가능하지만 비즈니스모델 자체에 대한 직접적이고 과도한 규제를 하는 것은 법체계상 부적절해 보인다.

3. 다만 자율규제는 규제자가 자기 이익을 추구(이해 상반 행위)하거나, 특정 이해관계만을 반영(favouritism)하거나 과다 혹은 과소 규제(under– or over–regulation)를 하는 등 책임성(accountability)이 약화되고 공익성을 추구하지 않는 상황을 유발할 수 있다. 이에 자율규제 시스템이 이익집단에 의해 이루어져 사회 공공의 이익을 위한 규제가 시행되기보다는 조직 내부 구성원들의 이익을 위한 규제가 마련될 수 있어, 자율 규제는 정치적으로 책임을 지지 않는 집단이 자체적으로 규제 내용을 정하므로 외부의 견제 가능성이 낮고 권한남용의 상황이 벌어질 수 있다.

자율규제의 단점을 극복하기 위해 자율규제에 정부가 관여하는 복합적 양태의 자율규제가 최근 대안으로 논의되고 있는데 이의 핵심은 자율규제를 법정화하여 자율규제를 통해 공익 또한 추구할 수 있는 규범적 장치를 마련할 필요가 있다. 정부의 관여가 전무한 자율규제(voluntary self–regulation)의 한계를 인식하고 정부가 만든 틀 내에서 민간 영역이 규제를 제정하고 집행하는 자율규제(mandated self–regulation) 혹은 민간이 자체적으로 규제 내용 등을 설정하지만 이에 대해 정부의 승인이 요구되는 자율규제(sanctioned self–regulation) 등의 모델이 주목을 받고 있다. 따라서 게임산업 및 확률형 아이템 규제에 있어서 공익달성실패의 부담을 최소화하기 위해 정부에 의해 관여된 혹은 규제된 자율규제의 모델을 고려할 수 있고 이를 위해서는 게임산업법상 자율규제 관련 조항을 마련하는 방법을 고려해 볼 수 있을 것이다. 자율규제의 근거와 규제 주체에 대한 권한의 위임, 규제기관의 운영 방식 및 자율규제의 미준수 및 위반에 대한 정부의 개입 정도, 정부의 모니터링 수준에 대한 논의를 통해 자율규제 관련 조항을 게임산업법에 마련할 수 있을 것이다. 다만 이 경우에도 자율규제의 내용, 즉 확률정보공개, 청소년 결제한도 설정, 청소년대상 판매 금지를 등을 법이 결정하여 이를 수범자에 직접 명령하는 식의 규제방식은 자율규제의 근본적 취지에 반하므로 지양해야 할 것이고 오히려 그러한 규제 내용 및 방향을 설정하고 이에 대한 모니터링 및 규제를 담당하게 될 자율규제주체기구의 설립 및 운영 등을 중심으로 자율규제의 틀을 짜는 근거조항을 마련하는 것이 바람직할 것이다.

제11장

미국의 DFS(Daily Fantasy Sport) 사례와 자율규제

- 게임인가? 도박인가? -

Ⅰ. 들어가는 말

21세기 인터넷의 발달과 스마트폰 사용자의 증가에 따라 국내 온라인 및 모바일 게임 시장은 지속적으로 성장하고 있다. 이에 게임이 가지는 부정적 측면을 어떻게 통제할 것인지가 사회적으로 큰 문제가 되었다. 즉 사행성이 있는 게임이나 과몰입이 문제되는 게임(확률형 게임 아이템,[1] 판타지 스포츠 게임[2])을

1) 확률형 아이템은 게임 내의 아이템 중 하나로서, 미리 설정된 일정확률로 얻을 수 있는 아이템이다. 예컨대 게임이용자가 캡슐 등과 같은 아이템을 취득한 후, 캡슐 등의 개봉을 통해 내용물을 확인할 수 있는 아이템이 이에 해당하며, 더 나아가 일정 아이템의 성능을 업그레이드하기 위해 필요한 아이템(Enchant)이 확률에 의해 결정되는 경우가 이에 해당된다. 구체적인 유형으로 황승흠·신영수, "확률형 게임아이템 규제의 접근방식: 일본의 '콘푸가챠' 규제방식과의 비교를 중심으로", 스포츠와 법 제17권 제2호, 2014/5, 242면 이하에서는 '뽑기형', '열쇠형', '강화형'으로 나눈다.

2) 판타지 스포츠(Fantasy sport, 이하 'FS'로 칭하기로 함)는 게임의 한 유형이다. 이 게임의 이용자는 가상의 매니저 또는 구단주가 되어 현실의 프로 스포츠 리그에서 활동하는 실제 선수의 명단을 모아 가상의 팀을 만든다. 이 때 각 이용자들은 모두 동일한 액수의 '연봉 상한'이라는 제한을 받아, 그 한도 내에서 선수를 뽑아 자신의 팀을 구성하여야 한다. 예컨대 연봉 상한이 200억원이라면, 게임 이용자의 가상 팀 소속 선수들이 현실로 갖는 연봉의 총합은 200억원을 넘을 수 없다. 이와 같이 게임이용자가 가상 팀을 만들고 나면, 가상 팀에 편입된 선수가 현실 세계에서 실제로 활약하는 성적을 다시 선수별로 모아 가상팀의 성적을 계산하여 사용자끼리 팀 성적을 겨루고, 시즌이 끝나면 가장 높은 실적을 거둔 참가자에게 상금을 제공한다. 여기서 성적계산 시스템은 전체 가상 리그를 조정하고 관리하는 리그 커미셔너 내지는 딜러가 수동으로 계산할 수 있을 만큼 단순하거나, 프로

어떠한 규제법리를 통해 게임 이용자를 보호할 것인지가 문제되고 있다. 예컨대 확률형 아이템이 존재하는 게임이 이용자들의 과소비 및 사행성을 조장함에도 불구하고 현행법상 이를 규제할 근거규정이 없어[3] 이에 대한 규제의 필요성이 제기되었고, 이에 법률개정을 통해 이를 규제(정부규제)할 것인지 자율규제를 통해 이 문제를 해결할 것인지가 문제되고 있다.[4] 참고로 일본은 확률형 게임 아이템을 부당경품류 및 부당표시방지법(이하 '경품표시법'으로 인용하기로 함)으로 규율하고 있으며, 일본온라인게임협회(이하 'JOGA'로 칭하기로 함)에 의한 자율규제도 동시에 이루어지고 있다. 또한 국내에서는 판타지 스포츠 게임(데일리 판타지 스포츠 게임 포함)에 대한 별다른 논의가 없으나, 미국은 이 게임이 도박에 해당하는지, 더 나아가 이 게임을 법률개정을 통해 규율('정부규제')할 것인지에 대한 논의가 오래전부터 있었다.

현 시점에서 우리는 국내 사행성 게임 등을 규율하는 방법을 모색하기 위해서 정부규제와 자율규제 중 하나를 선택해야만 한다. 어떠한 선택을 할 것인지는 다양한 요소를 고려해야 할 것이지만, 최소한 '관용의 원칙'에 의해 해결하는 것이 타당할 것이다.[5] 이에 본고에서는 비교법적 검토를 위해 미국에서 게

스포츠의 실제 결과를 추적하는 컴퓨터 프로그램 등을 사용하는 등 다양한 방식으로 구성할 수 있다. 야구를 예로 들면, 보통 안타, 타점, 득점, ERA 등 각종 스탯을 경기 단위로 집계해 점수화한 후 팀의 총점을 매긴다. 이 점수를 기반으로 각 리그별 팀의 순위를 누적된 점수에 따라 매길 수도 있고, 리그 참가 팀을 1:1로 붙여 경기당 승패를 나누는 방식으로 운영할 수도 있다. 전자를 로티서리(rotisserie), 후자를 헤드-투-헤드(head-to-head)라고 부른다.

3) 사행성게임물의 경우에는 게임산업진흥에 관한 법률에 의해 제한을 받으나 확률형 아이템이 존재하는 게임은 '보상의 환전가능성'을 인정하기 어렵기 때문에 동법이 적용되지 않을 것이다. 김정환·오광균·장한별, "청소년 보호를 위한 게임물(확률형 아이템)의 합리적 규제 방안", 법학연구 제15집 제3호, 2012/11, 225면.

4) 규제 주체인 정부가 규율을 위해 법 등을 개정하는 경우는 정부규제로 볼 수 있는 반면에, 피규제자가 주체가 되어 스스로를 규율하기 위하여 합의를 통해 일정한 규정을 마련하였다면 이는 자율규제로 볼 수 있을 것이다. 참고로 2015년 3월 9일에 정우택 의원 포함 10인의 국회의원들이 게임산업진흥에 관한 법률을 개정하여 확률형 아이템의 확률을 공개하도록 하는 안을 발의하였는데, 이는 정부규제의 한 형태라고 볼 수 있을 것이다. 일부 견해는 게임물 등급분류제도를 활용하여 확률형 아이템 규제의 실효성을 높일 수 있다고 본다. 한종현, "확률형 아이템 규제 법안에 관한 연구－게임산업진흥에 관한 법률 일부개정법률안을 중심으로－", LAW & TECHNOLOGY 제11권 제5호, 2015/9, 94면 이하 참조.

5) 소위 '관용의 원칙'은 어떤 선택을 옳고 그름이 아니라 사회적 허용가능성으로 접근하는 방식이라 할 수 있다. 즉 이 원칙은 선택에 의해 당사자 일방은 받아들일 수 없다고 하더

임과 관련된 규제문제를 어떻게 해결하였는지를 확인해 본 후(II),[6] 우리에게 시사하는 바를 간단히 고찰해 보면서 글을 마치고자 한다(III).

II. 미국의 데일리 판타지 스포츠(DFS) 자율규제 배경 및 모습

1. 데일리 판타지 스포츠(Daily Fantasy Sport)의 이용실태

2010년을 기준으로 미국은 약 3천만 명 이상이 FS를 하고 있으며,[7] 판타지 풋볼 월드 챔피언십(World Championship of Fantasy Football)과 같은 일부 판타지 스포츠 대회는 수천 달러의 참가비(entrance fees)[8]를 이용자들에게 부담시키고 있으며,[9] 우승 상금은 $300,000에 달한다.[10]

보통 판타지 스포츠는 한 시즌 전체를 경기 기간으로 두고 이루어지기 때문에,[11] 기간이 매우 길어서 이를 단축시키고자 게임의 시간단위를 1주일

라도, 사회가 허용할 수밖에 없는 관용의 범위 안에 들어오는 행위들은 감수해야 한다고 본다. 확률형 아이템과 관련하여 일부 견해는 도박과 게임에 허용될 수 있는 합리적인 소비허용기준을 제시하여 각각 관리하고 통제하는 것이 사회적으로 허용될 수 있는 방법이라고 본다. 정해상, "확률형 게임아이템에 관한 사행성 규제의 한계", 법학논총 제21권 제2호, 2014, 143면 이하. 즉, 이 견해는 사행성 해소가 아니라 과소비의 적절성에 초점을 맞추는 것이 사회적인 관용을 유도할 수 있다는 입장으로 보인다.

6) 확률형 게임 아이템은 일본이 선구적이라는 점, 데일리 판타지 스포츠는 미국에서 가장 많이 이용되고 있다는 점에서 이들 나라의 규제방법 등을 살펴보는 것은 우리에게 시사하는 바가 클 것으로 예상된다.

7) Gene Wang, Fantasy Football Gets Benched, WASH. POST, May 29, 2011, at D3.

8) 최저 $0.25에서 최고 $10,600의 참가비가 지불되고 있다고 한다. Fanduel, 2015 N.Y. Misc. LEXIS 4521, at 12-13.

9) 이 참가비를 통해 DFS 사업자는 막대한 이익을 창출하고 있다. Jonathan Bass, Flushed From The Pocket: Daily Fantasy Sports Businesses Scramble Amidst Growing Legal Concerns, 69 SMU L. Rev. 501(2016), 506.

10) Marc Edelman, "A SHORT TREATISE ON FANTASY SPORTS AND THE LAW: HOW AMERICA REGULATES ITS NEW NATIONAL PASTIME", 3 Harv. J. Sports & Ent. L. 1(2012), 3. 한편 블룸버그 스포츠와 같은 다른 비즈니스 벤처 기업은 판타지 참가자에게 "분석 도구" 및 "전문가의 조언"을 판매한다.

11) Definitions of the Various Fantasy Sports Leagues, SPORTS FANATICS FANTASY BASEBALL, (Dec. 26, 2002), http://www.sportfanatics.net/Articles/General/Types_Of_Fantasy_Sport_Leagues.htm

(weekly) 또는 1일(daily)로 하는 옵션을 넣는 것도 가능하다. 특히 후자를 데일리 판타지 스포츠(Daily Fantasy Sport, 이하 'DFS'로 칭하기로 함)라고 부른다.[12] 미국의 경우 유료 DFS 이용자 수는 2011년을 기준으로 약 17,250명, 2012년 약 69,000명, 2013년 약 205,000명, 2014년 약 1,426,000명으로 매년 증가하고 있으며, 이를 기반으로 사업규모 또한 폭발적으로 증가하였다.[13] DFS 사업은 (1) 게임 자체를 인터넷으로 즐길 수 있게 됨으로써 과거와는 달리 시공간적 제약을 비교적 적게 받게 되었다는 점, (2) 인터넷을 통해 선수들의 성적을 즉각 확인하고 이를 DFS 게임 시스템에 바로 반영할 수 있게 된 점에서 성공을 거두었다고 한다. 반면에 이러한 특성 때문에, 기존의 판타지 스포츠와는 다르게 DFS는 게임의 시간적 단위가 비교적 짧아 그만큼 게임의 회전이 빈번하게 일어나게 되고, 따라서 이용자가 돈을 딸 기회나 잃을 위험이 증가하게 되었다는 점에서 사회적으로 사행성 문제가 제기되면서, 일각에서는 DFS를 인터넷 도박에 해당한다고 비판하기도 하였다.[14]

2. DFS와 소비자보호의 문제

(1) 이용자의 재산 보호

DFS 회사의 채무불이행 내지 파산 등의 위험으로부터 DFS 이용자들을 어떻게 보호할 수 있는지가 문제된다. 이와 관련하여 DFS 회사들은 현재 연방차원에서나 대부분의 주에서 법적 규제를 받고 있지는 않으나, 대부분의 DFS 회사들은 FSTA(Fantasy Sports Trade Association)의 회원으로서, 협회가 선도하는 업계표준을 준수하기로 자율적인 동의를 하였다.[15] FSTA 표준 중 하나는, DFS

12) Erica M. Boos, FRAUDDUEL AND DRAFTKROOKS: CHANCE OR SKILL?, 12 DePaul J. Sports L. & Contemp. Probs. 83(2015), 84. 양자의 차이점에 대해서는 Jeffrey C. Meehan, "THE PREDOMINATE GOLIATH: WHY PAY-TO-PLAY DAILY FANTASY SPORTS ARE GAMES OF SKILL UNDER THE DOMINANT FACTOR TEST", 26 Marq. Sports L. Rev. 5(2015), 12 ff. 참조.

13) "Daily Fantasy Sports: Industry Trends, Legal and Regulatory Issues, and Policy Options". Congressional Research Service. February 24, 2016. p. 3.

14) Marc Edelman, "NAVIGATING THE LEGAL RISKS OF DAILY FANTASY SPORTS: A DETAILED PRIMER IN FEDERAL AND STATE GAMBLING LAW", 2016 U. Ill. L. Rev. 117, 126 ff.

15) http://fsta.org/about/fsta-paid-entry-contest-operatorcharter/

기업이 고객 예치금을 회사의 일반운영계좌에서 분리할 것을 요구하고 있으며,[16] 대표적인 DFS 사업자인 FanDuel과 DraftKings 또한 고객 계좌로부터 예치된 금액을 지정된 용도로만 사용하는 정책을 준수한다고 공개적으로 밝히고 있다.[17] 이러한 공개 성명서 및 자발적인 업계 표준에 명시된 소비자 보호 규정이 실질적으로 법적 구속력을 갖고 강제력을 갖는지는 분명하지 않다. 더욱이 이용자들은 자신이 이용하는 기업이 업계 표준을 준수하고 있는지 등을 실질적으로 판단하기도 어려울 것이다. 물론 각 FS 사업자는 이용자가 판타지 스포츠 경기에 참가하기 위한 조건으로 약관에 동의할 것을 요구하고 있는데,[18] 이 약관은 DFS 사업자와 이용자 사이에 일반적인 계약관계를 형성한다고 할 수 있다. 약관의 내용은 회사마다 다르고, 일부 사업자는 파산 등의 경우에 이용자의 법적 구제수단에 대해 모호한 입장을 취하기도 한다. 예컨대 (1) 고객자금 또는 고객예치금 등을 모호하게 정의한다거나, (2) 연방 또는 주 정부에 의해 보험에 가입한 금융기관에 고객이 돈을 예금하지 않게 한다거나, (3) 독립적인 제3자가 고객계좌를 관리하거나 보유하도록 요구하지 않는다거나, (4) 약관에 고객과 DFS 사업자 사이에 신탁 또는 신탁유사의 법률관계가 창설되지 않는다고 명시적으로 규정하거나, (5) DFS 회사가 언제든지 어떤 이유로든 약관을 일방적으로 수정할 수 있다고 규정하거나, (6) 고객이 회사의 "영업에 불리하다고 간주하는 활동에 종사하는 경우"와 같이 비정형적인 이유로 상금이나 포인트의 지급을 거부할 수 있도록 동의하게[19] 하거나, (7) DFS 운영자가 약관 조항을 위반하여 고객의 계정을 취소한 경우에 고객이 자금을 회수할 수 있는 권리를 규정하지 않거나, (8) 면책조항을 포함하는 등 독소조항을 통해 고객보호를 회피하고 있다. 설사 법적으로 고객의 자금이 완벽하게 보호된다고 하더라도 현실적으로 DFS 회사가 파산한 경우에는 고객의 자금회수에 상당한 기일이 걸릴 것으

16) http://fsta.org/about/fsta-paid-entry-contest-operatorcharter/

17) Chris Grove, "A Call For All Daily Fantasy Sports Operators To Increase Transparency Regarding Player Funds," Legal Sports Report, October 15, 2015, http://www.legalsportsreport.com/5105/dfs-player-funds/

18) "FanDuel Terms of Use," last updated November 17, 2015, https://www.fanduel.com/terms; DraftKings "Terms of Use," last updated February 3, 2016, https://www.draftkings.com/help/terms

19) "FanDuel Terms of Use," last updated November 17, 2015, https://www.fanduel.com/terms

로 예상된다.[20]

(2) 미성년자 등의 보호

미국이 각 주는 카지노 도박 및 경마·경륜 등의 베팅에 참여할 수 있는 최소 연령을 정하고 있으며, 같은 맥락에서 매사추세츠 주는 20세 미만인 자가 DFS 게임에 참가하는 것을 금지할 것을 제안한 바 있다.[21] 일부 DFS 운영자는 미성년자가 계좌를 생성한 것으로 의심되는 이유가 있을 경우 그에게 신분증 사본을 제공하도록 요청하고 있으며, 특히 DraftKings는 신규 이용자에게 생년월일을 고지하도록 하고 있다. 그러나 인터넷으로 진행되는 DFS는 비대면거래라는 특성 때문에 연령 제한을 적용하기가 현실적으로 매우 어려울 것이다.

(3) 내부정보 이용의 문제

2015년 가을, FanDuel 및 DraftKings의 직원들이 다른 DFS 사이트에서 많은 상금(약 $350,000)을 수령한 것으로 밝혀지면서 미국 내에서는 DFS에 대한 규제의 필요성이 강하게 제기되었다.[22] 즉 DFS 이용자들이 자신의 팀을 꾸리는 데 사용한 내셔널 풋볼 리그(National Football League)의 선수들에 대한 비공개 정보를 FanDuel 및 DraftKings의 직원들이 이용한 것이 문제가 되었다.[23] 이에

20) Will Hobson, "DraftKings, FanDuel FBI Investigation Could Freeze Daily Fantasy Players' Money for Years," Washington Post, October 20, 2015, https://www.washingtonpost.com/news/sports/wp/2015/10/20/draftkings-fanduelfbi-investigation-could-freeze-daily-fantasy-players-money-for-years/

21) Office of the Attorney General of Massachusetts, "Daily Fantasy Sports, Draft Regulations 940 C.M.R. 34.00," November 19, 2015, http://www.legalsportsreport.com/6385/massachusetts-ag-dfs-regulation/

22) Travis Waldron, New Self-Regulatory Body Will Oversee Daily Fantasy Sports Companies, Huffington Post (Oct. 27, 2015), http://www.huffingtonpost.com/entry/fantasy-sports-regulation_us_562fd988e4b0c66bae59e6cf; Joe Drape & Jacqueline Williams, Scandal Erupts in Unregulated World of Fantasy Sports, N.Y. TIMES (Oct. 5, 2015), https://perma.cc/868Q-MLMX; Randolph Andrew Scott, "UPDATING YOUR FANTASY LINEUPS AND THE FEDERAL LAW: THE CASE FOR FEDERAL REGULATION OF DAILY FANTASY SPORTS", 47 Seton Hall L. Rev. 603(2017), 642 ff.

23) Joe Drape & Jacqueline Williams, "In Fantasy Sports, Signs of Insiders' Edge," New York

일부 연방 하원의원(하킴 제프리, Hakeem Jeffries)은 위의 행위가 연방거래위원회법(Federal Trade Commission Act)상의 "불공정행위 또는 기망행위"에 해당하는 개인정보의 오남용에 해당하는지를 조사하도록 연방거래위원회(FTC)에 요청했다.[24] 이 사건 이후 FanDuel과 DraftKings는 직원들이 다른 DFS 사이트에서 DFS 게임을 하지 못하게 금지하였으나,[25] 매사추세츠 주 법무장관은 DFS 직원이나 운영자가 DFS 경기 플랫폼에서 출전하는 것을 금지하는 규정을 제정할 것을 주장하였다.[26]

(4) 과몰입에 의한 중독방지

DFS 이용자가 집, 사무실, 기숙사 또는 기타 여러 위치에서 언제든지 DFS에 참여할 수 있기 때문에, 이용자 중 일부는 자신의 욕구를 통제하지 못할 가능성이 있다.[27] 도박중독 문제에 관한 전국협회(National Council on Problem Gambling, NCPG)는 2015년 10월 8일, DFS에 참여하는 사람들이 도박중독 문제를 일으킬 위험이 높고 실제로 도박중독에 빠졌다는 내용의 결의안을 채택한 바 있다. 이에 NCPG는 DFS 사업자에게 NCPG 가이드라인을 기반으로 도박 관

Times, October 11, 2015; Des Bieler, "Insider-Trading Scandal Rocks Daily Fantasy Sports Industry," Washington Post, October 5, 2015.

24) Joe Drape & Jacqueline Williams, Fantasy Sports Said to Attract F.B.I. Scrutiny, N.Y. Times (Oct. 14, 2015), http://www.nytimes.com/2015/10/15/sports/draftkings-fanduel-fbi-investigation.html?rref=collection%2Fnewseventcollection%2Fsports-betting-daily-fantasy-games-fanduel-draftkings [https://perma.cc/4HD2-YW5N]; Letter from Senator Robert Menendez and Representative Frank Pallone to Edith Ramirez, Chairwoman, FTC, October 6, 2015, http://www.menendez.senate.gov/imo/media/doc/Daily%20Fantasy%20Sports%20Games.pdf

25) Sarah E. Needleman & Sharon Terlep, "FanDuel, DraftKings Ban Employees From Playing Daily Fantasy Contests for Money," Wall Street Journal, October 7, 2015; FanDuel, "Statement to Our Users," October 7, 2015, https://newsroom.fanduel.com/2015/10/07/statement-to-the-press/

26) 또한 그는 "다른 사람을 대리하여 경기에 참가할 수 없다"는 규정의 신설을 주장하기도 하였다. Draft Regulations 940 C.M.R. 34.12(1).

27) Stop Predatory Gambling, "Use Promo Code INEQUALITY, Inside Online Fantasy Sports Gambling and the Misleading, Unfounded Lobbying Push for 'Government Regulation,'" November 2015, p. 15, http://stoppredatorygambling.org/wp-content/uploads/2015/11/2015-Report-on-Online-Fantasy-Sports-Gambling.pdf

련 소비자 보호를 위해 노력할 것을 권고함[28]과 동시에 미성년자 또는 게임중독으로 어려움을 겪고 있는 자들에게는 게임 광고를 지양할 것을 권고하였다.[29] 매사추세츠 주 법무장관이 제안한 DFS 규정에 따르면, DFS 운영자는 주 정부의 “신뢰할 만한 광고” 규정을 준수하고, 미성년자, 학생 또는 학교 또는 대학 환경에 대한 묘사를 광고에 사용하지 못하도록 하고 있다. 또한 출판매체(예: 인쇄물, 텔레비전, 인터넷 및 스마트폰 응용프로그램)의 광고에는 중독문제가 있는 사람이 이용할 수 있는 지원책에 대한 정보가 포함되거나, 그러한 정보에 대해 신뢰할 만한 출처로 소비자를 직접 안내할 것을 의무화하고 있다.[30]

(5) 관할문제

만약 주 정부가 DFS를 규제하면, 운영자는 이용자들의 위치에 대해 확실하게 알 수 있어야 한다. 이는 DFS가 도박으로 규정된다고 해도 마찬가지이다. 왜냐하면 불법 인터넷 도박 규제법(Unlawful Internet Gambling Enforcement Act, UIGEA)의 규정은 베팅이나 내기가 연방 또는 주 법률에 따라 불법인 장소에서, 인터넷을 사용하여 합법적인 주에서의 도박게임에 참가하는 것도 금지하고 있기 때문이다.[31] 인터넷 포커와 같은 일부 도박 사업체는 현재 게임(즉 인터넷 도박)이 합법인 관할 지역에 이용자가 있는지 확인하기 위해 지리적 위치 확인 기술을 사용하고 있는데, 동일한 기술이 DFS에 적용될 수 있을 것이다. DraftKings는 최근 인터넷 프로토콜(IP) 주소와 GPS(Global Positioning System) 데이터를 분석하고, 소프트웨어를 사용하여 사용자 위치를 추적하는 GeoComply와의 계약

28) National Council on Problem Gambling (NCPG), “Resolution of the NCPG Board of Directors Regarding Fantasy Sports,” press release, October 8, 2015, http://www.ncpgambling.org/wp-content/uploads/2015/10/NCPG-FantasySports-Resolution-Oct-2015.pdf

29) NCPG, “Fantasy Sports Consumer Protection Guidelines,” December 4, 2015, p. 4, http://www.ncpgambling.org/wp-content/uploads/2014/04/Fantasy-Sports-Consumer-Protection-Guidelines-Final-December-4-2015.pdf

30) Draft Regulations 940 C.M.R. 34.07(1), (2), (4)

31) Federal Deposit Insurance Corporation (FDIC), Unlawful Internet Gambling Enforcement Act Examination Guidance and Procedures, Unlawful Internet Gambling Enforcement Act of 2006, Overview, FIL-35-2010, June 30, 2010, p. 1, https://www.fdic.gov/news/news/financial/2010/fil10035a.pdf

을 발표하여 이 문제에 대비하였다.[32]

3. DFS는 도박인가?

DFS가 도박이라면, DFS는 ① 불법 인터넷 도박 규제법(Unlawful Internet Gambling Enforcement Act),[33] ② 프로 및 아마추어 스포츠 보호에 관한 법률(Professional and Amateur Sports Protection Act),[34] ③ 연방 유선통신법(Interstate

32) Steve Ruddock, "What Kind of Geolocation Methods Are Daily Fantasy Sports Sites Using, and How Effective Are They?," Online Poker Report, October 19, 2015, http://www.onlinepokerreport.com/18535/dfs-gelocation-questions/

33) 불법 인터넷 도박 규제법(이하 "UIGEA")은 해외의 인터넷 도박업체들이 미국 소비자들에게 서비스를 제공하는 경우에 발생하는 문제점에 대응하기 위하여 2006년 시행되었다. 이 법은 불법 인터넷 도박 서비스를 제공하는 회사의 자금조달 흐름을 규제함으로써 불법도박에 대한 해결책을 모색한다. 특히 UIGEA는 "베팅 또는 내기를 포함한 도박사업에 종사하는" 모든 사람들이 수표, 신용카드 수수료, 전자지불방식 내지 이와 유사한 지불방식을 통해 불법 인터넷 도박과 관련된 급부를 수령하는 것을 금지한다. UIGEA는 "베팅 또는 내기"라는 용어를 다음과 같이 정의한다: "타인과의 경연, 스포츠 이벤트 또는 우연한 경기의 결과에 대해 가치 있는 무언가를 걸거나 잃는 것으로서, 당사자 사이에서는 그로 인해 누군가가 그 결과에 대한 이익을 얻는다고 이해하고 있거나 그렇다고 합의한 것". 이 조항에서 규정하는 '우연성' 때문에 인터넷 포커가 제한을 받고, 스포츠 경기를 기반으로 한 복권 역시 금지된다. 그러나 UIGEA에 따르면 판타지 스포츠에 참여하는 것은 도박을 구성하는 '베팅이나 내기'에 해당하지 않는다. 이를 가리켜 '판타지 스포츠 예외조항'이라고 한다. 다만 다음과 같은 조건을 만족해야 한다(31 U.S. Code § 5362): (1) 우승한 참가자에게 주어지는 모든 보상은 게임이나 경연에 앞서 참가자들에게 미리 확립되고 사전에 고지되며, 참가자의 수나 참가자가 지불하는 모든 금액에 의해 그 가치가 결정되지 않을 것. (즉 게임 도중 진행되는 베팅에 의해 우승금이 결정되지 않을 것), (2) 모든 우승 결과는 참가자의 상대적인 지식과 기술을 반영하며, 여러 실제 스포츠 경기 또는 다른 이벤트에서 개인 — 스포츠 이벤트의 경우 선수 — 의 성과에 대한 누적된 통계 결과에 의해 주로 결정될 것, (3) 어떤 우승 결과도 (a) 현실 세계에서의 단일한 팀 또는 여러 팀들의 실제 성적과 승점분포 등의 성과를 기반으로 하지 않으며, (b) 동시에 실제 스포츠 경기 또는 이벤트에서 개인 선수 한 명의 성과(활약상)만 놓고도 산정되지 않을 것.

34) 1992년에 제정된 '프로 및 아마추어 스포츠 보호를 위한 연방법'(이하 PASPA)은 일반적으로 주정부가 아마추어 또는 프로 운동선수 1인 또는 수인이 참가하는 경기에서 도박을 후원, 운영, 광고, 홍보, 허가 또는 면허하는 것을 금지한다. 또한 "법률 또는 정부기관 사이의 협약에 따라" 모든 사람이 그러한 도박을 후원, 운영, 광고 또는 홍보하는 것을 금지한다(PASPA 발효 당시 네바다, 오레곤, 델라웨어, 몬태나 주와 같이 스포츠 도박을 허용하는 주를 위한 예외조항을 두고 있다).

Wire Act of 1961),[35] ④ 불법 도박 영업법(Illegal Gambling Business Act)[36]의 제한을 받게 된다.[37] 미국 내에서도 DFS를 도박으로 볼 것인지에 대해서는 견해가 나뉜다. 일반적으로 도박인지 여부는 ① input(비용 투입),[38] ② chance(우연성), ③ prize(보상) 요건을 모두 갖추었는지에 따라 결정한다.[39] DFS의 경우에는 참가비를 받고 있다는 점에서 input 요건은 갖추었다고 할 수 있으며,[40] 우승상금을 받게 된다는 점에서 prize(보상) 요건 또한 갖추었다고 할 수 있다. 문제는 chance(우연성) 요건을 갖추었는지이다.[41] 이에 대한 판단은 대단히 어렵

---

35) 1961년 연방 유선통신법은 베팅 또는 도박 관련 정보를 전송하기 위해 도박 사업자가 각 주간 설치된 유선통신망 시설을 사용하는 것을 금지한다. 유선통신법 위반자에 대하여 2년 이하의 징역 또는 범죄와 관련된 이익 또는 손실의 2배 이하 또는 250,000달러(법인의 경우 50만 달러 이하)의 벌금형을 선택하거나 병과할 수 있다. 유선통신법은 주법에 따라 도박이 허용되는지 여부와 관계없이 적용된다.

36) 이 법은 일일 총 수익이 2,000달러 미만인 도박 행위를 면제하고 있다는 점에서 결과적으로, 포섭범위가 매우 좁다고 할 수 있다. Marc Edelman, 3 Harv. J. Sports & Ent. L. 1(2012), 36.

37) Marc Edelman, 3 Harv. J. Sports & Ent. L. 1(2012), 34 ff.; Erica M. Boos, 12 DePaul J. Sports L. & Contemp. Probs. 83(2015), 84 f.; Marc Edelman, 2016 U. Ill. L. Rev. 117, 135 ff.; Nicole Davidson, "INTERNET GAMBLING: SHOULD FANTASY SPORTS LEAGUES BE PROHIBITED?", 39 San Diego L. Rev. 201(2002), 212 ff. 참조. 이외에도 저작권법의 규제를 받게 되며, 퍼블리시티권과 관련된 논의에 대해서는 Risa J. Weaver, "ONLINE FANTASY SPORTS LITIGATION AND THE NEED FOR A FEDERAL RIGHT OF PUBLICITY STATUTE", 2010 Duke L. & Tech. Rev. 2, 5 ff. 참조.

38) 영미법상으로는 약인(consideration)으로 볼 수 있을 것이다.

39) Anthony Cabot & Louis Csoka, Gaming Law Symposium Fantasy Sports: One Form Of Mainstream Wagering In The United States, 40 J. Marshall L. Rev. 1195(2007), 1203; Jonathan Bass, 69 SMU L. Rev. 501(2016), 510.

40) 2007년 Humphrey v. Viacom, inc., 소송에서 뉴저지 지방법원의 Dennis M. Cavanaugh 판사는 유료 판타지 스포츠 대회에서 "참가비"를 가리켜 베팅비용 대신 게임 참가에 필요한 비용으로 구별한 바 있는데, 그 이유를 그는 플레이어가 게임에 참가할 때 참가비를 '조건없이' 지급해야 하고, 그와 같은 판타지 스포츠에서 보상은 (참가비의 납입여부와는 별도로) 사전에 미리 결정되어 있으며 장차 지급될 것이 보장되기 때문이라고 이해한다. "New York judge denies DraftKings, FanDuel restraining order request". ESPN.com. Retrieved November 17, 2015, http://www.espn.com/chalk/story/_/id/14148242/newyork-judge-denies-draftkings-fanduel-restraining-order-request

41) 일부 견해는 DFS가 산업경제에 미치는 효과를 고려하고 세수확보차원에서 도박으로 보는 것에 대해 신중해야 한다는 점을 강조하기도 한다. Jordan Meddy, "SWITCH HITTERS: HOW LEAGUE INVOLVEMENT IN DAILY FANTASY SPORTS COULD END THE PROHIBITION OF SPORTS GAMBLING", 10 Brook. J. Corp. Fin. & Com. L. 605(2016), 628 ff.

다고 할 수 있다. 왜냐하면 DFS는 우연을 기반으로 한 요소와 기술을 필요로 하는 요소가 혼재되어 있어서, 이를 도박으로 분류할 것인지를 판단하기가 애매하기 때문이다.[42] DraftKings의 CEO Jason Robins조차도 이 서비스를 "카지노와 거의 동일"하다고 설명하고, DFS의 개념을 종래 판타지 스포츠와 온라인 포커의 교차점으로 설명했으며, '베팅'이나 '(내기를) 걸다'와 같은 도박지향적인 용어를 사용한 바 있다.[43]

(1) DFS는 우연에 지배되는가? 기술적 요소에 지배되는가?

우연에 의한 지배라는 개념은 우승 결과를 결정하는 데 우연이라는 요소가 얼마나 비중을 차지해야 하는지가 명확하지 않다는 한계가 있어, 각 주마다 어떤 게임이 기술게임인지 우연게임(도박과 거의 구별되지 않음)인지를 구별하는 데 있어 다양한 기준을 적용한다. 대부분의 주에서 이 구별은 기술기반 요소가 우연기반 요소보다 우월한지, 우연기반 요소가 게임의 결과에 우발적인 영향을 미치는지 여부에 따라 결정된다. 일부 주는 엄격한 기준에 따라 어떤 결과가 그저 우연적인 요소에 영향을 받거나, '도박 본능'에 호소하는 게임은 기술기반 요소의 존재 여부와 관계없이 도박으로 간주하기도 한다.[44][45]

---

42) "Commentary: Skill and knowledge are key players in fantasy sports". Times-Union. Albany. December 1, 2015. Retrieved December 2, 2015, http://www.timesunion.com/tuplus-opinion/article/Commentary-Skill-and-knowledge-are-key-players-6663864.php

43) "DraftKings CEO Described Site As A Casino, Called It Betting". Deadspin. Gawker Media. Retrieved October 19, 2015, http://deadspin.com/draftkings-ceo-described-site-as-a-casino-called-it-be-1737195689?utm_campaign=socialflow_deadspin_facebook&utm_source=deadspin_facebook&utm_medium=socialflow

44) 예컨대 일리노이 주에서는 "기술, 속도, 힘 또는 지구력에 의해 결정되는 선의의 경쟁이 이루어지는 대회"에서 "실제 참가자"가 아닌 사람이 현금으로 한 게임은 도박을 구성한다.

45) 2015년, 캐나다 게임 협회(Canada Gaming Association)는 온타리오 주 알코올 및 게임위원회 의장을 지낸 Don Bourgeois에게 DFS의 합법성에 대한 인터뷰를 한 바 있다. 그는 인터뷰에서 DFS가 캐나다 법률에 의하면 우연성이 더 강한 게임으로 분류될 것이라는 의견을 밝혔다. 그 이유로 캐나다 형법은 기술적 요소와 우연적 요소가 혼재된 게임을 우연성이 더 강한 게임으로 분류한다는 것을 들었다. 그러나 캐나다 당국은 DFS 서비스에 대해 아직 검토한 바가 없다. 역사적으로, 정부는 실제 현실에서 운영되는 불법도박만을 대상으로 삼아 규제하였다. "Daily fantasy sports gaming illegal in Canada, trade group says". TSN.ca. Bell Media. Retrieved November 12, 2015, http://www.tsn.ca/talent/daily-fantasy-sports-gaming-

(2) 검 토

먼저 플레이어들이 전체 시즌을 통틀어 가상 팀을 운영하는 것이 아니라 하나의 특정 경기 단위로 개별 운동선수의 성적을 두고 내기하는 것은 본질적으로 도박에 가깝다고 보는 견해가 있다.[46] 즉 이 견해는 DFS는 통상의 판타지 스포츠에 비하여 기술보다는 운의 요소가 강할 수 있다는 점에서 도박이라고 본다. 반면에, 단 하루만 가상의 팀을 운영한다거나 한 순간의 선수 성적을 목표로 삼는다 하더라도 이는 스포츠에 대한 지식과 이해를 요구하는 기술적 요소를 필요로 하는 활동이며,[47] 각 플레이어들은 연봉상한이라는 제한을 받기 때문에 적합한 선수를 고르는 것도 하나의 능력이라는 견해도 있다. 즉 이 견해는 우연보다는 플레이어의 능력에 의해 게임의 승패가 결정된다는 점에서 DFS를 기술게임(skill-game)으로 분류하기도 한다. 즉 이 견해는 DFS는 게임 참가자들의 통계해석, 게임에 대한 지식, 개별 선수의 경기에 영향을 미치는 다른 요인을 관찰하는 모든 것이 운이 아닌 기술에 지배되는 게임이라고 본다.[48] 특히 이 견해는 최고의 분석가조차도 시장을 이길 수없는 주식 시장과 비교해 보면 DFS는 더 많은 시간을 할애하는 숙련 된 플레이어가 다른 플레이어보다 지속적으로 좋은 성적을 거둔다는 점에서 기술적 게임이라고 본다.

4. Fantasy Sports Control Agency(FSCA)에 의한 자율규제

일부 견해는 DFS는 이미 미국의 지배적인 산업으로 성장하였으므로, 이를 규제 프레임 안으로 끌어들이는 것은 불가능하다는 평가하기도 한다.[49] 그러나

---

illegal-in-canada-trade-group-says-1.392182

46) Jonah Ottley, "FANTASYSPORTS AND GAMBLING: DRAWING A LINE IN THE SAND BETWEEN PETE ROSE'S GAMBLING AND DAILY-PLAY FANTASYSPORTS", 42 N. Ky. L. Rev. 549(2015), 570에서는 DFS는 기술적 게임이기보다는 온라인 포커 게임과 비슷하다는 점을 강조한다.

47) Randolph Andrew Scott, 47 Seton Hall L. Rev. 603(2017), 636 ff.

48) N. Cameron Leishman, "DAILY FANTASYSPORTS AS GAME OF CHANCE: DISTINCTION WITHOUT A MEANINGFUL DIFFERENCE?", 2016 B.Y.U. L. Rev. 1043(2016), 1079 ff.; Nathaniel J. Ehrman, "OUT OF BOUNDS?: A LEGAL ANALYSIS OF PAY-TO-PLAY DAILY FANTASY SPORTS", 22 Sports Law. J. 79(2015), 113 f.

49) Garrett Greene, "WHEN FANTASY BECOMES REALITY: ATTEMPTS TO REGULATE THE HIGHLY

DFS가 가지는 문제점 등을 감안하여 사회적으로 이에 대한 통제의 필요성을 강하게 제기하면서 연방차원의 규제의 필요성을 제기하기도 한다.[50] 더욱이 최근에는 DFS의 직원들이 내부 정보를 이용하여 폭리를 취하면서 DFS의 문제점을 드러나면서 이에 대한 연방차원의 통제의 필요성이 강하게 주장되었다.[51] 일부 견해는, 규제의 필요성 및 자율규제가 가지는 한계를 인정하면서도, DFS의 문제는 외부의 문제가 아닌 내부의 문제라는 점을 감안하여 가장 효율적인 통제는 전문가라고 할 수 있는 DFS 사업자들에 의한 자율규제라는 점을 강조한다.[52] 자율규제는 자칫 블랙박스와 같이 이용자, 규제 당국 또는 기타 이해 관계자에게 완전히 불투명하다는 점에서 한계가 있을 수 있으나[53] 현실적으로 DFS 산업을 보호하면서 이용자 보호를 동시에 실현할 수 있는 방법이라고 평가하기도 한다.

(1) FSCA(Fantasy Sports Control Agency)의 설립

DFS 업체들은 소비자 보호문제를 해결하고 공정성과 투명성을 강화하기 위한 정책을 자체적으로 실시하였다. 대표적으로 게임참가 한도, 게임 외부 스크립트의 작동 배제, 베테랑 수준 이용자들의 별도 분류, 이용자 상호간의 차단 시스템, 초보자 수준 리그의 신설 등이 이에 해당한다.

UNREGULATED DAILY FANTASY SPORTS INDUSTRY", 47 St. Mary's L.J. 821(2016), 854.

50) 도박은 아니지만, 중독성 등의 위험이 있어 연방차원의 규제가 필요하다는 주장이 있다. Randolph Andrew Scott, 47 Seton Hall L. Rev. 603(2017), 650 ff.; Jennifer A. Mueller, "THE BEST DEFENSE IS A GOOD OFFENSE: STUDENT-ATHLETE AMATEURISM SHOULD NOT BECOME A FANTASY", 2009 U. Ill. J.L. Tech. & Pol'y 527, 560.

51) 이를 감안하여 자체적으로 대책을 마련하겠다는 주장이 제기되었다. Travis Waldron, New Self-Regulatory Body Will Oversee Daily Fantasy Sports Companies, HUFFINGTON POST (Oct. 27, 2015), http://www.huffingtonpost.com/entry/fantasy-sports-regulation_us_562fd988e4b0c66bae59e6cf.

52) Patrick Feeney, "TURNING FANTASY INTO REGULATORY REALITY: A NEW APPROACH TO DAILY FANTASY SPORTS LAWS", 40 Colum. J.L. & Arts 105(2016), 138 ff. 특히 Feeney는 "뉴욕과 매사추세츠와 같은 법 규정에 의한 새로운 규제가 종국적이 해결책은 되지 않는다"고 본다.

53) Patrick Feeney, 40 Colum. J.L. & Arts 105(2016), 127 ff. 자율규제의 한계는 Andrew F. Braver, "BASEBALL OR BESOBURO: THE IMPLICATIONS OF ANTITRUST LAW ON BASEBALL IN AMERICA AND JAPAN", 16 N.Y.L. Sch. J. Int'l & Comp. L. 421(1996), 422 ff. 참조.

한편 2015년 10월, DraftKings, FanDuel, Yahoo Fantasy Sports, ESPN, CBS Sports Digital과 같은 주요 업체들을 포함한 300개 이상의 회사가 속한 Fantasy Sports Trade Association(FSTA; 1999년 설립)는 자율규제를 위해 Fantasy Sports Control Agency(FSCA)를 설립하기로 하였다.[54] 즉 협회는 모든 회사들에게 적용되는 표준, 내부통제, 감사정책, 집행방안 등을 개발하기로 합의하였다.[55] 협회는 이를 위해 前) 세스 해리스(Seth Harris) 노동부 장관을 FSCA의 총책임자로 임명했다. 취임한 해리스는 "통제 기관이 사업자의 부정직하거나 불공정한 행동을 막을 것이라고 확신하고 있다"고 말한다.[56] 이러한 이유에서 DraftKings와 FanDuel는 모두 협회설립을 강력히 지지하였다.[57]

(2) 자율규제방안

FSTA가 FSCA를 통해 이루려는 주요 목표와, 그에 대하여 FSCA가 제시하는 구체적인 방안은 다음과 같다.

1) 표 준

판타지 스포츠 업계의 투명성, 진실성, 윤리적 차원에서의 기준을 확립한다.[58] 표준은 다음과 같은 사항을 포함한다.

① Know your customer(KYC): 각 주의 법률 및 적용가능한 다른 표준의 준수를 확보하기 위하여, 이용자의 신원과 연령을 확인한다.

② 게임이 정직하고 공정하게 진행될 것을 보장해야 하며, 내부정보를 이용하거나 사전에 공개되지 않은 보도사항 또는 정보를 이용하는 것을 금지한다.

③ 이용자들의 계좌는 회사의 계좌와 분리되어야 하며, 플레이어들은 자신

54) http://fsta.org/fantasy-sports-trade-association-appoints-former-acting-u-s-secretary-of-labor-seth-d-harris-to-spearhead-fantasy-sports-control-agency/

55) http://fantasysportscontrol.com/

56) 그는 이로 인하여 중재에 소모되는 비용을 절감 할 수 있다고 본다. Darren Rovell, FSTA Appoints Seth D. Harris to Create Fantasy Sports Control Agency, ESPN (Oct. 27, 2015), http://espn.go.com/chalk/story/_/id/13986375/fantasy-sports-trade-association-appoints-seth-d-harris-create-fantasy-sports-control-agency

57) 궁극적으로는 정부에 의한 통제 법안이 마련되는 것을 피하기 위한 자구책이라 할 수 있다. Erica M. Boos, 12 DePaul J. Sports L. & Contemp. Probs. 83(2015), 103.

58) http://fantasysportscontrol.com/about-us/fsca-standards/

의 돈을 출금할 때 아무런 지장이 없어야 한다. 또한 회사들은 상금을 지불할 능력을 증명해야 한다.

2) 기업통제 및 절차

모든 FSTA 회원사는 FSCA의 표준을 따를 것이 요청되며, 모든 회원사는 중역(senior leader) 한명을 지정하여 준수현황을 감독하고 내용을 회사 내 임원들에게 보고해야 한다.

3) 감사정책 및 절차

회사의 준수 여부를 측정하기 위한 적절하고도 규칙적인 감사 절차를 시행한다.[59] 다음과 같은 사항들이 검토될 수 있다.

① FSCA의 표준 준수여부를 감독할 독립적인 감독자를 선임하여 그에게 매년마다 감사를 맡기고, FSCA의 검토를 받는 방안

② FSCA는 무작위로 회사를 선정하여 감사하며, 당해 회사는 감사대상인 표준의 준수 여부를 입증하는 방안

③ FSCA가 매년마다 모든 회사를 감사하는 방안

4) 집행방안

FSCA의 가이드라인을 준수하는 회사와 준수하지 않는 회사를 공개적으로 발표하고, 별도의 인센티브를 부여하는 시스템을 개발한다.[60]

① 인증마크: 감사를 통해 FSCA의 표준을 모두 준수하는 것으로 확인된 회원사에게 인증마크를 부여하여 플레이어들에게 공시한다. 등급별 분류가 가능하다(골드, 실버, 브론즈 등).

② FSTA와 FSCA는 플레이어들로 하여금 정직하고 공정한 것으로 밝혀진 게임을 제공하는 곳에서만 이용할 수 있도록 독려하는 메시지를 전달한다. 미디어 파트너, (현실)리그 등 다른 수단을 통해 이 메시지를 전달한다.

③ 벌칙: 지속적 및/또는 심각한 위반자에 대해서는 FSTA가 이용정지 내지 추방 등 제재를 가한다.

④ 표준 준수에 대하여 정부 차원에서 인센티브를 제공한다.

---

59) http://fantasysportscontrol.com/about-us/fsca-auditing-requirements/

60) http://fantasysportscontrol.com/about-us/fsca-enforcement/

⑤ (현실)리그의 지지를 통해 인증제도의 시행에 도움을 얻는다.

⑥ 주요 회사의 참여로 업계 나머지 회사들의 인증제도 참여를 독려한다.

5. 향후 전망

DFS는 도박과의 경계선이 명확하지 않아 이에 대한 규제의 필요성은 더 크다고 할 수 있다.[61] 이러한 이유 때문에 미국 내에서 DFS에 관한 규제 문제는 여전히 논쟁 중이며, DFS 산업의 잠재적인 미래는 불확실하고 위험하다고 할 수 있으며,[62] 아직까지도 이 문제는 해결의 기미를 보이지 않는다. 다만 미국에서 DFS는 빠른 속도로 계속 성장할 것으로 기대되는 산업이기 때문에 DFS를 규제하여 산업 자체를 사장시켜서는 안된다는 입장에서 DFS 사업자들의 자율규제를 통한 문제해결을 지켜 본 후, 주정부 및 연방차원의 규제여부를 판단하자는 의견이 지배적이라고 판단된다. 향후 FSCA에 의한 자율규제가 어떠한 형태로 운용되어 성공을 거둘지 귀추가 주목된다.

Ⅲ. 우리에게 주는 시사점 - 맺음말에 갈음하여 -

게임산업은 계속 성장할 것으로 기대된다. 그러나 게임은 사행성, 중독성 등의 문제점을 동시에 가지고 있다는 점에서 이용자들의 보호가 문제되며, 이를 어떻게 규율할 것인지가 어려운 과제라고 할 수 있다. 이에 본고에서는 일본과 미국에서는 사회적으로 문제가 된 게임을 어떻게 규제하고 있는지를 살펴보았다. 양 국가는 정부규제에 앞서 자율규제를 통한 해결을 권장하는 것으로 보인다. 게임이 가져오는 부작용은 게임의 특성 및 내부에서 발생하는 문제이므로 그 내부를 들여다 볼 수 있는 업체들이 스스로 자율규제하는 것이 게임산업의 쇠퇴를 최소화하면서도 소비자의 보호에 충실할 수 있다는 점에 초점을 맞춘 것으로 평가된다.[63] 생각건대 일본과 미국이 자율규제와 정부규제 중 자율

61) Erica M. Boos, 12 DePaul J. Sports L. & Contemp. Probs. 83(2015), 104.

62) Marc Edelman, 2016 U. Ill. L. Rev. 117, 149.

63) 오늘날 규제와 관련된 중요한 정보의 대부분이 피규제자의 지배하에 있는 경우가 많아 피

규제를 선택하였지만 이는 방법론적으로는 게임산업의 발전과 게임이용자보호를 위한 "중용의 모색(Die Suche nach der Mitte)"을 실현하였다고 평가할 수 있다. 그러나 더욱더 중요한 것은 게임사업자와 이용자 간 또는 게임사업자와 관계기관의 신뢰형성[64]이라고 할 수 있을 것이다. 미국이 DFS 업체들의 자율규제를 선호하는 이유는 이미 Entertainment Software Rating Board(ESRB)[65]이라는 자율규제기관의 실효성 있는 제한을 경험하였기 때문이라고 평가된다.[66] 같은 맥락에서 일본 소비자청 또한 GOGA의 자율규제를 통한 노력을 신뢰하고 있으며, 이에 현행법을 준수하는 한 별도의 규제법안 마련에는 소극적인 모습을 취하고 있다. 이는 향후 우리 게임산업의 자율규제의 하나의 모델이 될 것이라고 생각된다. 국내 게임사들은 정부규제에 대한 불만을 제기하기에 앞서 어떠한 방법의 자율규제를 통해 사회와 정부에 신뢰를 부여할 것인지를 진지하게 고민해야 할 것이며,[67] 정부 또한 게임사들의 자율적인 규제에 의해 문제를 해결할 수 있는 기회를 제공해야 할 것이다.

규제자가 규제회피를 위해 노력하는 경우에는 규제가 무력화될 수 있다는 점에서 자율규제가 효율성의 측면에서도 바람직하다고 할 수 있다. 同旨: 김정환·오광균·장한별, 앞의 논문, 230면; 김윤명, "확률형 게임아이템의 법률 문제", 법학논총 제38권 제1호, 단국대학교 법학연구소, 2014, 354면 이하.

64) 게임사업자 스스로 사회적 책임의식을 가지고 이용자 보호에 최선을 다하고 있다는 것에 대한 신뢰라고 할 수 있다.

65) 이는 Entertainment Software Association(ESA)에서 설립한 멀티플레이형(interactive) 오락 소프트웨어 산업과 관련된 자율규제 기관이다.

66) 예컨대 ESRB는 컴퓨터 및 비디오 게임 업계에 도입된 등급, 광고 지침 및 온라인 개인 정보 보호 규정을 독자적으로 적용하고 시행하고 있으며, 소비자가 구매 결정을 내릴 수 있도록 비디오 및 컴퓨터 게임 콘텐츠에 대한 정보를 제공하고 있다. https://www.out-law.com/page-5810. ESRB는 북미 게임사 및 소매업계의 자발적인 준수를 유도하고 있으며, 실제로 대부분의 상점들은 ESRB 최고 등급을 지닌 게임을 구입할 때 고객이 사진 신분증을 제시하도록 요구하고 등급이 매겨지지 않은 게임을 취급하지 않는다. 또한 주요 콘솔 제조업체는 ESRB 등급이 없는 경우 본사 콘솔용 게임에 대한 라이선스(licence)를 부여하지 않으며, 콘솔 제조업체 및 대부분의 상점에서는 ESRB가 성인용(AO등급)으로 평가한 게임을 취급하지 않고 있다. 요컨대 소비자 및 소매인들의 ESRB 시스템에 대한 높은 인지도, 기관의 소매인 및 게임제조업자에 대한 지속적인 규정 준수 감독 노력으로 연방 통상위원회(Federal Trade ommission)는 ESRB를 엔터테인멘트 분야에서 "가장 강력한" 자율 규제 기관으로 성공적으로 평가하고 있으며, 이러한 이유에서 규제법안 마련의 필요성을 느끼지 않고 있다.

67) 김정환·오광균·장한별, 앞의 논문, 230면에서는 협회의 소극적인 자세가 자율규제의 실패의 원인임을 지적한다.

제12장

소셜 카지노 게임에 대한 미국의 논의(Kater v. Churchill Downs)

- 게임과 도박의 경계 -

Ⅰ. 빅 피쉬 카지노(Big Fish Casino)

빅 피쉬 카지노는 처칠 다운즈(Churchill Downs) 社의 소셜 카지노 게임(플랫폼)이다.[1] 이용자들은 블랙잭과 슬롯 같은 전형적인 카지노 게임들을 전자적으로 모사한 게임들을 빅 피쉬 카지노에서 이용할 수 있다. 이용자들은 빅 피쉬 카지노 앱을 앱스토어에서 무료로 다운받을 수 있고 신규이용자는 일정량의 무료 칩(가상화폐)을 제공 받아 게임 이용을 시작할 수 있다. 앱에서 제공하는 광고를 시청하거나 매일 게임에 로그인하는 방식으로 이용자들은 칩을 무료로 획득하여 게임 이용을 지속할 수 있다. 또한 게임에서의 승리를 통해 칩을 더 얻을 수도 있고, 칩 소진 시 일정 시간 경과 후 무료 칩을 획득할 수도 있다. 유료 구매를 통해 칩을 획득할 수도 있는데 구매 범위는 미화 1.99달러에서 250달러 정도이다.

빅 피쉬 카지노의 이용약관에 따르면 가상 칩들은 금전적 가치를 갖지 못하고 현금 등 다른 유형 자산으로 교환될 수 없다. 다만 빅 피쉬 카지노는 이용자 사이의 칩 이전이 가능한 거래 메커니즘을 두고 있으며 거래에 대하여 회사

1) 사실관계는 판결문 참조. Kater v. Churchill Downs Incorporated, United States District Court, W.D. Washington, November 19, 2015, 2015 WL 9839755.

측이 수수료(1.99 달러)를 받았다. 이는 게임 이용에 필요한 칩을 지인들 사이에 주고 받을 수 있게 하여 게임 이용을 지속하게 하려는 의도의 시스템이지만, 칩을 환금하는 도구로 사용될 소지가 있다. 즉 이용자가 암시장에서 칩을 매도한 금액을 받고 게임 플랫폼의 거래 메커니즘을 통해 해당 칩을 구매자에게 전달하는 방식으로 환금이 이루어질 수 있는 것이다.

II. 연방지방법원의 판결

미국 워싱턴 주에 거주하며 2013년도부터 빅 피쉬 카지노 게임을 이용한 셰릴 케이터(Cheryl Kater)라는 여성은 1,000달러 상당의 칩을 구매 후 게임에서 모두 소진하였다. 그러자 그녀는 빅 피쉬 카지노 게임이 워싱턴 주 법상 금지된 불법도박에 해당한다며 연방지방법원에 집단소송을 제기하였다.[2] 구체적으로 그녀는 처칠 다운즈가 워싱턴 주의 도박피해구제법(Recovery of Money Lost at Gambling Act)[3]을 위반하였고 워싱턴 주의 소비자보호법(Consumer Protection Act)[4]도 위반하였다고 주장하였다.

이에 워싱턴 서부 연방지방법원은 게임에서 이용되는 가상의 칩이 현실에 있어 가치 있는 것은 아니라고 하며 빅 피쉬 카지노가 주 도박법상의 불법도박에 해당하지 않는다고 판시하였다.[5] 워싱턴 주 법규정에 따르면 도박이란 (1) 가치 있는 것을 걸고 (2) 통제하거나 영향을 미칠 수 없는 장래의 우연 혹은 기회 값에 따라 (3) 가치 있는 것을 받는 것에 합의하거나 이를 이해하는 것이다.[6] 즉, 대가(consideration), 우연성(chance), 보상(prize)이라는 구성요건을 모두 충족하는 경우 도박이 성립된다.[7] 여기서 '가치 있는 것'이라 함은 "금전, 재산, 상품권, 금전이나 재산으로 교환 가능한 물건, 직간접적으로 금전이나 재산의

---

2) 같은 사안의 또 다른 집단 소송으로는 Thimmegowda v. Big Fish Games가 있다.
3) Wash. Rev. Code § 4.24.070.
4) Wash. Rev. Code § 19.86.010.
5) Kater v. Churchill Downs Incorporated, United States District Court, W.D. Washington, November 19, 2015, 2015 WL 9839755.
6) Wash. Rev. Code § 9.46.0237.
7) Evans v. Bhd. of Friends, 247 P.2d 787, 797 (Wash. 1952).

이전을 유발하거나, 서비스, 유흥, 비용 없이 게임을 할 권리를 연장하는데 관련된 신용(포인트) 및 약속"이다.[8] 그리고 주 법에 따르면, 워싱턴 주에서 모든 가상(온라인) 도박은 불법이며[9] 불법도박게임에서 금전이나 현실에 있어 가치 있는 것을 잃은 경우 게임의 딜러나 승자 혹은 게임운영 사업체로부터 이를 반환받을 청구권을 갖는다.[10]

빅 피쉬 카지노는 카지노 게임을 모사한 게임이고 우연에 의해 승패가 이루어지는 속성을 가지고 있으므로, 결국 빅 피쉬 카지노가 주에서 금지한 도박에 해당하는지 여부는 게임에서 획득하거나 손실하는 가상의 칩이 주 도박법상 도박의 구성요건 중 '가치 있는 것'에 해당하는지에 달려 있게 된다. 케이터는 가상의 칩으로 인해 이용자들이 게임이용을 더 연장할 수 있다는 점에서, 그리고 이용자들이 빅 피쉬 카지노 앱 내에서 운영되는 거래소라는 암시장을 통해 가상의 칩을 다른 이용자들한테 이전하여 현금화시킬 가능성이 있다는 점에서 빅 피쉬 카지노의 칩이 가치 있는 것에 해당한다고 주장하였다.

하지만 연방지방법원은 빅 피쉬 카지노는 기본적으로 무료게임이며 칩을 통해 게임이용을 연장하더라도 즐거움 외에는 (금전적으로) 얻을 것이 없다는 점에 주목하였다. 게임으로부터 실제 금전적 이득을 얻을 수 없으므로 도박의 구성요건 중 '보상' 부분이 부재하고, 그에 따라 빅 피쉬 카지노는 도박에 해당하지 않는다고 하였다. 이는 가치 있는 것의 범주에 대한 주 법의 광범위한 정의를 있는 그대로 받아들이지 않고 현실에서 금전적으로 가치 있는 것에 국한하여 해석할 때 나올 수 있는 결론이었다.

또한 법원은 암시장을 통한 칩의 매매행위가 가능하다 하여 빅 피쉬 카지노를 도박으로 분류할 수는 없다고 하였다. 처칠 다운즈는 이용약관에 실제 금전을 주고 받으며 칩을 거래하는 것을 엄격히 금지한다고 명시하였는데, 게임이용 전에 이에 동의한 이용자들이 암시장을 이용해 칩을 사실상 매매하는 것은 계약위반의 문제이지 게임을 불법도박으로 간주하게 하는 요소가 아니라 하였다. 약관에 반하는 이용자들의 행위로 (합법적인) 게임이 도박화되는 경우 그에 대한 책임을 게임사에 부과하는 것은 부적절하다며 연방지방법원은 회사 측

8) Wash. Rev. Code § 9.46.0285.

9) Rousso v. State, 239 P.3d 1084, 1086 (Wash. 2010).

10) Wash. Rev. Code § 4.24.070.

의 손을 들어 주었다.

Ⅲ. 연방제9항소법원의 판결

연방지방법원의 판결에 케이터는 항소하였고 연방제9항소법원이 빅 피쉬 카지노 게임의 운영이 워싱턴 주 법상의 불법도박을 구성하는지 판단하게 되었다. 연방항소법원은 연방지방법원과 달리 가상의 칩이 주 법상의 가치 있는 것에 해당한다고 판단하였다.[11] 항소법원은 가상의 칩이 고갈되면 이용자들이 더 이상 베팅을 하거나 슬롯을 돌릴 수 없기 때문에 가상의 칩은 '비용 없이 게임을 할 권리를 연장하는데 관련된 포인트'이고 따라서 주 법상 가치 있는 것에 해당한다고 보았다.

처칠 다운즈 측에서는 우선 가상의 칩이 게임이용을 연장하는 것이 아니라 이용의 재미를 강화시켜줄 뿐이라고 하였다. 나아가 빅 피쉬 카지노는 원칙적으로 무료 게임이므로 게임을 더 이용하는 것은 실제로 아무런 비용이 들지 않고, 실제로 매일 게임에 접속하거나 혹은 일정 기간 접속 유지를 통해 무료로 칩을 획득할 수 있으므로 칩이 가치 있는 것이라 볼 수 없다고 하였다. 실제로 이러한 논리를 연방지방법원은 받아들였었는데, 가치 있는 것에 대한 주 법상 정의 중 '비용 없이 게임을 할 권리를 연장'이라는 부분을 연방지방법원은 문구 앞쪽에서 계속 강조되고 있는 금전, 재산 등의 현실상 경제적 가치를 의미하는 용어들과 연결해서 해석하였던 것이다. 즉 실제 금전의 소비가 필요한 게임임에도 불구하고 현실 재화의 지출 없이 게임을 할 수 있도록 기회를 주는 것이 '비용 없이 게임을 할 권리의 연장'이지, 애초에 무료게임이며 여러 방법을 통해 계속해서 무료로 게임을 이용할 수 있는 게임에서 칩을 제공하는 것은 이에 해당하지 않을 수 있다고 연방지방법원은 판단하였던 것이다.

하지만 연방항소법원은 게임이용을 연장시키는 포인트 등이 가치 있는 것에 해당한다는 워싱턴 주 법원의 선례[12]를 판단에 활용하며 연방지방법원과 다

11) Kater v. Churchill Downs Inc., 886 F.3d 784, 785 (9th Cir. 2018).

12) Bullseye Distributing LLC v. State Gambling Commission, 110 P.3d 1162, 1163, 1167 (Wash. Ct. App. 2005).

른 결정을 내렸다. 항소법원이 언급한 주 법원의 판례는 비디오 슬롯머신을 모방한 자판기가 도박 기기에 해당하는지 여부에 관한 것이었다. 이 자판기를 이용하려면 이용자는 포인트를 구입하거나 게임에 이겨 포인트를 얻거나 매일 한 번씩 제공되는 바우처를 통해 포인트를 획득해야 하였다. 이러한 포인트가 비록 그 자체로 금전적 가치는 없지만 게임을 할 권리를 연장시킨다는 점에서 현실에서 가치 있는 것이라고 주 법원은 판단하였다. 포인트를 구매하지 않고 무료로 획득할 수 있는 방법이 존재함에도 그 포인트가 게임 이용을 연장시킬 수 있다는 점에서 주 법상 가치 있는 것에 대한 정의를 충족한다는 식의 논증은 케이터 사건에 적용하기에 적절하다고 항소법원은 판단하였다. 결국 게임이용을 연장시켜주는 특권은 그것을 무료로 획득할 수 있는지와 상관없이 그 자체로 가치 있는 것일 수 있다는 입장을 항소법원은 취하게 된 것이다.

애초에 케이터는 빅 피쉬 게임의 칩이 게임이용을 연장할 수 있게 한다는 점에서 그리고 암시장에서 현금화될 수 있다는 점에서 가치 있는 것에 해당한다고 주장하였는데, 항소법원에서는 후자의 논점에 대해서는 판단을 하지 않았다. 다만 게임이용을 연장시킨다는 측면에서 칩이 가치 있는 것이라고 판단하며 칩의 환금성 여부에 따른 이론의 여지를 없애버렸다.

IV. 판결 이후

소송 경과 중 빅 피쉬 카지노를 인수한 아리스토크랫 레져(Aristocrat Leisure)社는 2020년 5월 케이터 등 집단소송 참가자들과 배상합의에 이르렀다. 빅 피쉬 카지노의 전 소유주인 처칠 다운즈가 미화 1억2천4백만 달러, 그리고 아리스토크랫 레져 측이 미화 3천백만 달러를 지급하며 원고들과 합의하기로 한 것이다. 그리고 8월 법원이 이 합의를 승인하였다. 이러한 합의는 유사한 소송들이 제기되며 패소로 인한 책임부담과 위험을 최소화하려는 회사 측의 결단으로 풀이된다. 합의 이전인 2019년 빅 피쉬 카지노 앱에는 새롭게 변경된 약관이 팝업으로 제시되었는데 이 시점부터 게임을 지속하는 이용자들은 집단소송의 참가를 철회한 것으로 본다는 것이었다. 결국 적절한 수준의 금전배상과 약관 및 운영정책 변경을 통해 수년에 걸친 집단소송을 일단락하고 사업상의 책임범위를 최소화시키는 경영상 전략으로 회사 측은 합의를 선택한 것이다. 그렇기 때문에 이러한 합의를 연방항소법원의 판결에 대한 회사 측의 전면 수용으로 해석하는 것은 무리가 있을 것이다.

그리고 이러한 상황이 전개되는 동안 연방법원 중심으로 이루어졌던 소셜 카지노 게임의 도박 여부에 대한 논쟁은 주 의회의 입법적 논의로 이어졌다. 워싱턴 주 의회는 항소법원의 결론에도 불구하고 소셜 카지노 게임의 운영을 기존처럼 가능하게 하면서 게임사들의 이용자들에 대한 책임의 범위를 새롭게 정립하려는 입법 작업을 진행하였다. 빅 피쉬 카지노 사건의 당사자들 사이의 합의가 있기 전인 2020년 1월 워싱턴 주 의회는 소셜 카지노 게임사의 책임 범위를 제한하는 법안들을 제시하였다.[13] 즉, 게임에서 획득한 칩의 환급을 허용하지 않는 소셜 카지노 게임에 참여하는 이용자들에 대해서는 구매한 칩의 소진에 따른 피해구제를 청구할 자격을 인정하지 않는 법안들을 상정하였다.[14] 입법부의 논의는 소셜 카지노 게임사의 경영상의 리스크를 최소화하기 위한 목적을 가지고 있지만 당장에는 빅 피쉬 카지노 소송 당사자들 사이의 신속하고 원만한 합의를 이끌어 내는데 도움을 주었던 것으로 보인다. 즉 소셜 카지노 업계를 면책해주는 효과가 있는 입법이 이루어지는 것을 전제로 할 경우, 과거의 상황을 신속히 정리하여 향후 경영에 집중하는 것이, 그리고 업계에 불리할 수도 있는 쟁송을 최종심까지 이끌고 가지 않는 것이 소셜 카지노 게임사에 유리하므로 게임사로 하여금 거액의 배상을 제시하여 신속하게 합의를 하도록 한 것으로 보인다.

빅 피쉬 카지노 사건의 연방항소법원 판결 이후 세계 최대 소셜 카지노 게임사인 플레이티카(Playtika)를 비롯해 더블 다운 인터랙티브(Double Down Interactive), 하이파이브 게임즈(High 5 Games), 휴즈 게임즈(Huuuge Games) 등의 소셜 카지노 게임사에 대해 워싱턴 주 주민들의 도박 피해 구제 관련 소송들이 연이어 제기되었다.[15] 소송에 대응하며 이들 게임사들은 엄격한 도박법을

---

13) Zachary Zagger, Wash. Bills Aim to Stop Social Casino Illegal Gambling Suits, Law360, (Jan. 27, 2020).

14) House Bill 2720, 66 Leg., Reg. Sess. (Wash. 2020); Senate Bill 6568, 66 Leg., Reg. Sess. (Wash. 2020). 다만, 2020년 회기에는 최종적으로 통과되지 못하였다.

15) 백민재, 美소셜카지노 소송, 1,900억원 배상 … 더블유 악재되나, 한국경제, 2020. 6. 1.

시행하고 있는 워싱턴 주에서 소셜 카지노 게임 서비스를 중단하거나 결제를 차단해오고 있다. 2020년 초 제안된 법안들이 비록 당장의 결실을 맺지는 못하였지만, 대표적인 소셜 카지노 게임사인 빅 피쉬 게임즈(Big Fish Games)와 더블다운 인터랙티브가 워싱턴 주에 위치해 있다는 사실은 향후 회사들이 다른 주로 사업장을 옮기는 상황을 막고 세수와 고용을 지속하기 위한 결정에 주 의회가 적극적으로 임하게끔 할 것이다.[16] 유사한 취지의 법안이 향후 주 의회를 통과하게 되면 빅 피쉬 카지노의 경우처럼 가상의 칩의 환급을 금지하고 있는 소셜 카지노 게임들은 도박손실에 대한 금전적 배상의무의 부담에서 벗어나 워싱턴 주에서 게임 서비스를 다시 제공할 수 있게 될 것이다.[17]

---

16) Jesse Brody, Proposed Washington Gambling Law Changes Aimed at Keeping State Video Gaming Industry Around (2020. 2).

17) Neli Traykova, Big Fish and Virtual Tokens - How Washington State and the Ninth Circuit Can Alter Online Gambling Laws (2020. 3). 다만 새로운 법안들은 주 도박법상 도박 개념을 비약적으로 확장시키는 핵심 개념, 즉 '가치 있는 것'의 의미 자체를 변경하는 것이 아니라 손실회복의무의 면책대상을 설정하는 것이므로 여전히 소셜 카지노 게임과 도박의 불분명한 경계는 유지될 수밖에 없다는 지적도 있다. Cassie Bible, "Blurred Lines: A Future Where Social Gaming Is The Newest Form Of Gambling", 10 UNLV Gaming L.J. 143, 163-5 (2020).

참고문헌

이 책의 각 장은 저자들이 이하의 논문들을 수정·보완하여 작성되었음을 밝힙니다.

제1장 강제적 셧다운제 검토－'문화로서의 게임'의 관점에서－

- 박종현, "헌법상 문화국가원리의 구체화와 헌법재판에서의 적용－헌재 2014. 4. 24. 2011헌마659등 결정에 대한 검토와 더불어－", 『헌법학연구』 제21권 제3호(2015), 527~568면.
- 박종현, 청소년 보호를 목적으로 하는 인터넷 규제의 의의와 한계－최근의 소위 셧다운제 도입문제를 중심으로－, 『언론과 법』 제10권 제2호(2011), 111~145면.

제2장 미성년자의 게임이용과 관련된 법적 쟁점－모바일 게임을 중심으로－

- 서종희, "미성년자의 모바일게임이용과 관련된 법적 쟁점", 『소비자법연구』 제8권 제2호(2022) 게재 예정

제3장 「게임산업진흥에 관한 법률」상 본인인증제도에 대한 헌법학적 평가 －개인정보자기결정권과 청소년 보호의 관점에서－

- 박종현, "「게임산업진흥에 관한 법률」상 본인인증제도에 대한 헌법학적 평가－헌재 2015. 3. 26. 2013헌마517 결정례에 대한 검토를 중심으로－", 『언론과 법』 제18권 제3호 (2019) 1~45면.

제4장 간접규제로 바라본 게임규제－결제한도 규제를 중심으로－

- 서종희, "간접규제로 바라본 온라인게임 결제한도 제한－Lessig와 Sunstein의 간접규제사고를 기초로 하여－", 『일감법학』 제44호(2019), 177~206면.

第5장 온라인 게임 결제한도 제한에 대한 규범적 평가 및 법경제학적 평가

• 서종희, “온라인 게임 결제한도 제한과 사적자치의 한계－규범적 평가 및 법 경제학적 평가를 중심으로－”, 『재산법연구』 제36권 제3호(2019), 31~58면.

第6장 게임광고 심의에 대한 고찰－표현의 자유와 사전검열금지의 원칙－

• 박종현, “게임광고 심의에 대한 헌법적·정책적 고찰－광고 사전심의제도 관련 헌법재판소 결정례들에 대한 분석을 중심으로－”, 『법학논총』 제31권 제3호(2019), 9~43면.

第9장 비디오 게임 규제에 대한 미 연방법원의 논의－폭력적인 내용의 비디오 게임과 예술·표현의 자유－

• 박종현, “미국에서의 폭력적 비디오 게임 규제입법에 대한 연방법원의 사법심사의 흐름”, 『법학논총』 제36권 제1호(2012), 237~272면.

• 박종현, “미 연방대법원에서의 폭력적인 비디오 게임과 예술 및 표현의 자유에 대한 논의”, 『공법학연구』 제15권 제2호(2014), 143~162면.

第10장 확률형 아이템 규제 및 게임등급분류제도에 관한 소고－비교법적 고찰과 함께－

• 서종희, “확률형 아이템 규제와 게임이용자 보호”, 『문화·미디어·엔터테인먼트법』 제16권 제1호(2022) 게재 예정

第11장 미국의 DFS(Daily Fantasy Sport) 사례와 자율규제－게임인가? 도박인가?－

• 서종희, “게임과 관련된 자율규제 모델 해외 사례－일본의 확률형 아이템 및 미국의 DFS(Daily Fantasy Sport) 사례를 중심으로－”, 『외법논집』 제41권 제2호(2017), 31~53면.

第12장 소셜 카지노 게임에 대한 미국의 논의(Kater v. Churchill Downs)－게임과 도박의 경계－

• 박종현, “소셜 카지노 게임의 도박여부에 대한 미 연방법원의 논의”, 『법학논총』 제33권 제3호(2021), 9~45면.

[저자 약력]

박 종 현

서울대학교 법과대학 법학과(법학사)
서울대학교 대학원 법학과(법학석사)
서울대학교 대학원 법학과(법학박사, 헌법)
Harvard Law School(LL.M.)
(현) 국민대학교 법과대학 부교수
미국 뉴욕주 변호사

주요 저서 및 역서

『미국 장애인법』(장애인법연구회, 2018)(공역)
『법관은 어떻게 사고하는가』(한울 아카데미, 2016)(공역)
『개인정보보호: 의료기관 개인건강정보보호』(Pacific Books, 2010)(공저)
Constitutional Discussion and Survey Study on the Legitimacy of Movement Disclosure System of Confirmed Patients with Infectious Diseases(2021)
규제 자율화를 위한 제도적 모형 연구: Coglianese와 Lazer의 운영기반 규제에 대한 논의를 중심으로(공저, 2020)

서 종 희

연세대학교 법과대학 법학과(법학사)
연세대학교 일반대학원 법학과(법학석사, 민법)
연세대학교 일반대학원 법학과(법학박사, 민법)
(현) 연세대학교 법학전문대학원 부교수

주요 저서 및 역서

『민법의 이해』(동방문화사, 2014)(공저)
『기업공익재단 법제연구』(경인문화사, 2021)(공저)
『고령소비자보호』(세창출판사, 2017)(공저)
『약관규제법 시행 30주년과 법적과제』(세창출판사, 2018)(공저)
『同性婚や同性パートナーシップ制度の可能性と課題』(日本加除出版, 2018)(공저)

게임법연구 1 - 게임규제에 대한 공법적·사법적 검토 -

초판발행 2022년 3월 31일

지은이 박종현·서종희
펴낸이 김중용

총괄기획 최준규
편 집 심성보·김인숙

펴낸곳 도서출판 정독
경기도 고양시 일산서구 하이파크로 113, 102-204
등록 제406-2014-000093호
전 화 070)7550-3758 팩 스 02)718-8554
홈페이지 www.jeongdok.co.kr 이메일 pnc@pncmedia.co.kr
ISBN 979-11-6858-020-6 94360
979-11-6858-019-0 (세트)

정 가 25,000원